KB253639

문예신서
383

기독교사회윤리

김희수 지음

東文選

기독교사회윤리

기독교사회윤리

책머리에

오늘날 우리 사회에는 정치·경제·과학·문화·성·생명 등과 관련한 다양한 문제들과 쟁점들이 대두되고 있다. 기독교사회윤리학은 이러한 문제와 쟁점들에 대해 기독교적인 관점에서 옳고 그름을 판단하는 논리적 근거와 기준을 제시하고, 가능한 실천 방안 또는 대안을 모색한다. 그러나 대부분의 사안들이 복잡한 구조와 특성을 지니고 있기 때문에 단순한 흑백 논리나 이분법적 사고에 근거해서 그 옳고 그름을 판단하거나 실천 방안을 제시할 수가 없다.

그러므로 어떤 사안에 대해 옳고 그름을 판단하거나 실천 방안을 제시하고자 할 때에는, 특정 집단이나 사회의 문화적·종교적·정치적·경제적 관점에서 형성된 주관적 가치관과 윤리관과 규범을 일방적으로 적용하지 않도록 조심해야 한다. 이를 조심하지 않을 경우 문화며 종교·성 등에 의거한 특정 그룹의 이기적 논리나 다수의 힘에 의해서 형성된 전통·가치관·도덕률, 그리고 비과학적 근거에 의거한 지식이나 풍습 등으로 인해 특정 집단이나 개인이 불이익을 당하거나 희생양이 될 것이다. 인류 역사에 있어서 이러한 일들이 너무나도 많이 일어났음을 기억해야 한다.

우리는 윤리적 판단에 있어서 합리성과 객관성·보편성을 잃지 않도록 노력해야 한다. 기독교적인 관점에서의 옳고 그름의 판단이나 실천 방안 제시에 있어서도 이러한 합리성과 객관성·보편성을 견지하기 위해 노력해야 한다.

오늘날 세계 인류가 공통으로 추구하고 있는 가치관은 공존공생과 복지이다. 우리는 이웃을 사랑하는 마음을 가지고 정의와 평화를 이룩하여 인종과 종교와 성과 문화와 국가를 초월하여 함께 더불어 살아가는 생명의 환희가 넘치는 공동체를 형성하기 위해 함께 노력해야 한다. 인류가 추구하는 새로운 윤리관 역시 이러한 공동체 형성을 위한 길과 틀을 제공하는 것이어야 한다.

이 책에서 다루고 있는 주제들을 분석하고 나름대로의 해결책들을 제시함에 있어서 필자가 주의를 기울인 것은 바로 이러한 점이다.

이 책이 다루고 있는 주제들은 인권 회복과 복지 확보를 추구하는 현대신학 및 기독교사회윤리학의 변천에 대한 소개, 사회적 구조악의 뿌리, 교회의 사회적 책임, 국가와 교회의 관계, 분배 정의, 대리모 출산, 배아복제와 연구, 낙태, 동성애, 존엄사, 다문화사회(외국인 근로자, 결혼이민자, 다문화가정 자녀)와 돌봄의 윤리, 공존공생을 위한 윤리이다. 필자가 이러한 주제들을 통해서 보여주고자 하는 핵심은 "이웃을 사랑하는 마음을 가지고 정의와 평화를 이룩하여 인종과 종교와 성과 문화와 국가를 초월하여 함께 더불어 살아가는 생명의 환희가 넘치는 공동체를 형성함"이다.

우리는 이기적이고 주관적인 편견에 사로잡혀 나와 다른 이웃을 차별하고 억압하고 착취해서는 안 된다. 각자가 미처 알지 못한 과학적 발견, 다양한 문화와 관점, 신비로운 우주의 구조 등에 대해서 겸손한 마음으로 배우고 수용하는 자세를 가져야 하며, 우리 마음의 폭을 더욱 넓혀 나가야 한다. 이웃의 행복을 위해 배려하고, 함께 더불어 살아갈 수 있도록 포용해야 하며, 삶의 질 향상과 복지 증대를 위해 노력해야 한다.

이 책에서 다루고 있는 주제들이 전문 학자들이나 학생들뿐만 아

니라 일반 독자들에게도 당면한 사회 문제들에 대해서 넓게 열린, 그
리고 건전한 식견과 판단력을 갖도록 하는 데 도움이 될 수 있기를
소망한다.

　부족한 자식을 위해 늘 기도해 주시는 어머니와 형제자매들에게
감사드리며, 갓 결혼하고 인생을 개척하기 위해 열심히 노력하고 있
는 아들(김엘리)과 며느리(문현숙), 그리고 지극한 사랑과 정성으로
보필해 준 아내 강미경 박사에게 깊은 감사를 드린다.

　이 책을 출판할 수 있도록 도와주신 동문선의 신성대 사장님과 임
직원 여러분께 깊이 감사드리며, 이 책을 읽게 될 모든 분들께 감사
드린다.

　하나님의 은총과 사랑이 모두에게 함께하기를 기도드린다.

2011년 천안 안서동에서，　김 희 수

차 례

제 I 부

제 II 부

제 III 부

제IV부

제12장 Ethical Quest For Mutual Survival and Well-being: Justice And Peace 365

제 I 부

제1장

기독교사회윤리:

공존공생과 복지를 위한 새로운 패러다임의 추구

서 론

1976년에 출판된 책에서 버치(Bruce C. Birch)와 라스무쎈(Larry L. Rasmussen)은, 현대 개신교의 윤리학적 관심은 신학적·철학적·성경적 윤리학 분야보다는 주로 정치윤리·환경윤리·성윤리·인종차별·성차별 등과 같은 현실적인 사회 문제들에 집중되어 전개되고 있다고 말한 바 있다.[1] 이러한 경향은 21세기가 시작된 현 시점에 있어서 더욱 두드러지고 있으며, 그 관심사가 생명의료윤리(낙태·존엄사·유전공학·생명복제 등)와 사이버매체윤리 등 현대과학 문명과 관련한 사회윤리 문제로 확대되어 가고 있다.

현대 사회는 포스트모던 시대라고들 한다. 모더니즘 시대(근대 산업사회)는 기계의 톱니바퀴들이 서로 맞아 들어가듯이 합리성, 규칙성, 기계적 합치성, 규율, 균일성, 획일성, 통일성, 대량 생산 등을 지향하던 시대였다. 포스트모던 시대(탈산업화 시대)는 근대 산업사

---

1) Bruce C. Birch and Larry L. Rasmussen, *Bible and Ethics in the Christian Life* (Minneapolis, Minnesota: Augsburg Publishing House, 1976), p.20.

회의 가치관들을 뛰어넘기 위해 탈논리, 탈규율, 관습과 전통, 그리고 규범의 절대성 부인, 자유, 극단적인 자기 개성 표현 등을 추구한다. 교통 수단, 인터넷, 대중매체의 발달로 인하여 세계의 다양한 구성원들이 모두 하나의 오픈된 시장과 대운동장으로 나왔다. 그리하여 다양한 문화와 종교 등이 어떤 특정 그룹의 사람들에게만 묶여 있지 않고 모두에게 공개되었다. 지금까지는 서로에게서 단절되어 있었던 다양한 그룹들 사이에 활발한 대화가 이루어지고, 서로에 대한 이해의 폭이며 선택의 폭도 넓어지게 되었다. 근대 산업사회의 패러다임으로는 새롭게 변화된 지구촌의 삶의 현실을 수용하기도, 설명하기도, 미래를 위한 비전을 제시하기도 어렵기 때문에 새로운 패러다임을 찾는 과정중에 이전 시대에 통용되던 가치관이나 규범들을 거부하는 현상이 나타나는 것이다.

인간은 인간 중심의 사고방식에서 깨어나 환경·자연·우주 전체를 지향하는 방향으로, 그리고 한 인종 중심에서 전 인류를 포용하는 방향으로 사고의 틀이 확대되어 가고 있다. 인류는 폐쇄적인 자기 중심적 선민 사상, 인종우월주의와 식민주의에서 깨어나 세계 공동체 의식을 함양해 가고 있다. 이러한 과정에서 여러 인종과 문화와 전통을 이해하고 포용하는 것은 다원주의의 등장이라기보다는 모두가 하나의 근원(1원)에서 시작된 것임을 깨닫고, 하나의 우주 공동체로 통합되어 가는 과정에 나타나는 과도기적 현상이라고 보아야 할 것이다.

성경이 보여주는 세계관은, 최초에는 하나였던 공동체(에덴 동산)가 인간의 교만함과 이기적인 욕심에 의해서 여럿으로 분열되었다가(아담과 이브의 타락과 바벨탑 사건 이후) 그리스도 안에서 다시금 하나로 통합되는 것으로 묘사되어 있다. 하나님이 원하시는 것은 인간들이 우주적 사랑을 깨닫는 것, 모든 인류가 형제자매요, 우주 속의 모든 개체들이 서로서로 돕고 살아야 하는 가족들임을 깨달아 알고 서로 아끼며 살아가는 것이다.

인간의 미약함에 대한 인식

갈릴레이(Galileo Galilei, 1564-1642)는 가톨릭 신부 코페르니쿠스(Nicholas Copernicus, 1473-1543)와 마찬가지로 망원경을 사용하여 지구를 포함한 혹성들이 태양을 중심으로 돌고 있음을 발견함으로써 인간 의식이 지구 중심적 사고에서 우주 중심적으로 넓어지게 만들었다. 그러나 추기경 벨라르미노(St. Robert Bellarmine, 1542-1621)는 "하나님이 지구를 움직이지 못하도록 고정시켜 놓았다"(〈시편〉, 104편 5절) "태양은 지구를 중심으로 뜨고 진다"(〈전도서〉, 1장 5절)고 한 성구들을 인용하며, 지구를 중심으로 다른 모든 것들이 돌고 있다고 주장하였다.[2] 하지만 교회의 잘못된 생각은 결국 깨뜨려지고 말았다.

과학적 발견은 우주적 차원과 유전자적 미세 영역에서 창조주 하나님이 얼마나 광대하신가에 대한 우리의 이해의 폭을 넓혀준다. 우리가 속한 은하계(Milky Way Galaxy)만 해도 1천억 개의 별이 존재한다. 우리의 은하계는 약 1백억 개의 전체 은하계 중 평균 크기만한 것이다.[3]

---

2) James C. Peterson, Genetic Turning Points: *The Ethics of Human Genetic Intervention*(Grand Rapids, Michigan/Cambridge, U.K.: William B. Eerdmans Publishing Company, 2001), pp.33-34.

이제는 인간 중심의 사고방식에서도 탈피할 때가 왔다. 인간이 만물의 영장이니 다른 모든 피조물들 위에 군림하고 착취할 수 있다는 생각들을 버려야 한다. RNA를 사용하는 극소수의 바이러스들을 제외하고 지구상에 존재하는 모든 생명체는 DNA 화학 코드를 사용하고 있다. DNA는 4개 화학물질의 조합이다. Adenosine(A), cytosine (C), guanine(G), thymine(T). 이스트·꽃·쥐·인간 등 모든 생명체들이 똑같은 시스템으로 유전적 정보를 입력하고 복제한다. 세포적 차원에서 인간의 세포와 다른 포유동물들의 세포는 여러 측면에서 거의 호환이 가능하다. 이것이 동물 실험을 통해서 의료적 발전을 이루는 가능성을 열어주는 까닭이다.[4]

인간 몸의 모든 핵세포들 속에는 DNA 분자의 중추가 되며, 유전 정보를 암호화하는 대략 30억 개의 base pair(염기쌍)들이 있다. 유전자들은 대개가 평균적으로 약 3천 개의 base들로 이루어지게 되는데, 큰 것은 2백40만 개의 base들로 이루어지는 것들도 있다. 인간은 대략 3만 개 정도의 유전자를 가지고 있다. 과실 파리는 약 1만3천 개, 회충은 약 1만9천 개, 쌀은 4만 개 이상의 유전자를 가지고 있다. 우리는 지구가 우주의 중심이라는 생각이 잘못된 것임을 받아들여야 했듯이 인간이 가장 많은 수의 유전인자를 가지고 있지 않다는 사실도 받아들여야 한다. 인간과 쥐는 90%, 그리고 인간과 침팬지와는 98.4%의 공통적인 유전인자를 가지고 있다. 더욱 놀라운 사실은 유전인자를 공유하는 점에 있어서 침팬지와 고릴라 사이보다 인간과 침팬지가 더 유사하다는 것이다.[5]

---

3) *Ibid.*, pp.44-45.
4) *Ibid.*, p.38.

인권 회복과 복지

20세기 중반 이후 세계 신학계의 핵심 주제는 인권 회복과 복지라는 큰 물줄기를 타고 흘러왔다. 첫째는 인간의 존엄성 회복과 세계 공동체 회복을 위해 사회의 정치·경제·문화적 체제 자체를 개혁하는 작업이었으며, 둘째는 물질·건강 등 개인적 차원의 well being을 확보하는 작업이었다. 해방신학·흑인신학·민중신학·여성신학 등이 바로 정의·자유·평등·평화를 성취하기 위한 인권 회복 윤리의 신학적 틀을 제공한 대표적인 예들이다. 이러한 노력들은 오랜 세월 동안 정치·경제·문화적 측면에서 특권을 누려 온 인종·종교·국가·계층·성에 의해서 확립되어진 일방적인 문화·전통·가치관·법을 개혁하고, 그러한 틀에 의거해서 자행된 억압과 착취와 소외로부터의 인권 회복을 추구하였다.

인간은 또한 삶의 질과 복지 향상을 위해 현대 과학과 의학의 힘을 활용하고 있다. 인공 수정, 유전자, 장기 이식, 장기 복제, 생명 복제, 줄기세포, 존엄사, 환경 보호 등에 대한 연구가 그 대표적인 예들이다.

이상에 열거한 모든 주제들이 현대사회윤리(정치윤리, 경제윤리, 생명의료윤리, 성윤리, 환경윤리 등)와 기독교사회윤리의 주요 내용들이다.

인간 해방과 인권 회복, 정의와 평등, 함께 더불어 살아가는 생명

---

5) Susan Brooks Thistlethwaite, *Adam, Eve, and the Genome: The Human Genome Project and Theology*(Minneapolis: Fortress Press, 2003), pp.53-54.

의 환희가 넘치는 공동체 확립을 위해 노력한 대표적인 신학 운동
에 대해 잠시 살펴보기로 하자.

해방신학

해방신학은 1960년대 후반 주로 라틴아메리카에서 일어난 사회
적·신학적 운동으로서, 교회가 억압받는 자들을 위해 사회 운동에
적극 참여해야 한다는 것이었다. 해방신학자들은 종교적 신앙을 정
치적·서민적 일상사와 관련시킴으로써 가난한 자와 억압받는 자를
도와주고자 했다.

해방신학 운동의 출발 시기는 보통 1968년 콜롬비아 메데인에서
열렸던 제2차 라틴아메리카 주교회의로 거슬러 올라간다. 이 회의
에 참석한 주교들은 가난한 자의 권리를 인정하고, 산업화된 국가
들이 제3세계가 희생한 대가로 부유해지고 있음을 역설하는 문서
를 발표했다. 이 운동의 근본이 된 저서는, 페루의 신학자이며 사제
인 구스타보 구티에레스가 쓴 《해방신학 *Teologia de la liberacion*》
(1971)이다. 이 운동의 다른 지도자로는 엘살바도르의 대주교 오스
카르 아르눌포 로메로, 브라질의 신학자 레오나르도 보프, 예수회
신학자 J. 소브리노 등이 있다.

모든 신학은 그 신학이 속한 사회적 환경의 산물이라고 보아야 할
것이다. 구티에레즈는 해방신학이 라틴아메리카의 사회적 상황의
산물임을 잘 보여준다. "신학은, 그들이 그것을 알든지 모르든지 간
에 특정한 사회적 상황에 처한 사람들에 의해서 행해지는 것이다.
모든 신학은 일정 부분 구체적인 사회 상황에 대한 성찰과 그 사회

적 상황의 반영이다. 신학은 사회 상황과 동떨어지거나 시대와 무
관한 무엇이 아니다. 신학은 하나님의 말씀을 오늘의 언어——특정
한 때와 장소의 범주 안에서——로 표현하고자 하는 시도이다."[6]
해방신학은 라틴아메리카의 역사적 현실과 깊이 관련되어 있었다.
라틴아메리카인들이 경험한 정치적 억압과 종속, 경제적 착취가 해
방신학의 역사적·사회적 배경이 되었다. 15세기 이후 스페인 제국
의 정치적 침략에 힘입은 로마가톨릭교회는 지배자 편의 선교 정책
을 펼치며 남아메리카를 가톨릭화시켰다. 이 과정에서 교회는 기득
권층의 편에 서 있었으므로 전 지역에 만연된 만성적 가난, 악성적
인플레, 관료주의적 부패, 쿠데타의 연속, 경제적 종속 등을 심화시
키는 데는 기여하였으나, 그것을 개혁하는 데는 기여하지 못했던 것
이다. 그러나 이런 상황에서 일부 사제와 신학자들의 선도하에 교
회가 자성의 기회를 갖게 되었고, 해방을 향한 남아메리카인들의
열망, 그리고 인간의 존엄성을 세우기 위한 투쟁에 책임감 있게 응
답한 것이 해방신학으로 나타나게 된 것이다.

　해방신학 형성에 영향을 끼친 또 다른 요인들로는 다음의 세 가지
를 들 수 있을 것이다. 1962-1965년에 있었던 제2차 바티칸공의회
는 '기쁨과 희망(Gandium et Spes)'이란 문서를 통해 교회가 억눌린
자와 가난한 자들의 편에 서야 한다고 선언함으로써 라틴아메리카
의 신학자들에게 길을 열어주었다. 다른 두 가지로는 몰트만의 '희
망의 신학'과 메츠의 '정치신학'이 있다. 몰트만의 '희망의 신학'은
하나님을 우리 앞에 계시며, 우리보다 앞서가시는 분으로 설명하였

---

6) Gustavo Gutierrez, *The Power of the Poor in History*(Maryknoll, N.Y.: Orbis, 1983), p.90.

다. 1967년경 몰트만의 뒤를 이은 메츠의 정치신학은 성경에 나오
는 자유·해방·구원이라는 모든 개념들을 정치적인 범주에서 이해
하려고 했는데, 결국 그리스도인들의 자유가 곧 정치적인 자유라고
역설하였다. 이런 정치신학에서는 노동자의 압제를 고발하면서 동
시에 공동의 자유와 행복을 누릴 수 있는 길을 찾았던 것이다.

해방신학은 1980년대에 이르러서는 전 세계적으로 광범위하게
유포되었다. 해방신학은 라틴아메리카의 급진적인 신학뿐만 아니라
북아메리카의 흑인신학과 여성신학, 그리고 최근의 생태학적 신학
을 포함하는 현대의 큰 신학적 흐름의 형성에 기여했다.

특히 1980년대 들어 한국의 정치·경제·사회적 정황과 맞물려
큰 반향과 논쟁을 일으켰으며, 민중신학의 태동에 기여하였다.

흑인신학[7]

대표적인 흑인 신학자로는 제임스 콘(James H. Cone)이 있다. 그
는 대표적인 흑인 신학자로서, 열정적인 저술 활동을 통하여 착취
당하고 억압당한 자들의 삶을 해방하시고자 하는 하나님의 뜻을 선
포하는 선지자적 역할을 수행하였다. 1968년 *Christianity and Black
Power*를 발표, 백인 신학자들과 목사들에게 충격을 안겨주었다.[8]

콘의 흑인신학은 철저하게 자전적이며, 흑인의 사회적 전기에서
출발한다. 흑인신학의 신학적 입장과 내용이 '아우구스티누스'에서

---

7) 서광선 해설, 《오늘의 사상 100인 100권》(신동아, 1986년 1월호 별책부록).
http://kdaq.empas.com/qna/3067066?l=e

'바르트'에 이르는 서양의 백인들의 신학적 전통과 다를 수밖에 없
다는 것을 강조했다. 그의 신학의 기본 자료는 흑인의 사회적·역사
적 경험이며, 그 경험을 예수 그리스도와 연결시킴으로써 확인하였
다. 그는 신학은 "인간의 사회적 맥락에서 우리가 하나님에게 던지
는 물음에 대한 해답"을 모색하는 것이라고 보았다. 이런 신학적 방
법론은 포이어바흐며 마르크스의 지식사회학에 토대를 둔다. 특수
한 사회·역사적 맥락에서 던지는 질문에 대한 특수한 답변을 기대
하는 학문적 태도와 함께 변화를 요청하는 행동(praxis)의 학문으로
서 흑인신학이 형성되었다.

콘은 하나님의 백성의 한 사람인 신학자의 역할은, 무엇이 세상
안에서 하나님의 해방 사업에 참여하는 일인가를 밝혀주는 것이라
고 보았다. 그러므로 그는 "예수 그리스도는 누구인가?" 하는 것이
흑인신학에 있어서의 핵심적인 질문이라고 보았다. 콘에게 있어 하
나님은 가난하고 도움받을 곳이 없는 사람들을 그들의 여건과 고통
으로부터 해방시키기 위해 그들(흑인)에게 왔고, 또 계속 오시는 분
이시다. 예수 그리스도 사건이 바로 이러한 하나님을 보여주는 사
건이었다. 콘은 미국의 경우 흑인을 포함한 유색인종이 바로 하나
님이 선택한 가난한 자들이라고 보았다. '그리스도의 흑인됨'은 단
순한 피부색을 말하는 것이 아니라 하나님이 눌린 자들, 천대받는
자들, 가난한 자들과 함께하셨고, 또 함께하실 것임을 의미한다고

---

8) 그밖의 저서로는 *Black Theology and Black Power*(1969), *A Black Theolo-gy of Liberation*(1970), *The Spirituals and the Blues: An Interpretation*(1972), *God of the Oppressed*(1975), *My Soul Looks Back*(1982), *For My People: Black Theology and the Black Church*(1984), *Speaking the Truth: Ecumenism, Liberation, and Black Theology*(1986) 등이 있다.

보았다.

콘의 신학이 영향력을 가지는 것은, 전통적 서구신학에 대한 도전과 개인의 사회적·역사적 경험을 신학에 끌어들이고, 그럼으로써 특수한 사회적·역사적·문화적 경험에서 우러나오는 기독교신학의 타당성을 주장한 데 있다.

콘은 백인신학의 잘못과 죄에 대해서 다음과 같이 지적한다. 백인신학에 있어서 죄는 이론적인 생각에 머물 뿐 구체적인 현실과 연결되지 않는다. 어느 백인신학자도 죄를 미국에 있어서의 흑백 갈등과 연관지어서 생각한 이가 없다. 억압과 착취의 수행자로서 살아온 백인 근본주의 신학자들은 미국 사회에서 발생한 인종차별적인 역사와 문화, 제도와 법에 대해서 인식하지 못하고, 죄를 단순히 백인 사회의 규율들을 어긴 도덕적인 문제로 규정하는 우를 범하고 있다. 백인들의 죄는 아메리카 인디언들의 격리 수용, 흑인 강제수용소, 베트남 강간 등을 일으킨 사회적·국가적 여건들을 그대로 용납한다는 것이다.[9] 한마디로 백인들과 백인신학자들이 인종차별적이고 자국 중심적인 미국의 죄를 깨닫지 못하고 있다는 것이다.

콘은 백인들의 인종차별주의로부터 흑인 해방을 두 측면, 즉 사회적·정치적 자유의 쟁취와 문화적 해방의 쟁취로 생각하였다.[10] 출애굽 사건과 선지자들의 메시지에 비추어 볼 때, 하나님은 역사 속에서 억압당하고 착취당한 약자와 빈자들의 해방을 위해 행동하셨다.[11] 콘은 구티에레즈의 표현을 그대로 인용하여 모든 신학이 그것

---

9) James H. Cone, *A Black Theology of Liberation*, 2nd. ed.(Maryknoll, N.Y.: Orbis Books, 1986), pp.105-107.

10) James H. Cone, *For My People: Black Theology and the Black Church* (Maryknoll, N.Y.: Orbis Books, 1984), p.62.

이 속한 사회 상황의 산물이며, 그리스도의 복음을 오늘이라는 특정한 때와 장소의 범주 안에서 오늘의 어휘로 표현하는 것이라고 강조하고,[12] 흑인들이 처한 사회적 상황 속에서 하나님의 뜻 실현을 위해 노력하였다.

콘은 미국의 모든 흑인들이 일치단결해서 억압당하고 착취당한 가난한 자들의 해방을 위해 노력해야 한다고 다음과 같이 강조한다. "흑인 목회자들과 신학자들과 평신도들이 복음에 대한 우리의 헌신을 가난한 자들의 해방이라는 관점에서 평가할 수 있도록 준비되어 있지 않으면, 우리의 복음은 가난한 자들에게 기쁜 소식이 아니라 억압의 수단이다. 억압당한 자들에 대한 하나님의 해방이 흑인 기독교인들의 말과 행동에 달려 있음을 증거하기 위해서 우리는 기꺼이 우리 자신들의 개인적 야망을 포기하고, 교단적 차이점을 초월하며, 각자의 개성적 차이로 인한 갈등도 극복하고 함께 노력해야 한다."[13]

민중신학

1970년대 후반부터 형성된 한국 개신교의 실천신학이다. 해방신학이 라틴아메리카의 상황신학이요 흑인신학이 미국의 상황신학이라면 민중신학은 한국적 상황신학으로서, 1960년대 이후 한국 사회의 산업화와 도시화 과정에서 생긴 여러 가지 사회적 문제를 선

---

11) *Ibid.*, pp.65-67.
12) *Ibid.*, p.172.
13) *Ibid.*, p.117.

교 과제로 수용해 실천 속에서 형성시킨 신학이다.

민중신학은 보수신학이 묵과해 온 정치적·경제적·사회적 문제를 파헤쳤고, 서구 그리스도교 신앙에서 벗어나 신학을 한국적 맥락에서 체계적으로 이해했다. 또한 역사 의식을 분명히 인식해 역사와 신학을 통합시켜 현대 인문사회과학 분야의 핵심 문제들을 종합적으로 신학화했다.

민중신학은 한국의 역사와 문화 그리고 정치·경제적 상황 속에서 형성된 한의 뿌리와 구조를 밝혀내고, 그 구조를 개혁함으로써 민중들을 해방하고 한을 치유하고자 했다. 민중신학에 있어서도 그리스도 사건을 통해서 나타나신 하나님은 어떤 하나님이신가, 그리고 그분이 원하시는 것은 무엇인가 하는 것이 핵심적인 질문이었다. 또 민중신학자들은 개인적인 차원의 구원에 머물지 않고 사회 전체의 구조적 개혁을 요구하는 하나님, 그리고 그리스도이심을 발견하였다. 이 하나님이 원하시는 구원은 사회 전체적 구조 개혁을 통한 회개와 용서·정의·평등·평화의 성취였다.

한의 뿌리와 구조를 분석하고 한의 치유 방안 제시에 있어서 민중신학이 정치·경제적 상황뿐만 아니라 역사적·문화적 상황까지도 고려했다는 점에서 다분히 정치·경제적 상황에만 초점을 맞추었던 해방신학보다 더 총체적인 관점을 견지했다고 할 수 있을 것이다.

민중신학은 한국의 상황에 대한 가장 구체적이고 절실한 한국적 상황신학이라는 점에서 국제적으로 인정받았다. 또한 한국의 전통 문화와 예술을 포괄적으로 수용해 민족 의식, 역사 의식, 전통 의식을 고취시킨 점도 이 신학이 갖는 큰 의의 중 하나로 볼 수 있다.

여성신학

　여성학은 서구에서는 1960년대말, 국내에서는 1970년대말에 출현했다. 세계적으로 1960년대는 학생 운동과 베트남전 반대 운동, 흑인 민권 운동 등 시민 운동의 파고가 높이 치솟았던 기간이다. 서구 여성들은 19세기의 노예제 폐지 운동에서와 마찬가지로 처음에는 남성들과 시민 운동에 함께 참여하다가 여성 운동으로 분리되어 나오는 과정을 겪는다. 즉 여성들은 시민 운동에 함께 참여한 남성들의 성차별적 관행에 부딪치면서 여성도 흑인과 마찬가지로 억압받는 집단이라는 자각이 싹트게 되었다.

　여성신학은 문화·정치·경제·종교·교육·사회의 모든 영역이 남성 중심적으로 진행되고, 여성들이 철저히 차별당하고 소외당해 온 것에 대한 자각과 이러한 상황에 대한 비판으로부터 출발하였다. 그러므로 여성신학은 세 가지 측면에서 추진되었다. 첫째, 남성중심주의자와 여성혐오주의자들의 편견에 의해서 형성된 사회 구조와 전통은 심각하게 비뚤어져 있으므로 바로잡아야 한다. 둘째, 이렇게 편견으로 비뚤어진 사회 구조와 전통을 바로잡기 위해서는 새로운 규범과 전통을 형성할 수 있는 대안이 제시되어야 한다. 셋째, 여성에 대한 이러한 편견들로부터 여성을 해방시킬 수 있는 신학적 패러다임을 새롭게 형성해야 한다. 이러한 관점에서 여성신학이 형성되었다.

삶의 질 향상을 위한 과학적 실험

우트카(Gene Outka)는 배아줄기세포 연구를 지지하기 위하여 램지(Paul Ramsey)의 이론을 기초로 '손해 무(Nothing is lost)'라는 논리를 제시한다. 이를테면 "무고한 생명의 의도적 살인은 절대적으로 금지해야 한다. 그러나 그 무고한 생명이 결국 죽을 수밖에 없는 경우와, 그 생명을 희생시킴으로써 무고한 다른 생명을 구할 수 있을 때는 직접적인 살인이 허용될 수 있다."[14] 우트카는 램지의 이론을 배아에 적용하여 줄기세포 연구에 잉여배아를 사용할 경우 다음과 같은 결과가 발생한다고 언설한다. "(1) 더 이상 잃을 것이 없다. 그리고 (2) 손해는 적어지고, 적어도 누군가의 생명을 구한다."[15]

워터스(Brent Waters)는 "효과적인 의학적 치료를 제공하는 것은 곤경에 처한 이웃에 대한 사랑을 강력하게 표현하는 것"이며, 기독교인들은 "고통당하는 이웃과 단순히 함께하는 것뿐만 아니라 의학을 사용하도록 부름받았다"고 주장하며 잉여배아를 줄기세포 연구에 사용할 것을 내세운다.[16]

---

14) Paul Ramsey, War and Christian Coscience: How Shall Modern War Conducted Justly?(Durham, N. C.: Duke University Press, 1961), pp.171-191. 재인용 from Gene Outka, "The Ethics of Human Stem Cell Research," in *God and the Embryo: Religious Voices on Stem Cells and Cloning*, eds. by Brent Waters and Ronald Cole-Turner(Washington, D.C.: Georgetown University Press, 2003), p.46. 장도곤, 〈배아줄기세포 연구에 대한 기독교윤리적 대안: 무조건적인 찬성과 반대를 넘어서〉, 기독교사회윤리학회, 《기독교사회윤리》 12집(2006), pp.204-205 참조.

15) Gene Outka, "The Ethics of Human Stem Cell Research," in *God and the Embryo: Religious Voices on Stem Cells and Cloning*, eds. by Brent Waters and Ronald Cole-Turner, p.46.

장도곤은 '선행 장려'의 입장을 피력하며, 어차피 파괴될 수밖에 없는 잉여배아를 치료 목적을 위한 줄기세포 연구에 사용할 수 있도록 허용하는 것은 배아를 위한 '생명 우선'과 '약자 보호의 사랑'에 더하여 이웃을 위한 '치유하는 사랑'을 실천하는 길을 열어 놓는 것이라고 한다.[17]

실험 및 연구를 목적으로 한 배아의 생산은 윤리적으로 문제가 있다. 그러나 인공 수정이나 시험관 아기 시술을 위해서 여분으로 생산한 잉여배아의 경우는 이와는 약간 다른 측면을 가지고 있다. 이 잉여배아들은 파괴되거나 영구적으로 냉동 보관될 운명에 처해 있다. 그렇다면 이 잉여배아들을 파괴함으로써 무익한 살인을 하기보다는 다른 생명을 살리기 위한 수단으로 사용하는 것이 훨씬 더 유익할 것이다.

이 문제를 공리주의적인 관점에서 논의해 보기로 하자. 아직은 완전히 발달한 인격체가 아닌 배아의 생명과, 현재 사회의 한 구성원으로서 역할을 수행하고 있으나 질병으로 고통받고 있는 인간의 생명 중 어느쪽을 구하는 것이 더 사회 전체적으로 볼 때 유익한 일인가? 배아를 하나의 완전한 인격체로 인정한다고 할지라도 어차피 파괴될 운명에 처해 있는 배아를 다른 사람의 생명을 구하기 위해 활용하는 것은 사회 전체를 위해 유익한 일이요, 그 배아를 위해서도 다행스런 일이라 할 수 있을 것이다. 배아 실험뿐 아니라 장기

---

16) Brent Waters and Ronald Cole-Turner, eds. *God and the Embryo: Religious Voices on Stem Cells and Cloning*, p.75.

17) 장도곤, 〈배아줄기세포 연구에 대한 기독교윤리적 대안: 무조건적인 찬성과 반대를 넘어서〉, 기독교사회윤리학회, 《기독교사회윤리》 12집(2006), pp. 207-211.

복제나 생명 복제 등과 같은 분야의 연구도 인간의 복지를 전제로 하고 지속적으로 연구할 수 있는 길을 열어주어야 할 것이다.

결 론

인류는 새롭게 출현한 '신세계 공동체' 속에서 모두가 서로의 책임을 다하며 함께 어울려 살 수 있도록 새로운 윤리를 확보해야 하는 과제를 안고 있다. 현대 기독교윤리학자들은 포스트모던 시대가 절대적이고 보편적인 가치와 윤리를 부인하므로 윤리적 위기에 처해 있다고 염려하기도 한다.[18] 그러나 그러한 현상은 오늘날의 시대 상황 속에서 지극히 자연스러운 현상이며, 신세계 공동체에 맞는 새로운 공동체 윤리를 형성해 가는 데 있어서 반드시 거쳐야만 하는 과정이라고 보아야 할 것이다.

과학 기술, 교통 수단, 정보 네트워크 발전에 힘입어 전 지구가 하나의 촌락으로 변화하게 됨에 따라 그동안 각각의 테두리 안에서 권위를 행사하던 문화와 종교와 도덕적 틀들이 그 타당성을 상실하게 되었다. 각각의 가치관이나 종교적 교리나 도덕률들은 각 집단의 삶의 여건에 맞게, 그리고 그 집단의 권익을 위해서 만들어진 것들이었다. 그러므로 자기 집단이 아닌 다른 모든 집단에게도 그대로 통용되기에는 문제가 있는 것이다. 고로 어느 정도 공통적인 요소들이 있을 수는 있지만 모두에게 통용될 수 있는 보편성은 없는

---

18) William Schweiker, *Power, Value and Conviction: Theological Ethics in the Postmodern Age*, 문시영 역, 《포스트모던 시대의 기독교윤리》(살림, 2003), pp. 45-57.

것이다. 결국 어느 한 집단에게 절대적인 권위를 행사하던 가치관이나 도덕률들이 부분적으로는 타당성이 있지만, 동시에 부분적으로는 비합리적인 것으로 판명되어 절대성을 상실하고 상대적인 지위만을 가지게 되는 것이다. 포스트모던 시대가 전통적(이 말은 주로 세계 모든 인류에게 당연히 그 영향력을 행사해야 한다고 생각했던 서구 유럽의 것이라는 의미를 내포하고 있다) 문화와 도덕과 종교의 절대성이나 보편성을 거부한다는 말은 바로 이것을 의미하는 것이다. 포스트모던 사회가 다양성과 다원성을 존중한다는 말은 현재 각 집단들이 자신들의 문화·종교·도덕률의 우월성, 또는 가치를 주장하고 있는 현실 속에서 일단은 서로의 존엄성을 인정해 줄 필요성을 인식하고 있다는 말이다. 그러나 이것은 어느 정도 과도기적인 현상이라고 볼 수 있을 것이다. 서로에 대한 이해가 깊어지고 모든 인류가 하나의 가족처럼 충분히 어우러지게 되면, 인류는 지금까지 각자가 갇혀 있던 그래서 익숙했던 편향된 사고의 틀들을 버리고 결국 모두가 수용할 수 있는 새로운 틀을 만들어 내게 될 것이다. 세계 공동체 속에서 구성원들의 인권이나 복지를 파괴하는 또 다른 개인이나 국가가 나타나지 못하도록 예방하고, 정의·평등·평화가 살아 숨쉴 수 있도록 사회 구조와 제도를 정비해 나가야 할 것이다.

인간 중심적인 사고에서 생태계와 자연 세계를 보호하고 보살펴서 우호적인 삶의 보금자리가 되도록 해야 하며, 파괴하지 말아야 한다. 과학적 발전을 토대로 한 인간의 힘이 생태계를 위협하고, 인간의 유전적 특징까지도 변경시킬 정도로 확대되고 있다.[19] 인간은 자신의 힘을 극대화함으로써 행복한 삶을 이루어 낼 수 있다고 확신할 뿐만 아니라 스스로를 신적 존재로 착각하게 될 위험을 가지고 있다. 도덕의 중심이 되어야 할 하나님, 인격적인 삶, 도덕적 가치와 덕성 함양 등이 그 중심에서 밀려나고 과학 기술과 인간의 힘이 그 중심을 차지해 가고 있다.[20]

이러한 가치의 역전 위기를 극복하고, 힘을 삶의 존엄성 존중 및 함양에 사용되도록 기획하고, 인간의 필요와 그 가치를 고려하면서 우리 앞에 전개된 시대적 상황에 창조적으로 응답하는 책임윤리가 필요하다. 인간의 힘은 생명을 존중하고 증진시키기 위한 목적에 부합되도록 사용되어야 하며, 그렇게 되도록 변형되어야 한다.[21] 이런 의미에서 쉬바이커는 "인간은 모든 행위와 관계에서 하나님 앞에서 삶의 존엄성과 고결성(integrity)을 존중하고 함양해야 한다"고 선언한다.[22]

삶의 질 향상(well being)을 위한 노력을 지속해야 한다. 유전공학·생명공학·의학의 발전이 인간의 건강하고 풍요롭고 행복한 삶의 성취에 기여하는 방향으로 활용되도록 하고, 그 반대로 진행되는 것을 막아야 한다.

인간의 유전자 연구는 세계를 보존하고, 치유하고, 발전시키는 데 기여해야 한다. 실험 대상인 인간을 인간이 아닌 물건 취급해서는 안 된다.[23] 건강 유지와 행복한 삶을 위해서 활용해야 한다. 유전자 연구는 절대로 인간 세계를 파괴하는 데에, 상업적 목적에만 사용

---

19) William Schweiker, *Power, Value and Conviction: Theological Ethics in the Postmodern Age,* 문시영 역, 《포스트모던 시대의 기독교윤리》, p.44.20) 문시영, 〈포스트모던 시대의 윤리적 위기와 책임윤리의 과제〉, 《기독교사회윤리》 6집(2003), pp.121-122.

21) *Ibid.,* p.122.

22) William Schweiker, *Responsibility and Christian Ethics,* 문시영 역, 《책임윤리란 무엇인가?》(대한기독교서회, 2000), p.60.

해서 이웃을 수단화하고 착취하고 인간의 몸을 단순히 물질적인 상
품으로 격하시키게 해서는 안 된다. 유전자 연구가 우성 실험이나
맞춤형 아이의 생산과 같은 위험한 방향으로 사용되어서도 안 된
다. 과학 세계에 있어서 빈익빈 부익부, 계급화, 힘 없고 가난한 사
람들과 국가들이 더욱 차별당하는 사태가 발생해서는 안 된다. 유
전자 연구는 새로운 차원의 도전이다. 이들 유전인자 중 어느 하나
에만 문제가 생겨도 6천여 가지의 질병이 생길 수 있다. 조작은 참
으로 조심스럽게 행해져야 한다.[24] 철저한 책임이 담보되어야 한다.
새로운 과학의 시대일수록 책임윤리가 필요하다.

〈창세기〉 1장은 하나님의 천지창조에 대해서 기록하고 있다. 하
나님께서는 생명의 무대를 창조하시고, 또 그 무대 안에서 살아갈
다양한 개체들을 창조하시어 그들 사이에 질서와 조화를 부여함으
로써 함께 더불어 살아가는 생명의 환희가 가득하게 하셨다. 이 모
습이 히브리 공동체가 이해한 하나님의 모습이었다. 그리고 이러한
하나님의 모습대로 지음받은 인간의 사명이 〈창세기〉 1장 26-28절
에 기록되어 있다. 이 구절들 중 핵심 내용은 '정복하고 다스림'과
'생육하고 번성함'이다. '정복하고 다스림'은 인간의 욕심대로 파
괴하고 정복하며 군림하고 착취하는 것이 아니라 〈시편〉 8, 9, 96-
99편에서 보는 것처럼 '정의(쩨다카)'와 '평화(샬롬)' 확립의 의미를
함축하고 있다. '생육하고 번성함'은 많은 자녀의 출산과 물질적 부
의 축적에 국한되는 것이 아니라 "더불어 사는 생명의 환희가 넘치

---

23) James C. Peterson, *Genetic Turning Points: The Ethics of Human Genetic Intervention*(Grand Rapids, Michigan/Cambridge, U.K.: William B. Eerdmans Publishing Company, 2001), p.106.
24) *Ibid.*, pp.44-45.

게 함"을 의미한다. 요약하자면, 하나님이 천지창조를 통해 보여주신 것처럼 언제 어디서나 정의와 평화를 실현하여 모두(자연 세계 포함)가 함께 더불어 사는 생명의 환희가 넘쳐나도록 하는 것이 하나님의 형상대로 사는 것이자 인간의 사명인 것이다.[25] 이에 근거하여 필자는 기독교윤리를 "인간과 인간 사이에, 그리고 인간과 다른 모든 피조물들(자연과 우주를 포함하는) 사이에 하나님의 뜻에 합당한 올바른 관계를 형성함으로써 정의와 평화를 이룩하고, 함께 더불어 사는 삶의 환희가 넘쳐나게 만드는 데 합당한 행동 원칙"으로 정의한 바 있다.[26]

하나님은 어느 누구도 편애하거나 소외시키지 않는다. 모두를 포용하시고, 각 그룹과 개인들의 독특한 형편과 상황을 종합적으로 고려하신다. 하나님은 모든 인간이 형제와 자매로서 함께 더불어 살아가기를 원하신다. 자신의 이익을 위해 이웃을 억압하거나 착취하거나 소외시키거나 희생양으로 삼아서는 안 된다. 각자는 더 이상 한 민족이나 국가나 성이나 종교의 이기적 이익을 위해 싸우는 전사로 살아서는 안 된다. 세계 공동체의 구성원들로서 모두의 행복을 위해 살아야 한다. 이것을 알고 그렇게 사는 것이 바로 하나님께서 원하시는 덕스러운 삶이요, 성결한 삶이다. 이러한 하나님의 뜻을 실재 삶 속에 반영할 수 있도록 이론적·실천적 틀을 제공하는 것이 바로 기독교사회윤리학의 역할이다.

---

25) 김희수, 《기독교윤리학의 이론과 방법론》(동문선, 2004), pp.70-71; Michael D. Guinan, O.F.M., *The Pentateuch*(Collegeville, Minnesota: The Liturgical Press, 1990), pp.24-26.
26) 김희수, 《기독교윤리학의 이론과 방법론》, p.24.

【참고 문헌】

김희수, 《기독교윤리학의 이론과 방법론》, 동문선, 2004.

문시영, 〈포스트모던 시대의 윤리적 위기와 책임윤리의 과제〉, 기독교사회윤리학회, 《기독교사회윤리》 제6집(2003).

서광선 해설, 《오늘의 사상 100인 100권》(신동아, 1986년 1월호 별책부록).

장도곤, 〈배아줄기세포 연구에 대한 기독교윤리적 대안 : 무조건적인 찬성과 반대를 넘어서〉, 기독교사회윤리학회, 《기독교사회윤리》 12집(2006).

Birch, Bruce C. and Rasmussen, Larry L., *Bible and Ethics in the Christian Life*, Minneapolis, Minnesota: Augsburg Publishing House, 1976.

Cone, James H., *For My People: Black Theology and the Black Church*, Maryknoll, N.Y.: Orbis Books, 1984.

______, *A Black Theology of Liberation*, 2nd. ed., Maryknoll, N.Y.: Orbis Books, 1986.

Guinan, Michael D. O.F.M., *The Pentateuch*, Collegeville, Minnesota: The Liturgical Press, 1990.

Gutierrez, Gustavo, *The Power of the Poor in History*, Maryknoll, N.Y.: Orbis, 1983.

Outka, Gene, "The Ethics of Human Stem Cell Research," in *God and the Embryo: Religious Voices on Stem Cells and Cloning*, eds., by Brent Waters and Ronald Cole-Turner. Washington, D.C.: Georgetown University Press, 2003.

Peterson, James C., *Genetic Turning Points: The Ethics of Human Genetic Intervention*, Grand Rapids, Michigan/Cambridge, U.K.: William B. Eerdmans Publishing Company, 2001.

Ramsey, Paul, *War and Christian Coscience: How Shall Modern War Conducted Justly?*, Durham, N. C.: Duke University Press, 1961.

Schweiker, William, *Power, Value and Conviction: Theological Ethics in the Postmodern Age,* 문시영 역, 《포스트모던 시대의 기독교윤리》, 살림, 2003.

______, *Responsibility and Christian Ethics,* 문시영 역, 《책임윤리란 무엇인가?》, 대한기독교서회, 2000.

Thistlethwaite, Susan Brooks. *Adam, Eve, and the Genome: The Human Genome Project and Theology*(Minneapolis: Fortress Press), 2003.

Waters, Brent and Cole-Turner, Ronald. eds. *God and the Embryo: Religious Voices on Stem Cells and Cloning.* Washington, D.C.: Georgetown University Press, 2003.

http://kdaq.empas.com/qna/3067066?l=e

제Ⅱ부

제2장

죄의 뿌리와 구조악

서 론

아리스토텔레스는 정치학이 다른 모든 학문들을 활용하며, 시민들이 해야 할 것과 해서는 안 될 것을 가르치고 통제하는 역할을 하기 때문에 학문들 중 최고의 학문이라고 하였다. 그리고 정치학의 목적은 시민들을 선하게, 즉 행복하게 만드는 것이다.[1] 아리스토텔레스는 "정치학의 목표가 모든 목표들 중 최상의 것이다. 정치학의 주된 관심은 시민들의 마음속에 특정한 성품(덕)을 배양시키는 것이요, 시민들을 선하게 만드는 것이며, 고결한 행동을 하도록 훈련시키는 것"이라고 하였다.[2] 아리스토텔레스는 시민들에게 함양시켜야 할 덕성들 중에서 행위자 자신뿐만 아니라 국민 모두에게 유익을 끼치는 덕인 정의가 모든 덕들 중 최고의 덕이라고 보았다.[3] 정치의 목적은 시민들을 덕스러운 사람들이 되도록 훈육하여 개인과 사회

---

1) Aristotle, *Nicomachean Ethics*, trans by Martine Ostwald(Indianapolis, Indiana: Bobbs-Merrill/Library of Liberal Arts Press, Inc., 1962), p.4. Book 1, chap.2.

2) "The end of politics is the best of ends; and the main concern of politics is to engender a certain character in the citizens and to make them good and disposed to perform noble actions." *Ibid.*, p.23. Book 1, chap.9, 1099b29-32.

3) *Ibid.*, p.114. Book 5, chap.1, 1130a3-5.

가 정의롭게 되고, 행복하게 만드는 것이었다.

정부의 의무는 국가의 인적·물적 자원을 효율적으로 활용하여 국민의 생명과 인권·재산을 보호하고, 의무와 권리를 공평하게 분배함으로써 국민이 행복한 삶을 누리게 하는 것이다. 정치인은 이 일을 담당하는 일꾼이다. 그러나 비민주적인 저개발 국가들의 경우 정치인들은 그 본분을 망각하고 국민들 위에 군림한다.

자본주의 경제체제하에서의 기업의 목적은 무엇인가? 흔히 '최소 투자, 최대 이윤 창출'이라고들 말한다. 물론 기업은 최대의 이윤을 창출해야만 한다. 그러나 동시에 수익의 공평한 분배를 시행해야 한다. 기업이 자신의 이익만을 추구하고, 소비자와 국민과 국가의 행복을 도외시하는 것은 옳지 못하다. 기업 역시 국민의 행복을 위해 공헌하는 국가 기관들 중의 하나라는 사실을 망각해서는 안 된다. 더 나아가 기업 활동이 글로벌화된 지금 기업은 자신이 속한 국가의 이익만을 고려해서도 안 된다.

정치이건 경제 활동이건 그 근본 목적은 사회 구성원들의 풍요롭고 행복한 삶을 극대화하는 것이다. 그런데 왜 인간 사회가 타락하고, 그 구성원들이 행복이 아니라 고통 속에 살게 되는 현상이 일어나는 것인가?

종교적인 죄와 윤리적인 악

어느 한 개인이나 단체 또는 사회 행위나 제반 현상들에 대한 올바른 분석이나 이해를 위해서는 경제적·정치적·사회학적인 분석 이전에 인간 실존에 대한 종교적 혹은 신학적인 분석이 필요하다.

기독교 신학자요 윤리학자였던 리처드 니버는 죄를 두 차원에서
설명한다. 그는 종교적인 차원에서 이해하는 죄(religious sin)와 윤리
적인 차원에서 이해하는 악(moral evil)으로 세분해서 설명하였다. 그
는 종교적 차원에서의 죄를 우상 숭배, 즉 참 하나님이 아닌 거짓
신들(물질, 권력, 이데올로기, 민족, 종교 등)을 섬기는 것으로 보았으
며,[4] 윤리적·도덕적인 악 또는 타락은 이러한 우상 숭배(종교적으로
이해한 죄)의 필연적인 결과로 이해하였다.[5] 그는 인간의 인간에 대
한 가학 행위, 동물들에 대한 잔혹함, 자연에 대한 착취와 파괴, 도
착적인 성적 가해 행위, 비정상적인 소유욕, 그리고 신의 창조물들
과 그들의 아름다움을 상업적으로 이용하는 불경스러움 등을 죄의
결과로써 나타나는 윤리적·도덕적인 타락의 구체적인 예들로 제시
한다.[6]

엄밀히 말해서 무신론자는 없다고 해야 할 것이다. 인간은 누구나
가 각자의 신을 섬기고 있으며, 그 신이 무엇이냐에 따라서 삶의 목
표와 방향과 방법이 결정된다고 할 수 있다. 한 사람의 신이 권력일
때는 권력을 잡기 위한 방향으로 모든 것을 치밀하게 설계할 것이
요, 권력을 잡은 다음에는 그것이 시키는 대로 행동할 것이며, 또

---

4) H. Richard Niebuhr, "Man the Sinner," *The Journal of Religion* 15(July 1935),
pp.276-277. The religious concept of sin always involves the idea of dislo-
yalty, not of disloyalty in general, but of disloyalty to the true God, to the only
trustworthy and wholly lovable reality. Sin is the failure to worship God as God.
…loyalty to a false God implies rebellion against(true) God. …To make a god of
the self, or of the class, or of the nation, or of the phallus, or of humankind, is
to organize life around one of these centers and to draw it away from its true
center; hence, in a unified world, it is to wage war against God. *Ibid.*
5) *Ibid.,* p.273.
6) *Ibid.,* p.279.

그것을 지키기 위해서 모든 수단과 방법을 동원할 것이다. 돈(부)이 신인 사람은 그것을 더욱 많이 소유하기 위해 모든 수단과 방법을 동원할 것이요, 또한 그것의 노예가 되어 돈신이 시키는 대로 행동할 것이다. 그리고 많은 경우에 이 두 신은 한 쌍이 되어 사람들을 노예로 만든다. 참 하나님이 아닌 거짓된 신들을 섬기게 될 때, 인간은 자기 자신 이외의 모든 존재들을 자기가 섬기는 거짓된 신의 욕구를 충족시키기 위한 수단으로 간주하게 되는 무섭고도 슬픈 결과를 낳게 된다. 이러한 현상은 개인에게뿐만이 아니라 한 사회 전체에게도 일어난다.

리처드 니버의 친형이자 저명한 기독교윤리학자였던 라인홀드 니버 또한 죄를 종교적인 차원에서의 죄와 도덕적·사회적인 차원에서의 윤리적 악으로 구분하여 설명하고 있으며, 후자를 전자의 필연적인 결과로 분석하고 있다.

> 인간의 교만함과 권력욕은 창조의 화목한 질서를 깨뜨린다. 성경은 죄를 종교적인 측면과 도덕적인 측면에서 설명하고 있다. 종교적인 차원에서의 죄란 인간의 하나님에 대한 반란, 곧 스스로가 하나님의 자리를 차지하고자 하는 행위를 말한다. 도덕적·사회적 차원에서의 죄는 정의롭지 못함이다. 교만함과 권력욕으로 인하여 그 스스로를 모든 존재의 중심으로 삼는 자아는 필연적으로 다른 피조물들을 그 자신 아래로 정복하고 억압하게 되며, 결국 그들에게 불의를 행하게 되는 것이다.[7]

성경도 이러한 견해를 뒷받침해 주고 있다. 구약성경 〈출애굽기〉

20장으로부터 23장의 '시내산 계약'(십계명과 이어지는 설명들, 계약법전) 중의 십계명을 보면, 첫 다섯 조항은 하나님에 대한 믿음과 충성에 대한 명령이 언급되어 있고, 후반 다섯 조항은 인간 상호간의 윤리적 명령들이 제시되어 있다. 구약성경의 선지자들도 계속해서 하나님에 대한 절대적인 믿음과 충성스러운 순종, 그리고 이웃을 향한 사랑의 실천과 정의로운 사회 형성을 촉구하고 있다. 신약성경에서는 예수님께서 구약성경의 십계명을 포함한 시내산 계약을 간략하게 압축시켜 두 가지 계명, 즉 "하나님께 대한 사랑과 이웃에 대한 사랑"(〈마태복음〉, 22장 37-39절)으로 선포하셨으며, 사도 바울 또한 불신앙 및 우상 숭배와 그로 인한 윤리적 타락에 대하여 안타까운 심정으로 서술하고 있다.

> 인간은 스스로 똑똑한 체하지만 실상은 어리석습니다. 그래서 불멸의 하나님을 섬기는 대신에 썩어 없어질 인간이나 새나 짐승이나 뱀 따위의 우상을 섬기고 있습니다. ……사람들은 하나님의 진리를 거짓과 바꾸고, 창조주 대신에 피조물을 예배하고 섬겼습니다. ……그래서 인간은 온갖 부정과 부패와 탐욕과 악독으로 가득 차 있으며, 시기와 살의와 분쟁과 사기와 악의에 싸여서 없는 말을 지어내고 서로 헐

---

7) Man's pride and will-to-power disturb the harmony of creation. The Bible defines sin in both religious and moral terms. The religious dimension of sin is human's rebellion against God, his effort to usurp the place of God. The moral and social dimension of sin is injustice. The ego which falsely makes itself the center of existence in its pride and will-to-power inevitably subordinates other life to its will and thus does injustice to other life. Reinhold Niebuhr, *The Nature and Destiny of Man*(New York: Charles Scribner's Son, 1964), Vol.1., p.179.

뜯고…… 그런 모양으로 사는 자는 마땅히 죽어야 한다는
하나님의 법을 잘 알면서도 그들은 자기들만 그런 짓들을
행하는 게 아니라 그런 짓들을 행하는 남을 두둔하기까지
합니다. (공동번역, 〈로마서〉, 1장 22-32절)

프랜시스컨 사제이며 구약성경학자인 마이클 가이넌은, 인간이
'하나님의 형상'으로 지음받은 것에 대한 설명을 통하여 인간의 소
명이 무엇인지, 그리고 종교적·도덕적 타락의 의미가 무엇인지를
잘 보여준다. 히브리인들이 창조 이야기를 통해서 묘사하고 있는 하
나님은, 말씀을 통하여 "혼돈을 평정하고, 그 대신에 생명이 존재하
기에 적합한 화합되고 질서 있는 우주를 존재케 하시는 분이시다."[8]
〈창세기〉 1장 28절의 정복하고(subduing) 다스리는(having dominion)
행위는, 인간의 욕심과 편리대로 파괴하고 억압하고 착취하는 것이
아니다. 정복하고 다스림의 성경적 의미는 〈창세기〉 1장과 〈시편〉
8편, 93편, 96-99편에 나타나는 것처럼 정의(sedaqa)를 행하고 평
화(shalom)를 이룸, 즉 인간 및 다른 피조물들이 화합(harmony)과 올
바른 관계(right relationship) 속에서 살아갈 수 있도록 잘 정돈되고
질서가 있는 삶의 터전(orderly realm)을 형성함을 의미하는 것이다.
그리고 '생육하고 번성하라'는 말의 의미 또한 성관계를 통한 자녀
의 양산과 재산 증식만을 뜻하기보다는, 하나님께서 성관계가 아니
라 말씀을 통하여 화목하고 질서 있는 생명의 터전을 존재케 한 것
처럼, 가는 곳마다 죽음이 아니라 생명의 기쁨이 충만케 하라는 말

---

8) "God is the one who has dominion over chaos, who subdues it and brings, in its place, a universe harmonious and habitable, fit for life." Michael D. Guinan, OFM, *The Pentateuch*(Collegeville, Minnesota: The Liturgical Press, 1990), p.23.

로 이해함이 더욱 타당할 것이다.[9]

그러므로 '하나님의 형상'으로서의 인간의 삶의 의미와 의무는, 하나님께서 하신 것처럼 가는 곳마다 정의를 행하고 평화를 이룩함으로써 다른 인간들과는 물론이거니와 다른 모든 피조물들과도 아끼고 사랑하는 관계를 이룩하여 함께 더불어 사는 삶의 환희가 넘쳐나게 하는 것이라고 볼 수 있을 것이다.

그러나 인간들은 하나님의 형상으로 창조된 피조물로서 살기를 거부하고 스스로가 제1인자, 즉 하나님이 되기를 원하였다. 다시 말하자면 겸손하게 스스로가 피조물임과, 능력의 한계를 가진 존재임과, 스스로의 생명 그 자체를 선물로 받은 존재로서 하나님과 다른 이웃에 의존하여 살아야만 하는 존재임을 인정하기를 거부하고 스스로 하나님의 자리를 차지하였으며, 우주만물의 중심으로 자처하였다는 말이다. 그리하여 하나님에 대한 믿음을 잃어버리고, 순종과 충성심을 잃어버리게 된 것이다. 그 결과 인간은 정의와 평화의

---

9) *Ibid.*, pp.24-26.

To "be fertile and multiply," to procreate, is to share in and reflect on God's life-giving, ⋯However, since God's begetting life is done not through procreation but through the speaking of the word, procreation, while an obvious way, cannot be the only way in which we image God's life-giving. It is manifested also in all our concerns for life and the quality of life.

Dominion, ruling, is a royal activity; in creating, God is exercising kingship. This theme appears in Psalms(Ps 8; 93; 96-99). In royal contexts, two terms occur especially frequently to describe the task and obligation of the king to maintain an orderly realm in which peoples and nature can live in harmony and right relationship. These two terms are justice(*sedaqa*) and peace(*shalom*). Both of these point to integrity, wholeness and harmony are the opposite of chaos(see, e.g., Isa 9:5-6; 11:1-9; Ps 72). To share dominion, then, implies and includes working to build and maintain a universe marked by right relations and peaceful order. *Ibid.*, pp.25-26.

사도로서 삶의 환희를 끊임없이 생성해 내는 생명 창조자의 위치에서 타락하여 정복과 억압과 착취의 사도들이 되었으며, 불화와 파괴와 죽음의 생성자들로 전락해 버린 것이다.[10] 결국 교만과 욕심으로 인하여 하나님을 떠나 버린 인간들은 윤리적·도덕적으로 타락하여 이웃을 해치는 존재가 되어 버리는 것이다.

앞에서 살펴본 바와 같이 개개인의 우상 숭배와 그로 인한 윤리적인 타락은 개인적인 삶의 테두리 안에만 머무르지 않고, 반드시 공동체와 사회 전체에 영향을 끼치게 된다는 사실을 분명하게 인지하여야 할 것이다. 그리고 이러한 죄와 윤리적 타락은 개인에게만 일어나는 것이 아니라 경제 단체, 정치 단체, 민족, 종교 단체, 국가와 같은 집단(collective body)에 의해서도 일어난다는 사실과, 또 집단에 의한 횡포는 개인에 의한 해악을 훨씬 능가한다는 사실도 직시해야 할 것이다. 라인홀드 니버도 이 점을 지적하고 있다.

단체 또는 집단적 자아의 교만함과 이기적인 이익 추구는
개인적 자아의 그것을 능가한다. 추구하는 바 목적 달성을
위해서 움직일 때에는 집단이 개인보다 더욱 교만하고 위선
적이며 이기적일 뿐만 아니라 무정하고 잔인해진다.[11]

우리는 집단이 스스로의 교만과 이기심으로 인하여 집단 자체, 권

---

10) *Ibid.,* pp.27-30.

11) "The pretensions and claims of a collective or social self exceed those of the individual ego. The group is more arrogant, hypocritical, self-centered, and ruthless in the pursuit of its ends than the individual." Reinhold Niebuhr, *The Nature and Destiny of Man,* p.208.

력, 부 등의 거짓 신들의 숭배 집단들이 되어 다른 개인 또는 집단들을 정복하고 파괴하며 억압 착취하는 사례들을 수없이 보고 있다. 실제로 오늘날 지구 공동체 속에서 자행되는 가장 잔인하고 참혹한 비극들의 원인이 인종간의 갈등, 종교간의 갈등, 그리고 국가간의 갈등임을 보는 바이다. 한국의 경우에는 여기에 지역간의 갈등까지 첨가하여야 할 것이다.

한국 사회의 예

위에서 살펴본 바와 같이 모든 사건들의 뿌리에 개인 또는 집단들의 거짓 신에 대한 우상 숭배와 그로 인한 윤리적·도덕적 타락이 자리하고 있음을 알게 된다. 이러한 이유로 인하여 각자가 우상의 노예가 되어 다른 이웃을 억압하고 착취하였으며, 그 결과로 서로가 서로에게 적대자가 되어 버린 것이다.

그러나 인간성에 대한 종교적·신학적 분석만으로 한국 사회에서 일어났던 제반 현상들의 뿌리를 다 설명할 수는 없다. 앞에서 언급하였듯이 신학적인 분석에 근거한 정치·경제·사회학적인 분석이 추가되어야 한다.

(1)지존파,[12] (2)비리에 연루된 하급 공무원들, 그리고 (3)성수대교 붕괴 사고[13]의 원인 제공자들 및 12.12 군사 반란과 5.18 학살 주모자들[14]은 모두가 다 죄인들이다. 그러나 이들은 그 죄의 성격상 엄연히 구분되어져야 한다. 이유는 이 세 그룹들 사이에는 한국 사회의 근현대사와 사회 상황 속에서 각기 피해자와 가해자 또는 모방자와 선구자를 대표하는 또 하나의 차이가 있기 때문이다. 이것

이 무슨 말인가? 역사 전체와 정치·경제적인 상황들 모두를 이 장에서 다 언급할 순 없지만, 몇 가지 예를 들어 설명해 보고자 한다.

---

12) 지존파(至尊派) 사건은 1993년 7월부터 1994년 9월까지 김기환(당시 26세) 등 지존파 일당 7명이 5명을 연쇄 살인한 사건이다. 지존파는 1993년 4월 김기환이 강동은, 김현양, 송봉우, 강문섭, 백병옥 등을 포섭하여 조직한 연쇄 살인 조직이었고, 원래 이들의 조직 명칭은 마스칸(헬라어로 '야망')이었다. 일명 지존파라는 이름은 이들을 체포한 고병천 경정이 명명한 이름이었고, 일당들 또한 이에 동의해 붙여진 명칭이다.

지존파, 즉 마스칸의 조직원들은 대부분 교육 수준이 낮았고, 노동 현장을 전전하다가 살인 계획을 세워 의기 투합하였다. 진술에 의하면, 이들은 야타족(부유층 자녀들이 고가의 자동차를 몰고 다니다가 미모의 여성이 보이면 차를 세우고서 "야, 타!"라고 하여 태운 뒤 쾌락을 즐긴 데서 파생된 말이다)과 부유 계층들을 매우 증오하였고, 야타족과 부유층들을 대상으로 살인을 계획하였다고 한다. 이들은 현대백화점 고객 명단을 입수하여 범행 대상으로 삼았으며, 당시 이들의 강령은 다음과 같았다.
— 우리는 부자들을 증오한다.
— 각자 10억씩 모을 때까지 이 범행을 계속한다.
— 배반자는 처형한다.
— 여자는 어머니도 믿지 마라.
이들은 살인 예행 연습을 위해 1993년 7월 길 가던 20대 여인을 윤간한 뒤 목졸라 살해했다. 그해 8월에는 조직을 이탈한 송봉우를 살해했다. 1994년 9월 8일에는 이종원과 그의 애인인 이모 여인(당시 27세)을 납치한 연후 이종원을 9월 10일 살해하였고, 사흘 후에는 중소기업을 운영하는 소윤오 부부를 납치하여 돈을 갈취한 뒤 9월 15일에 살해했다.
그후 두목 김기환이 납치해 온 한 여성의 처분을 두고 조직원 내에서 내분이 일어났고, 이 틈을 타 극적으로 탈출한 여성이 경찰에 신고함으로써 지존파 6명 전원이 1994년 9월 21일에 체포되면서 일단락되었다.
이들은 체포되기까지 반성이란 없었으며, 살인 이유를 불평등한 사회 모순으로 돌리고 자신들의 가치 전도 현상을 정당화하려 했다. 하지만 체포 직후에는 모두 진심으로 회개하였고, 진술에도 매우 협조적인 태도를 보였다. 그해 10월 31일 재판 결과 이틀 전에 가담한 이경숙을 제외한 지존파 6명 전원에게 사형이 선고되었고, 항소심과 상고심에서도 사형이 확정되어 1995년 11월 2일 사형이 집행되었다. 이경숙은 징역 3년에 집행유예 4년으로 정상 참작되었다. http://enc.daum.net/dic100/contents.do?query1=10XXX22708
13) 1994년 10월 21일 오전 7시 38분, 성동구 성수동과 강남구 압구정동을 연결하는 성수대교 1,160m 중 제10번, 11번 교각 사이 상부 트러스 48m가 붕괴되어 차량 6대가 한강으로 추락해 32명이 사망하고, 17명이 부상당

했다. 붕괴된 부분은 원래 군사 목적으로 설계되었다. 북한이 쳐들어왔을 때 공격로를 차단하여 시간을 벌 수 있도록 하기 위해 다리 안쪽 내부힌지로 만든 부분에 폭탄을 설치하면 쉽게 붕괴되도록 설계되었다. 하지만 이런 단점들을 생각해서 시공 이후 계속해서 안전 관리를 하여야 했음에도 이를 소홀히 하였으며, 더욱이 지나다니는 차들의 과체중 관리를 등한히 하여 붕괴된 것이다.

14) **12.12 군사 반란** 또는 12.12 군사 정변은 1979년 12월 12일, 전두환과 노태우 등을 중심으로 한 신군부 세력이 최규하 대통령의 승인 없이 계엄사령관인 정승화 육군참모총장, 김재규 중앙정보부장 등을 체포 연행한 사건이다. 이 사건으로 당시 보안사령관이던 전두환 소장이 군부 권력을 장악하고, 정치적인 실세로 등장하였다. 이후 전두환 소장은 1980년 5월 광주민주화운동을 무력으로 진압한 후, 8월 22일에 육군대장으로 예편하였고, 1980년 9월 제11대 대통령이 되어 제5공화국을 열었다.

사건의 배경과 전개 과정

1979년 10월 26일 박정희 대통령이 암살(10 · 26 사건)되고, 최규하 국무총리가 대통령 대행으로 취임하여 12월 6일에는 통일주체국민회의대의원 대회에서 제10대 대통령으로 선출되었다. 최규하의 선출은 어디까지나 유신 체제 안에서 이루어진 일이지만, 선출된 대통령이 군부가 아닌 민간인 출신이었기 때문에 독재 체제가 완화될 것이라는 기대가 부풀어올라 서울의 봄이라고 불리는 민주화에 대한 국민적 열기가 형성되었다. 그러나 12월 12일 보안사령관 전두환 육군소장은 제9사단장 노태우 육군소장 등 영남 출신 고급장교들로 이뤄진 군부내 비밀사조직 '하나회'를 동원하여 지휘 계통을 무시하고 계엄사령관직에 있던 정승화 육군참모총장과 노재현 국방부장관, 장태완 수도경비사령관, 정병주 특전사령관, 김재규 중앙정보부장 등을 체포 구금하고, 국방부, 육군본부, 수도경비사령부 등 주요 군시설을 점령하여 군부의 실권을 완전 장악했다. 하나회 출신 군부 세력 장교들은 정병주 특전사령관을 체포하는 과정에서 정병주 사령관의 비서실장인 김오랑 소령을 사살하기도 했다. 이때 사살된 김오랑 소령은 문민 정부에 와서 복권, 중령에 추서되었다. 그리고 국방부와 육군본부를 점령하고 국방부장관도 체포하여 군부의 실권을 장악했다. 이 과정에서도 총격전이 발생하여 다수의 사상자가 발생했다. 문민 정부가 들어서자 김영삼 대통령은 12.12 사건을 '하극상에 의한 쿠데타적 사건'이라고 규정했다. 1995년 검찰은 12.12 쿠데타에 대해서는 "성공한 쿠데타는 처벌할 수 없다"며 기소유예 처분을 내렸다. 전두환과 노태우는 비자금 비리 사건으로 구속 수감되었다. http://enc.daum.net/dic100/contents.do?query1=10XXX28193

5.18 광주민주화운동 또는 광주민중항쟁은, 1980년 5월 18일부터 27일까지 광주 시민과 전라남도민이 중심이 되어 조속한 민주주의 정부 수립, 전두환 보안사령관과 12.12 군사 반란을 주도한 신군부 세력의 퇴진 및 계엄령 철폐 등을 요구하며 전개한 민주화 운동이다. 당시 전두환을 비롯한 신군부 인사들은 부마항쟁처럼 광주의 민주화 요구 시위도 강경 진압하면 잠잠해질

　일제강점기와 그 이후에도 계속 이어지는 외세, 권력욕과 물욕에 사로잡혀 외세에 동조한 무리에 의한 민족 분단과 독재 체제의 형성, 독재에 의한 인권 탄압, 독재 정권의 비호 속에서 자행된 노동 착취와 탈세 등 부정적인 방법에 힘입어 탄생한 재벌, 사회 선도층과 고위공무원 사회의 권력을 이용한 축재 및 타락, 이 모든 인위적인 요인들의 결과로서 생겨난 빈부의 격차, 권력과 부를 소유한 지배층의 비인간적인 횡포 아래서 지속적으로 당해야 했던 힘 없고 가난한 민중들의 무력감과 분노와 증오심 등을 고려하게 되면 위에서 필자가 언급한 말이 무엇을 의미하는지 보다 분명해질 것이다.

　초대 대통령이었던 이승만으로부터 시작하여 독재자들은 사실상 권력이라는 우상에 사로잡힌 자들이었다. '국민의 행복을 위해서'라는 그들의 언약들은 항상 자기 자신과 그 추종자들의 권력을 지

것으로 판단, 공수부대 등의 계엄군을 동원해 잔인하게 진압하였다. 그러나 군인들이 운동권 대학생뿐만 아니라 시위에 참여하지 않은 무고한 시민들까지 닥치는 대로 폭행하는 것을 목격한 광주 시민들은 두려움을 넘어 분노를 느꼈고, 그 결과 운동권과 무관한 중장년층뿐만 아니라 10대 청소년들까지 거리로 나서 시위에 참여하면서 5.18 광주민주화운동은 걷잡을 수 없이 번져 나갔다.

　9일에 걸친 광주민주화운동 결과 피살자가 155명, 행방불명자가 76명, 부상 뒤 숨진 사람이 101명, 부상자가 2,277명, 아직 연고가 확인되지 않아 묘비명도 없이 묻혀 있는 희생자 5명 등 총 5,189명으로 확인되었다.(〈경향신문〉 '어제의 오늘'−1980년 광주민주화운동 발발, http://news.khan.co.kr /kh_news/khan_art_view.html?artid=200905171739155&code=100100) 이후 1993년 김영삼 당시 대통령이 5.13 담화에서 "문민 정부는 5.18 광주민주화운동의 연장선상에 있는 정부"라고 선언하면서 점차 재평가가 가시화되었으며, 신군부·하나회 등을 해산하고 5.18, 12.12 진압 관련자를 처벌하면서 공식적으로 광주민주화운동으로 재평가되었다. 대한민국의 대법원은 5.18 광주민주화운동에 대해 "피고인(전두환 등)의 국헌 문란 행위에 항의하는 광주 시민들은 주권자인 국민이 헌법 수호를 위하여 결집을 이룬 것"(대법원 1997. 4. 17. 선고 96도3376 전원합의체 판결)이라고 평가했다.

키고 더 확장시키기 위한 수단으로써의 슬로건 또는 공약(空約)에 불과했었다.

이승만은 정치 권력을 장악하고 유지하기 위해 독립운동의 가장 중요한 리더 중 한 사람이었던 백범 김구 선생을 암살하였다. 그는 또한 미국 세력에 동조함으로써 해방된 조국의 분단에 일조하였다.[15] 또한 친일파 단죄를 위하여 1949년 1월 국회내에 '반민족행위 특별조사위원회'가 구성되었으나 이승만과 그 추종자들, 그리고 이승만 정권의 토대가 된 친일파들이 이의 활동을 조직적으로 방해하였다. 이로 인해 조국 독립을 위하여 모든 것을 바쳐서 희생한 사람들과 그 가족들은 비참히 살아가게 되고, 이후의 한국 역사를 여전히 반민족적인 권력과 물질 추구자들의 손아귀 속에서 병들어 가게 만들었다. 반민특위는 10여 개월에 걸친 활동 기간 동안 7천 명의 명단을 작성하였으나, 이승만의 방해로 인해 그 중 682명만이 조사를 받았으며, 조사를 받은 자들 중에 12명만이 유죄 판정을 받아 감옥에 갔고, 그 중 단 1명만이 사형에 처해졌으며, 나머지는 1950년 봄까지 모두 석방되었다. 이승만은 반민특위를 1949년 9월에 해체시켜 버렸을 뿐만 아니라 오히려 특위 위원들을 공산주의자라는 올가미를 씌워서 체포하기까지 했다.[16]

그는 권력 기반을 다지기 위하여 친일파들에게 이전에 그들이 소유하고 있던 부와 권력보다도 더 많은 것을 누리게 해주었으며, 이

---

15) 한국역사연구회 현대사연구반, 《한국현대사 1: 해방 직후의 변혁 운동과 미군정》(풀빛, 1991), pp.64−72; 한국사회사연구회, 《해방 직후의 민족 문제와 사회 운동》(문학과지성사, 1988), pp.145−149 참조.

16) 송건호 외, 《해방전후사의 인식》(한길사, 1980), pp.137−138 참조. 반민특위의 구체적인 활동 내용에 대하여는 같은 책 pp.102−171를 보라.

로 인하여 압제와 착취의 사회 구조는 더욱 강화되었던 것이다. 미국의 한반도 거점화를 위한 전략하에서 전개되어진 정책 방향, 그리고 이에 기생하여 권력 구조 및 독재 체제 확립을 위해 애쓴 이승만의 발자취는 해방 후의 토지 분배 및 기타의 농업 정책 이행 과정에서도 잘 나타난다고 할 수 있다.[17]

그는 4.19 학생혁명에 의하여 권좌에서 밀려나는 마지막 순간까지도 숱한 살상을 행한 다음에야 비로소 권력의 자리를 포기하였다. 서울에서만도 데모대 중 130여 명이 살해되었으며, 1천여 명의 부상자가 생겨났다.[18]

박정희로부터 노태우까지 이어지는 군사 독재 체제 또한 권력과 부라는 거짓 신들을 숭배함으로써 윤리적·도덕적 타락이 이웃들과 사회 전체에 어떠한 해악을 끼치게 되는지를 극명하게 보여주는 예라 할 수 있겠다. 저들은 국민들의 요청과 성원에 의하여 대통령의 자리에 오른 자들이 아니었다. 하나님의 형상으로서 취해야 할 방법과는 정반대의 방법으로, 수많은 국민의 생명을 살상한 후에 권력을 찬탈하였다. 그들은 권력을 이용해 인권을 탄압하고, 부를 축적하기도 했다. 박정희의 5.16 군사 쿠데타, 중앙정보부를 통한 공작공포 정치, 인권 탄압, 정치자금 탈취, 전두환·노태우의 군사 반란과 5.18 광주 학살을 통한 권력 장악, 지속적인 인권 탄압, 정주영에 의해 폭로된 것처럼 천문학적 수치에 이르는 축재 등이 그 구체적인 예들이다. 박정희 대통령은 피폐한 나라를 경제적으로 부활

---

17) 한국사회사연구회, 《해방 직후의 민족 문제와 사회 운동》, pp.229-322 참조.

18) Carter J. Eckert, et al., *Korea Old and New: A History*(Seoul: Ilchokak, Publishers, 1990), pp.352-355.

시킨 뛰어난 지도자였다는 평을 받기도 한다. 그러나 장기 집권과 인권 탄압 등은 그와 그의 정치 집단의 잘못된 권력욕을 보여준다. 그 당시 야권 지도자였던 김대중을 살해하고자 했던 박정희나 김대중에게 사형을 선고했던 전두환의 행동 역시 그들의 권력에 대한 집착을 보여주는 대표적인 예이다.

다음의 [표 1]은 군부 독재의 일부 기간에 해당하는 1970년부터 1985년까지 16년 동안의 양심수 숫자를 나타낸다. 이들은 도둑질이나 살인과 같은 죄를 지어서 감옥에 끌려가거나 참혹한 고문을 당한 것이 아니었다. 그들은 인권 회복과 사회 정의를 위해 바른 말을 함으로써 독재자들과 가진 자들이 자신들의 기득권을 지속적으로 유지 확장하는 데 방해가 되었기 때문에 박해를 당한 사람들이다. 박정희 정권 후반기 10년 동안인 1970년부터 1979년까지 박해

[표 1] 양심수 합계 (1970-1985년) [19]

연 도	인 원	연 도	인 원
1970	7	1978	347
1971	156	1979	1,239
1972	39	1980	930
1973	234	1981	320
1974	331	1982	260
1975	160	1983	328
1976	71	1984	82
1977	120	1985	1,371
합계 (1970-79)	2,704	합계 (1980-85)	3,291
총 계		5,995명	

19) 한국기독교회협의회인권위원회, 《1970년대의 민주화운동》(KNCC, 1987), Vol.5., pp.2064-2065.

당한 사람의 수는 2,704명이었으며, 전두환과 노태우의 신군부 통치 전반기 6년 동안인 1980년부터 1985년까지 박해당한 숫자는 그보다 더 많은 3,291명이나 되었다. 외세였던 로마와 국내 지배 세력이 그들의 지배 체제와 기득권을 지키기 위하여 자신들을 비판하는 예수를 십자가에 못박았던 것처럼 한국의 지배 세력들은 정의를 외치는 민중들을 투옥하고 고문하며 살해하였다.

그러면 군사 독재 체제 아래서의 부의 분배는 어떠했는가? 재무부의 통계에 의하면 1976년의 경우에 전체 고용자의 74.9%가, 그리고 1978년에는 76.7%가 소득세 부과선 이하의 임금을 받은 것으로 나타났으며, 정부의 전체 소득세 징수금의 43.1%가 상위 0.3%의 고용자들로부터 거두어진 것으로 밝혀졌다.[20] 이것은 무엇을 의미하는가? 그 당시의 노동 착취, 분배의 불균형과 부의 편재를 극명하게 보여주는 것이라고 볼 수 있는 것이다. 그로부터 10년이 지난 1989년에도 10인 이상 고용한 기업체들만을 기준으로 계산해도 남자들 중의 20%와 여자들 중의 70%가 독신 남성 최저생계비인 335,197원과 독신 여성 최저생계비인 331,054원 이하의 월급을 받고 있는 것으로 나타났다.[21] 10인 이하를 고용하고 있는 소규모 영세업체에서 일하고 있는 전체 근로자들을 다 포함해서 계산한다면, 생계비 이하의 임금을 받는 근로자들의 퍼센티지는 훨씬 높아질 것이다.

군사 독재 정권과 그 밑에서 성장한 재벌들은 국가 발전을 위해서는 수출이 최우선이 되어야 하는데, 이를 위해서는 국제 시장에서

---

20) 진용하 외, 《한국사회연구 2》(한길사, 1984), p.343.
21) 학술단체협의회편, 《자본주의 세계 체제와 한국 사회》(한울, 1991), p. 180.

의 경쟁력을 위해 상품의 생산 단가를 낮추어야 하고, 그러기 위해
서는 저임금을 유지하는 것이 최선의 방법이라는 공식을 신봉해 왔
다. 다시 말해서 애국하는 길이 최저생계비 이하의 임금을 받으면
서도 참아야 한다는 논리였다. 그렇게 해서 수출이 늘어나고 기업
의 수익금이 기하급수적으로 늘어났음에도 불구하고 정부나 재벌
들은 그 수익금을 최대한의 희생을 감수한 노동자들에게 정당하게
분배해 주지 않았다. 오히려 정권과 재벌은 서로 공모해서 그것을
갈취하여 호화로운 생활을 누렸으며, 인격적 배려와 공정한 대가를
요구하는 근로자들을 무자비하게 탄압하였다. 정경 유착의 폐해가
심각한 대부분의 개발도상국가와 독재국가에서처럼, 수단과 방법
을 고려하지 않고 최대 결과의 생산만을 중시하며 결과의 공정한
분배에 대해서는 잠잠한 공리주의적인 발상이 그대로 적용된 경우
라고 볼 수 있다. 이리하여 조국의 건설을 위하여, 그리고 잘살아
보겠다는 꿈을 이루기 위하여 구슬땀을 흘린 근로자들은 인권을 유
린당하고 부의 분배에서 소외당했다. 열심히 하면 잘살 수 있으며
행복해질 수 있다고 믿었던 그들의 소박한 꿈은 무너지고 말았던
것이다.

그러면 독재 시절의 고위공무원들의 모습은 어떠하였는가? [표 2]
에 나타난 것과 같이 문민 정부가 들어서고 난 후에 실시한 고위공
직자 재산 공개 내용을 보면 고위공직자들이 군사 독재하에서 무엇
을 하였는지를 알 수 있다.

여기서 한 가지 분명히 해야 할 것은 집권 여당인 민자당 의원들
의 재산이 가장 많은데, 김영삼 대통령과 함께 민자당으로 들어간
소수 야당 출신 의원들의 재산액이 미미한 것을 고려한다면, 대부
분의 집권 여당 의원들과 고위공직자들이 그들의 재산을 군사 독재

[표 2] 고위공직자들의 평균 재산액수표 (1993년 현재)[22]

직 업 별	재산 액수
민자당 의원	32억 5천만 원
민주당 의원	12억 6천만 원
헌법재판관	22억 9천만 원
장관	10억 7천만 원
차관	9억 2천만 원
대법관	15억 2천만 원
법원장, 고법부장	11억 3천만 원
공직유관 단체장	11억 9천만 원
검사 (법무.대검)	10억 원
대사 (외무부)	9억 2천만 원
경찰청	10억 1천만 원
국세청	12억 6천만 원
군 (국방부)	5억 3천만 원
전체 평균	14억 2천만 원

시절에 부정적인 방법으로 모은 것임을 알게 해주는 것이다.

그리고 이들 고위공직자들의 재산을 다음의 예와 비교해 보면 그 액수의 의미는 더욱 새삼스러운 것이다. 1991년도의 1인당 국민소득(GNP) 6천7백 달러를 기준으로 할 때, 4인 가족을 거느린 가장이 30년 동안 한 푼도 쓰지 않고 모을 수 있는 돈이 6억 2천여만 원쯤 된다는 것[23]을 감안한다면, 위의 표에 나타나는 공무원들의 재산액수가 무엇을 의미하는지는 자명하다. 결국 독재 정권과 재벌들이 연합하여 외쳐댄 '모두의 행복을 위하여' 라는 슬로건은 사실상 힘 없고 가난한 자들을 기만하기 위한 것이었고, 속으로는 권력과 부라

---

22) The Korea Central Daily S.F., 8 September 1993.

23) *Ibid.*

는 신에게 사로잡힌 자기 자신들만의 사욕을 채우는 것이 궁극적인 목적이었음이 드러나는 것이다.

다음에 인용한 작자 미상의 시[24]는 독재 권력과 재벌들의 비도덕성, 그들 구호의 허구성과, 또 그들의 탄압과 착취 아래서 희생당한 노동자들의 고통과 한의 단면을 잘 보여주고 있다 하겠다.

> 너무나도 오랜 시간 굴욕 속에 살아왔네
> 가난한 죄 하나 땜에 어린 가슴 못박히며
> 일찍부터 생활 전선 시달리는 우리 신세
> 교복 입은 학생들을 곁눈질로 쳐다볼 때
> 쓸쓸한 눈망울엔 깊은 절망 담기누나
> 이세상 좋은 것은 모두 우릴 밀어내고
> 지옥 같은 노동만이 우리를 기다리네
> ……………
>
> 민주주의 파괴되니 약자 인권 짓밟히고
> 자유 평등 정의 사랑 공염불로 타락하네
> 천하는 천하의 것 1인의 것 아니건만
> 한 사람이 모든 것을 제멋대로 결정하니
> 법률도 제멋대로 재판도 제멋대로
> 언론 자유 탄압하고 학원 교회 억누르며
> 약한 자를 대변하면 반공법에 묶어가고
> 강자 횡포 비판하면 긴급조치 묶어가니

---

24) 한국기독교회협의회인권위원회,《1970년대의 민주화운동》(KNCC, 1987), Vol.5., pp.1890-1900.

진리는 철창 속에 거짓은 옥좌 위에
거짓이 진리보고 '뉘우치라' 조롱하고
총칼이 양심에게 침묵을 강요하니
……………

권력은 돈을 낳고 돈은 다시 권력 낳아
힘센 자와 살찐 자가 부패 속에 총화단결
역대 정권 경제 정책 한마디로 표현하면
서민 대중 고혈 빠는 특권 경제 정책이라
……………

특혜받는 대재벌들 반사회적 거동 보소
신문에 이름내는 성금낼 땐 후하면서
노동자 임금에는 어찌 그리 박하던가
제 자식 한 달 과외 수십만 원 들이면서
산하기업 여공 임금 시간당 100원 미만
……………

애국하는 수단으로 기업한다 떠들면서
집권층과 결탁하고 외국자본 앞장서서
민족 경제 외면하고 서민 대중 수탈하며
수단 방법 안 가리고 부당 폭리 추구하니
……………

　　노동부에서 발표한 91년도 직종별 월평균 임금은 다음의 [표 3]
과 같다. 그러나 이 통계는 근로자수 10인 이상의 사업장 4,100곳
만을 대상으로 한 것이기 때문에 전국적인 실제 상황을 있는 그대
로 보여주는 것은 아님을 전제로 하고서 보아야 한다. 이 통계에 의

하면 부장급 이상인 관리직이 1,332,100원으로 가장 높고, 청소원 조리사 등 단순서비스직이 433,300원으로 가장 낮다. 성별로는 남자의 평균 임금이 687,100원, 여자는 그 절반 정도인 385,100원이다. 그리고 사무관련직 이상 전문기술직에 이르는 화이트 칼라직의 평균 임금이 903,566원인데 반하여, 판매직 이하 생산관련직과 단순서비스직 종사자의 평균 임금은 상위직 근로자의 51%에 해당하는 466,066원이었다. 이 또한 계층간의 심한 임금 격차와 분배의 불균형을 반영하는 것이라고 볼 수 있을 것이다.

[표 3] 91년도 한국 직종별 월평균 임금 (단위: 100원)[25]

직 종	전직종	관리직	전문 · 기술직	사무직	생산직	판매직	단순서비스직
평균임금	589.5	1,332.1	776.9	601.7	510.6	454.3	433.3

다음의 [표 4]에서 보는 바와 같이 상위층 20%가 차지하는 소득 비중과 하위층 40%가 차지하는 소득 비중을 비교해 보면, 분배의 불균형과 빈부의 격차가 심각하게 지속되고 있음을 알 수 있다.

[표 4] 계층별 소득분포 점유율 추이
(도시 가계와 농가를 포함한 전 가구 기준, 단위: %)[26]

연 도	1965	1970	1976	1982	1986	1990
상위 20% 계층	41.81	41.62	45.34	42.99	41.34	40.39
하위 40% 계층	19.34	19.63	16.85	18.8	19.65	20.46

---

25) 자료: 노동부, quoted from The Korea Central S.F., 23 September 1992.
26) 자료: 농림수산부, 통계청, quoted from The Korea Central S.F., 9 September 1994.

　재정경제부가 2006년 11월 25일 밝힌 '소득계층별 분포 추이' 자료에 따르면, 2005년도 도시근로자 가구 가운데 빈곤층 비율은 전체의 13.8%로 2002년(11.8%)에 비해 2%포인트 늘었다. 빈곤층은 전체 가구를 소득별로 순위를 매길 때 중간 가구 소득의 50%에 못 미치는 가구를 말한다. 상류층은 월평균 소득이 중간 가구 소득의 150% 이상인 가구다. 빈곤층의 비율은 2001년과 2002년 연속 11.8%였지만, 2003년 이후 매년 증가세를 보이고 있다. 상류층 가구 비율은 2005년 21.8%로 2002년(23.1%)에 비해 1.3%포인트 감소했다. 상류층 비율은 2003년 22.7%, 2004년 22.6% 등으로 매년 줄고 있다. 재경부 이찬구 복지경제과장은 "2003년 이후 가계부채 재조정과 경기 침체의 영향으로 빈곤층이 늘고 있다"고 설명했다. 2005년 기준 중간 가구의 월소득은 2,864,000원이었다. 이를 기준으로 할 때 상류층의 월소득은 4,296,000원 이상, 중산층은 2,004,800원 이상~4,296,000원 미만, 중하층은 1,432,000원 이상~2,004,800원 미만, 빈곤층은 1,432,000원 미만이었다.[27]

　다음의 [표 5]는 재정경제부가 발표한 2009년도 3분기 소득계층별 실질가계수지 통계표이다.

　[표 5]에서 보는 바와 같이 2009년도의 통계자료 역시 계층별 소득의 불균형과 사회의 양극화가 심각한 것을 알 수 있다. 첫째, 수입이 100만 원 미만인 극빈 가정은 가계지출 1,113,497원의 1/3 수준에 불과한 446,817원의 소득을 올리고 있다. 결국 그 나머지 액

---

27) 자료 : 재정경제부, '소득계층별 분포 추이,' 2006년 11월 25일. http://www.donga.com/fbin/output?n=200605240453 2006-12-07 16:31 홍수용 기자.

28) 자료 : 통계청 사회통계국 복지통계과, '월소득계층별 가구당 가계수지(2인 이상)' 자료 중 일부분만 발췌.

수는 다 부채가 되는 것이다. 월소득 200만 원 미만 가구는 26.18%
로서 월평균 소득이 889,961원, 월평균 가계지출 1,277,243원에
크게 못 미치는 상황이다. 월소득 300~500만 원 미만에 해당하는
중간계층은 33.34%이며, 이들의 월평균 수입은 3,482,607원이고

[표 5] 월소득계층별 도시가구당 실질가계수지(2인 이상) (2009년도 3/4분기)[28]

소득 계층별	가계수지 항목별	항 목	2009 3/4	소득 계층별	가계수지 항목별	항 목	2009 3/4
전체	가구원수 (명)	전가구	3.33	100~ 200만 원 미만	조사가구 분포(%)	전가구	16.76
		근로자가구	3.42			근로자가구	14.64
		근로자외가구	3.19			근로자외가구	19.9
	소득(원)	전가구	3,081,696		소득(원)	전가구	1,333,105
		근로자가구	3,444,555			근로자가구	1,350,255
		근로자외가구	2,543,572			근로자외가구	1,314,392
	가계지출 (원)	전가구	2,540,628		가계지출 (원)	전가구	1,440,989
		근로자가구	2,729,576			근로자가구	1,393,988
		근로자외가구	2,260,414			근로자외가구	1,492,275
	소비지출 (원)	전가구	1,982,916		소비지출 (원)	전가구	1,204,421
		근로자가구	2,095,319			근로자가구	1,178,187
		근로자외가구	1,816,221			근로자외가구	1,233,047
100만 원 미만	조사가구 분포(%)	전가구	9.42	200~ 300만 원 미만	조사가구 분포(%)	전가구	21.52
		근로자가구	3.95			근로자가구	21.67
		근로자외가구	17.52			근로자외가구	21.29
	소득(원)	전가구	446,817		소득(원)	전가구	2,182,442
		근로자가구	581,677			근로자가구	2,198,708
		근로자외가구	401,738			근로자외가구	2,157,900
	가계지출 (원)	전가구	1,113,497		가계지출 (원)	전가구	1,962,346
		근로자가구	1,021,760			근로자가구	1,953,724
		근로자외가구	1,144,161			근로자외가구	1,975,356
	소비지출 (원)	전가구	935,351		소비지출 (원)	전가구	1,590,949
		근로자가구	869,069			근로자가구	1,583,505
		근로자외가구	957,508			근로자외가구	1,602,180

구분	항목	가구	값	구분	항목	가구	값
300~400만 원 미만	조사가구 분포(%)	전가구	19.53	500~600만 원 미만	조사가구 분포(%)	전가구	7.45
		근로자가구	21.08			근로자가구	8.95
		근로자외가구	17.24			근로자외가구	5.22
	소득(원)	전가구	3,051,555		소득(원)	전가구	4,783,504
		근로자가구	3,081,594			근로자가구	4,810,370
		근로자외가구	2,997,066			근로자외가구	4,715,108
	가계지출 (원)	전가구	2,553,423		가계지출 (원)	전가구	3,612,958
		근로자가구	2,558,654			근로자가구	3,636,814
		근로자외가구	2,543,936			근로자외가구	3,552,227
	소비지출 (원)	전가구	2,042,033		소비지출 (원)	전가구	2,742,870
		근로자가구	2,037,874			근로자가구	2,715,495
		근로자외가구	2,049,575			근로자외가구	2,812,561
400~500만 원 미만	조사가구 분포(%)	전가구	13.81	600만 원 이상	조사가구 분포(%)	전가구	11.52
		근로자가구	15.43			근로자가구	14.28
		근로자외가구	11.41			근로자외가구	7.43
	소득(원)	전가구	3,913,660		소득(원)	전가구	7,410,769
		근로자가구	3,939,108			근로자가구	7,417,830
		근로자외가구	3,862,613			근로자외가구	7,390,637
	가계지출 (원)	전가구	3,169,232		가계지출 (원)	전가구	4,917,560
		근로자가구	3,180,213			근로자가구	4,944,373
		근로자외가구	3,147,204			근로자외가구	4,841,118
	소비지출 (원)	전가구	2,476,470		소비지출 (원)	전가구	3,520,034
		근로자가구	869,069			근로자가구	3,471,867
		근로자외가구	2,544,798			근로자외가구	3,657,356

가계지출은 2,861,327원이다. 중간계층 소득의 1/2선에 미치지 못하는 월평균 소득 1,320,788원인 빈곤층(월 300만 원 미만 소득 가구)은 47.7%로서, 가계지출은 1,505,610원이다. 이들 역시 매월 20여만 원씩의 부채를 지고 살아가고 있다는 말이 된다. 중간계층 수입의 150% 이상에 해당하는 수입을 올리는 상류계층(월 500만 원 이상 소득)은 18.97%이며, 월평균 수입은 6,097,136원이고 월평균지출은 4,265,259원이다. 전체 도시가구의 약 절반(47.7%)이

상류층(18.97%) 소득의 21.66%에 해당하는 소득만을 올리고 있으며, 일상 생활을 꾸려나가는 데 필요한 금액보다도 훨씬 적은 액수로 살아가고 있고, 게다가 지속적으로 늘어나는 부채 속에서 힘겹게 살아가고 있음을 알 수 있다. 앞에서 빈곤계층(47.7%)에 포함시켰던 가구 중 월 200~300만 원 미만의 소득(21.52% 분포, 월평균 소득 2,182,442원, 중간계층 소득의 62.67%에 해당) 가구를 중하위층으로 세분하여 분리해 내도 26.18%가 빈곤층으로 남는다. 2005년도의 통계와 비교해 볼 때 상류층은 21.8%에서 18.97%로 2.83% 감소하였고, 빈곤층은 13.8%에서 26.18%로 두 배 이상 증가하였다. 소득 격차와 분배 불균형은 여전히 심화되고 있음을 알 수 있다.

빈곤층은 극심한 생활고와 눈덩이처럼 불어나는 부채 때문에 고통스런 삶을 살고 있으며, 이러한 생활고를 이기지 못해 자살하는 사태가 속출하고 있는 반면에 대도시 대형 백화점들은 상류층 고객들로 넘쳐나고 있다.

권력이 가진 마성은 참으로 무서운 것이다. 과거에 일어났던 일들이 여전히 발생하고 있다. 이명박 정부에 들어와서도 정치적 압박에

---

29) 노무현 대통령. 1946.9.1~2009.5.23, 인권변호사, 정치가. 제16대 대통령으로서, 한글 세대의 첫번째 대통령이다. 군사독재정권 치하에서 인권변호사로 맹활약하며 양심수·노동자의 인권옹호와 권익신장을 위해 헌신했으며, 한국 민주주의의 분수령인 6월민주화운동(1987)의 주요 지도자로 활약했다. 42세 때 정계에 입문한 뒤 민주민족세력의 정치적 대변자, 노동자·농민·도시영세민 등 사회적 약자의 권익옹호자, 군사독재의 유산인 영호남간 지역 대립 극복을 위한 동서화합의 전도사를 자임하며 남다른 정치 역정을 걸었다. 풀뿌리 민주주의의 열렬한 신봉자이자 한국 사회의 비주류를 대표하는 정치인으로서, 극우·보수 기득권세력의 집요한 반대를 물리치고 21세기의 첫 대통령 선거(2002)에서 승리해 한국 정치사에 큰 획을 그었다. 퇴임 후 정치 활동을 접고 고향 김해의 봉하마을로 내려가 생활하다가 재임중 친인척 수뢰 혐의로 검찰의 수사를 받던 중 사저 뒷산에서 투신해 서거하였다. http://enc.daum.net/dic100/contents.do?query1=b03n4402n3

시달리던 노무현 전대통령이 자살하는 사태가 발생하기도 했다.[29]

영화배우 장자연 자살 사건 역시 사회적 힘과 부를 가진 사람들이 힘 없는 사람들을 어떻게 대하는지를 여실히 보여준다. 억울한 죽음이었지만, 가해자들은 그들의 힘을 사용하여 법의 심판을 벗어났다.[30]

국민들의 뜻을 외면한 정치, 지속적으로 오르는 물가와, 여전히 지속되고 있는 분배불균형 및 빈부 격차, 부유층의 과소비 풍조와 비도덕적이고 안하무인격인 자세, 부실공사들로 인하여 곳곳에서 터져 나오는 대형 사고들과 인명 피해, 공무원 사회의 비리 등 복합적인 요인들이 계층간의 갈등 및 저소득층이 느끼는 상대적인 박탈감과 좌절감을 심화시켰다. 이러한 이유로 인해 지존파 같은 무리들도 생겨나게 되었다고 봐야 할 것이다.

---

30) 장자연(張子妍, 1980년 1월 25일~2009년 3월 7일)은 대한민국의 모델 출신 배우이다. CF 광고 모델로 데뷔하였으며, 드라마 〈꽃보다 남자〉에 출연하던 중 2009년 3월 7일 경기도 성남시 분당구에 있는 자신의 집에서 목을 매 숨진 채로 발견되었다. 본인이 죽기 전 남긴 유서에는 기획사로부터 술접대와 성상납 강요를 받는 등 폭행에 시달려 왔다는 내용이 담겨 있다. '장자연 문건'이라고 불리는 이 문건에는 언론사 대표, 방송사 PD, 기업체 대표 등의 실명이 적혀 있었으며, 이로 인해 연예인 지망생들을 접대에 이용하는 기획사에 대한 인권 유린과 불법성에 대한 관심이 높아졌으며, 특히 유서에 적힌 유명인사들의 실명에 대한 의혹이 커졌다. 장자연의 자살 사건에 대해 연예인들에 대한 성상납과 술접대 강요 등의 의혹과 이를 넘으려는 시도의 의혹 등이 제기되었으나 유력인사들에 대한 수사는 적극적으로 이루어지지 않았으며, 이후 경찰 조사가 끝나고 검찰로 넘어 갔지만 수사대상자 20명 중 7명만이 사법 처리 대상이 되었으며, 일본으로 도피하였다가 구속되었던 사건의 핵심인물인 소속사 대표 김성훈은 보석으로 풀려났다. 한편 문건을 세상에 알린 유장호는 모욕 혐의로 구속 영장이 청구되었으나 기각되었다. http://enc.daum.net/dic100/contents.do?query1=10XX319985

결 론

권력과 물질적 부라는 우상에 대한 숭배가 한국 사회의 구조적인 악을 형성하는 주된 뿌리가 되었다. 독재권력과 재벌들은 궁극적인 행복을 성취하기 위해서는 국민들이 개인의 자유와 평등한 분배를 유보해야 된다고 주장했다. 그러나 그들이 참으로 추구하는 것은 국민 전체가 아니라 자기 자신들만의 행복이었다.

오늘날 한국인들이 이만큼 인권과 분배 정의를 누리며 살 수 있게 된 것은, 독재자들과 재벌들이 자신들이 가진 것을 자발적으로 나누어 주었기 때문이 아니다. 국민들이 투쟁을 통하여 받아낸 결과이다. 국민들이 독재권력과 재벌들의 말에 그대로 따르고 살았다면 한국은 아직도 인권과 분배 정의가 상실된 사회로 남아 있을 것이다.

권력이라는 우상에 사로잡힌 자들은 절대로 그 권력을 남에게 나누어 주려고 하지 않으며, 그들이 향유하고 있는 권력을 넘보는 세력들로부터 자신들을 보호하고 그것을 확장하기 위해 수단과 방법을 가리지 않는다. 그들은 흔히 자신들이 하는 행동이 국가의 발전과 국민의 행복을 위한 선택이라고 말한다. 그러나 그들이 정말 국가와 국민을 위한다면, 그렇게 비민주적이고 인명살상적인 방식으로 권력을 탈취하거나 사용하지 않을 것이다. 그들은 또한 정권 유지를 위한 정치자금 형성을 위해서 이미 정해진 국책 사업을 파기하고, 새로운 사업을 추진하기도 한다. 그리고 그러한 이기적인 목적 성취를 위해 새로운 법을 만들어 내기도 하며, 거기에 소요되는 경비를 만들어내기 위해 국민들에게 막대한 세금을 부과한다. 그리고 이러한 행동을 비판하거나 저항하는 국민들에게는 어떠한 방법으로든 보복한다. 군인이든 문민이든 권력이라는 우상에 사로잡힌 독재자는 이 범주를 벗어나지 못한다.

부라는 거짓 신에게 사로잡힌 자들에게서도 이와 비슷한 현상이 일어나는 것을 볼 수 있다. 부를 축적하기 위해서는 수단과 방법을 가리지 않게 되며, 한번 손아귀에 잡은 것은 남에게 나누어 주려고 하지 않는다. 임금 착취를 통한 자본 형성, 정치헌금이라는 명목으로 바치는 뇌물, 그 힘으로 산 경찰력, 그 경찰력을 이용한 노동자들의 인권 탄압과 임금 착취, 공무원들에게 뇌물을 주고서 얻는 비밀 정보, 탈세, 각종 특혜, 부실공사 시행 등을 통한 재벌의 탄생이 이를 잘 보여준다. 돈이 있으면 공권력도 매수할 수 있으며, 범법 행위에 대한 처벌로부터도 자유로워질 수 있었다. 그야말로 ‘무전 유죄 유전무죄’인 사회가 되는 것이다.

하위직 공무원들의 비리 또한 독재자들과 고위공무원들의 비리 때문에 생겨난 것이라고 봐야 할 것이다. 어떤 자는 능력과 실적이 없는데도 줄과 뇌물의 힘으로 승승장구 진급하고, 또 어떤 자들은 순식간에 대통령 자리를 탈취하기도 하는데, 그러고도 무사하게 잘 먹고 잘살지 않는가. 판검사를 비롯한 고위공무원들의 월급을 따져 볼 때 어떻게 그렇듯 호화로운 집에 살며, 그 많은 용돈을 쓰면서 살 수 있단 말인가? 이러한 판에 나만 바보처럼 이렇게 살아야 할 필요가 있단 말인가? 내 가족과 자식들도 좋은 옷과 음식에 호강하며 살 권리가 있는 것 아닌가! 하위직 공무원들이 이러한 생각을 가지게 될 때 그들이 도달하게 되는 결론은 자명할 것이다. 저들이 하는 것처럼 수단껏 자신의 호주머니를 채우는 것 아니겠는가?

우리는 거의 모두가 삶이라는 현장 속에서 역경을 지날 때 약하여지곤 한다. 그럴 때마다 여러 가지 우상들을 가슴속에서 숭배하며 순간순간 하나님을 떠나는 죄인들이 되고, 도덕적으로도 완전치 못하여 마음으로 행동으로 이웃들에게 아픔을 주는 불의한 자들이 되곤 한다. 누가 진정으로 "나는 죄 없다" 하며 이웃에게 돌을 던질 수 있으랴.

그러나 문제는 앞에 언급되어진 권력과 부라는 우상들에 혼을 판 사람들이 그들의 죄의 질과 양이 독하고 많을수록 더 큰 소리로 자기들은 의롭다 외치며 목을 세우고 다닌다는 것이다. 그리고 이로 인하여 많은 사람들이 저들의 흉내를 내게 되어 정직하게 땀흘려 일하기를 포기하고 불로소득의 방법을 추구하게 되며, 사회 전반의 윤리적·도덕적 건강함이 무너지게 된다는 것이다.

신약성경의 공관복음서들을 살펴보면, 예수님께서는 자주 권력도 부도 없이 억압당하고 착취당한 민중들과 억압과 착취를 통하여 권력과 부를 가지게 된 지배층의 행위를 비교하며 전자는 무죄하다 하시고 후자는 죄인이라 질타하시는 것을 볼 수 있다. 왜 그랬을까? 가난한 민중들은 경제적으로나 시간적으로 교육을 받거나 종교적인 율법들을 제대로 지킬 수 있는 형편이 되지 못했다. 지배계층은 민중들이 자잘한 도덕적 오류들을 범한 것보다도 종교적 율법 조항들을 지키지 못하는 것 때문에 '죄인들'이라고 정죄하였다. 이러한 상황을 잘 알고 계셨던 예수님께서는 지배자들이 민중들에게 붙인 '죄인'이라는 딱지를 부정하셨다. 예수님께서는 오히려 지배자들이야말로 권력과 부와 율법주의 등의 우상을 숭배하여 나라를 망하게 하고 이웃을 망가뜨린 죄인들이요 불의한 자들이라고 질타하신 것이다.

예수님께서는 가난한 민중들의 어려운 삶의 여건을 이해하셨으며, 회개하라고 할 때 바로 뉘우치는 그들을 오히려 용서하신 것이다. 반대로 민중들 위에 군림하며 부유한 환경과 남아도는 시간 속에서 종교적 율법 조항들은 잘 이행하는 듯했으나 권력과 부와 율법주의 등의 우상숭배에 빠져서 국가와 국민들의 삶을 파괴한 주범들, 그러면서도 자신들이 죄인임을 부인하는 지배계층을 향해서는 죄인이라고 질타하신다.

이와 같은 상황이 한국 사회에도 발생했다. 그야말로 '유전무죄 무전유죄, 유권무죄 무권유죄'의 논리가 적용되어 작은 죄인들은 해직에 구속이요 사형인데, 정작 더 큰 도둑들이요 살인자들인 부실공사 기업주들과 12.12 군사반란 및 5.18학살 주범들, 천문학적인 정치자금 수수자, 대형 주가조작범 등과 같은 무리들은 법의 심판에서 벗어난다.

노동자들이 십수 년 동안 한 푼도 안 쓰고 모아도 모으기 힘든 액수의 돈을 유흥을 위한 한 달 용돈으로 뿌리며 천방지축으로 사회를 헤집고 다니는 부유층 자녀들, 좋은 차를 타고 다니다가 싼 차가 앞으로 들어온다고 그 차에 탄 사람들을 폭행하고도 무엇을 잘못했는지조차 모르는 권력층 부유층의 자녀들과 그들을 다시 집행유예로 풀어주는 정치판, 이에 관련된 아이들이 모두 다 권력층이나 부유층의 자녀들임이 밝혀졌으며 스스로의 노력 없이 부모들의 비호 속에서 자라고, 또한 비도덕적인 일에 돈을 물쓰듯 해온 전형적인 오렌지족들임이 드러난 적도 있다.

민중들은 불법적이고 부정한 방법과 과정을 거쳐 권력을 차지하고 부를 축적할뿐더러 그것을 또한 악용하는 힘 있고 돈 있는 자들의 행패, 그러고도 자기들은 전혀 죄가 없을뿐더러 조국의 발전을 위해서 공헌을 했노라고 강변할 뿐만 아니라 또 무사하게 살아가는 것을 오랜 세월 동안 보아왔다. 그러면서 권력도 돈도 없는 민중들이 생각하게 되는 것이 무엇이겠는가? 대부분의 경우에 '나도 한번 저렇게 살아 봤으면' 하는 생각일 것이다.

남아메리카의 해방신학자 가운데 한 사람인 파울로 프레이어는 장기적인 압제와 착취하에서 생활한 민중들이 답습하게 되는 위험성을 다음과 같이 지적했다.

거의 모든 경우에, 억압당하며 산 민중들은 (진정한) 해방을 위하여 노력하기보다는 그들 자신이 또 하나의 압제자 또는 '중간 지배자들'이 되려고 하는 경향이 있다. 이는 그들의 의식 구조 자체가 현재의 그들의 삶의 상태를 만들어 낸 현실의 구체적인 갈등 구조에 의해서 형성되었기 때문인 것이다. 그들의 이상은 인간이 되는 것(인간답게 사는 것)인데, 그것은 바로 압제자가 되는 것을 의미한다. 이것이 그들의 이상적인 인간상이다. 이러한 현상은 그들이 삶의 어느 한순간에 압제자를 부러워하고 숭앙하는 태도를 취하게 되는 데서 비롯되는 것이다…….[31]

이러한 현상이 한국 사회 속에서도 비슷하게 일어났다고 할 수 있

---

31) The Korea Central Daily S.F., 22 January 1994.
　Almost always, …the oppressed, instead of striving for liberation, tend themselves to become oppressors, or 'suboppressors.' The very structure of their thought has been conditioned by the contradictions of the concrete, existential situation by which they were shaped. Their ideal is to be men; but for them, to be men is to be oppressors. This is their model humanity. This phenomenon derives from the fact that the oppressed, at a certain moment of their existential experience adopt an attitude of 'adhesion' to the oppressor. Paulo Freire, Pedagogy of the Oppressed (New York: The Continuum Publishing Corporation, 1986), p.30.

다. 힘 없고 가난한 민중들은 오랜 세월에 걸쳐 신분 사회, 외세, 그리고 독재하에서의 탄압을 겪고, 권력과 손잡고 부를 축적한 자들의 착취를 겪으면서 살았다. 이러한 과정을 통해 그들의 의식 속에는 인간답게 산다는 것, 행복하게 산다는 것이 압제자들과 착취자들처럼 수단과 방법을 가리지 않고 권력과 부를 축적하여 남들 위에 군림하고 착취하며 사치스럽고 방탕한 생활을 즐길 수 있게 되는 것이라는 가치관이 자리잡았다. 그리고 이러한 현상이 병적으로 심화되어 너나 할 것 없이 권력과 부라는 우상숭배에 빠지게 되었고, 그 결과 도덕불감증이라는 집단마취 상태에 빠지게 되었다고 볼 수 있다. 졸부가 된 사람들의 행태, 지존파 같은 범죄 집단을 꾸리고 엽기적인 살인을 벌이는 젊은이들, 공무원들의 비리, 돈 때문에 부모를 살해하는 청년, 강도, 성폭력 등의 온갖 인면수심의 범죄 행위들, 이 모든 것이 단편적인 예들이라고 할 수 있을 것이다.

결론적으로 말하자면, 권력과 부라는 우상에 사로잡힌 지배계층에 의해 오랜 세월에 걸쳐서 구조적으로 자행된 비윤리적·비도덕적인 행태가 하위직 공무원들의 비리 모델이 되었으며, 지존파와 같은 병적인 젊은이들의 모델이 되었고, 나아가 사회의 많은 구성원들로 하여금 하나님의 형상으로서의 삶을 버리고 권력과 부라는 우상을 섬기며 도덕불감증에 병들게 하는 결정적인 영향력을 행사했다고 보는 바이다.

권력과 부의 획득이 기본 목표인 정치인들과 재벌들의 생리를 감안할 때, 저들에게서 종교인 같은 자세나 양심적인 태도는 아예 기대하지 말아야 할 것이다. 다만 국민들 전체가 깨어서 날카롭고도 현명하게 상황을 판단하고, 역사의 의미를 곱씹어 생각하며, 외세와 독재하에서 지배자들과 가진 자들이 각자의 이익을 위하여 형성한 행복의 기준과 가치관들이 잘못된 것임을 철저히 깨닫고 저들이 숭배하는 우상을 과감히 벗어던져야 한다. 국민들은 스스로가 주인들임을 자각하여 사회 전체를 위한 일꾼에 불과한 정치인들, 공무원들, 그리고 기업인들을 제대로 길들여서 그들이 충실한 일꾼의 자리에 머물도록 만들어야 할 것이다. 더 이상 '유권무죄 무권유죄, 유전무죄 무전유죄'가 통하지 못하도록 해야 한다. 그래야만 도덕 불감증에 병든 사회에 정기가 소생하고 민중들의 가슴에 다시금 정직하게 일하고자 하는 의지가 생겨나게 될 것이다.

이러한 일을 해내기 위해서는 기독교인들을 비롯한 종교인들의 각성과 결단이 필수적이라고 필자는 생각한다. 왜냐하면 이렇도록 타락한 한국 사회의 구성원들 가운데 4분의 1이 기독교인들이요, 다른 종교의 교인들까지 합치면 적어도 전체 국민의 절반 이상이 종교인들이라는 사실 때문에 그렇다. 이러한 사실은 바로 우리 중의 상당수가 사회를 타락으로 몰아넣은 주동자들이거나 적어도 공범 내지는 방관자들이었음을 숫자적으로 증명해 주고 있는 것이다. 기독교인들뿐만 아니라 한국의 모든 종교인들이 먼저 회개하고, 우리 속에서 먼저 돈과 권력에 대한 우상숭배와 도덕적 타락을 몰아내기 위해 열심히 노력해야 할 것이다.

【참고 문헌】

송건호 외, 《해방전후사의 인식》, 한길사, 1980.

진용하 외, 《한국사회 연구 2》, 한길사, 1984.

통계청 사회통계국 복지통계과, '월소득계층별 가구당 가계수지(2인 이상)' 2009년 3/4분기.

학술단체협의회편, 《자본주의 세계 체제와 한국 사회》, 한울, 1991.

한국기독교회협의회, 인권위원회, 《1970년대의 민주화 운동》, KNCC, 1987, Vol. 5.

한국사회사연구회, 《해방 직후의 민족 문제와 사회 운동》, 문학과지성사, 1988.

한국역사연구회현대사연구반, 《한국현대사 1: 해방 직후의 변혁 운동과 미군정》, 풀빛, 1991.

Aristotle, *Nicomachean Ethics*, trans by Martine Ostwald. Indianapolis, Indiana: Bobbs-Merrill/Library of Liberal Arts Press, Inc., 1962.

Eckert, Carter J. et al., *Korea Old and New: A History*. Seoul: Ilchokak, Publishers, 1990.

Freire, Paulo, *Pedagogy of the Oppressed*, New York: The Continuum Publishing Corporation, 1986.

Michael D. Guinan, OFM, *The Pentateuch*, Collegeville, Minnesota: The Liturgical Press, 1990.

Niebuhr, H. Richard, "Man the Sinner," *The Journal of Religion* 15(July 1935).

Niebuhr, Reinhold, *The Nature and Destiny of Man*, New York: Charles Scribner's Son, 1964., Vol. 1.

The Korea Central Daily S.F., 23 September 1992.

The Korea Central Daily S.F., 8 September 1993.

The Korea Central Daily S.F., 22 January 1994.

The Korea Central Daily S.F., 9 September 1994.

12.12 군사반란 http://enc.daum.net/dic100/contents.do?query1=10XXX28193

5.18 광주민주화운동 http://enc.daum.net/dic100/search.do?cpcode=10&query=5.18%20%EA%B4%91%EC%A3%BC%20%EB%AF%BC%EC%A3%BC%ED%99%94%20%EC%9A%B4%EB%8F%99

경향신문, [어제의 오늘]―1980년 광주민주화운동 발발 http://news.khan.

co.kr/kh_news/khan_art_view.html?artid=200905171739155&code=100100

노무현 대통령 http://enc.daum.net/dic100/contents.do?query1=b03n4402n3

장자연 사건 http://enc.daum.net/dic100/contents.do?query1=10XX319985

재정경제부, ‘소득계층별 분포 추이,’ 2006년 11월 25일. http://www.donga.
com/fbin/output?n=200605240453 2006-12-07 16:31 홍수용 기자.

지존파 사건 http://enc.daum.net/dic100/contents.do?query1=10XXX22708

제3장
교회의 사회적 책임

문제와 길

오늘날 한국의 기독교회는 현대인의 삶 전 영역에 스며 있는 자본주의의 영향을 받아 사회의 일반 기업체와 마찬가지로 물질주의, 수량적 성장 경쟁, 기복 신앙에 심각하게 물들어 있다. 뿐만 아니라 선지자적 소명을 기피하고 교회 내적 행사에 치중하느라 교회 밖의 이웃과 사회를 보살피는 일에는 매우 소극적이다. 그 결과 교회는 세상 사람들로부터 도외시당하고 사회적 영향력을 상실해 가고 있다. 구약성경의 선지자들이나 신약성경의 세례 요한과 예수님처럼 예언자적 목소리를 높이고 그대로 실천하기 때문에 세상으로부터 핍박을 당하는 것이 아니라, 그 속에 본받을 만한 것이 별로 없기 때문에 세상으로부터 배척당하고 있는 것이다.

앞으로 한국에서 전개될 사회적 상황은 지금까지와는 달리 인권이나 분배 정의 같은 문제보다는 생명공학·의료·환경·성·성 차별·통일·인터넷 등, 보다 일반적이면서도 광범위한 사회윤리적인 문제들이 중심적 주제들이 될 것이다. 나아가 세계적인 추세가 되어 버린 종교의 사사화 문제, 문화 다원화 현상, 종교의 기능을 대행하는 기제들의 확산 등이 더욱더 심화되며, 개인주의·물질주의·

시장 경제 원칙의 심화 등이 그 도를 더해 갈 것이다. 그리고 이러한 현상들 속에서 사회 참여를 회피하는 제 종교의 사회적 영향력은 더욱 약화될 것이며, 그 성장 역시 더욱 둔화될 확률이 높다.

그렇다면 이러한 사회적 상황 속에서 기독교회는 과연 어떠한 입장을 취하고, 또 어떠한 역할을 수행하여야 하는가? 극단적인 억압과 대결 상황이 전개되었던 시기에 하였던 것처럼 사회 참여를 부정적으로만 보고 스스로를 사회로부터 분리시키며, 사회적 문제들에 대한 무관심을 계속 유지할 것인가? 본장에서는 교회와 사회의 관계, 영과 육의 관계, 개인과 사회의 관계, 개인 경건과 윤리의 관계에 대하여 살펴보고, 왜 각각을 서로 분리하지 않고 총체적으로 취급하여야 하는지에 대하여 논하게 될 것이다. 이와 아울러 종교의 사사화와 문화의 다원화, 그리고 종교에 대한 기능적 대행 기제 등에 대하여 생각해 봄으로써 교회의 사회 참여에 대한 필요성과 방법 등에 대하여 논하게 될 것이다. 본장에서는 또한 사회 참여를 단순한 사회 운동 차원이 아닌 회개와 구원, 그리고 성화의 차원에서 접근해야 하는 이유와 선교를 입으로의 전도에서 끝나는 것이 아니라 삶을 통한 실천과 이웃의 영과 육, 물질적인 삶까지도 보살피는 것으로 이해해야 하는 이유에 대해서 살펴보게 될 것이다. 그리고 이러한 주제들에 대한 신학적·사회학적 분석을 통하여 교회의 사회적 책임과 기독교회로부터 멀어진 사회의 관심을 되찾는 길이 무엇인지 모색하게 될 것이다.

교회와 사회의 관계

예수 그리스도의 뜻을 따라서 참 생명과 사랑, 정의와 평화가 그대로 이루어지고 살아 움직이는 하나님의 나라 운동에 참여한 사람들의 신앙 공동체인 교회는 사회와 역설적인 관계를 맺고 있다. 교회는 그리스도의 복음을 세상 속에서 선포하고 실천하기 위하여 세상 속으로 들어간다. 그 구성원들이 다른 모든 인간들과 더불어 살며, 그들과 마찬가지로 먹고 입고 자고 결혼하고 한다는 점에서 교회는 세상의 일부라고 말할 수 있다. 그러나 교회는 세상의 여타 이익 집단들과는 달리 예수 그리스도가 가르친 하나님 나라에 대한 복음에 기초하여 세상을 초월하고 개혁하는 영적 힘을 가진 신앙 공동체이다. 그러므로 교회를 사회로부터 완전히 분리된, 그리고 사회와는 전적으로 무관한 별개의 집단으로 간주하는 것도 모순이며, 그렇다고 교회를 사회에 완전히 예속된 한 개의 기관으로 보는 것도 모순이다. 교회의 이러한 복합적인 정체성에 대하여 잘못 이해할 경우에는 교회의 역할에 심대한 타격을 입힐 수가 있다.

H. 리처드 니부어는 두 유형의 무책임한 교회를 지적하고 있는데, '세상에 먹힌 교회(the worldly church)'와 (세상으로부터) '분리된 교회(the isolated church)'이다. 첫번째 교회는 '누구에 대한(to whom)' 책임인가를 잘못 규정하는 교회로, 교회가 보살펴야 할 대상인 사회에 대하여 충성을 바침으로써 인간 사회를 하나님의 자리에 올려 놓는 오류를 범하는 것이다. 이러한 오류는 전형적으로 자유주의적인 개신교회와 미국 사회복음 주창자들에게서 나타난다. 두번째 교회는 '무엇을 위한(for what)' 책임인가를 잘못 규정하는 교회로, 하

나님께 충성하나 오직 그 자신만을 위하여 하며 보살핌의 대상을 기독교회로만 한정하는 오류를 범한다. 이러한 오류는 전형적으로 정통주의 교회와 신정통주의 교회들에게서 나타난다고 지적하고 있다.[1] 니부어의 이러한 지적은 주로 후자의 범주에 속한다고 볼 수 있는 한국 교회가 경청해야 할 중요한 메시지를 함축하고 있다.

신학적으로 보수주의적인 성향을 가진 사람들은 정치적으로도 보수적인 성향을 가지고 있고, 사회·정치·경제적 문제들에 개입하기를 꺼리며 인종적·종교적 배타주의의 경향이 강하고, 민권운동에 소극적이며 자기우월주의적이고, 편견과 권위주의가 강하며, 도덕적으로도 보수적이고 엄격한 태도를 취하는 경향을 지닌다.

앨런 블랙은 신학적으로 보수적인 입장을 가지고 있는 사람들에 대하여 다음과 같이 분석하고 있다. 신학적 보수주의자는 권위주의적이고 교조주의적인 경향이 매우 강하며, 시민적 자유와 부정적인 상관 관계를 보여준다. 그들은 예배나 기타 교회 활동에는 잘 참여하나 에큐메니즘에 반대하고, 교회의 구조와 수행에 있어서의 변화를 거부한다. 그들은 도덕적으로 강한 보수주의 경향을 가지고 있다. 그들은 정치·경제적으로도 보수주의적이며 사회 정의에 대한 관심이 낮고, 교회가 사회·정치·경제적 문제들에 관여하는 것을 반대하는 경향이 있다. 그들은 전반적으로 변화를 반대한다.[2] 블랙의 이러한 분석은 한국 근·현대의 정치·문화적인 환경과 초기에 한국

---

1) H. Richard Niebuhr, *Radical Monotheism and Western Culture: with supplementary essays*(New York: Harper & Row, Publishers, Inc., 1970), pp.49-63.
2) Alan W. Black, 〈The Impact of Theological Orientation and a Breadth of Perspective on Church Member's Attitudes and Behaviors〉, *JSSR* 24(March), 1985, pp.87-100.

에서 활동한 다수의 보수적인 미국인 선교사들의 영향을 받은 한국 교회의 성격을 묘사하는 데 도움이 된다.

H. 리처드 니부어는 그의 책《그리스도와 문화》에서 신학적·윤리학적인 견지에 의거하여 교회를 다섯 가지 유형으로 분석하고 있는데, 첫번째는 '문화에 적대적인 그리스도(Christ against Culture)' 유형의 입장으로서, 이러한 입장을 견지하는 사람들이나 교회는 예수 그리스도를 세상을 적대시하고 세상과 대결했으며, 이 세상의 문화나 질서와는 전혀 다른 문화와 질서를 세운 인물로 이해한다. 〈요한1서〉 2장 15절의 "이 세상이나 세상에 있는 것들을 사랑치 마라. 누구든지 세상을 사랑하면 아버지의 사랑이 그 속에 있지 아니하니"라는 말씀에 근거하여, 기독교인들은 기존의 거짓·증오·살인으로 가득 찬 가인의 후예에 불과한 세상 문화와 세상의 가치관 및 윤리를 미워하고, 그와는 전혀 다른 새로운 하나님의 문화와 기독교윤리를 형성해야 한다고 믿는다.[3] 유대인도 이방인도 아닌 제3의 인종인 기독교인들은,[4] 참다운 신앙 생활을 하려면 없어질 것에 불과한 세상과 문화로부터 분리해서 우상 숭배며 범신론·육욕·상업화에 찌든 세상의 일에 전혀 관여하지 않고 전적으로 새로운 행동 기준과 문화를 창조해야 한다는 신념을 가지고 그것을 실천으로 옮기려고 노력한다. 초대 교회의 신학자였던 아프리카의 터툴리안은 원죄는 사회를 통하여 다음 세대로 전이된다는 생각을 가지고 있었으며, 태어날 때부터 에워싸고 있는 악한 풍습과 교육이 아니면 아이들의 영혼이 선한 채로 남아 있었을 것이라고 여기며 사회와 그 문

---

3) H. Richard Niebuhr, *Christ and Culture*(New York: Harper & Row, Publishers, Inc., 1975), p.48.

4) *Ibid.*, p.49.

화를 적대시하였다.[5] 메노나이트 교인들은 기계 문명을 거부하여 교회에서 악기를 사용하지 않고, 라디오·텔레비전·전화 등을 사용치 않으며, 정치 활동에의 참여와 군사 훈련과 집총을 거부하였고, 경제와 교육에 있어서 그들 스스로의 특이한 풍습이나 규율을 적용하였다.[6] 타락한 세상과 교회를 동시에 비판한 톨스토이, 퀘이커교도들이나 여호와의 증인들도 이 유형에 속한다고 볼 수 있다.

두번째는 '문화 수용적인 그리스도(The Christ of Culture)' 유형의 입장을 견지하는 사람들과 교회인데, 이들은 현존하고 있는 사회 구조와 문화야말로 곧 하나님께서 원하시는 문화라고 강조함으로써 현존하는 사회 구조, 정치 질서, 문화를 무비판적으로 수용하고 따르는 경향이 있다. 아벨라드는 예수를 소크라테스나 플라톤과 같은, 다만 더 높은 차원의 위대한 도덕 교사라고 말하고 있다. 소크라테스나 플라톤이 국가나 국민을 위해 한 노력이 기독교의 것과 비교해서 조금도 손색이 없다고 이해하고,[7] "그들은 사실상 이러한 도덕적 성취를 위한 공통의 열성에 의해 우리와 하나가 됐다"고 말하였다.[8] 이 유형에 속하는 사람들은 사회의 진행 방향이 결국에는 그리스도가 원하는 것과 일치한다고 믿으므로 교회와 사회 사이에는 갈등이 생길 소지가 거의 없게 된다. "그들은 교회와 세상 사이, 사회의 법과 복음 사이, 하나님의 은총의 역사와 인간의 노력 사이, 구원의 윤리(기독교윤리)와 사회를 보존하고 진전시키기 위한 윤리

---

5) *Ibid.*, p.52.

6) *Ibid.*, p.56.

7) *Ibid.*, p.90.

8) *Ibid.*; cf. Maurice De Wulf, *History of Medieval Philosophy*, 1925 Vol.I, pp.161–166.

사이에 아무런 갈등이 없는 것으로 느낀다."[9] 이들에게 있어서 기독교윤리의 사명은 현재의 세상 문화의 가치 체계를 있는 그대로 유지하고 따르는 것이다. 그러므로 이들에게는 주도권을 쥐고 있는 편의 가치관과 문화와 법을 예찬하며 따라가는 것이 참다운 기독교윤리가 되는 것이다. 대표적인 예로 히틀러를 지지하였던 독일 국민들과 교회를 들 수 있는데, 그들은 당시 아돌프 히틀러의 사상이 곧 기독교윤리의 최상의 실현이라고 선전하였으며, 교회의 전체적 조직을 동원하여 히틀러와 그의 정책을 지지하는 신학적 성명을 발표하기도 하였다.[10] 한국의 경우에는 일제시대 후기의 교회와 군부 독재하의 교회 등이 이와 비슷한 유형에 속한다고 볼 수 있을 것이다.

그러나 우리는 이 둘 모두에게 심각한 모순이 있음을 알아야 한다. 전자는 기존의 사회 구조, 정치 질서, 가치관 등에 대하여 방관자적 자세를 취함으로써, 후자는 기존의 사회 가치와 도덕 그리고 사회 체제 등을 무비판적으로 충실히 따르고 선전하고 지켜주는 역할을 수행함으로써, 두 그룹 모두 타락한 세상을 개혁하는 데 걸림돌이 되며, 아주 부정적인 의미에서의 세상적인 교회가 될 수도 있다. 특히 전자처럼 방관자적 자세를 취하는 경우는 세상 일에 관여하지 않는 것이 아니라 오히려 부정적으로 세상 일에 관여하는 결과를 낳게 될 수도 있다. 다시 말해서, 교회와 세상을 분리하여 사람들이 살아가는 데 관련된 세상의 전반적인 일들을 등한시하고 '개인 영혼 구원'에만 집중한다는 것이 결국에는 독재자나 착취자들의 행위를 묵인하는 것이 되어 하나님의 뜻과는 반대되는 세상을 만드는

---

9) *Ibid.*, p.83.
10) *Ibid.*, pp.83–115.

데 기여하는 결과를 낳게 될 수도 있다는 말이다. 위의 두 유형에 해당되는 신학이나 교회는 카를 마르크스가 이야기한 것처럼 '민중의 아편' 역할을 하게 되는 역설적인 과오를 범하게 될 수도 있다. 실제로 역사 속에서 불의한 권력을 장악한 자들이나 그들과 더불어 지배 계층에 속한 무리들이 기득권을 확장시키고 확고히 하기 위하여 이 두 가지 유형의 종교를 선호했다고 볼 수 있을 것이다.

교회는 사회에 대하여 지대한 책임을 부여받았다. 이 세상을 창조하고 그곳을 사랑과 정의와 평화가 넘쳐흐르는 곳(하나님의 나라)으로 만들기를 원하는 하나님, 그러한 하나님의 뜻을 펼쳐 보이고 죄악으로 물든 인간들과 그들의 세계를 구속하고 새롭게 하기 위해 스스로의 생명까지도 희생한 예수 그리스도, 그리고 우리에게 이것을 깨달아 알고 믿게 하며 하나님의 뜻대로 살 수 있게 힘을 공급하여 주는 성령은 세상 전체에 대하여 지대한 관심을 가지고 있으며 오늘도 우리 각자와 세상 전체의 삶에 참여하고 있다. 이러한 삼위일체 하나님의 뜻을 이루기 위해 자원한 교회는 사회에 매몰되어 버려서도 안 되지만, 사회로부터 분리되어 방관자의 자리에 서서도 안 될 것이다. 교회는 세상 전체를 향한 하나님의 뜻을 제대로 알아서 사회 전체의 아픔에 동참하고 포용하며 치유하기 위한 노력을 경주하여야 할 것이다. 사회의 현실과 그 속에서 일어나는 고난들을 외면하고 동참하지 않는 교회는 세상 속에서 일하시는 하나님의 활동에 동참하지 않는 교회요, 결국 하나님의 뜻을 거역하는 교회라고 할 수 있으며, 세상에 매몰되어 타락하는 교회는 타락한 세상을 깨우쳐 구원하고 새롭게 하고자 하는 하나님의 뜻을 거역하는 교회이다.

사랑의 반대 개념은 증오가 아니라 무관심이라는 것을 밝히지 않으면 안 된다. 물론 증오는 나쁜 것이기는 하지만 그의 이웃을 '너(thou)'로 취급하고 있음이 확실하다. 그러나 무관심의 경우에 있어서는 그의 이웃을 단지 '그것(it)' 즉 하나의 사물로 취급하고 있다. 이것이 우리가 악 그 자체보다도 더욱 나쁜 것이 존재하고 있다고 말할 수 있는 근거이다. 기독교윤리학에서 취급하는 한계 안에서 인간 관계 가운데 윤리적으로 가장 극악한 것은 "나는 그런 것에 대해서는 전혀 관심을 갖지 않는다"는 식의 태도이다. 이러한 이유에서 우리는 신약성경이 우리에게 원리가 아니라 사람을 사랑할 것을 요구하고 있다는 것을 결코 망각해서는 안 된다.[11]

하나님께서는 기독교인들을 불러모아 주전 선수들로 훈련시키고 하나님의 운동장인 세상에서 경기가 공평하게 진행되도록 지도하고, 또한 어떻게 하는 것이 경기를 제대로 하는 것인지 시범도 보이라고 그 경기장에 투입하였다. 그럼에도 불구하고 그들이 타락한 세상을 더럽다고 간주하고 그 경기장 속에서 모두 퇴장해 버리거나(위의 첫번째 유형에 속하는 신학 및 교회), 또는 그 세상에 함께 파묻혀서 기존 체제나 가치관이 하는 대로 같이 춤추고 손뼉치며 선전한다면(위의 두번째 유형에 속하는 신학과 교회), 이는 큰 문제이다. 예수 그리스도의 제자들의 모임인 교회는 그 타락한 경기장의 구성원들의 의식 구조와 경기 규칙들과 운동장 전체의 상태를 새롭게 되도록 노력하여야 할 것이다.

---

11) Joseph Fletcher, 이희숙 역, 《새로운 도덕: 상황윤리》(종로서적, 1994), p.47.

이 세상은 우리가 하나님의 은혜로운 인도와 우리의 응답(훈련과 노력)을 통하여 하나님의 형상을 이루어 나가는 데 필수적인 생명의 훈련장이다. 우리 인간들은 죽음을 맞이하기 전에는 이 세상을 떠날 수 없으며, 고기가 물속에서 헤엄치는 법을 배우고 익히듯이 우리는 이 세상 속에서 이성적·윤리적·도덕적·영적 훈련을 받는 것이다. 하나님은 오묘한 섭리 가운데서 우리를 그의 일꾼으로 '이 세상 속에' 세웠다. 그러므로 신학자와 그리스도의 교회의 일을 하고 있는 사람들은 문화·사회·과학·정치·경제 등 세상 속에서 일어나고 있는 모든 일들에 깊은 관심을 기울이고, 또 적극적으로 동참하여 하나님의 뜻을 이루기 위해 노력해야 한다.

영과 육의 이분법 극복

기독교는 '영혼 불멸'과 '몸의 부활'이라는 두 가지 전통을 이어 받았다. 전자는 그리스적인 상징으로서 초월적이고 이상적인 실재인 이데아(Idea)와 비실재적인 그림자에 불과한 현실계를 이원적으로 상정한 형이상학적 사상에 기인한다. 이러한 이원적 사상에 의거하여 사람이 죽으면 영혼은 감옥이요, 무덤에 불과한 육체를 떠나서 이데아의 세계에서 영원 불멸의 존재가 된다고 생각하였다. 그러나 후자는 역사적 지평을 그 삶의 자리로 잡고 있는 히브리적 전통에 근거한 것으로 미래의 새 시대에 실질적인 육체의 부활이 있을 것임을 믿는 신앙이다.

플라톤은 그의 유명한 '동굴의 비유'를 통해서 이 세상의 현실 세계에서 보는 모든 것은 '지자들의 영역' 또는 '지식의 세계'에 존재하는 정의, 아름다움, 선함 등과 같은 참 실재의 그림자에 불과하다고 말한다. 영혼이 이 참 실재의 세계로의 여행을 통하여 참 실재를 보고, 미망의 세계로부터 해방되어야 한다고 역설하고 있다. 그는 이 비유를 통하여 영혼이 미망의 최저 단계에서부터 시작하여 지식의 또는 깨달음의 최고 단계인 '참 선에 대한 지식'을 가지게 되는 과정을 구체적으로 묘사하고 있다. 여기에서 그는 이 현실 세계를 실재하는 사물이나 관념들의 그림자를 보며 그것이 마치 진실인 줄 알고 사는 무리들이 묶여 있는 어두운 지하 동굴과 비교하고 있다.[12]

이러한 그리스 사상이 기독교에 들어와서 '하나님의 나라'를 하늘 위에 있는 유토피아로서의 천당으로 왜곡시키는 데 큰 영향을 미쳤다. 이러한 사상은 감옥일 뿐이요, 저급하고 타락하였으며 무가치한 세계인 물질적·육체적인 세상에 대해서는 관심을 두지 말라는 이원적인 가르침으로 발전하였으며, 결과적으로 그 유토피아적인 천당에 들어가기 위한 개인적 '구령 사업'만 강조하게 되어, 성경에 나타나는 하나님의 나라와 메시아 왕국에 대한 총체적인 면모를 도외시하는 신비주의적이고 염세적이며 반사회적인 영지주의의 성격을 가지게 되었다. 안타깝게도 이러한 성향은 한국 교회에 아주 강하게 스며 있다. 그러나 이렇게 되면 하나님의 창조 자체를 모독하는 결과를 낳게 된다. 성경의 하나님은 영뿐만 아니라 육체와 자연과 온 세계를 창조하신 분이며, 〈창세기〉 1장에는 하나님께서 보시기에 그 모든 것이 "심히 좋았다"고 기록되어 있다.

신약성경에 나타나는 히브리적 메시아 왕국 신앙과 몸의 부활 신

---

12) Platon, *The Republic*, tr. by Francis MacDonald Cornford(New York: Oxford University Press, 1960), chapter XXV, pp.227-235.

앙은 억압당하고 착취당한 민중들이 역사 속에서 뼈저리게 체험한 한의 결과로서, 공의의 하나님이심을 믿는 신앙 고백에 근거한다. 신약성경(특히 4복음서와 〈요한계시록〉)은 정치적·종교적·사회적으로 불의한 지배자들에 대한 하나님의 심판을 선포하고 있으며, 이 역사의 미래에 예수님이 재림하여 모든 사람들을 실제로 육체적으로 부활시키시고 가해자들에게는 벌을 주며 피해자들에게는 보상받게 해주어야 한다고, 그리고 그렇게 될 것이라고 선언하고 있다. 그렇게 됨으로써 정의와 평화가 이룩되고 함께 더불어 사는 삶의 환희가 넘쳐나는 '새 하늘과 새 땅,' 즉 메시아 왕국(하나님의 나라)이 이루어질 것이라고 선언한다. 그러므로 이 '새 하늘과 새 땅'은 하늘 저쪽 어딘가에 있는 무릉도원, 일하지 않고 먹고 놀고 잠만 자는 하늘에 있는 집〔天堂〕을 의미하는 것이 아니다. 모든 인류가 함께 공의로운 하나님의 심판에 참예하여 상과 벌을 받고 억울한 자들의 한이 풀리는 구체적인 역사적 사건을 의미하는 것이다. 그러므로 몸의 부활을 믿는 신앙을 가지고 그리스도의 사역에 참여하는 사람들은 그의 구원 사역과 관련된 모든 것들을 교리적·주술적으로 믿는 것이 아니라, 정의·평등·평화·사랑이 역사 속에 구체적으로 실현되는 하나님의 나라와 연관지어서 이해하고 또 믿는 것이다. 영혼 불멸과 몸의 부활을 믿는 신앙은 어느 하나도 무시하지 않고 총체적으로 다루어져야 한다.[13]

예수님은 공생애 첫 설교에서 그의 사역의 방향에 대하여 〈이사야〉서를 인용하여 다음과 같이 말하였다. "주의 성령이 내게 임하셨으니 이는 가난한 자에게 복음을 전하게 하시려고 내게 기름을 부으시고 나를 보내사 포로된 자에게 자유를, 눈 먼 자에게 다시 보게 함을 전파하며 눌린 자를 자유케 하고 주의 은혜의 해를 전파하

게 하려 하심이라."(〈누가복음〉, 4장 18-19절) 〈요한계시록〉은 다음
과 같이 기록하고 있다. "천사가 낫을 땅에 휘둘러 땅의 포도(우상
을 숭배하고 기독교인들을 핍박한 자들)를 거두어 하나님의 진노의
큰 포도주 틀에 던지매 성 밖에서 그 틀이 밟히니 틀에서 피가 나서
말굴레까지 닿았고 일천육백 스다디온에 퍼졌더라."(〈요한계시록〉,
14장 19-20절) "전에도 계셨고 시방도 계신 거룩하신 이여, 이렇게
심판하시니 의로우시도다. 저희가 성도들과 선지자들의 피를 흘렸으

---

13) Cf. Meredith B. Mcguire, 김기대 · 최종렬 역, 《종교사회학》(민족사, 1994),
pp.64-78. 현대 사회 운동에 나타난 천년왕국설과 이원론에 대한 그의 글을 참조
하라.

서남동은 다음과 같이 지적하고 있다. '몸의 부활' 신앙이 기독교 특유의 사상
임에도 불구하고 실재 기독교회사에 있어서는 이것이 가려지고 그리스적인 전통
에 입각한 '영혼 불멸' 사상이 압도적으로 우세하였다. 본래 신약성경의 전통에
의하면 '하나님의 나라'는 타계적인 것이 아니고 이 역사의 미래에 그리스도의
재림과 아울러 이루어지게 될 새 하늘 새 땅이 이루어지는 그때에 지금 사악한 권
세와 부를 누리는 자들이 심판받고, 반대로 박해당하고 억눌리고 빼앗기는 자들
이 하나님의 나라의 상속자들이 된다는 것이었다. 그러나 기독교가 콘스탄틴의 공
인을 받은 왕권 종교가 되면서 그리스적 이원 사상 체계의 강한 영향 아래서 영혼
불멸의 '신국'은 타계적인 피안의 성격을 띠게 되었다. 그리하여 구약성경의 예
언자들이 선포한 '여호와의 날'과 예수님께서 선포한 '하나님의 나라'에 내포된
실체적 · 혁명적 · 역사적 요소가 도외시되어 버렸다. 그리고 그리스적인 영혼 불멸
의 사고 속에는 개개인의 영원한 세계로의 입장이 강조되고 있으나 히브리적 메
시아 왕국이나 하나님의 나라 사고 속에는 단체적인 부활과 그 나라로의 단체적
인 들어감이 강조되고 있다.

지배자와 가진 자들은 천년왕국, 메시아 왕국의 도래를 원하지 않고 도리어 무서
워한다. 그것은 자기네들의 소유와 지위에 대한 위협과 그 전복을 의미하기 때문이
다. 그러나 억압당한 자, 가난한 자들에게는 메시아 왕국의 도래가 절실한 갈망이
다. 따라서 강자와 부자들은 메시아 왕국을 이단시하고 불법화해 버린 것이다. 그것
이 역사적 기독교의 발자취이다. 그 반면에 신국 신앙은(그 본뜻이 그렇지 않다 하더
라도) 실제로는 지배자들이 피지배자들을 무마시키고 길들이는 도구로 삼기에 아주
좋은 약속이다. 역사상 그렇게 작용한 것이 사실이다. 여기에 종교는 지배자들에 의
해서 유괴당한 것이다. 그래서 민중의 아편으로서 역할하기도 한 것이다.
서남동, 《민중신학의 탐구》(한길사, 1983), pp.125-126.

므로 저희로 피를 마시게 하신 것이 합당하니이다."(〈요한계시록〉,
16장 4-6절) "로마가 행한 일에 대하여 갑절로 갚아 주시리라."(〈요
한계시록〉, 18장 1-8절) "또 내가 보좌들을 보니 거기 앉은 자들이
있어 심판하는 권세를 받았더라. 또 내가 보니 예수의 증거와 하나
님의 말씀을 인하여 목 베임을 받은 자의 영혼들과 또 짐승과 그의
우상에게 경배하지도 아니하고 이마와 손에 그의 표를 받지도 아니
한 자들이 살아서 그리스도로 더불어 천년 동안 왕 노릇 하니."(〈요
한계시록〉, 20장 4절) "새 하늘과 새 땅을 보니 처음 하늘과 처음 땅
이 없어졌고 바다도 다시 있지 않더라……. 하나님이 저희와 함께
거하시리니 저희는 하나님의 백성이 되고 하나님은 친히 저희와 함
께 계셔서 모든 눈물을 그 눈에서 씻기시매 다시 사망이 없고 애통
하는 것이나 곡하는 것이나 아픈 것이 다시 있지 아니하리니 처음
것들이 다 지나갔음이러라."(〈요한계시록〉, 21장 1-8절)

그러면 '세상'은 어디인가? 이것은 누가 만드셨는가? A.D. 2-4
세기에 활발한 움직임을 보였으며 초대교회 때에 문제가 되었던 영
지주의자들은 영과 육체 및 물질적인 것을 분리하여 영적인 것은
선한 신이 만들었고 물질적인 것, 육체적인 것은 악한 신이 만들었
다고 생각하였다. 그리하여 물질적인 세계를 창조한 구약성경의 하
나님은 열등하고 복수심에 가득 찬 타락한 신이라고 주장하였으며,
남성들보다도 여성들이 더 육체적이며 열등하다고 주장하고, 영적
깨달음을 통하여 이 육체의 감옥에서 해방되어야 한다고 주장하였
다.[14] 아울러 영지주의자들은 예수 그리스도는 '영적인' 구세주이지,

---

14) Pheme Perkins, 〈Gnosticism〉, *The New Dictionary of Theology*, eds., by Joseph
A. Komonchak, Mary Collins, Dermot A. Lane(Collegeville, Minnesota: The Liturgical
Press, 1990), pp.421-423.

'전 생명의' 주는 아닌 것으로 해석하여 영과 육의 모든 삶의 구주로서가 아니라 영적 측면만을 구원해 주는 분으로 해석하는 오류를 범하였다.[15] 그러나 이러한 주장에 대하여 성경과 초대교회의 신학자들은 이 우주 만물은 사람의 영이나 이성이나 육체나 무생물이나 하늘이나 땅을 막론하고 그 모든 것을 한 분 하나님께서 창조하셨다고 주장하였다. 세상은 바로 이 모든 것들이 함께 어우러져서 살아가는 공동체인 것이다. 그리고 모든 인간들이 다 '하나님의 형상'으로 지음받은 이들로서, 하나님께서 〈창세기〉 1장의 천지 창조에서 하신 것처럼 삶의 모든 터에 정의와 평화와 사랑이 넘쳐흐르게 하여 더불어 사는 삶이 기쁨이 되게 하는 사명을 부여받았다.[16]

　사랑하는 것에 대해서는 관심을 가지게 마련이며, 관심은 그에 합당한 행동을 수반하게 마련이다. 말과 가르침으로는 사랑하라고, 또 사랑하고 있다고 선언하면서도 구체적인 행동에 있어서는 하나님께서 우리의 훈련장으로 지어 주신 운동장(세상)에 관심을 갖지 말아야 하고 그곳에서 일어나는 일에 참여해서는 안 된다고 하거나, 구령 사업에만 관심을 기울이고 그외의 일들에 대해서는 관여해서는 안 된다고 가르치고 행동한다면, 이는 인간 삶을 영과 육 전체적인 차원에서 다루지 않고 영지주의자들이 했던 것처럼 이분법적으로 다루는 오류를 범하게 되는 것이다. 우리는 그리스도께서 부르시는 대로 이웃 사랑에 동참하여야 하며, 전인적인 차원에서의 관심과 열정을 가지고 교육·문화·정치·경제·종교 등 삶의 전반적인 문제에 관여하여야 한다.

---

15) cf. H. Richard Niebuhr, *Christ and Culture*, p.87, pp.85−89.

16) Michael D. Guinan, OFM, *The Pentateuch*(Collegeville, Minnesota: The Liturgical Press, 1990), pp.23−30.

개인과 사회(환경)의 종합적 개조

어떤 사람들은 이 세상을 새롭게 하고 구원하는 길은 일대일의 개인 전도를 통해서 모든 사람이 기독교인이 되도록 하는 것뿐이라고 말한다. 그러므로 기독교인이나 교회는 사회적인 일, 정치 체제나 경제 구조, 인권 문제 등에 관한 일에는 관여하지 말고 개인 전도에만 관심을 쏟아야 한다고 주장한다. 또 어떤 사람들은 개인은 가만히 놔두고 사회 구조와 환경만 개혁하면 그 사회는 자연히 하나님의 뜻대로 움직이는 새로운 세상이 된다고 주장한다. 그리하여 이들은 개인 전도라든가 개개인의 품성 교육 등은 등한시하고 사회 운동에만 전력을 기울이게 되는 것이다. 이러한 주장들은 일견 그럴듯하게 들리기도 하지만, 사실은 개인과 사회의 역학 관계를 잘 이해하지 못하기 때문에 하는 말이다.

피터 버거는 개인과 사회의 관계를 외면화(externalization), 객체화(objectification), 내면화(internalization)의 관계로 설명한다. 인간은 그들이 가진 모든 속성과 경험을 반영하여 사회를 만들지만(외면화), 일단 만들어진 사회는 그 자체가 하나의 객관적 실재가 되며(객체화), 이렇게 독립된 실체로서의 사회는 개인들의 의식 구조를 지배하고 형성하게 되며, 그 사회의 모든 속성을 개인들의 의식 속에 주입·용해시켜 개인들을 사회화시키게 된다(내면화)는 것이다.[17]

에밀 뒤르켕도 개인들의 사고 내용뿐만 아니라 그 범주들까지도

---

17) Peter L. Berger, *The Sacred Canopy*(Garden City, N. Y.: Doubleday, 1967), chapter 1; Cf. Peter L. Berger and Thomas Luckmann, *The Social Construction of Reality*(Garden City, N. Y.: Doubleday, 1963).

사회적으로 구성된다고 주장한다. 그는 물질(경제)이 역사의 변천을 주도하며 종교나 이념 등은 부수적인 것이라고 주장한 마르크스와 달리, 이념 자체가 하나의 객관적·객체적인 실재가 될 수 있고 개인들의 사회적 행동에 영향을 미치게 된다고 지적하고 있다.[18]

개인들이 모여서 공동의 이익을 보장하기 위해 크고 작은 조직과 사회를 형성하지만, 일단 하나의 조직이 탄생하고 나면 그 조직은 살아 있는 하나의 독립적인 생명체가 되는 것이다. 조직이나 사회는 그것 자체의 목적·가치관·윤리·풍습·법과 규칙 등을 소유하게 되며, 이러한 것들에 의거하여 소속된 모든 개인들을 통솔하고 그들의 가치관이나 윤리도덕관을 형성하도록 한다. 그리고 그 조직이 추구하는 바에 순응하지 않을 때에는 지탄받거나 처벌받게 되는 것이다.

인간은 환경의 지배를 받으며 산다. 오랜 세월 동안 어떤 특정한 환경이 지속되면, 그것은 그 속에 들어 있는 구성원들에게 하나의 숙명처럼 인식되어지게 되며, 그 환경이 그들의 가치관이며 윤리도덕 체계, 성격을 형성하는 결정적 기초가 되는 것이다. 한국 사회에는 예나 지금이나 귀신들림에 대한 이야기가 많다. 그런데 이상한 것은 많은 경우에 한이 맺힌 채로 죽은 선조나 가족의 혼이 자신에게 한이 맺히게 한 가해자(왕과 양반층 및 지배 계층, 일본, 상전 등)나 그들의 후손에게로 가서 복수를 하는 것이 아니라, 역으로 자기 자신의 가족 중의 하나나 후손들을 괴롭히는 것으로 나타난다는 것이다. 뿐만 아니라 이것을 푸는 방법에 있어서도 그러한 한이 맺히

---

18) Cf. Émile Durkheim, *The Elementary Forms of the Religious Life*(New York: The Free Press, 1965).

게 한 개인을 징계하거나 사회 구조나 가치관을 개혁하는 것이 아니
라, 돼지머리와 음식과 술을 차려놓고 굿을 하면 귀신의 화를 풀 수
있다고 생각하며, 이렇게 하여 귀신이 떠나게 되면 문제가 해결된
다고 여긴다. 그러나 이는 근본적인 문제 해결이라고 볼 수 없다.

이러한 예는 수천 년 동안 피해자의 입장에서, 또는 억눌린 자의
자리에서 살아온 민중들의 사고방식이 얼마나 수동적·숙명론적·
체념적·자기 가학적으로 되어 있는가를 반영하고 있다. 너무나 오
랜 세월 동안 억눌리고 빼앗기면서도 자기 자신의 인권을 주장하거
나 반항할 수 없도록 체제적·구조적·이데올로기적·윤리도덕적·
풍습적 그리고 종교적으로 철저히 세뇌당하며 살아왔기 때문에, 민
중들은 그것에 복종하고 순응하며 사는 것을 미덕으로 생각하게 되
고, 내세에서의 구원을 보장받는 길이라고 믿게 되는 것이다. 한국
에 있어서는 불교의 업보 사상 및 윤회 사상도 이에 큰 영향을 끼쳤
다. 예를 들어서 어떤 사람이 노비로 태어났으면 이는 전생에 그에
상응하는 잘못을 저질렀기 때문인 바, 이생에서 그 인과응보의 숙
명에 반항하지 않고 잘 순응하는 것이 그 업을 닦는 길이라고 가르
치고 믿게 만들었다. 지배자들과 기득권층은 물론 이러한 종교적인
가르침을 자신들에게 유리한 방향으로 이용하였다.

그리하여 노비인 부모는 태어나는 아이들에게 하늘이 그들을 노
예로 살도록 운명지은 것으로 믿게 만들고, 상전들로부터 아무리 부
당한 일을 당하여도 절대로 반항하여서는 안 된다고 가르치게까지
되었던 것이다. 이러한 일은 다른 경우에서도 찾을 수 있다. 시어머
니가 며느리를 구박하는 것도 그 한 예이다. 가깝게는 남편으로부
터, 그리고 보다 근원적으로는 남성 위주의 사회 가치관·윤리·도
덕·종교 그리고 사회 구조에 의해서 당하면서 살아온 시어머니는

그러한 가해자들 및 가해 요인들을 향하여 분풀이를 하고 반항하며 개혁을 위하여 노력하기보다는 같은 여성이면서 가족 중의 하나인 며느리에게 온갖 구박을 가하는 것이다.

거대한 조직의 힘 앞에서 개인은 극히 미약한 존재이며, 개인의 힘으로 조직을 개혁하기란 그야말로 계란으로 바위치기와 마찬가지이다. 이러한 상황에서 사회 자체의 조직 및 구조 그리고 가치관 등을 개혁하지 않고 개인들만을 변화시킨다는 것은 거의 불가능한 일이며, 이렇게 해서는 타락한 사회를 새롭게 할 수 없다. 나아가 개인들의 경우에서처럼 조직이나 사회도 영적으로 타락하여 우상 숭배(종교적인 죄)에 빠지게 되고, 그로 인하여 윤리적으로 타락하게 되는데, 이렇게 될 때에 갖게 되는 파괴력과 영향력은 개인의 경우와는 비교할 수 없는 힘을 가지게 된다. 그러므로 한 사회 속에 새로운 기운을 불어넣고자 하면 개인들뿐만 아니라 그들이 속한 사회(환경) 그 자체를 개조하는 작업도 동시에 이루어져야 하는 것이다.

반대로 사회 구조를 아무리 개조한다고 하여도 구성원들 각자의 신앙·가치관·윤리도덕관·성품이 올바로 정립되어 있지 못하면, 그 사회는 하나님의 뜻대로 움직여지기가 어려울 것이다. 카를 마르크스는 사회 구조만 바뀌게 되면, 즉 사유 재산 제도를 없애고 생산 수단을 국가가 공유하여서 운영하게 되면 정의와 평화가 넘치는 이상 사회(공산주의 사회)가 오리라고 예견하였다.[19] 그러나 그는 인

---

19) Karl Marx, 〈Menifesto of the Communist Party〉 and 〈Preface to a Contribution to the Critique of Political Economy〉 in *Selected Works*(New York: International Publishers, 1974); Karl Marx, 〈Contribution to the Critique of Hegel's Philosophy of Right: Introduction〉 in *The Portable Karl Marx*, ed., by Eugene Kamenka(Kingsport, Tennessee: Kingsport Press, Inc., 1985).

간의 죄악성과 불완전성을 고려하지 않는 근본적인 오류를 범함으로써 공산주의 사회가 필연적으로 몰락하게 될 것임을 알지 못하였다. 예컨대 사유 재산이 허락되지 않고, 최선을 다하지 않아도 남들과 같은 임금이 주어지는 상태에서 사람들은 마르크스가 생각한 것처럼 능력껏 일하려 들지 않았으며, 결국에는 채찍과 경찰력에 의한 강제 노동을 통해서만 사회가 유지될 수 있게 되었다. 결국 공산주의 사회는 실패하고 말았다. 이러한 역사적인 예를 통해서 보듯이 사회 구조나 환경만 중시하고 개인들의 품성 배양을 무시하는 것도, 사회 구조적인 문제는 도외시하고 개인적인 문제에만 집착하는 경우와 마찬가지로 새로운 사회를 만들어 내는 데는 적합하지 못한 아이디어임을 알 수가 있다. 개인과 사회 환경은 동전의 양면과도 같아서 서로 분리해서 생각해서는 안 된다. 한 사회를 하나님의 뜻에 합당한 세상으로 개혁하기 위해서는 개인과 사회를 동시에 복음을 통한 교화의 대상으로 삼고 개조시켜 나가야 한다.

더 나아가 사회 참여의 문제도 단순한 사회 운동의 차원에서만 볼 것이 아니라 우상 숭배에 빠져 있는 사회를 하나님께로 되돌이키고, 윤리적인 타락으로부터 새롭게 하는 구원과 성화의 차원에서 생각하고 접근해야 한다. 그리고 이러한 양면적인 시도는 선교의 모든 분야에 적용시켜야 한다.

개인 경건과 공의

교회들이 금식 기도·헌금·금주·금연 등을 마치 기독교윤리의 근간이요, 전부인 것처럼 가르치는 오류를 범하는 경우가 있다. 이것은 도덕이나 윤리 차원이 아닌 개인적인 신앙 및 생활 습관 훈련이라고 보아야 할 것이다. 그렇다면 윤리(倫理)란 무엇인가? 윤리란 인간과 인간, 인간과 다른 피조물들 사이의 올바른 관계 형성을 위해 하나님께서 주신 이치〔道〕, 즉 이웃 사랑의 도리를 이름이며, 삶에 있어서 옳고 그름, 선과 악을 판단하는 기준이 되는 근본 원칙이되며, 도덕적으로 올바른 행동을 하는 데 필요한 원칙이다. 이렇게 볼 때에 윤리는 개인적 차원의 습관(금주·금연 등)이나 개인적 차원의 경건성(주일 성수, 십일조, 금식 기도 등) 훈련에 국한되는 것이 아니고 보다 더 넓고 큰 차원의 문제이다.

예수님은 율법 조항을 따지며 사사건건 시비를 거는 바리새인들과 율법학자들을 자주 책망하였는데, 한번은 예수님이 손을 씻지 아니하시고 점심을 먹는 것을 바리새인이 이상히 여기자 다음과 같이 말씀하신다. "너희 바리새인은 지금 잔과 대접의 겉은 깨끗이 하나 너희 속인즉 탐욕과 악독이 가득하도다. 어리석은 자들아 밖을 만드신 이가 속도 만들지 아니하셨느냐. 오직 그 안에 있는 것으로 구제하라 그리하면 모든 것이 너희에게 깨끗하리라. (…) 너희가 박하와 운향과 모든 채소의 십일조는 드리되 공의와 하나님께 대한 사랑은 버리는도다. 그러나 이것도 행하고 저것도 버리지 아니하여야 할지니라."(〈누가복음〉, 11장 37-42절) 〈마태복음〉 23장도 다음과 같이 예수님의 질타를 기록하고 있다.

화 있을진저 외식하는 서기관들과 바리새인들이여 너희가 박하와 회향과 근채의 십일조는 드리되 율법의 더 중한 바 의(義)와 인(仁)과 신(信)은 버렸도다. 그러나 이것도 행하고 저것도 버리지 말아야 할지니라. 소경된 인도자여 하루

살이는 걸러내고 약대는 삼키는도다. (…) 뱀들아 독사의 새
끼들아 너희가 어떻게 지옥의 판결을 피하겠느냐. 그러므로
내가 너희에게 선지자들과 지혜 있는 자들과 서기관들을 보
내매 너희가 그 중에서 더러는 죽이고 십자가에 못박고 그
중에 더러는 너희 회당에서 채찍질하고 (…) 의인 아벨의 피
로부터 성전과 제단 사이에서 너희가 죽인 바라갸의 아들
사가랴의 피까지 땅 위에서 흘린 의로운 피가 다 너희에게
돌아가리라.(〈마태복음〉, 23장 23-36절)

예수님의 지적처럼 개인 경건과 공의는 함께 고려하여야 되는 것
이다. 둘 중의 어느 하나를 버리고 다른 하나에만 집착하고, 그것이
전부인 것처럼 가르치거나 행동해서는 안 된다.

예수 그리스도의 말씀대로 여호와 하나님을 향한 절대적인 충성
과 이웃을 향한 사랑, 그리고 정의와 평화를 도외시한 율법주의, 사
적인 차원의 경건주의, 도덕주의는 그리스도의 복음을 왜곡시키는
위험성을 내포하고 있음을 직시해야 할 것이다. 물론 개인과 사회
둘 다 경건 운동, 도덕 회복 운동을 절실히 필요로 한다. 이러한 운
동은 하나님 앞에서 겸손히 고개를 숙이고, 우리의 부족함을 인식
하고 하나님의 용서와 은혜를 간구하며 부족한 우리의 모습을 깨우
쳐 새롭게 거듭나자는 노력이요, 최종적으로는 하나님께 영광을 돌
리고 인류 공동체를 살리는 운동이 되는 것이다. 그러나 경건주의·
도덕주의와 같이 운동이 ‘~주의’로 고착화되고 나면, 그것 자체가
하나님의 자리에 앉아서 명령권자가 되고, 모든 행동의 최종 목표
가 된다. 이렇게 절대적인 이데올로기가 되어 버린 ‘~주의’ 속에는
은혜와 여유가 없다. 그리고 이러한 것들이 정죄와 심판의 도구로

전락하게 되며, 더 나아가서는 그들이 제정한 도덕률이나 율법 조항들을 전부 지키게 되면 구원을 '성취'하게 되는 것으로 착각하게 만들 수도 있다. 이렇게 되면 우상 숭배로부터 돌이켜 하나님 한 분만을 예배하는 참다운 의미에서의 죄의 회개와 돌이킴 없이 윤리적으로 선해지는 것만으로 구원을 '성취'할 수도 있게 된다는 모순에 빠지게 되는 것이다. 다소 길지만 조셉 플레처의 말을 인용한다.

경건주의는 신앙 내용과 일상 사회 생활과의 사이에 심한 격차가 있기 때문에 일어나는 부패한 종교 현상이다. 율법주의가 율법을 도리어 그르쳤다고 한다면, 경건주의는 도리어 경건 개념을 왜곡시켜 놓았다. 율법주의가 율법을 절대화한 나머지 우상화하였다고 하면, 경건주의는 경건을 개인적인 요소로 생각한 나머지 완전히 주관적인 것으로 만들어 놓았다. 그리하여 경제적인 일과 정치적인 일에는 전혀 관계가 없이 개인적이고 내면적이며 신비주의적인 일에만 종교가 관여하여야 하는 것처럼 만들었다. 그래서 경건주의는 종교가 정치와 실업에 관여할 필요가 없고, 또 이것들이 종교와는 서로 배타적인 관계에 있다는 생각을 조장시켰다. 이들은 거룩한 것을 이 세상과 연결시킬 수 없다고 생각하게 되었던 것이다.

경건주의는 성서에 나오는 예언자들의 태도, 즉 교회의 행사는 오로지 한 지파에게만 맡기고 모든 다른 사람들은 종교의 사회적 실천의 중요성을 강조했던 것을 고려하지 않고 있다. 이들은 기독교가 경제 문제, 인종 문제, 더 나아가서 정치 문제에 개입하려는 것에 눈살을 찌푸린다. 이들은 항

상 새로운 움직임에 대하여는 공포심을 갖고 있으며, 보수
적인 주장에 더 집착한다……. 경건주의는 사회와 문화가 신
앙을 저버리고 제멋대로 달려가 버리는 것을 오히려 조장하
고 있고, 또 돕고 있다고 볼 수 있다. 이것은 기독교인이거
나 아니거나를 막론하고 어디서나 있는 일이다…….

　율법주의가 율법을 절대화하고 경건주의가 경건을 개인
화하였듯이, 도덕주의는 도덕을 오히려 형편없는 것으로 만
들어 버리고 말았다. 그들은 윤리라는 것을 협잡물로 전락
시켰으며…… 도덕주의는 도덕 생활을 보잘것없는 훈련의
과정으로 취급하여 주초(酒草), 댄싱, 카드놀이, 일요일 오락,
키스, 패팅, 사악한 생각, 교회 결석 같은 것을 정죄하고 있
지만, 단 한번도 사랑이나 공의를 실천하기 위하여 적극적
인 방법을 모색하려고 하지 않는다. 그래서 결국은 사람들
로 하여금 선한 사람이 됨으로써, 다시 말하면 그들이 제정
한 청교도적 금기를 전부 지킴으로써 구원을 받게 된다는
착각을 일으키게 하는 것이다.[20]

기독교인에게 있어서 사적인 차원의 경건성 훈련은 아주 중요하
며 기본적인 것이다. 이것이 되어 있지 않으면, 강물 속에 서 있는
사람이 발뒤꿈치 아래 부분의 모래가 파이면 넘어지게 되듯이, 아
무리 공의를 외치고 공동체의 복지를 외친다고 하여도 그 사람은
스스로 부패하여 쓰러질 수밖에 없을 것이다. 그러나 우리는 개인
적인 경건 훈련이나 도덕성 훈련과 아울러 공동체 전체의 삶에 참

---

20) **Joseph Fletcher**, 이희숙 역, 《새로운 도덕: 상황윤리》, pp.145-147.

여하여 국제 문제, 의료윤리 문제, 정치·경제 문제, 인종 문제, 성차별 문제, 지역 소외감 문제, 통일 문제, 교육 문제 등의 해결을 위해서도 적극적인 노력을 하여야 한다. 기독교회가 방향을 잘못 잡고서 방황하는 세상에 새로운 비전과 방향을 제시하여야 한다. 예수 그리스도의 말씀대로 "이것도 행하고 저것도 버리지 말아야 할 것"이다.

새로운 상황 인식의 필요성:
종교의 사사화, 문화다원화,
종교의 기능 대행물

현대 사회는 문화·종교·인종·정치·인문 사회 및 자연과학적인 전반 분야에서 급속한 변화의 소용돌이 속에 처해 있다. 특히 문화 다원적인 상황 전개와 종교다원화 및 사사화 현상, 그리고 종교의 기능 대행 기제들의 확산 등은 아무도 부인하거나 막을 수 없는 현실이 되고 있다. 모든 것이, 심지어는 기독교회 내의 운영 전반까지도 냉엄한 시장 경제 원칙에 의해서 움직이고 있는 현실이다. 이렇듯 지극히 변화된 사회 현실과 사람들의 의식 구조 속에서 우리가 아무리 기독교만이 유일한, 그리고 최고의 종교라 외치고 교회만이 유일한 종교 기관이라 주장하여도 그것이 각자에게 실질적인(영적·심적·물질적·사회적으로) 도움을 주지 않는 한 사람들은 그것에 소속하거나, 그것을 위하여 물질과 시간과 재능을 바쳐 헌신하려고 하지 않을 것이다. 노방 전도나 가가호호 방문을 통한 입으로의 전도만으로는 교회 역성장의 물길을 되돌이키기가 어려울 것이다. 따라서 사회 전반적인 삶에 참여하고, 실천을 통하여 그리스도의 복음대로 사는 것이 어떠한 것인지를 보여주는 것이 우선적으로 해야 할 일이다. 사회가 하나님의 뜻대로 움직여 가도록 감시·지도하며, 모든 이웃들의 제반 삶에 실질적이고도 지극한 관심을 표명하고 참여함으로써 그리스도의 사랑을 드러내는 것이다. 이렇게 할 때에만 멀어져 가고 있는 사람들의 관심을 다시 잡을 수 있을 것이다. 요컨대 어느 종교 어느 기관이 더 많은 관심을 표명하고 사회 전반의 삶에 참여하느냐가 가장 중요한 관건이 된다는 말이다. 변화된 사회 상황과 의식 구조 속에서 웬만큼 관심을 표명하고 노력해서는 좁혀져 가는 전도의 문을 다시 열기가 어려울 것이다.

피터 버거는 현대 산업 사회에 있어서 종교는 사적인 차원의 주제가 되어 모든 사람들의 삶에 의미를 부여하는 공동의 합리적 특질을 상실하고 각 개인의 이해와 의식에만 근거하여 수행되고 있으며, 더 이상 세계적인 삶의 문제나 역사의 의미에 대한 설명을 제시하지 못하고 단순히 개인의 존재나 심리 상태를 설명하는 역할을 수행할 수 있을 뿐이라고 지적한다.[21] 그리하여 개인화된 종교는 공동체를 결속하는 힘을 잃어버린 개인적 선택의 문제로 전락하였다.[22] 그는 다원화된 문화와 종교 상황 속에서 모두가 다 상대화되고 자유 경쟁의 상태에 들어가며, 또한 어느것을 택하여도 그 어느것도 확실성을 부여하지 못한다고 이야기하고 있다.[23] 이러한 다원화 상황 속에서 신학과 교회가 택할 수 있는 대표적인 두 가지 태도가 있는데, 하나는 그러한 상황을 인식하고 적응하여 소비자들의 요구에

---

21) Peter L. Berger, *The Sacred Canopy*, p.152.
22) *Ibid.*, pp.124-125, 134.
23) *Ibid.*, pp.135, 152, 156.

맞추어서 상품을 만들어 내는 작업을 하는 것이며, 둘째는 이러한 상황에 적응하기를 거부하고 그들이 유지하거나 구성해 낼 수 있는 사회–종교적 구조들 뒤에 숨어서 마치 아무 일도 일어나지 않은 것처럼 가장하고 과거의 입장을 계속하여 주장하는 것이다.[24]

토마스 루크만도 종교가 급속히 개인적인 영역으로 옮겨졌음을 지적하고 있다. 사회의 세계화는 실제로 사회 안에서의 개인 자율화의 급증을 초래하여 각자는 궁극적이고 초월적인 의미 체계를 선택함에 있어서 다양한 방법들 중에서 보다 자유로운 선택을 할 수 있게 되었다. 루크만은 이러한 현상들이 현대 사회에 있어서 자기 표현과 자기 실현의 자율성과 개인의 소비자 성향의 결과라고 보며, 그것들은 분업화·합리화·사회적 분화와 같은 현대 사회의 특성들에 근거하고 있다고 지적한다.[25] "현대의 자율적인 개인은 전통적인 종교적 표현들을 다소 소비자적인 입장에서 접근한다. 제도적으로 특수화된 종교는 하나의 문화적 선택의 문제, 하나의 사적인 일이 된다."[26]

리처드 펜은 현대 사회가 기능적 합리성을 중시함을 직시하고, 문화다원주의는 모든 의미 체계들을 상대화시켜 사회 전체에 하나의 동일한 의미를 주입시키려는 시도들을 막으며 제반 현상에 대한 인식을 위한 여러 가지 근거들을 마련함으로써 실망과 긴장에 대한 탈출구들을 제공해 준다고 지적하고 있다. 그는 종교를 단지 문화다

---

24) *Ibid.*, p.153.

25) Thomas Luckmann, 〈On Religion in Modern Society: Individual Conciousness, World View, Institution〉 in *Journal for the Scientific Study of Religion*, Vol.2, No. 2, 1962.

26) *Ibid.*, p.159.

원주의의 한 형태로써 개인적인 가치와 의미 체계만을 정당화시킬 수 있는 사적인 문제라고 보았다.[27]

위의 언급들에서 보는 바와 같이 현대인들은 종교를 더 이상 모두가 가져야만 하는 '운명' 차원의 주제가 아닌 개인적인 필요나 기호에 따른 '선택' 차원의 주제로 간주하고 있다. 나아가 종교가 한 사회 전체를 통솔하고 인도하는 공동체적인 주역이 아니라 개인적 심리 불안이나 만족시켜 주는 하나의 방편으로 간주되고 있는 것이다. 일반인들의 이러한 인식은 현대 사회 전반에 만연하고 있는 개인주의·합리주의·물질주의·기능주의·시장경제주의·종교 및 문화의 다원화 등에 기인하기도 하지만, 기성 종교인들이 공동체 전체의 일이나 사회윤리·정치·경제·인권 등의 문제에 대하여 무관심하게 도외시하며 교회 내적인 일에만 집착하고 개인적인 축복 문제에만 집착하기 때문에 더욱더 심화되는 경향마저 있다. 한국의 대부분의 기독교회들도 교회가 공동체의 제반 문제에 참여하는 것을 (비록 외세와 독재 권력의 강압 때문이기는 하였지만) 막고 종교를 개인적 영적인 차원의 주제로 만들려는 시도를 해왔는데, 이것이 결국에는 종교의 사사화에 기여하였을 뿐만 아니라 일반 대중들이 교회로부터 등을 돌리게 만드는 데도 상당한 역할을 했다고 보아야 할 것이다.

교회가 일반 민중들의 삶에 관심을 가지고 그들의 삶에 동참을 하든 않든 간에 그들의 삶에는 끊임없이 문제가 발생하고, 또한 그것에 대한 해답을 찾기 위한 노력은 계속될 것이다. 다만 교회가 그들

---

27) Richard K. Fenn, 〈The Process of Secularization: A Post Parsonian View〉, *Journal for the Scientific Study of Religion*, Vol.9, No.2, 1970, p.136, 28.

의 그러한 노력에 상담자가 되고, 대안 제시자가 되며, 사회적·물질적·심리적·영적 치유자가 될 경우에는 저들이 교회로 찾아올 것이나, 그렇지 못할 경우에는 다른 종교나 활동들을 통하여 문제들에 대한 해결책을 찾으려 할 것이며, 해결책을 제공한 종교나 그룹 활동에 헌신하게 될 것이다. 전도를 위해 교회는 눈을 크게 뜨고 현대인들의 가슴속을 들여다보는 작업을 해야 한다. 현대 사회에는 이전에 종교가 수행하던 기능들을 대신해 주는 기능적 대행물들이 속속 등장하고 있는데, 다음과 같은 것들이 있다.

첫째로 정치·사회적 이념 체계를 들 수 있는데, 민족주의·공산주의·자본주의·민주주의 등의 확립된 이데올로기들이 불만의 요소나 소외와 박탈감의 상태에 대한 해결책을 제시할 수 있다고 믿고, 그러한 이데올로기에 집착하고 헌신하게 된다. 둘째로 정치적인 행동인데, 집단적인 실력 행사를 통하여 박탈감에 대한 실제적이고 구체적인 보상을 받으려고 하는 것이다. 작업 조건 개선, 처우 개선 등을 위하여 조합이나 여타 결사체를 조직하고 투신하게 된다. 이러한 활동을 통하여 내세가 아닌 현세에서의 경제적 및 기타의 보상을 추구한다. 셋째로 자발적 결사체나 취미 집단을 들 수 있는데, 자원봉사단이나 동호회 등에 가담함으로써, 그리고 연대적인 활동을 통하여 유대 관계를 형성하고 공동의 관심과 경험과 정보와 우정을 나눔으로써 개인적으로 느낄 수 있는 소외감이나 심리적 문제들을 해소하려고 한다. 넷째로 사람들은 발달한 정신의학과 다양한 상담 기술을 통하여 복잡한 삶 속에서 야기되는 긴장과 불안, 병적인 심리 상태, 고민과 갈등에 대한 치유와 행동 지침 등을 제공받는다. 다섯째로 여가 선용의 매체들을 들 수 있는데, 현대 사회는 레포츠를 즐길 수 있는 여러 가지 여가 산업들이 발달하였고, 또 이를 활용할 수 있는 경제력의 신장으로 대중화하였다. 사람들은 레포츠 활동을 통하여 스트레스를 풀고, 고독을 달래며, 좌절감 극복을 통해 삶의 새로운 활력을 키우게 된다.[28] 여섯째로 급속히 발달해 가고 있는 컴퓨터 산업과 정보 산업을 들 수가 있을 것이다. 이 분야의 발전은 이미 청소년들에게 이제까지의 그 어떤 것과도 비교할 수 없는 오락을 제공하고 있으며, 그들의 마음을 사로잡고 있다. 가상 현실 프로그램이 발전하게 되면, 컴퓨터 기기들을 활용하여 교회에 출석하지 않고도 감동적인 예배를 드릴 수 있는 상황이 전개될지도 모른다.

현대 사회는 과거 사회와 다르다. 과거에는 일반 대중들의 종교·문화·정치·사회 의식이 깨이지 못한 상태에서 교회가 교육적인 면, 오락적인 면, 치유적인 면, 방향 제시의 면 등에 있어서 사회의 여타 기관보다 앞선 위치에 서 있다고 할 수 있었다. 그러나 사회과학 및 자연과학의 발달, 합리적인 사고방식과 경제의 발달, 인권 신장, 그리고 종교의 기능적 대행물들의 다양화 등이 대중들의 의식을 교회의 사고방식이나 대안 제시보다 앞서가게 만들었으며, 교회의 사회에 대한 무관심과 자기 중심적이고 자기 방어적인 자세로

---

28) Cf. 이원규, 《종교사회학: 이론과 실제》(한국신학연구소, 1991), pp.109-115; Harold Fallding, *The Sociology of Religion*(New York: MCGraw-Hill, 1974), pp. 221-229; Robert Bellah, *The Broken Covenant: American Civil Religion in Time of Trial*(New York: The Seabury Press, 1975); H. Paul Chalfant, *Religion in Contemporary Society*(Alfred Publishing Co., 1981), pp.464-465; Rodney Stark, 〈The Economics of Piety: Religions Commitment and Social Class〉 in G. W. Thielbar and S. D. Feldman, eds., *Issues in Social Inequality*(Boston: Little, Brown and Co., 1972), pp.483-503; Thomas Luckmann, *The Invisible Religion*(New York: Macmillan, 1967); Elmer H. Johnson, *Social Problems of Urban Man*(Homewood, Ill: The Dorsey Press, 1973).

인하여 대중들로 하여금 교회가 아닌 다른 활동이나 기관을 통하여 그들이 직면한 사회적·물질적·육체적·정신적·영적 문제의 해결책을 찾도록 시도하게 만들었다. 결국 기독교회가 사회의 전반적·공동체적·역사적인 문제들로부터 밀려나 사적인 생활 습관이나 경건 훈련, 물질의 축복, 승진 및 입학 기원, 그리고 신비주의적인 내세의 약속 등이나 담당하는 주술의 차원으로 전락해 가고 있는 것이다. 사람들은 기독교회가 자신들의 삶에 관심을 보이지 않는다면, 종교의 기능적 대행물들이 인간 삶의 궁극적인 문제(이를테면 구원)에 대한 최종적인 해답을 제시할 수 있느냐 아니냐와는 상관없이 자신들의 삶에 구체적이고 적극적인 관심을 표현하는 곳으로 몰려가게 될 것이다.

H. 리처드 니부어는 책임을 다하는 교회에 대하여 언급하면서, 교회가 '자기 강화적(self-aggrandizing)'이 되는 것과 '자기 방어적(self-defensive)'이 되는 데서부터 해방되어야 한다고 주장한다. 그렇지 않으면 교회는 하나님을 향한 절대 믿음과 충성으로부터 떠나서 그 스스로를 숭배하는 타락의 길로 들어서게 될 것이기 때문이다.[29] 유구한 교회의 역사와 오늘날 한국 교회의 현상을 볼 때, 교회가 하나님의 세상과 그 전체 구성원들에 대한 관심을 끊어 버리고 교회 자체의 숫자적·물질적 성장을 위하여 기복적인 가르침과 율법주의적 도그마에 치우치며, 공동체 내지는 사회 전체의 문제가 아닌 개인적 차원에서의 생활 습관과 개인적 경건성의 강조에만 치우치게 되면, 그 교회는 결국 성장의 둔화를 초래하여 사회로부터 외면당하고 도태되는 위기를 자초하게 될 것이다. 한국 교회가 이러한 위험

---

29) H. Richard Niebuhr, *Radical Monotheism*, pp.49-63.

성으로부터 벗어나기 위해서는 구태와 소아적인 자세를 극복하고 사회의 전반적인 문제에 적극 참여하여 그 사회를 새롭게 하며, 도도하게 흘러가는 역사의 선두에 서서 새로운 방향을 제시하는 사명을 감당하여야 한다.

관심, 대화, 참여

마틴 부버는 그의 책 《나와 너》에서 "'나' 그 자체라는 것은 존재하지 않는다. 존재하는 것이라고는 다만 근원어 '나-너'에 있어서의 '나'이거나, 근원어 '나-그것'에 있어서의 '나'일 뿐이다"라고 이야기하고 있다.[30] 부버에게 있어서 모든 존재는 관계성 속에서의 존재이다. 첫째는 세계를 '너'로 보는 자세로서 세계를 인격적인 것으로 보아 이와 더불어 관계를 맺는 입장에 서 있는 자세이며, 둘째는 세계를 '그것'으로 보는 자세로서 세계를 물건과 같이 보아 이를 정복하는 입장에 서 있는 자세이다.[31] 같은 맥락에서 그는 종교인이 된다는 것을 근원적인 대화에 참여하는 것으로 이해한다. "종교인이란 곧 대화의 생활을 보내고 있는 사람, 즉 자기의 전 존재를 기울여서 하나님과 세계와의 대화에 참여하고 기어이 이 입장을 고수하는 자를 가리키는 것이다."[32]

모든 사람들은 반드시 남과의 관계성 속에서 존재한다. 남과 무관한 존재라는 것은 있을 수가 없다. '나-너'로서의 관계이든지, 아니

---

30) **Martin Buber**, 김천배 역, 《나와 너》(대한기독교서회, 1978), p.12.
31) *Ibid.*, 제I부, 〈근원어〉, pp.9-53.
32) *Ibid.*, p.193.

면 '나-그것'의 관계 속에서 존재하는 것이다. 우리가 이웃의 삶을 살찌우고 의미 있게 만들기 위하여 지극한 관심을 가지고 최선의 노력을 기울이지 않는 한, 우리는 우리 스스로가 상대를 '그것'으로 간주하고 해를 끼치는 자의 자리에 서든지, 해를 끼치는 자의 편에서 그들의 입장을 옹호하는 자리에 서든지 둘 중의 하나일 수밖에 없는 것이다. 기독교인이 된다는 것은 결국 이웃과의 적극적인 관계 형성을 의미하며, 최대의 노력을 기울여 하나님의 뜻대로 삶을 영위하려고 애쓰는 것(하나님 사랑)이며, 그러한 토대 위에서 이웃의 삶을 아름답게 만들기 위해 용기와 인내심을 가지고 치열하게 노력하는 것(이웃 사랑)을 의미한다. 개인이든 교회든 예수 그리스도의 복음을 길이요, 진리요, 생명인 줄로 믿고 따른다고 하면서도 하나님의 피조 세계로부터 스스로를 분리시키거나 이웃의 사회적·물질적·육체적·영적 고통을 외면한다면, 이는 하나님과 이웃을 속이는 행위이다. 부버는 계속해서 참된 공동 사회가 존재하기 위한 조건으로서의 '나-너'의 관계에 대해 다음과 같이 언급하고 있다.

참된 공동 사회는 근원어 '나-너'가 발해지는 곳에만 출현한다. 어느 한 사람이 다른 또 한 사람과 살아 있는 관계를 맺고 있는 동안에만 그가 하나의 인격으로 존재하듯이, 사회적 집단도 그 구성 단위간에 인격적인 관계가 이룩되고 있어야만 하나의 공동체가 되는 것이다. 다시 말하면, 본래적 인격이란 각각의 '너'가 지향하고 있는 하나님과의 대화적 '만남'에 있어서만 대두되는 것이듯이, 본래적인 공동체 의식 역시 그 구성원 각자와 초월자와의 사이에 '나-너'의 관계가 이루어짐으로써만 실현된다.[33]

하나님은 이 세상과 그 속에 있는 모든 피조물들을 지극한 관심을 가지고 사랑한다. 그럼에도 교회가 자기 자신의 일에만 관심을 기울인다든가, 하나님의 세상과 모든 피조물들에 대하여 자신의 수적 성장이나 이득을 위한 수단으로서만 대할 경우 하나님의 뜻을 거스리는 것이 되며, 대화와 관계 형성의 파트너로서의 '나'의 자격을 스스로 상실하게 되는 것이다. 교회는 세상과 하나님의 피조물들과 사랑의 관계를 맺는 파트너로서의 '너'로 대하고, 그들의 삶의 참된 복지를 총체적(영육)으로 보장하기 위해서 노력하여야 할 것이다.

참여, 사랑, 화해의 방법

성서의 평화와 화해 사상은 삶의 현장에 배어 있는 구조적 모순이나 갈등을 적당히 덮어두거나 회피하는 것을 의미하는 것이 아니라 그 모순과 갈등을 효과적으로 제거하는 것을 의미한다.[34] 수동적으로 조용히 복종하는 것만을 미덕으로 칭찬하고, 적극적인 개선 노력으로써의 참여를 무조건 투쟁이라는 과격한 단어로 표현하는 것은 잘못이다. 전자는 하나님의 뜻과 상반되는 일이 지속되는 것을 도와주는 협조자의 위치에 서게 될 수가 있음을 직시하고, 적극적인 치유 노력으로서의 참여를 회피하지 말아야 할 것이다. 그리고 남을 사랑한다는 것이 반드시 남을 감정적으로 기쁘게 해주는 것을 의미하지는 않을 수도 있음을 알아야 한다. 예를 들어 알코올 중독

---

33) *Ibid.*, p.195.

34) Jose Miguez Bonino, *Doing Theology in a Revolutionary Situation*(Philadelphia: Fortress Press, 1975), p.121.

자가 술을 달라 한다고 계속해서 준다거나, 살인자에게 계속 살인을 허용하는 것이 그들을 사랑하는 것이라고 할 수 있겠는가? "아가페는 궁극적으로 하나님을 위한 이웃 사랑이기 때문에 자기 자신의 이기적인 유익만을 위한 것도 아니며, 이웃의 이익만을 위한 것도 아니다."[35]

사랑은 하나님 앞에서의 이웃을 위한 결단이요 실천이므로 하나님의 세상에 진정한 사랑과 정의와 평화가 회복되도록 하기 위해서 죄와 악에 빠져 있는 이웃과 사회를 비판하고 깨우고 흔들며, 그들의 행위를 멈추도록 하는 작업도 해야 할 필요가 있다. 이러한 과정에서 사랑은 노여움이 될 수도 있고, 또 다른 사람을 노엽게 만들 수도 있다. 그러나 우리는 그 사명을 감당해야만 한다. 다만 이때 참여자가 가지게 되는 노여움은 아우구스티누스가 말하고 있는 것처럼 "사랑은 노여움이 될 수 있다. 자비도 노여움이 될 수가 있다. 그러나 이것은 원한을 품은 갈가마귀의 노여움이 아니라 비둘기의 노여움"인 것이다.[36] 지라르디는 다음과 같이 이야기한다.

복음은 우리에게 원수까지 사랑하라고 명령한다. 그러나 이 말이 원수를 갖지 말라거나, 그 원수들과 싸우지 말라는 명령은 아니다. 원수를 구체적으로 갖지 않은 채 원수를 사랑할 수는 없다. (…) 그리스도인은 모든 사람을 사랑해야 한다. 그러나 모두를 똑같은 방법으로 사랑하라는 뜻은 아니

---

35) Joseph Fletcher, 《새로운 도덕: 상황윤리》, p.101.

36) Augustine, 〈Seventh Homily on the First Epistle General of St. John〉 in *Augustine: Later Works*, tr. by John Burnaby, The Library of Christian Classics, Vol. VIII(The Westminster Press, 1955), p.318.

다. 억눌린 자들에게는 그들을 변호하고 해방시켜 주는 방법으로, 압제자들에게는 그들을 비판하고 그들과 투쟁하는 방법으로 사랑해야 한다.[37]

이사야 선지자는 다음과 같이 선포하고 있다. "[메시아가 오실 때] 이리가 어린 양과 함께 거하며, 표범이 어린 염소와 함께 누우며, 송아지와 어린 사자와 살찐 짐승이 함께 있어 어린아이에게 끌리며, 암소와 곰이 함께 먹으며, 그것들의 새끼가 함께 엎드리며, (…) 젖 먹는 아이가 독사의 구멍에서 장난하며, 젖 뗀 어린아이가 독사의 굴에 손을 넣을 것이라. 나의 거룩한 산 모든 곳에서 해됨도 없고 상함도 없을 것이니(…)."(〈이사야〉, 11장 6-9절) 그러나 이러한 일이 가능하기 위해서는 이리와 사자의 마성이 제거되고, 독사의 독니가 뽑혀졌다는 보장이 있어야만 하는 것이다. 그렇지 않은 상태에서 어린아이와 염소와 소에게 독사나 사자와 함께 놀라고 권고하는 것은 무책임한 언사요, 나아가 심각한 기만이다. 그렇다면 독사의 독니를 뽑고, 사자의 마성과 광포함을 제거한다는 말은 신학적으로 볼 때 무엇을 의미하는 것일까?

그것은 첫째로 회개를 의미한다고 볼 수 있을 것이다. 회개가 전제되지 않은 용서는 아무런 근본적 변화를 일으킬 수 없다. 물론 회개와 상관없이 하나님은 우리를 사랑하신다. 돼지 머리를 올려놓은 제사상으로 인하여 기분이 좋아진 귀신이 화를 풀고 괴롭히던 사람으로부터 떠난다고 믿는 무속적 신앙에서처럼 속죄 제물이나 희생

---

37) Giulio Girardi, *Amor christino y lucha de clases*(Salamanca: Ediciones Sigueme, 1971), p.57. 재인용, 박봉배, **et al.**, 《기독교윤리학 개론》(대한기독교출판사, 1995), pp.269-270.

양을 바쳐야만 쌓인 노를 푸는 그런 편협하고 어리석은 하나님이 아니다. 그렇다면 회개는 누구를 위한 것인가? 바로 죄인 자신을 위한 것이다. 회개가 있을 때에만 그 자신의 마음속에서 과거에 대한 실질적인 청산과 새로운 행동과 삶을 위한 근본적인 결단이 일어나고, 하나님의 용서와 이웃의 용서가 그 회개한 자를 과거로부터 해방시켜 주며, 새로운 용기를 불어넣어 주는 은혜가 되는 것이다.

둘째로 그것은 행동을 통한 실천이다. 참여는 관심의 표현이요, 사랑의 실천이다. 예수 그리스도의 삶과 죽음, 부활을 통하여 계시한 하나님의 뜻이 이 세상에 이루어지도록 하기 위해서는 복음 전도가 입을 통한 전함과 삶으로의 실천을 통하여 총체적으로 전개되어야 한다.

H. 리처드 니부어는 공동체들 사이에 전쟁과 같은 대결과 갈등이 벌어질 때에 정의와 평화와 화목을 해치는 불의하고 이기적인 행악자들의 손에서 무고한 희생자들을 보호하고 구해 내기 위하여 그 갈등에 간섭해야 된다고 주장한다. 그는 자기 중심적인 불간섭은 장기적으로 볼 때 자기 중심적인 간섭과 마찬가지로 파괴적인 행위가 된다고 지적하며, 설사 그 행악자가 우리 자신의 동족이거나 국가라고 할지라도 희생자들을 위험과 고통으로부터 보호하고 구해 내기 위하여 대항해야 된다고 강조한다.[38]

그러나 행악자들을 저지함에 있어서 단순히 그들을 정죄하고 저주하며 파괴할 것이 아니라 모든 사람들이 하나님의 자녀들로서의 본래적인 선함을 소유하고 있음을 명심하고, 관계의 회복 과정을 통

---

38) H. Richard Niebuhr, 〈War as the Judgment of God〉, *Christian Century* 59 (1942): pp.630−633.

해 그 잃어버린 선함을 회복하고 재강화하는 데 중점을 두어야 한다고 니부어는 말한다. 하나님의 심판과 벌주심은 전적으로 벌주기 위한 심판이 아니라 구원을 위한 교정으로서의 심판이며, 보복이 아닌 재형성을 위한 것이다. 그러므로 우리의 제재 행위도 이러한 하나님의 뜻에 따라서 이루어져야 한다.[39] 이러한 견지에서 니부어는 세 가지 원칙을 제시하고 있다. 첫째, 우리의 제재 행위는 죽어 마땅한 죄인들에 대한 흠 없는 성자들의 심판이 아니라 '죄인들의 죄인들에 대한' 제재임을 명심하여 교만하지 않고 율법주의적이지 않으며, 은혜와 겸손이 따르는 고백적인 자세로 제재에 임하여야 한다. 둘째, 제재 행위는 보복을 위한 것이 아니라 치유를 위한 것이어야 하며, 파괴적이기보다는 보존적이어야 한다. 셋째, '제재의 전략'은 반드시 '화해의 전략'에 종속되어야 한다. 다시 말해서 제재를 위한 제재, 즉 보복을 통하여 또 하나의 한과 증오를 만들어 내는 심판이 아니라 종국적인 화해와 치유를 위한 제재와 개혁이어야 한다는 말이다.[40] 이와 같은 원칙들을 명심할 때에 우리의 참여와 행동이 하나님의 은혜로우심에 부합하는 것이 되며, 보살피고 자기 고백적이며 정의롭고 은혜로우며 책임감 있는 세계 공동체 형성에 진정으로 도움을 끼치게 될 것이다.

H. 리처드 니부어는 개인의 경우에 있어서와 마찬가지로 교회도 하나님께 절대 충성하며 세상을 보살피는 공동체가 되어야 한다고 강조한다. 니부어는 책임감 있는 교회의 세 가지 역할을 제시하고 있는데, 사도직(apostle), 목자직(pastor), 개척자의 사명(pioneer)이 그

---

39) *Ibid.*, p.631.

40) H. Richard Niebuhr, 〈Man the Sinner〉, *The Journal of Religion* XV(July 1935), p.280.

것이다.

첫째, 사도직을 수행하는 데 있어서 교회는 모든 인류와 조직 및 공동체들에게 혁명적인 복음(revolutionary gospel: 타락한 인간들의 사고방식과 신앙에 대한 하나님의 영원한 심판과 개혁의 복음)을 선포하여야 한다. 교회는 개인 및 공동체가 능동적이고도 적극적인 회개와 실제 삶에 있어서의 긍정적인 태도 변화를 일으키도록 만들어야 한다. 교회는 하늘과 땅에 있는 모든 것들의 가치를 인정하고, 그들의 관계에 질서를 부여하며 그들의 행복한 삶을 완성해 주는 하나님, 생명과 죽음의 주인인 하나님의 신실함과 영원한 사랑을 선포하여야 한다.

둘째, 교회는 또한 목자의 일을 감당하여야 한다. 혁명적 공동체인 교회는 억눌리고 착취당하고 소외된 사람들에게로 다가가야 한다. 책임을 다하는 교회는 그러한 약자들을 위하여 인간 사회의 구조적인 모습으로 나타나는 죄와 인간 고통의 사회적인 요인들에 대항하여 싸워야 한다.

셋째, 책임을 완수하는 교회는 사회적인 선구자가 되어야 한다. 교회가 사회적인 회개와 개혁을 이끌어 내기 위해서는 교회 자체 내에 먼저 회개와 개혁과 질서가 이루어져야 한다. 책임을 다하는 교회는 자기 속에서 먼저 이러한 변화들을 일으킴으로써 사회의 타락한 풍습, 타락한 경제 정책들, 정치 관점들, 재산 소유, 개인적 인간 관계들을 하나님의 뜻에 합당한 것으로 인도하는 선구자가 되어야 한다.[41]

---

41) H. Richard Niebuhr, *The Purpose of the Church and Its Ministry: Reflections on the Aims of Theological Education*(New York: Harper & Brothers, 1956), pp.126-132.

막스 베버는 합리화의 과정으로서의 종교의 발전 단계에 대한 연구에서 주술로부터 사제종교로, 그리고 사제종교로부터 선지자적 종교로의 진전에 대하여 설명하고 있다. 주술가는 공동체 전체의 일보다는 개인적·지엽적인 문제를 다루며 의식이나 주문의 힘을 통하여 문제를 해결하려고 하는 반면에, 사제는 신에의 절대 복종을 강조하며 조직화된 제의와 교리에 따라 종교 활동을 인도하고 종교의 수호자로서, 그리고 현존 사회 질서의 수호자로서의 역할을 수행한다. 그러나 예언자 또는 선지자는 선지자적 메시지를 통해 그 공동체로 하여금 보다 큰 자기 이해를 얻게 하고, 자체의 이상·미래·사명에 대한 보다 명확한 이해를 얻도록 해주며, 나아가 공동체 전체의 미래에 대한 책임성을 자각하게 해준다. 사제나 선지자는 공히 공동체의 복지에 관심을 가지고 있지만, 사제들은 현존하는 사회 질서를 수호하는 보수적인 입장을 견지하게 되고, 예언자는 종교적 제도나 전통 사회, 즉 굳어진 가치 체계로부터 일탈하여 말함으로써 개혁적인 입장을 견지하게 된다.[42] 이러한 점에서 전자는 새로운 변화를 거부하고 기득권자들의 이익 보호자의 역할을 하는 우를 범할 수가 있는 반면에, 후자는 타락하고 도그마화되어 가며 형식주의화되어 가는 사회와 종교를 끊임없이 깨우고 개혁하는 작업을 하게 된다. 기독교회는 개인을 위한 기복적인 문제 해결에만 집착하는 주술의 차원에 머물러서도, 현존하는 종교 제도나 사회 질서를 신성시하고 수호하는 사제적인 입장만을 취하여서도 안 되며, 종교든 사회든 하나님의 뜻에 반대되는 방향으로 나아갈 때에는 사랑

---

42) Max Weber, *The Sociology of Religion*, tr. by Ephraim Fischoff(Boston: Beacon Press, 1963), pp.1-59. cf. 이원규, 《종교사회학: 이론과 실제》, pp.58-59.

의 마음으로 깨우쳐 주고 개혁하며 끊임없이 새로운 방향을 제시하는 예언자로서의 역할을 수행하여야 한다.

실천적이며 총체적인 노력

구원은 육체로부터의 단순한 해방이나 하늘 저편 어디쯤에 있는 무릉도원에 들어가는 것을 의미하지 않는다. 구원은 예수님의 말씀처럼 하나님과의 관계를 바르게 하고(종교적인 의미에서의 죄의 용서: 돈이나 권세 같은 거짓 신들을 섬기는 우상 숭배에서 떠나 온전히 하나님만을 섬기고 그분의 뜻만을 따르게 됨), 이웃과의 관계를 바르게 함(윤리적인 의미에서의 죄의 용서: 이웃을 자기 자신처럼 사랑하게 됨)을 의미한다. 즉 우리는 이웃들(사람·동물·숲·하늘·땅……)과 더불어 씨름하며 성장하고, 하나님의 뜻을 따라 그리스도를 닮아 가는 작업을 하는 것이다.

흔히 사용되고 있는 '사회 참여'라는 말도 기독교회나 성경의 가르침과는 동떨어지게 별개로 행해지는 특별한 무엇이 아니라, 하나님께서 창조하신 세상에 하나님의 아들딸들로서 울고 웃고 먹고 잠자고 노래하는 일상적인 삶의 움직임들이며, 한걸음 더 나아가 이웃 사랑을 권면하는 그리스도의 부르심에 대한 신앙적 결단이요 응답이며 실천인 것이다. 인간 사회 전체의 구원이란 개인 구원과 규모와 조직면에서의 차이가 있을 뿐이지 근본적으로는 다른 차원의 문제가 아니다. 죄의 개념을 생각해 볼 때, 조직 또는 사회도 개인의 경우에 있어서나 마찬가지로 우상 숭배로부터 돌이켜 하나님에게로 돌아오도록 하며(회개와 죄의 용서), 윤리도덕적으로 성화되는 작업을 하여야 한다. 그리고 하나님께서 창조하신 세상을 우리 마음 대로 구속의 대상에서 제외시켜서는 안 된다. 개개인에 대한 전도와 병행하여 사회 전체를 새롭게 하는 작업도 중단하지 말아야 한다. 전도, 즉 복음을 전한다 함은 말만을 의미하는 것이 아니라 전하는 내용을 실제로 실천을 통하여 보여주는 것까지 포함한다. 복음(기쁜 소식)은 메시지만을 의미하는 것이 아니라 그것이 이루어짐, 그것을 개인적·사회적 삶에 그대로 실천하는 것까지를 의미하며, 개인적 차원뿐만 아니라 인간 사회 전반을 포함하는 것이다. 우리는 사회적·구조적 환경 속에서 그 영향을 받으며 살고 있음을 잊지 말고, 그 환경 자체를 새롭게 하는 작업도 게을리해서는 안 된다.

　하나님은 자신이 창조한 이 세상에 지대한 관심을 보인다. 하나님이 우주 만물을 창조했다는 사실 자체가 그 증거이다. 성경은 하나님의 이 세상에 관한 관심과 사랑을 기록한 책이라 할 수 있다. 오죽하면 당신이 직접 인간의 모습으로 세상 속에 뛰어들었을까! 〈요한복음〉 3장 16-17절은 "하나님이 세상을 이처럼 사랑하사 독생자를 주셨으니……"라고 기록하고 있다. 하나님 자신이었던 예수님도 세상에 대하여 지극한 관심을 기울였다. 그는 이 세상을 구속하기 위하여 자기의 목숨을 희생하였다. 교회는 예수 그리스도를 구세주로 믿고, 그의 가르침대로 살기로 작정한 사람들의 모임이다. 그렇다면 하나님의 관심사이자 예수님의 관심사인 것은 마땅히 교회의 지극한 관심사가 되어야 한다. 요컨대 이 세상과 그 속에서 일어나는 모든 일들은 교회와 교인들의 지극한 관심사가 되어야 한다. 이렇게 볼 때, '세상적인 일'과 '교회적인 일'이 완전히 별개의 것이 아니다. 세상에서 일어나는 모든 일들에 교회가 관심을 갖고 관찰하고 그 속에서 하나님의 뜻을 읽어야 하며, 그리고 모든 일들이 그가 뜻하는 방향으로 전개될 수 있도록 관여하여야 한다. 그러므로 세상으로부터 등을 돌리거나, 타락한 상태에 있는 세상을 그대로 숭배하고 추종하여서는 안 된다.

영과 육을 필요 이상으로 구분하여 어느 한쪽에만 치중하거나 개인과 사회와의 복합적인 관계성을 도외시하지 않아야 하며, 개인적인 경건 훈련과 공동체 전체의 삶을 위한 기독교윤리를 혼동하지 말아야 하고, 세계적으로 새롭게 전개되는 다원적인 사회 문화 현상을 직시하여야 한다. 위에서도 언급한 바와 같이 우리 앞에 전개되는 새로운 역사는 이제까지 우리가 겪었던 정치·경제에 국한된 극단적 대립보다는 의료윤리, 생명공학, 유전공학, 직업윤리, 지역 갈등, 지역 이기주의, 정보산업윤리, 통일, 성 차별, 노인 복지, 종교 및 문화다원화 현상, 교육 문제, 유해 놀이문화 등에서 보는 바와 같이 선과 악을 이원적으로 구분할 수 없고, 모든 것이 혼재되어 있는 상태로 전개되어 갈 것이다.

책임을 다하는 교회는 이러한 복합적인 요소들에 대해 폭넓은 관심을 가지고 하나님의 세상에 뛰어들어 역사를 주도하고 전도의 새로운 방안을 강구하여야 할 것이다. 예수 그리스도의 교회는 앞으로 전개될 삶의 모든 영역에 하나님의 의도가 그대로 펼쳐지도록 하기 위하여 세상 전체를 교구로 생각하고 그리스도의 복음 사역을 총체적으로 감당하여야 한다. 이러한 구체적이며 총체적인 노력을 통하여 하나님의 피조물들의 삶에 동참하게 될 때에만 그리스도의 복음이 산 생명의 빛과 길이 되어 개인과 사회를 영육간에 살리고 새롭게 할 것이며, 교회를 백안시하고 질시하며 등을 돌린 대중들로 하여금 교회에 대한 관심을 회복하게 만들고, 나아가 그리스도의 복음 사역에 동참하는 일꾼들로 변화시킬 수 있을 것이다.

【참고 문헌】

Augustine, 〈Seventh Homily on the First Epistle General of St. John〉, in *Augustine: Later Works*, tr., by John Burnaby, The Library of Christian Classics, Vol. VIII, The Westminster Press, 1955.

Bellah, Robert, *The Broken Covenant: American Civil Religion in Time of Trial*, New York: The Seabury Press, 1975.

Berger, Peter L., *The Sacred Canopy*, Garden City, N. Y.: Doubleday, 1967.

Berger, Peter L., and Thomas Luckmann, *The Social Construction of Reality*, Garden City, N. Y.: Doubleday, 1963.

Black, Alan W., 〈The Impact of Theological Orientation and a Breadth of Perspective on Church Member's Attitudes and Behaviors〉, *JSSR* 24(March), 1985.

Bonino, Jose Miguez, *Doing Theology in a Revolutionary Situation*, Philadelphia: Fortress Press, 1975.

Buber, Martin, 김천배 역, 《나와 너》, 대한기독교서회, 1978.

Chalfant, H. Paul, *Religion in Contemporary Society*, Alfred Publishing Co., 1981.

De Wulf, Maurice, *History of Medieval Philosophy*, Vol. I, 1925.

Durkheim, Émile, *The Elementary Forms of the Religious Life*, New York: The Free Press, 1965.

Fallding, Harold, *The Sociology of Religion*, New York: MCGraw-Hill, 1974.

Fenn, Richard K., 〈The Process of Secularization: A Post Parsonian View〉, *Journal for the Scientific Study of Religion*, Vol. 9, No. 2, 1970.

Fletcher, Joseph, 이희숙 역, 《새로운 도덕: 상황윤리》, 종로서적, 1994.

Girardi, Giulio, *Amor christino y lucha de clases*, Salamanca: Ediciones Sigueme, 1971.

Guinan, Michael D., OFM, *The Pentateuch*, Collegeville, Minnesota: The Liturgical Press, 1990.

Johnson, Elmer H., *Social Problems of Urban Man*, Homewood, Ill: The Dorsey Press, 1973.

Luckmann, Thomas, 〈On Religion in Modern Society: Individual Concious-ness, World View, Institution〉 in *Journal for the Scientific Study of Religion*, Vol. 2, No. 2, 1962.

_____, *The Invisible Religion*, New York: Macmillan, 1967.

Marx, Karl, 〈Contribution to the Critique of Hegel's Philosophy of Right: Introduction〉 *in The Portable Karl Marx*, ed., by Eugene Kamenka, Kingsport, Tennessee: Kingsport Press, Inc., 1985.

_____, 〈Menifesto of the Communist Party〉 and 〈Preface to a Contribution to the Critique of Political Economy〉 in *Selected Works*, New York: International Publishers, 1974.

Mcguire, Meredith B., 김기대 · 최종렬 역, 《종교사회학》, 민족사, 1994.

Niebuhr, H. Richard, *Christ and Culture*, New York: Harper & Row, Publi-shers, Inc., 1975.

_____, 〈War as the Judgment of God〉, *Christian Century* 59, 1942.

_____, 〈Man the Sinner〉, *The Journal of Religion* XV(July) 1935.

_____, *Radical Monotheism and Western Culture: with supplementary essays*, New York: Harper & Row, Publishers, Inc., 1970.

_____, *The Purpose of the Church and Its Ministry: Reflections on the Aims of Theological Education*, New York: Harper & Brothers, 1956.

Perkins, Pheme, 〈Gnosticism〉, *The New Dictionary of Theology*, eds., by Joseph A. Komonchak, Mary Collins, Dermot A. Lane, Collegeville, Minnesota: The Liturgical Press, 1990.

Platon, *The Republic*, tr., by Francis MacDonald Cornford, New York: Oxford University Press, 1960.

Stark, Rodney, 〈The Economics of Piety: Religions Commitment and Social Class〉 in G. W. Thielbar and S. D. Feldman, eds., *Issues in Social Inequality*, Boston: Little, Brown and Co., 1972.

Weber, Max, *The Sociology of Religion*, tr., by Ephraim Fischoff. Boston: Beacon Press, 1963.

박봉배, et al., 《기독교윤리학 개론》, 대한기독교출판사, 1995.

서남동, 《민중신학의 탐구》, 한길사, 1983.

이원규, 《종교사회학: 이론과 실제》, 한국신학연구소, 1991.

제4장

교회와 국가

교회와 국가의 역동적인 관계

인류 역사를 통하여 종교와 국가 권력은 서로 상대를 자신의 통제 하에 두려는 시도를 하기도 하고, 협력적이거나 견제적인 관계를 형성하며 매우 미묘한 역학 관계 속에서 병존하여 왔다. 본장에서는 종교 개혁의 두 거장인 루터와 칼뱅이 세속 정부(the State)와 교회 및 크리스천과의 역동적인 관계에 대하여 어떠한 생각을 가지고 있었는지 살펴봄으로써 교회가 국가 권력과의 관계 속에서 어떤 자세를 취해야 할 것인지에 대한 지혜를 얻고자 한다.

중세 후기에 이르기까지는 유럽에 있어서 세속 정부는 하나님의 대리인으로 간주된 로마의 교황에 의해 통치되는 하나의 성스러운 기관으로 간주되어 왔다. 그리고 왕들도 교황의 권위 아래 예속되어 있었다. 그러나 중세 후기에 이르러 새로운 국가 의식이 대두되었고, 이것이 교회의 개념에도 영향을 끼쳤다.[1] 특히 튜튼적인 정체성을 주장하는 게르만 국가들 내에 그때까지 당연한 것으로 받아들

---

1) A. Mitchell Hunter, *The Teaching of Calvin: A Modern Interpretation*, 2nd ed. (London: James Clarke & Co. Ltd., 1950), p.192.

여겼던 교회에 대한 인식에 변화가 생겨나게 되었다. '그라티안 법령(the Decretum of Gratian)'에 기초한 교회법을 '저스티니안법전(the law-books of Justinian)'에 기초한 민법으로 대치한 것이 교회와 정부의 관계 정립에 대한 새로운 관점을 낳게 만들었다.[2] 교회는 국가 내의 중요한 생활의 한 요소, 즉 영적 생활을 담당하는 하나의 기관으로 간주되었다. 교회는 교황에게 충성을 바치기 이전에 지역 국가의 군주에게 먼저 충성을 바쳐야만 하게 되었다. 군주와 교회의 상호 역할에 변화가 생겼는데, 군주는 교회의 고결성을 보장하고 그 활동을 후원하여야 하며 교회가 영적 역할을 수행하는 것을 보호하고 도와야 하는 반면에, 교회는 교회가 속한 지역의 법에 복종하여야 하는 것으로 이해하게 되었던 것이다.[3]

이러한 생각이 독일의 개혁 교회(the Reformed Church)로 침투하게 되었다. 루터는 교회가 국가를 지배할 신성한 권리를 부여받았다는 로마가톨릭교회의 사고방식을 뒤집었다. 그는 정부가 교회의 제반 문제에 대해 개입할 것을 주장하였다. 그는 정부를 교회의 지배로부터 해방시켰을 뿐만 아니라 영적인 문제 이외의 다른 모든 문제에 있어서 정부가 교회를 지배하게 하였으며, 정부가 교회로부터의 어떠한 간섭도 받지 않고 스스로의 업무를 수행할 수 있도록 하였다. 그리하여 교회는 국가 조직의 한 기관처럼 자리잡게 되었다. 다시 말해, 교회는 한 국가 내에서 종교적 역할을 수행하는 기관이 된 것이다. 그러나 루터는 교회가 국가의 종교적 역할을 담당하는 기

---

2) Thomas M. Lindsay, *History of the Reformation*(New York: Scribner, 1906), Vol.1. 44. cf., A. Mitchell Hunter, *The Teaching of Calvin: A Modern Interpretation*, p.193.

3) A. Mitchell Hunter, *The Teaching of Calvin: A Modern Interpretation*, p.193.

관이기는 해도 단순한 머슴이 아니라 국가의 양심을 감시하는 파수꾼이라는 점을 강조함으로써 국가 권력을 견제할 수 있는 길을 열어 놓았다.[4]

그러나 칼뱅은 교회와 세속 정부와의 관계를 다르게 정립하였다. 루터와는 반대로 교회가 세속 정부의 지배로부터 해방되어야 할 것과 세속 정부와는 독립(비록 완전한 분리는 아니지만)된 자율적 개체로 존재하여야 한다고 주장하였다. 그는 교회가 순수한 영적인 역할을 수행함에 있어서 정부로부터 방해받거나, 핍박을 당하거나, 비난받지 않아야 한다고 주장하였다. 칼뱅은 교회를 사회의 도덕적 규범을 확립하는 일과, 시민들로 하여금 그것을 지키게 하는 데 있어서 세속 정부의 동역자이자 동맹자로 이해하였다. 그리고 칼뱅은 루터보다 한걸음 더 나아가 교회를 국가의 양심의 감시자일 뿐 아니라 교사로 보았다.[5]

칼뱅은 교회와 세속 정부를 서로 교차하는 두 개의 원들과 같이 긴밀한 연관을 가지고 있는 것으로 이해한다. 둘 다 같은 목표를 지향하며, 하나님으로부터의 사명을 부여받았다. 성직자나 군주 둘 다 하나님에 의해서 각자의 적절한 역할을 수행하도록 임명되었으며, 각자의 역할은 상호 보완적인 것이다. 육체와 영혼이 서로를 필요로 하듯이 교회와 세속 정부도 서로를 필요로 한다. 그러나 영적인 일에 관한 한 교회는 정부로부터 어떠한 간섭이나 독재도 받아서는 안 된다. 교회의 강령은 교회 자체의 결정 사항이며, 정부는 다만 차후에 재고 없이 교회의 결정을 그대로 인정하여 공식적으로 법적인 인

---

4) *Ibid.*, pp.193-194.

5) *Ibid.*

정과 지위를 획득하도록 할 뿐이다.[6]

칼뱅은 교회가 교회의 헌법에 의거한 벌칙을 부과하고 처벌을 시행함에 있어서도 역시 정부의 재고 없이 시행할 수 있는 독립성을 가져야 한다고 주장하였다. 이러한 일들을 수행함에 있어서는 교회는 지상의 어떠한 군주도 인정하지 않으며, 어떠한 세상 권력의 명령에도 복종하지 않는 자치 체제였다. 그러나 교회는 교회의 결의와 명령을 실시하고, 또 사람들이 그것에 복종하고 따르도록 하는데 정부의 협력을 요구하였으며, 정부는 공동체의 도덕적 건전함을 지키기 위하여 필요한 규율 및 법안이나 벌칙에 관하여는 교사인 교회를 따를 준비가 되어 있어야만 한다.[7]

칼뱅은 세속 군주가 악행을 효과적으로 제어하기 위해 필요하다면 교회의 벌칙을 민간의 것으로 대체할 수 있다고 보았다. 그러나 세속 권력은 종교와 성스러운 예배에 관련된 법을 제정할 권리는 가지고 있지 않다. 그럼에도 불구하고 세속 정부는 처벌과 강제를 통하여 교회가 공격을 받지 않도록 지키는 일은 해야 한다고 주장하였다. 칼뱅은 세속 정부가 할 일을 다음과 같이 이야기한다. "하나님에 대한 외적인 예배 행위를 촉진하고 지속시키는 것, 훌륭한 교리를 보호하고 교회의 상태를 지키는 것, ……하나님의 이름에 대한 불경함이 발생하지 않도록 지키고, 하나님의 진리에 대한 중상이나 종교에 대한 어떠한 공격이나 모욕이 일어나서 사람들 사이에 번져 나가는 일이 없도록 해야 한다."[8]

---

6) *Ibid.*, p.194.

7) *Ibid.*

8) Jean Calvin, *Institution of the Christian Religion*, translation and introduction by Ford Lewis Battles(Atlanta: John Knox Press, 1975), IV. xx. 2, 3.

칼뱅은 오직 교회의 법정만이 출교 조치를 취할 수 있는 반면에, 정부는 출교당한 자들이 회개할 때까지 일정 기간 동안 추방시키도록 요청받을 수도 있다고 주장하였다. 칼뱅은 목회자를 선택하고 파송하는 것은 회중들이지만, 성직자들이 안전하게 일할 수 있도록 보호하는 것은 정부의 할 일이라고 생각하였다.[9]

세속 정부는 교회의 재산에 대해서도 국가 내의 다른 재산들의 경우와 마찬가지로 보호하고 관리할 의무를 가지고 있다. 그러나 국가는 교회 재산의 공유자가 될 수는 없었다. 칼뱅은 한번 그리스도와 그의 교회에 바쳐진 것은 전적으로, 그리고 영원히 교회에 속한다는 원칙을 일관되이 주장하였다. 칼뱅은 똑같은 원칙을 이전에는 로마가톨릭교회에 속하였더라도 지역적으로 프로테스탄트교회에 속하게 된 재산에도 적용하였다. 칼뱅은 그 교회 재산을 종교의 목적(빈자의 보살핌, 학교의 운영 등)으로부터 제외시키는 것은 거룩한 것을 모독하는 것이기 때문에 신성모독과 마찬가지로 파문을 면치 못할 일로 생각하였다. 국가의 관리들이 아닌 교회의 재직들만이 그 재산의 관리자며 운용자이다. 그리고 이러한 역할 수행시에는 물론 그에 상응하는 법률들에 순종해야 한다. 정부의 역할은 오직 이러한 영역에 관여할 권리를 가지게 되었을 때에 한하여서만 이러한 법률들이 엄격하게 준수되는지를 지켜보는 것이었다.[10]

칼뱅은 "정부 관리가 조사권을 가지며 교회의 집사들이 관리자들이어야 한다고 주장한 요시아 왕의 개혁 규칙이 최상의 것이다"[11]라

---

9) A. Mitchell Hunter, *The Teaching of Calvin: A Modern Interpretation*, p.195.

10) *Ibid.*

11) Jean Calvin, *Letters of Jean Calvin*, ed., by Jules Bonnet(Philadelphia: Presbyterian Board of Publication, c1858), Letter, Oct. 1542.

고 주장하였다. 그러나 어떠한 이유에서건 이러한 방식을 시행할 수 없거나 논쟁이 생기게 될 경우에는, "그가 연간 수입을 충실하게 분배하며 재산을 없애거나 탕진하지 않는 한 정부 관리가 전적인 관리권을 행사하는 것에도 만족할 수 있다"고 칼뱅은 이야기하고 있다.[12]

마르틴 루터

세상 권세와 크리스천

루터는 〈로마서〉 13장 1절 이하와 〈베드로전서〉 2장 13-14절에 초점을 맞추어서 세상의 권력은 하나님에 의해서 주어진 것이며, 세상의 법과 칼(공권력)은 하나님의 뜻을 수행하기 위해서 세상에 존재하는 것이라고 주장한다.[13] 하나님은 선을 행하는 자에게 상주고 악을 행하는 자를 벌하기 위하여 권세와 공권력을 주었다. 살인한 자는 사형을 당할 것이요(〈창세기〉, 9장 6절; 〈출애굽기〉, 21장 14절), 생명은 생명으로, 눈은 눈으로, 이는 이로, 손은 손으로, 발은 발로 보복할 것이요(〈출애굽기〉; 21장 23장 이하), 칼을 든 자는 칼로 망할 것이라(〈마태복음〉, 26장 52절)고 성경은 기록하고 있음을 루터는 지적한다.

루터는 세상 권세와 공권력이 하나님의 선한 뜻을 이루기 위해 주

---

12) *Ibid.*

13) Martin Luther, 〈Secular Authority: To What Extent It Should Be Obeyed〉, from *Martin Luther*, ed., by John Dillenberger(Garden City, New York: Doubleday & Company, Inc., 1961), p.366.

어졌다는 것을 다음과 같이 강조하고 있다.

세례 요한도 병사들이 어떻게 하여야 할 것인가를 자신에게 묻자 "아무에게도 불의를 행하거나 폭력을 행사하지 말고 다만 당신에게 주어지는 봉급으로 만족하라"(〈누가복음〉, 3장 14절)고 말하였다. 만약 칼이 하나님에 의해서 주어진 것이 아니라면 병사들에게 군인의 일을 그만두라고 명했을 것이다……. 그러므로 사악한 자들을 처벌하고 의로운 자들을 보호하기 위하여 세상의 법과 칼을 사용하는 것이 하나님의 분명한 뜻이다.(〈베드로전서〉, 2장 14절)[14]

루터는 세상 모든 사람들을 다음과 같이 두 그룹으로 나눈다. "우리는 아담의 모든 자녀들을 두 그룹, 즉 하나님의 왕국(the kingdom of God)에 속한 자들과 세상의 왕국(the kingdom of the world)에 속한 자들로 구분하여야만 한다. 하나님의 왕국에 속한 자들은 참으로 그리스도를 믿는 자들이며, 그리스도에게 속한 자들이다."[15] 그리고 그는 만약 온 세상이 진정한 그리스도인들로 이루어졌다면 왕자나 왕, 군주나 법이 필요 없을 것이라고 말한다. 왜냐하면 크리스천은 그들을 인도하고 타인에게 해를 끼치지 못하도록 하며, 모든 사람을 사랑하게 하고, 다른 사람들로부터 당하는 불의나 심지어는 죽음까지도 기쁜 마음으로 기꺼이 감수하게 해주는 성령을 그들의 가슴속에 모시고 있기 때문이다. 그러므로 그들은 세상의 법이 요구

---

14) *Ibid.*, p.367.
15) *Ibid.*, p.368.

하는 이상으로 행동할 것이며, 당연히 세속의 칼이나 법은 신자들 사이에서는 아무런 할 일을 발견치 못할 것이다. 그러나 크리스천이 아닌 불의한 자들은 법이 요구하는 것을 전혀 행하지 않으므로 그들이 선을 행하도록 인도하고 강권하기 위해서 법을 필요로 하게 된다. 사도 바울이 〈디모데전서〉 1장 9절에서 "율법은 의로운 자들이 아니라 불의한 자들을 위한 것이다"라고 말하고 있듯이, 법은 기독교인들이 아닌 불의한 자들을 위한 것이다.[16] 크리스천이 아닌 모든 사람들은 세상의 왕국에 속하며 세상의 법과 칼 아래 놓여 있고, 세상 왕국의 칼은 선행에 대해서가 아니라 악행에 대해서만 위협이 될 뿐이다.(〈로마서〉, 13장 3절) 세상 왕국의 칼은 악행을 행하는 자들을 처벌하기 위해서 있는 것이므로(〈베드로전서〉, 2장 14절) 그리스도에게 속한 자들에게는 해당되지 않는다.[17]

그렇다면 하나님은 왜 모든 인류에게 그렇게 많은 계명들을 주었고, 그리스도는 복음서에서 그렇게 많은 것을 권면하고 있는가? 세상에 존재하는 사람들 중에서 처음부터 크리스천인 사람은 없으며, 모두가 원래는 죄인들이기 때문이다. 루터는 다음과 같이 말한다. "어느 누구도 천부적으로 크리스천이거나 경건한 자들이 아니라 모두가 죄스럽고 악하므로 하나님은 인간들이 감히 그들의 욕망대로 하여 실재로 악한 행동을 범하지 못하도록 모든 인간들 위에 법의 규제를 두었다."[18] 세상이 진정한 크리스천으로 채워지기는 불가능할 것이다. 불의한 자들의 수가 그리스도에게 속한 자들의 수보다도 항상 더 많을 것이기 때문에 두 왕국은 서로 나뉜 채로 존재하여

---

16) *Ibid.*, p.369.
17) *Ibid.*, p.370.
18) *Ibid.*, p.369.

야 하며, 하나님의 왕국은 경건함을 유지하기 위하여, 세상 왕국은 외적 평화를 유지하고 악행을 방지하기 위하여 존재해야 한다.[19]

사도 바울이 〈로마서〉 13장 1절에서 각 사람은 위에 있는 권세들(governing authority)에게 복종하라고 말했으나, 루터는 크리스천에게는 세상의 칼이 필요치 않으며 세상의 다른 사람들을 위해서, 그리고 전 세상에 평화를 유지하고 죄를 처벌하고 악을 방지하기 위하여 매우 유익한 것이라고 보았다. 그렇지만 루터는 사도 바울이 〈에베소서〉 5장 21절에서 이야기하고 있듯이 크리스천은 솔선수범하여 적극적으로 칼의 통치에 복종하고, 세금을 내며, 권좌에 있는 자들과 정부를 존경하고 두려워하며, 또 정부가 잘 유지될 수 있도록 최선을 다하여 봉사하고 도와야 된다고 말한다.[20] 루터는 크리스천은 자기 자신을 위해서는 적을 처벌할 필요가 없지만, 힘없는 이웃을 위해서는 적을 처벌할 필요가 있다고 주장한다. 이웃이 평화롭게 살 수 있도록 돕기 위하여 적을 통제할 필요가 있는 것이다. 그런데 이는 정부를 두려워하며 존경하지 않고는 이루어질 수 없는 것이다.[21]

크리스천도 세상적인 칼(무력)을 사용할 수 있는가?

그렇다면 그리스도가 아주 명확하게 "악한 자에게 대항하지 마라"고 말씀하셨음에도 불구하고 크리스천도 세상적인 칼(무력)을 사용하고 불의한 자들을 처벌할 수 있는가? 이 질문에 대하여 루터는 두

---

19) *Ibid.*, p.371.
20) *Ibid.*, p.373.
21) *Ibid.*, p.374.

가지 안건을 제시한다.

첫째, 크리스천 상호간에는 칼을 쓸 이유가 없으므로 사용할 수 없다. 둘째, 그러나 크리스천이 아닌 불의한 자들과의 관계에 있어서는 다른 방법이 적용되어야 한다. 약한 이웃과 세상 전체의 유익을 위해서라면 크리스천은 최선을 다하여, 즉 몸과 목숨, 명예와 재물을 다 바쳐서 세상 왕국의 칼을 위해 봉사하고 강화시키는 것을 도와야 한다. 특히 공권력의 힘이 미치지 못하는 경우를 발견할 경우에 자기 자신이 그 일을 수행할 능력이 있다고 판단되면, 정부의 권력이 약화되거나 경시당하는 것을 방지하기 위하여 자원하여 봉사함으로써 정부의 권위를 세우는 것을 도와야 한다.[22]

이렇게 함으로써 악에 대항하지 말고 불의를 감수하라는 그리스도의 명령을 준수하는 것과, 악과 불의를 심판하는 것을 동시에 충족시키게 되는 것이다. 다시 말해 크리스천으로서 자기 자신의 재산·품위·생명을 보존하기 위해서, 그리고 자기 자신의 원수를 처벌하기 위해서는 악에 대항하지 않지만, 약한 이웃의 재산과 생명과 평화를 지키기 위해서는 불의와 악에 대항하여 싸움으로써 그 두 가지 명제를 동시에 충족시키게 되는 것이다. 루터는 다음과 같이 서술하고 있다.

이렇게 함으로써 모든 것들이 균형을 이루고, 내적으로는 하나님의 나라를 만족시키며, 외적으로는 세상 왕국을 만족시킬 수 있게 된다. 악과 부정의를 감수하고 악과 부정의를 심판하는 두 가지 일을 동시에 이루어 내는 것이다. (…) 전

---

22) *Ibid.*

자는 네 자신과 네게 속한 것을 다루는 것이며, 후자는 이웃
과 이웃에게 속한 것을 다루는 것이다. 네 자신과 네 자신의
소유를 다루는 일에 있어서는 진정한 크리스천으로서 복음
(〈마태복음〉, 5장 39-48절)에 의거하여 부정의를 감수하는
것이지만, 이웃과 이웃의 소유를 다루는 일에 있어서는 그
이웃을 위하여 사랑에 의거하여 부정의에 대항하는 것이다.
복음은 이렇게 하는 것을 금하지 않으며, 오히려 권장하고
있다. [23]

크리스천은 어느 누구도 자기 자신을 위해서는 칼에 의존
하거나 사용해서는 안 된다. 그러나 다른 사람을 위해서는
사악함을 방지하고 신에 대한 경외심을 지키도록 하기 위하
여 칼에 의지하고, 그것을 사용할 수 있을 뿐만 아니라 그렇
게 하여야만 한다. [24]

루터의 입장은 분명하다. 크리스천은 자기 자신들을 위해서는 고
통을 감수하고 악한 힘에 대항하지 않지만, 이웃과 사회 전체의 안
녕과 복지를 위해서는 공권력의 편에 서서 모든 수단을 동원하여
부정의와 악을 응징하는 데 동참하여야 한다는 것이다.

루터는 다음과 같이 구약성경에서 하나님의 종들이 무력을 사용
한 경우들을 지적하고 있다. 아브라함이 롯을 구하기 위하여(〈창세
기, 14장 15절), 사무엘이 아각왕을 죽임(〈사무엘상〉, 15장 33절), 엘

---

23) *Ibid*., p.375.
24) *Ibid*., p.381.

리야가 바알을 섬기는 사제들을 죽임(〈열왕기상〉, 18장 40절), 그외에도 모세·여호수아·삼손·다윗 등이 무력을 사용하였다.[25] 루터는 신약성경에서도 세상 권세가 인정받고 있음을 지적하고 있다. 세례요한은 〈누가복음〉 3장 14절에서 병사들의 직업을 인정하고 있다. 병사들에게 직업 자체를 그만두라고 하지 않고, 다만 주어진 월급으로 만족하고 착취하는 것을 금하라고 권면하고 있다. 〈사도행전〉 3장 13절 이하에서 고넬료에게 그리스도인이 되기 위해서 병사의 직업을 그만두어야 한다고 하지는 않았다. 바울은 세상 권력은 하나님에 의해 주어진 것이며, 그들의 칼을 세상에 선을 이루기 위해 주어진 하나님의 도구로 간주하였다.(〈로마서〉, 13장 1-7절) 루터는 세상 권세가 만약 하나님에 의해서 만들어진 것이라면 그것은 선한 것이며, 크리스천의 방식대로 그리고 구원을 위한 도구로 사용하여야 한다고 주장한다.[26] 바울이 〈디모데전서〉 4장 4절에서 "하나님이 지으신 모든 것이 선하매 감사함으로 받으면 버릴 것이 없나니"라고 말한 것처럼, 루터는 "하나님이 지으신 모든 것 중에서 음식과 음료 그리고 의복과 신발만을 중요시할 것이 아니라 마찬가지로 정부와 시민의 의무, 그리고 정의의 보호와 시행도 중요하게 고려하여야만 한다"[27]고 주장한다.

세상 권세와 그리스도의 제자들은 각기 다른 천직을 가지고 있다. 그리스도는 그 자신의 천직과 임무를 수행했으며, 다른 사람들을 부인하지 아니하였다. 그는 하나님의 말씀과 성령을 전했다. 그리고 모든 사도들과 영적 지도자들도 그의 뒤를 따라야 한다. 성령의 검,

---

25) *Ibid.*, p.375

26) *Ibid.*, p.377.

27) *Ibid.*, p.378.

즉 하나님의 말씀을 선포하는 일에 전심해야 한다. 그리스도는 스스로가 결혼을 하거나 그것에 관한 명령을 내리거나 하지는 아니하였으나 정부의 법에 의거한 결혼을 폐하지 아니하고 시인한 것처럼, 스스로가 칼을 가지거나 그것을 사용하도록 지시하지는 않았지만 그것을 금지하거나 폐하기보다는 그것을 시인하였다. 세상의 권세자들은 그들에게 부여된 칼을 가지고 사회에 선을 이루는 일을 위해 최선을 다해야 한다.[28]

세상 권세의 영역은 어디까지인가?

루터는 교회와 세속 정부가 각기 고유한 영역을 가지고 있으며, 서로의 영역을 침범해서는 안 된다고 주장하였다. 루터는 교황이나 감독들이 세속 군주들의 일을 간섭하는 것을 비판하는 한편, 세속의 정부들이 가지고 있는 법은 세상의 외적인 것들과 국민의 생명과 재산의 보호에 국한되어야 함을 주장한다. 그리고 영혼에 관한 권한은 전적으로 하나님에게 달려 있다. 그러므로 영혼의 구원을 위해서는 오로지 하나님의 말씀만 가르치고 또 받아들여야 할 것이다. 사람의 가슴속을 들여다보고 알며, 심판하는 것은 세상 정부나 권세가 할 일이 아니라 하나님의 일이다. 가슴속의 생각과 의도는 어느 누구도 아닌 하나님만이 아신다. 그리고 교회는 이 영적인 일을 담당하여야 하는 것이다.[29]

루터는 교황과 감독들이 하나님의 말씀을 전하는 일은 뒤로 제쳐

---

28) *Ibid.*, pp.378-379.
29) *Ibid.*, pp.382-384, 387.

두고 세상 군주들이 해야 할 외적 통치에 신경을 쓰고 있으며, 세속 군주들이 자기들의 직무를 유기하고 학정을 하고 있음을 다음과 같이 비판한다.

> 교황이나 감독이 하나님의 말씀을 전하는 것 대신에 군주의 역할을 하거나 생명과 재산을 보호하는 법을 가지고 다스린다거나 하고 있으니 얼마나 일을 거꾸로 뒤집어 놓은 것인가. 또한 현재의 군주들이 국민들과 영토를 외적으로 다스려야 함에도 불구하고 약탈하고 과도한 세금을 부과하는 등 곰과 늑대로 변하니, 자신의 본분을 다하지 못하는 타락한 영적인 독재자(spiritual tyrant)가 되었다.[30]

크리스천 군주는 세속적 권세를 어떻게 사용하여야 하는가?

루터는 크리스천 군주들이 세속적 권세를 자기 자신의 쾌락이나 이득을 위해서가 아니라 다른 사람들에 대한 사랑으로 사용해야 한다고 주장한다. "크리스천 군주는 이기적인 쾌락이나 이득, 명예나 편리함, 구원을 위해서 통치하고 무력을 사용하려는 의도는 버려야 하며, 다른 사람들의 이득과 명예와 구원을 위해서 통치하고 무력을 사용해야 한다."[31]

크리스천 군주는 법에 대한 뛰어난 지식을 겸비하여 칼을 쥐듯이

---

30) *Ibid.*, p.386.
31) *Ibid.*, p.393.

굳건하게 쥐고 항상 이성적으로 강약을 조정하며 법을 적용하여야 하는데, 이성이 모든 법들 위에 군림하는 최상의 법이 되도록 해야 한다. 군주는 첫째, 백성들을 보살피되 백성들과 영토를 자신의 소유물로 생각할 것이 아니라 자신이 그들에게 소속된 것으로 생각하고 무엇이 그들에게 이득이 되는가를 생각하며 봉사하여야 한다.[32] 둘째, 군주는 간신들을 조심하고 충성스러운 신하들과 정사를 논의하되 어느 누구도 끝까지 믿지 말고 스스로 모든 것을 꼼꼼하게 챙겨야 한다.[33] 셋째, 악행하는 자들을 공정하게 처벌하여야 한다. 그러나 너무 심하게 처벌함으로써 주변에 피해가 가도록 해서는 안 된다.[34]

크리스천 군주는 전쟁에 임할 수 있는가?

루터에 따르면 크리스천 군주는 자기가 섬기는 왕이나 황제를 대항해서 전쟁을 일으킬 수는 없으나, 자기와 동등한 수준에 있는 군주이거나 자기보다 낮은 지위에 있는 자이거나 타국의 정부일 경우에는 먼저 정의와 평화를 제안하여 전쟁을 피하도록 노력하고, 그것이 받아들여지지 않았을 때에는 모세가 〈신명기〉 20장 10절 이하에서 설명하고 있는 것처럼 너의 최선의 전략을 사용하여 힘에는 힘으로 자기 자신을 지켜야 한다. 그러나 루터는 다음 사항을 강조한다.

---

32) *Ibid.*, p.394.
33) *Ibid.*, pp.395-397.
34) *Ibid.*, pp.397-398.

이렇게 함에 있어서 너(크리스천 군주)는 네 자신의 이익이나 어떻게 하면 계속 군주의 자리에 남아 있을 것인가를 고려할 것이 아니라, 네가 보호하고 도와주어야 할 백성들을 생각하고, 또 모든 것을 사랑으로 하여야 한다. 온 나라가 위기에 처해 있으므로, 너는 하나님의 도움을 입어 모든 것을 잃어버리지 않도록 위험을 무릅쓰고 과감히 싸워야 한다. 그리하여 몇몇의 과부와 고아가 생기는 것을 막을 수는 없겠지만, 모든 것이 파괴되고 과부와 고아만 남게 되지 않도록 최선을 다하여 싸워야 한다.

이러한 전쟁 상황하에서 백성들은 군주의 뒤를 따르고 생명과 재산을 바쳐야 할 의무가 있다. 왜냐하면 이때는 다른 사람들을 위하여 자신의 목숨과 재산을 걸어야 하기 때문이다. 또한 적을 대담하게 죽이고 약탈하는 것이, 그리고 그 적을 완전히 정복할 때까지 모든 방법을 동원하여 파괴하는 것이 크리스천의 행동이며 사랑의 행동이다. 다만 부인들과 처녀들을 범하는 죄는 짓지 말아야 함을 기억해야 된다. 그리고 겸손하게 항복하는 자들에게는 자비와 평화를 베풀어야 한다.[35]

루터는 〈창세기〉 14장 14절 이하에서 아브라함이 네 왕을 정복하였을 때, 그는 그들을 완전히 정복할 때까지 추호의 동정도 없이 도륙을 감행하였음을 상기시킨다. 그는 그러한 잔혹한 행동을 가끔 악한들을 쓸어 없애기 위해서 하나님이 하시는 일이라고 생각하였다.[36]

---

35) *Ibid.*, p.388.

그러면 군주가 잘못 행하고 있을 때에도 그를 따라야 하는가? 루터는 따를 필요가 없다고 단언한다. "군주가 잘못 행하고 있을 때에도 그의 백성들은 그를 따라야만 할 의무가 있는가? 나는 '아니다'라고 단언한다. 왜냐하면 옳지 않게 행동하는 것은 어느 누구의 의무도 아니기 때문이다. 우리는 인간에게 복종할 것이 아니라 옳은 것을 원하시는 하나님께 복종하여야만 한다.(〈사도행전〉, 5장 29절)"[37]

장 칼뱅

세상 권세와 크리스천

칼뱅(1509-64)은 프랑스 태생의 스위스 종교개혁가였다. 칼뱅은 모든 직업이 하나님이 주신 소명이므로 다 귀하다고 주장하고, 구원받은 자의 외적 증거는 근면·검소·성실·정직하고 규칙적·금욕적 생활 태도를 통해서 나타나며, 성실한 노력을 통하여 부자가 되는 것은 하나님의 축복이라고 주장함으로써 봉건주의적인 사고방식을 깨뜨리고 산업혁명을 토대로 한 자본주의의 발전에 정신적 돌파구를 제공하였다.[38]

칼뱅의 금욕적 경건주의는 가족과 이웃·교육·문화·사업·정치 등 일상 생활의 모든 영역을 포함하며, 이 모든 영역에서 근면·성

---

36) *Ibid.*, p.399.

37) *Ibid.*

38) Max Weber, *The Protestant Ethic and the Spirit of Capitalism*(New York: Carles Scribner's Sons, 1958).

실·정직하게 행함으로써 하나님께 영광을 돌리고, 또한 이웃의 복지를 증진시키는 것이 인간의 의무라고 주장하였다. 그러므로 모든 인간은 일상 생활에 적극적으로 참여해야 한다고 강조한다. 아리스토텔레스는 "인간은 정치적 동물이다"[39]라고 주장하였다. 그러나 칼뱅은 인간이 모든 삶의 영역에 소명 의식을 가지고 적극적으로 참여하여야 한다고 생각하였으므로 인간이 종교적 영향을 받으면 더욱더 정치적으로 된다고 생각하였다. 칼뱅은 다른 어떤 신학자보다도 적극적이고 긍정적인 정치적 참여를 권면하고 있다.[40]

그러나 칼뱅은 단순히 어떤 정부 구조를 받아들임으로써 정치적 구원이 온다고 순진하게 생각하지는 않았으며, 전체 시민들이 책임을 나누어지는 정부 형태를 선호하였다. 이러한 그의 생각이 대의정치와 민주주의 발전에 기여하게 되었다. 칼뱅에게서는 왕들에 대한 큰 존경이나 칭찬을 찾을 수 없다. 다윗 왕에 대해서도 그를 정치를 잘한 왕으로서보다는 〈시편〉을 저술하였기 때문에 칭찬한다.[41]

칼뱅은 1535년 8월 프랑스의 프랑수아 1세에게 보낸 편지(《기독교 강요》의 서론 역할을 하게 된 글)의 초반에 왕들과 모든 법집행자들의 의무에 대해서 이야기하고 있다. 왕들은 스스로를 '하나님의 종'으로 생각하고 하나님께 충성해야 하며, 하나님께 영광 돌리는 것을 목표로 삼지 않는 정부는 합법적인 권력이 아니며 약탈한 권

---

39) Aristotle, *Politics*, trans., by Benjamin Jowett, introduction by Max Lerner(New York: Random House, 1943), p.54(I, 2, 1253a 3), Aristotle, *Nicomachean Ethics*, trans., by Martine Ostwald(Indiana Police: Bobbs-Merrill/Library of Liberal Arts Press, Inc., 1962), p.15(I, 7, 1097b 11).

40) John T. McNeil, ed., *Calvin: On God and Political Duty*(Indianapolis: Bobbs-Merrill Educational Publishing, 1981), pp.7-8.

41) *Ibid.*, p.8.

력이라고 주장한다.[42] 그리고 이 편지는 칼뱅과 그의 추종자들이 성경에 근거한 종교적 관점에서 모든 통치자들을 비판의 대상으로 간주하고 있다는 놀라운 증거를 보여주고 있다.[43]

칼뱅은 인간이 실수하는 것을 방지하기 위해 두 개의 정부 아래 있다고 주장한다. 첫째는 영적인 정부인데, 이것은 내적인 영적 삶에 연관된 정부로서 이것에 의해서 경건함과 하나님께 대한 봉사를 위한 양심이 형성된다. 둘째는 정치적인 정부인데, 이것에 의해 인간 관계에서 발견되는 인간의 의무와 시민성이 형성된다. 정치적 정부는 현세의 국가에 관한 외적인 생활에 연관된 것으로 음식이며 옷, 이웃과 더불어 사는 삶이 성결함, 고결함, 맑은 정신과 절제에 의해서 영위될 수 있도록 법을 만드는 일을 한다.[44]

영적 정부에 있어서 인간은 하나님과 인간 사이의 매개체 역할을 하며, 인간을 하나님의 법정 앞에 세우는 양심에 의거하여 하나님의 심판 아래 선다. 정치적 정부와 관련하여, 인간들은 현세의 삶 속에서 인간 상호간의 관계 형성을 위해 공공의 법과 정부에 복종해야 한다. 그리고 복음의 자유는 영적 정부에만 적용된다.[45]

칼뱅은 세속 정부가 크리스천과는 전혀 상관이 없는 타락한 조직이라는 생각에는 반대한다. 오히려 그는 정치적 정부가 종교에 직접적으로 연관된 역할을 가지고 있다고 주장한다. 그것은 하나님께

---

42) Jean Calvin, 〈Dedication to Francis I〉, *Calvin: On God and Political Duty*, ed., by John T. McNeil(Indianapolis: Bobbs-Merrill Educational Publishing, 1981), p.6.

43) John T. McNeil, ed., *Calvin: On God and Political Duty*, p.10.

44) Jean Calvin, 〈On Christian Liberty〉 in *Calvin: On God and Political Duty*, ed., by John T. McNeil(Indianapolis: Bobbs-Merrill Educational Publishing, 1981), p.40.

45) John T. McNeil, ed., *Calvin: On God and Political Duty*, p.12.

대한 예배를 보호하고 도와주며, 종교의 순수한 교리를 유지하고, 교회의 구성원을 보호하며, 인간 사회의 유지를 위해 필수적인 매너를 가진 존재들이 되도록 우리의 삶을 훈련시키고, 정의와 평화를 신장시키며, 서로 사이에 화합을 증진시키고, 빵과 물, 빛과 공기처럼 하늘을 향해 나아가는 이 땅에서의 순례에 필요한 조력자이며, 인간들에게 더 높은 축복을 보장하는 기관이라고 주장한다.[46]

세속 정부는 종교에 대한 공격을 금지시키고, 평화를 보장하며, 사유 재산을 보호하고, 정직과 다른 덕들을 신장시키며, 크리스천 사이에 공적인 형태의 종교를 유지시키고 인간들 사이에 인간성을 유지시키는 역할을 감당해야 한다고 주장한다. 그리고 나아가 정부는 교회가 세속의 법을 지키도록 강요할 자유를 가지고 있지 못하며, 오히려 교회를 보호할 의무를 가지고 있다고 주장한다. 이 점에 있어서 토마스 아퀴나스와 공통된 의견을 가지고 있지만 칼뱅이 정부의 교회에 대한 행동 반경을 아퀴나스보다 더 많이 허용하고 있다. 칼뱅은 한순간도 정치적 정부를 단순한 세속적인 영역으로 간주하지 않고, 인간들의 복리를 위해 하나님이 부여한 '신성한 도구'로 간주하였다. 군주의 역할은 '성스러운 봉사'이며, 그의 역할을 종교와 연관이 없는 것으로 생각하는 것은 하나님에 대한 모독이라고 생각하였다.[47]

칼뱅은 국민들의 의무에 대하여 "모두가 통치자들을 진심으로 존

---

46) *Ibid.*, Jean Calvin, 〈On Civil Government〉, *Calvin: On God and Political Duty*, ed., by John T. McNeil(Indianapolis: Bobbs-Merrill Educational Publishing, 1981), pp.44, 46.

47) John T. McNeil, ed., *Calvin: On God and Political Duty*, pp.12-13, Jean Calvin, 〈On Civil Government〉, p.47.

경하고 복종해야 한다. 공적인 의무를 이행하고, 세금을 내야 하며, 외세의 침입으로부터 국가를 방어하는 일에 참여하여야 한다"라고 분명하게 밝히고 있다.[48] 칼뱅은 기독교신자가 아닌 통치자나 정부일지라도 역시 하나님에 의해서 세워진 것이며, 모두가 복종해야 한다고 생각(물론 그는 주로 기독교 정부와 통치자를 전제로 그의 이론을 전개하고 있지만)(〈로마서〉, 13장 1절; 〈잠언〉, 8장 15−16절; 〈베드로전서〉, 2장 13−14절, 17절)한다. 군주들은 국민의 재산·생명·정의·평화의 수호자들이다. 그러나 그들이 법을 만들고 시행하는 것은 궁극적으로 하나님에 의해서 통치된다. 군주들의 역할 수행은 거룩한 사명이며, "그 어떤 것보다도 성스럽고 명예로운 것"이다. 그들은 뇌물을 피하고 선한 자들을 고통으로부터 보호하며, 박해받는 자들을 돕고 무고한 자들을 변호하며, 상벌을 공평하게 배정토록 하기 위한 '하나님의 대리자들'이다. 경우에 따라 사회를 해치는 자들을 무력으로 제재할 필요가 있다. 살인 금지 명령은 하나님의 정의를 수행하기 위한 군주의 행위를 구속하지 않는다. 그러나 지나치게 잔혹한 처벌은 피해야 한다. 악한 자들에 대한 잘못된 자비는 그들로 인해 희생당한 사람들에게는 불공평한 것으로 간주될 것이다.[49]

전쟁 수행

군주들은 무법적인 침략자들에 대항하기 위해 전쟁을 수행할 의

---

48) Jean Calvin, 〈On Civil Government〉, p.71.

49) John T. McNeil, ed., *Calvin: On God and Political Duty*, pp.13−14, Jean Calvin, 〈On Civil Government〉, p.47.

무도 가지고 있다. 물론 모든 평화적 수단을 먼저 시도한 후에 최후의 수단으로 전쟁을 고려해야 할 것이다. 이를 위해서 국경수비대를 설치하고, 외국과 동맹을 맺으며, 군대를 조직하는 것 등은 합법적인 준비다. 칼뱅은 정부가 세금을 징수할 필요도 있음을 인정하였다. 그러나 이것은 군주의 개인적 용도를 위해서가 아니라 국민들의 복리를 위해서 사용되어야 한다. 폭압적으로 거두거나 호사스런 낭비를 위해서 거두어서는 안 된다.[50]

칼뱅은 하나님의 대리자인 군주들에게 복종할 의무에 대해서 거듭 강조한다. 칼뱅은 심지어 직무를 유기하고, 잔인하며, 방탕하고, 착취를 일삼는 왕자들이라 할지라도 그들 역시 훌륭한 왕들과 마찬가지로 백성들의 불순함을 처벌하기 위해 세워졌으므로 복종하라고 가르친다. 느부갓네살 왕과 그의 손자 벨사살 왕이 하나님의 명령대로 두로를 공격한 것에서(〈에스겔〉, 26장 7-14절) 보듯이 그들도 하나님의 명령을 수행하고 있는 것이다.[51] 그리고 칼뱅은 순종하는 것을 사랑과 자선으로 간주한다. 하나님을 경외하지 않는 왕들도 신성한 권위를 부여받았으며, 그들은 사람들이 행한 죄에 대한 벌로써 내려진 천벌이다. 그러나 하나님은 불경스러운 왕들을 꺾고, 때로 그들도 모르게 왕들을 그의 혁명을 위한 종으로 세우기도 하신다. 군주들이 계명을 어기는 자들에게 하나님의 복수로써 그들을 처벌하지만, 그 통치자들이 최고의 권위를 가지고 있는 것은 아니다. 통치자들도 하나님의 심판 아래 있으며, 그에게 대항할 수 있는 힘은 없다.[52]

---

50) John T. McNeil, ed., *Calvin: On God and Political Duty*, pp.13-14, Jean Calvin, 〈On Civil Government〉, pp.60-61.
51) Jean Calvin, 〈On Civil Government〉, p.73.

그렇지만 칼뱅이 피지배자들이 통치자에게 반항하는 것을 무조건 반대하는 것은 아니다. 예를 들어 다니엘이 다리우스 왕의 명령을 어기고 계속 하나님을 경배한 것은 하나님의 뜻에 반하는 다리우스 왕의 뜻을 따를 수 없었기 때문이다. 그러므로 그것은 불순종이라 할 수 없다. "왜냐하면 세상의 왕들은 그들이 하나님을 대항하여 일어설 때에 그들의 모든 권세를 포기하는 것이며, 인간의 숫자에 포함시킬 가치가 없어지기 때문이다. 우리는 그들이 하나님께 반항하고, 하나님의 권리를 망치려고 할 때에는 언제든지 그들에게 복종하기보다는 철저히 도전해야 한다."[53]

칼뱅은 한 개인이 군주 또는 통치자에게 반항을 해서는 안 되지만, 영주들이 자기가 다스리는 자들의 권리를 왕의 행패와 잔혹함으로부터 지키기 위해서 잔혹한 왕에 대항해서 싸우는 것은 영주들의 권리요 의무라고 주장한다. 그들이 이 의무를 다하지 못하는 것은 '사악한 배신'이며, 백성들의 자유를 배반하는 것이다.[54] 칼뱅은 악한 통치자를 포함한 모든 통치자에게 복종하는 것이 원칙이지만, 그들이 하나님의 뜻에 어긋나게 행동할 때에는 담대하게 도전해야 된다고 주장하는 것이다.

정부의 형태

〈다니엘〉서에 대한 강의에서 칼뱅은 느부갓네살, 다리우스, 그리

---

52) John T. McNeil, ed., *Calvin: On God and Political Duty*, p.17.

53) Jean Calvin, 〈On Civil Government〉, p.102.

54) John T. McNeil, ed., *Calvin: On God and Political Duty*, p.18, *Institution*, IV, xx, 31.

고 칼뱅 당시의 왕들을 비난하고 있다. 그러나 정치적 혁명의 인상을 풍기지 않으려고 노력하고 있음을 엿볼 수 있다. 그는 정부의 형태를 결정짓는 일에 직접 관여할 수 없는 일반 개인들이 왈가왈부하는 것이 무의미함을 갈파하였다. 그는 어떠한 정부 형태가 유리한지는 상황에 좌우된다고 생각하였다.[55]

정부의 형태와 관련하여 칼뱅은 세 종류의 정치 형태를 언급한다. 봉건 제후나 왕 등 한 사람에 의해서 통치되는 군주정치(monarchy)와 국내 몇몇의 영향력 있는 사람들에 의해 공동으로 다스려지는 귀족정치(aristocracy), 그리고 힘과 결정권이 일반 국민들에게 있는 민주정치(democracy)이다. 그리고 이 셋 중에서는 귀족정치나 귀족정치와 민주정치가 혼합된 것이 가장 이상적이라고 주장한다. 그 이유는 군주정치는 독재정치로 전락하기 쉽고, 귀족정치는 소수에 의한 독재정치로 전락하기 쉬우며, 민주정치는 선동과 혼란으로 쉽게 빠져들 수 있기 때문이다.[56] 그는 계속해서 이같이 언설하고 있다.

그러므로 사람들의 악함이나 무능함은 많은 사람들이 주권을 가지고 통치하는 것이 더 안전하고 견딜 만한 것이 되게 한다. 많은 사람들이 주권을 가지고 통치하게 되면 서로가 서로를 돕게 되며, 가르치고 충고하게 되며, 만약 한 사람이 부당한 고집을 부릴 때에는 그를 제재하는 검열관과 교사가 될 수 있을 것이다.[57]

55) John T. McNeil, ed., *Calvin: On God and Political Duty*, pp.20-21, *Institution*, IV, xx, 8.
56) Jean Calvin, 〈On Civil Government〉, p.52.
57) *Ibid.*, p.53.

칼뱅은 분명히 군주정치보다는 다수에 의한 통치를 선호한다. 다수에 의한 통치는 독재를 원하는 사람의 욕망을 억제할 수 있는 수적인 안전성이 보장되기 때문이다. 《기독교 강요》에서 〈로마서〉 13장 4절의 강해를 통해 통치자들은 하나님과 인간들에 대한 의무를 지니고 있다고 말하며, 〈미가〉서 5장 5절의 강해를 통해 목자와 통치자를 대중들이 선출하는 근거를 발견한다.

> 사람들의 상황을 볼 때 가장 추구해야 할 것은 전체의 투표에 의해서 자신들의 목자를 선출하는 것이다. 왜냐하면 누구든지 힘으로 최고 통치권을 강탈하게 되면 그것은 전제정치(tyranny)이기 때문이다. 그리고 누군가가 왕권을 태어날 때부터 이어받게 된다면(즉 왕권이 세습된다면), 이것은 자유와 부합되지 않는 것으로 보인다. 그러므로 선지자는 말한다. 우리 스스로 왕들을 세울 것이다. 다시 말해서, 하나님은 교회에게 숨쉴 자유를 주실 뿐만 아니라 질서가 잘 잡힌 정부도 주실 것이다. 그리고 이 정부를 전체에 의한 투표권 위에 세우실 것이다.[58]

이 글에 칼뱅이 하나님의 일로 생각한 공공 투표를 선호함이 확실히 드러난다. 그는 하나님과 민중에 의한 선출 원칙을 한데 합쳤다. 그는 왕의 세습제를 반대하며 피지배자들이 인정하는 자질을 가진 '주요 인사들'에 의해서 통치되는 귀족정치를 선호한다. 그러나 익

---

58) *Opera*, in *Corpus Reformatorum* edition, XLIII, p.374, quotation from John T. McNeil, ed., *Calvin: On God and Political Duty*, pp.xxii–xxiii.

히 존재하고 있는 세습 귀족들의 권위와 영향은 인정하며, 그들에게는 좋은 정부를 위해 기여해야 하는 특정한 책임이 부과된다고 생각하였다. 칼뱅은 정치적인 자세에 있어서 그 자신보다도 좀 더 혁명적이었던 존 낙스의 다음 말에 동의할 것이다.

> 자유로운 왕국들과 통치 지역 내에 있는 통치자들의 광포와 학정을 통제할 권한은…… 그 지역의 평의원(councillors)이 되기 위해 태어났으며, 그 직을 수행하기로 서약한 귀족(nobility)과 호족들(barons), 그리고 국가의 모든 중요한 일을 결정함에 있어서 그들의 투표와 동의를 얻어야만 하는 민중들에게 속한다.[59]

다음의 〈신명기〉에 근거한 설교들에 나오는 문장들이 그의 선거 원칙에 대한 전적인 지원을 보여준다.

> 만약 우리가 재판관과 군주들을 선택할 자유를 가지고 있다면, 이것은 아주 귀한 선물이므로, 그것을 수호하여야 하며, 우리는 그것을 선한 양심을 가지고 사용해야 한다. (…) 인간 세계의 정부에 대하여 토론한다면, 자유 국가 안에 있는 것이 한 사람의 통치자 밑에 있는 것보다 훨씬 좋은 것이라고 말할 수 있을 것이다. (…) 선거에 의해서 선출된 통치자를 가지는 것이 훨씬 더 견디기 쉬울 것이다. (…) 하나님으로부터 자유를 부여받은 사람들은 그것을 값을 매길 수

---

59) John T. McNeil, ed., Calvin: *On God and Political Duty*, p.xxiii.

없을 정도로 귀한 보석으로 사용하라.[60]

자유는 신장되고 지켜져야 하지만 폭력적인 혁명에 의해서 획득하려고 해서는 안 되며, 그 표현에 있어서도 법의 테두리를 넘어서는 안 된다. 칼뱅은 좋은 정부에 대하여 다음과 같이 간결 명료하게 기술하고 있다. "나는 어떤 종류의 정부도 자유가 알맞게 조절되고, 또 튼튼한 기초 위에 적절하게 확립된 정부보다 더 행복한 것은 없다고 분명히 주장한다."[61]

칼뱅은 1560년 2월 투표 전날 저녁에 제네바 시민들의 총회에서 다음과 같이 촉구하였다. "하나님의 명예와 영광만을 생각하는 순수한 양심에 의거하여 국가의 안전과 보호를 위하여 통치자들을 선택하라." 그리하여 신정과 민주주의가 쉽게 결합되었다. 제네바에서 선출된 의회(council)에 의한 통치와 연례 선거 제도에 의해서 개정을 위한 합법적인 수단이 유지되었다. 칼뱅은 우리와 동시대인이 아니다. 그는 세속적인 관점에서의 민주주의에 대하여 언급하고 있는 것이 아니다. 그는 성경적인 하나님 개념과 도덕법과 영원한 사랑의 법칙의 관점에서 '인권'에 관심을 가지는 정부에 대하여 언급하고 있다.[62]

---

60) *Opera*, in *Corpus Reformatorium* edition, XXIX, pp.410−411, pp.458−460, quotation from John T. McNeil, ed., *Calvin: On God and Political Duty*, p.xxiv.

61) *Institution*, IV, xx, 8, John T. McNeil, ed., *Calvin: On God and Political Duty*, p.xxv.

62) John T. McNeil, ed., *Calvin: On God and Political Duty*, p.xxv.

공의의 우선성

이상에서 교회와 세속 정부(국가)와의 역학 관계에 대하여, 그리고 크리스천이 세속 정부와 통치자에 대하여 가져야 할 태도 등에 대하여 종교개혁가 루터와 칼뱅이 어떠한 생각을 가지고 있는지 살펴보았다. 루터와 칼뱅은 원칙적으로 교회와 정부의 상호 분립을 주장하였다.[63] 또한 두 사람 모두 세속 정부나 권세가 사회 속에 정의와 평화를 이룩하고 국민들의 생명과 재산을 보호하기 위해 하나님에 의해서 세워졌다고 이해했으며, 세속 정부와 통치권자에게 크리스천이 원칙적으로 복종하고 납세와 병역의 의무를 충실히 수행해야 된다고 주장했다.

그러나 세속 권력이나 정부에 대한 무조건적 복종을 주장하지는 않았다. 정부가 하나님의 뜻에 위배되는 방향으로 나아가거나 행동할 때, 그리고 하나님의 뜻에 합당하지 않은 명령을 내릴 때에는 그 권위에 복종하지 말아야 할 뿐만 아니라 오히려 대항해야 된다고 가르치고 있다. 두 종교개혁가들은 크리스천이 인간의 뜻보다는 하나님의 뜻을 따라야 하며, 하나님의 공의를 이루는 일에 우선권을 두어야 한다고 주장하고 있다.

---

63) 두 사람의 입장을 이해하기 위해서는 각자가 처한 시대적·정치적 상황을 고려하여야 한다. 칼뱅(1509-1564)보다 앞서 태어났으며 먼저 종교개혁을 시도한 루터(1483-1546)는 세속 권세가 로마가톨릭교회의 간섭으로부터 해방되어야 할 것을 주창(그는 또한 세속 권세에 의한 보호가 필요하였다)한 반면에, 그의 개혁 운동을 위해서 교회의 세력이 필요했던 칼뱅은 오히려 교회가 세속 권세의 간섭으로부터 독립되어야 할 것과 더 나아가 교회가 세속 정부를 지도해야 된다고 주창하였지만, 두 사람은 교회와 정부의 상호 분립을 주장하였다.

오늘날 독재자들이나 일부 목회자들 중에는 정치와 종교의 분리를 주장하며, 이것을 상호간의 전적인 불간섭으로 이해하는 사람들이 있다. 그들은 세상의 모든 정치 권력은 예외 없이 하나님에 의해서 세워졌으므로 어떤 경우에라도 무조건적으로 복종해야 된다고 주장한다.

그러나 우리는 어떤 정치 권력은 하나님이나 국민들의 뜻에 의해서 합법적으로 세워진 것이 아니라 불법적으로 강탈한 것도 있음을 보게 된다. 두 종교개혁가들은 교회가 세속 정부의 도덕적 감시자요 교사라고 가르치고 있으며, 정치 권력이 하나님의 뜻과 위배되는 방향으로 나아갈 때에는 불복종할 것을 주장한다.

교회는 오늘날에도 종교개혁가들이 가르친 바와 같이 인간의 뜻보다는 하나님의 뜻에 순종하도록 노력하고, 이 세상 속에 하나님의 공의가 이루어지도록 정치·경제·사회 문제 전반에 대하여 깊은 관심을 가지고 참여하며 의롭지 못한 권력에는 과감하게 도전할 줄 알아야 한다.

【참고 문헌】

Aristotle, *Nicomachean Ethics*, trans., by Martine Ostwald. Indianapolis: Bobbs-Merrill/Library of Liberal Arts Press, Inc., 1962.

______, *Politics*, trans., by Benjamin Jowett, introduction by Max Lerner. New York: Random House, 1943.

Calvin, Jean, 〈Dedication to Francis I〉, *Calvin: On God and Political Duty*, ed., by John T. McNeil, Indianapolis: Bobbs-Merrill Educational Publishing, 1981.

______, *Institution of the Christian Religion*, translation and introduction by

Ford Lewis Battles, Atlanta: John Knox Press, 1975.

______, *Letters of Jean Calvin*, ed., by Jules Bonnet, Philadelphia: Presbyterian Board of Publication, c1858.

______, ⟨On Christian Liberty⟩, *Calvin: On God and Political Duty*, ed., by John T. McNeil, Indianapolis: Bobbs-Merrill Educational Publishing, 1981.

______, ⟨On Civil Government⟩, *Calvin: On God and Political Duty*, ed., by John T. McNeil, Indianapolis: Bobbs−Merrill Educational Publishing, 1981.

______, *Westminster Confession*.

Hunter, A. Mitchell, *The Teaching of Calvin: A Modern Interpretation*, 2nd ed.(revised), London: James Clarke & Co. Ltd., 1950.

Luther, Martin, ⟨Secular Authority: To What Extent It Should Be Obeyed⟩, *Martin Luther*, ed., by John Dillenberger, Garden City, New York: Doubleday & Company, Inc., 1961.

McNeil, John T, ed., *Calvin: On God and Political Duty*, Indianapolis: Bobbs-Merrill Educational Publishing, 1981.

Weber, Max, *The Protestant Ethic and the Spirit of Capitalism*, New York: Charles Scribner's Sons, 1958.

제5장
종합적 분배정의론

분배정의의 복잡성

분배정의와 관련된 문제는 정도의 차이가 있을 뿐 세계 어느 사회에나 있어 왔으며, 앞으로도 존속하게 될 것이다. 그리고 인간이 자유를 선호하고 인간 사회가 자유 경쟁의 토대 위에서 존속되어 가는 한에는 한 사회의 재화, 선(행복·기쁨·영광 등)과 악(고통·슬픔·역경 등), 그리고 권리와 의무를 모든 사람이 자신의 능력, 노력의 정도, 기여도와 상관없이 똑같은 양으로 나누어 가진다는 것은 비합리적인 일일 것이다. 다시 말해서 각자의 능력과 기여도 등에 따라 재화와 선과 악을 적절하게 분배하는 것은 당연하며, 결과적으로 서로간에 어느 정도의 차이가 발생하는 것은 오히려 자연스러운 일이다. 그러나 특정한 가치관과 문화(인종·국적·종교·성 등), 인맥, 정경 유착, 불합리한 제도 등으로 인해 분배가 불공정하게 이루어진다면, 이는 타당하지 못하며 시정되어야 마땅하다. 분배정의 문제는 여기서 끝나지 않는다. 능력이나 기여도만으로 분배를 결정지을 수 없는 경우도 고려해야 된다. 신체적·정신적 장애를 가진 사람이나 어린이와 노약자들이 이에 해당되며, 이들의 경우 비록 실질적인 기여는 할 수 없어도 행복한 삶을 영위할 수 있는 사회 보장 장치를 마련해 주어야 할 것이다.

　또한 분배정의 문제는 단순히 물질적 차원만이 아니라 인권적인 문제가 동시에 관련되어 있으며, 대기업과 중소기업 간, 농림어업과 광공업 같은 업종간, 기업과 근로자 간, 남성과 여성 간, 건강한 사람과 장애인 및 노약자 간의 문제 등이 복합적으로 얽혀 있다. 한국 사회의 경우가 분배정의에 있어서의 이러한 복합적인 요소를 보여주는 적절한 예가 될 것이다. 본장에서는 한국 사회의 예를 통하여 불공정한 분배가 어떤 형태로 전개될 수 있는지 살펴볼 것이며, 문제 해결을 위한 제반 이론들을 소개하고, 그것을 바탕으로 분배정의 실현을 위한 종합적인 윤리 원칙들을 제시하게 될 것이다.

불공정한 분배 구조의 뿌리

　수출 증대, 국민총생산액 증대, 기업 이윤의 극대화 등에 초점을 맞추고 추진된 한국의 경제 개발 정책은 다분히 공리주의적인 특징을 지니고 있었다.

　공리주의의 '공리의 원칙(the principle of utility)'은 최대 다수를 위해 선이나 이득의 양이 악이나 손실의 양을 최대로 초과하는 결과를 가져다 줄 수 있는 규범이나 방법에 의거하여 행동하여야만 한다는 것이다. 공리주의에 있어서 도덕적인 옳고 그름의 판단 기준은 과정이나 수단이 아니라 목적 성취와 최종 결과이다. 그러므로 최대의 결과를 생산하는 데 기여하는 행동이나 정책은 모두 정의롭고 옳다고 여겨지는 것이다. 따라서 공리주의는 개인의 권리와 공정한 분배를 무시할 수 있는 중대한 약점을 지니고 있다.

예를 들어 두 기업가가 있는데, 기업가 A는 노동자들에게 낮은 임금을 주고 싼 단가의 상품을 생산하여 수출 시장에서 1200이라는 순이익을 얻었다. 그러나 기업가 B는 노동자들에게 임금을 제대로 주고 약간 비싼 단가의 상품을 생산함으로써 수출 시장에서 1000이란 순이익을 얻었다. 두 경우 중 어느것을 선택해야 할 것인가? 공리주의의 입장은, 비록 정당한 분배가 무시되었을지라도 당연히 기업가 A의 방법론을 취하게 될 것이다.

또 다른 예를 하나 들어 보기로 하자. 기업가 A는 근로자들에게 일정액의 임금을 주기로 하고 한 달간 일을 시켰다. 그러나 한 달 후에 A는 근로자들과의 약속을 어기고 계약한 임금 지불을 거부하였다. A는 근로자들에게 약속한 임금을 지불하는 것보다 자신의 사업에 투자하는 것이 더 큰 이익을 얻을 수 있다고 판단하였기 때문이다. 이 역시 공리주의의 입장에서 보면 논리적으로 문제가 없다. 최대 결과를 산출하는 것이 가장 우선되는 원칙이기 때문에 약속 파기는 큰 문제가 되지 않는 것이다.

위에 언급한 것과 같은 상황이 한국 사회에서 전개되었다. 기업가들과 정부는 경제 성장과 수출 증대라는 명목하에 근로자들에게 인권적·경제적 희생을 일방적으로 강요하였으며, 이러한 상황에 대항하는 근로자들을 통제하기 위하여 정·경이 연합하여 공권력(경찰과 군대)을 동원하기까지 했다. 그리고 항의하는 근로자들이나 그들에게 동조하는 학생이며 시민·재야 인권운동가·종교지도자들을 불순분자·공산주의자·간첩 등의 표를 붙여가며 탄압하였다.

수출주도형 경제 성장 전략

한국 사회에 있어서 다양한 형태의 분배 불균형을 야기시킨 근본 뿌리 중에서 가장 큰 것은 성장 위주, 사용자 위주, 대기업 위주의 경제 정책이었다. 1961년 군사 쿠데타를 통하여 정권을 탈취한 박정희 소장과 그의 추종 세력은 그들의 쿠데타를 "절망과 기아선상에서 허덕이는 민생고를 시급히 해결하고, 국가 자주 경제 재건에 총력을 경주한다"[1]는 데 두는 것으로 합리화하였다. 1964년 선거를 통하여 대통령으로 당선된 박정희는, 그의 정치적 정통성이 안고 있는 약점을 경제 성장의 성과를 가지고 호도하려 했다. 그러나 그가 집권 초기에 무분별하게 도입한 외국으로부터의 차관, 방만하고 무분별한 금융 재정의 운용 등으로 인하여 그의 경제 정책은 실패하

---

1) 박정희, 〈혁명 공약〉, 넷째항, 1961. 5. 16. cf. 거사 성공 후 **KBS** 방송을 통해 선포한 혁명 공약 전문(김종필이 초안하고, 박정희가 교정).

친애하는 애국 동포 여러분! 은인자중하던 군부는 드디어 금조 미명을 기해서 일제히 행동을 개시하여 국가의 행정·입법·사법의 3권을 완전히 장악하고, 이어 군사혁명위원회를 조직하였습니다. 군부가 궐기한 것은, 부패하고 무능한 현 정권과 기성 정치인들에게 더 이상 국가와 민족의 운명을 맡겨둘 수 없다고 단정하고 백척간두에서 방황하는 조국의 위기를 극복하기 위한 것입니다. 군사혁명위원회는 첫째, 반공을 국시의 제1의로 삼고 지금까지 형식적이고 구호에만 그친 반공 체제를 재정비 강화할 것입니다. 둘째, 유엔 헌장을 준수하고 국제 협약을 충실히 이행할 것이며 미국을 위시한 자유 우방과의 유대를 더욱 공고히 할 것입니다. 셋째, 이 나라 사회의 모든 부패와 구악을 일소하고 퇴폐한 국민 도의와 민족 정기를 다시 바로잡기 위하여 청신한 기풍을 진작할 것입니다. 넷째, 절망과 기아선상에서 허덕이는 민생고를 시급히 해결하고 국가 자주 경제 재건에 총력을 경주할 것입니다. 다섯째, 민족적 숙원인 국토 통일을 위하여 공산주의와 대결할 수 있는 실력의 배양에 전력을 집중할 것입니다. 여섯째, 이와 같은 우리의 과업이 성취되면 참신하고도 양심적인 정치인들에게 언제든지 정권을 이양하고 우리들 본연의 임무에 복귀할 준비를 갖추겠습니다. 애국 동포 여러분, 여러분은 본 군사혁명위원회를 전폭적으로 신뢰하고 동요 없이 각인의 직장과 생업을 평상과 다름없이 유지하시기 바랍니다. 우리들의 조국은 이 순간부터 우리들의 희망에 의한 새롭고 힘찬 역사가 창조되어 가고 있습니다. 우리들의 조국은 우리들의 단결과 인내와 용기와 전진을 요구하고 있습니다. 대한민국 만세! 궐기군 만세! (군사혁명위원회 의장 육군 중장 장도영)

게 되었고, 정권은 위기에 몰렸다. 박정희 정권은 경제 위기의 극복과 절대 빈곤의 해결을 정권 유지를 위한 최우선 과제로 삼게 되었으며, 이를 위한 긴급 돌파구를 필요로 하게 되었다. 이러한 상황에서 미국인 경제자문관들은 박정희 정권에게 수출 촉진에 의한 경제 성장 전략을 강력하게 권고하였던 것이다. 그리고 한국전이 끝나고 난 후에도 지속적으로 막대한 군사적·경제적 원조를 미국으로부터 받고 있었고, 정치적으로도 미국의 강력한 영향권 내에 속해 있었을 뿐만 아니라 정권의 정통성이 안고 있는 약점을 경제 성장으로 만회하고자 했던 군사 정권으로서는 미국의 이러한 강력한 권고를 수용할 수밖에 없었다.[2]

대기업 위주의 경제력 집중

일단 미국의 주문대로 경제 정책의 방향을 수출주도형 경제 성장 정책으로 정한 군사 정권은 대기업(재벌)을 중심으로 한 경제력 집중을 주도적으로 추진했다.[3] 경제 원조를 삭감하면서 자립 경제를 요구하는 미국의 압력과 군의 정치 개입의 합리화 수단으로 경제 개발 계획에 착수하게 되어 소수 대기업을 중심으로 한 수출 증대 정책을 실시했으며, 동시에 원활한 자금 조달과 재벌 지배 수단을 확보하기 위해 금융 기관에 대한 지배를 강화했다. 혹자는 이렇게 말한다.

수출주도형 경제 성장의 과정에서 수출 증대를 위해 수출

---

2) 김기태 외, 《한국 경제의 구조》(한울아카데미, 1993), p.109.
3) *Ibid.*, p.207.

산업에 대한 보호와 지원을 강화하기 위한 정부의 수출 지
원 정책은 환율 정책 이외에 노동 정책에서 조세·금융·외
자·외환 정책에 이르기까지 광범위하게 시행되었다. 수출 산
업의 경쟁력은 기업의 생산성과 비용 간의 관계에 의해서뿐
만 아니라 정부의 강력한 조치에 의해 창출되고 조성되었다
고도 할 수 있다.[4]

그러나 한국 정부가 추진한 대기업 위주의 이러한 수출주도형 경
제 정책은 대기업으로의 과도한 경제력 집중과 시장 집중 현상을 초
래하였다. 뿐만 아니라 이러한 과정이 결과적으로 재벌-정부-금융
기관 사이의 유착을 낳았고, 그로 인한 검은 돈의 거래와 공권력의
부당한 사용을 초래하게 만들었다.

특정 기업과 특정 산업에 대한 편중적 지원은 국내 시장에서 자본
이동의 벽을 높여 특혜적인 독·과점적 시장 구조를 형성하고, 전체
산업체간 그리고 다양한 업종별 사이의 균형 있는 발전을 저해하게
된다. 아울러 국내 경쟁력을 기반으로 한 탄탄한 기술의 뒷받침이
없는 상태에서 수출주도형 경제 성장을 달성하려고 시도한 정부의
경제 정책으로 인하여 한국의 대기업들은 정부의 과도한 보호와 지
원 속에서의 수출 덤핑과 국내에서의 독점적 가격 형성, 그리고 경
제력 독점 등을 통하여 안이한 경영 자세에 빠지게 되고 각종 부패
에 물들게 되는 결과를 낳는다.[5] 이는 결국 **IMF** 상황을 초래하고
일부 대기업을 비롯한 수많은 기업체들을 도산하게 만들었으며, 국

---

4) 한국사회경제학회편, 《한국 경제론 강의》(한울아카데미, 1994), p.275.
5) cf. 김기태 외, 《한국 경제의 구조》, pp.207f.

가 경제를 파탄의 위기로 몰아넣게 하였다.

물론 경제적 후진국들이 낙후된 제반 여건 속에서 경제를 부흥시키기 위해서는 소수 대기업 또는 재벌을 중심으로 한 경제 정책을 실시할 수밖에 없다는 논리가 타당성을 인정받을 수 있는 측면도 있다. 제한된 자원과 자본을 효과적으로 활용한다는 면에서 소수 대기업 혹은 재벌들을 중심으로 한 경제 정책을 실시하는 것이 효율적이며, 수출 증대를 위해서도 대외 신인도면에서 강점을 가지고 있는 대기업 중심의 경제 정책을 채택하는 것이 효과적일 수 있다는 것이다. 이를 위해서 정부는 대규모 생산과 판매를 가능하게 해주기 위한 법률·금융·세제 등 각종 특별 혜택을 통하여 대기업을 지원해 주게 되는 것이다.[6] 또한 슘페터 같은 학자는 독점력이 높을수록, 그리고 규모가 큰 대기업일수록 기술 혁신이 활발해진다고 하였다.[7]

그러나 한국에 있어서는 적정 규모를 초과한 대기업 중심의 편중적 지원 정책으로 인하여 대기업들은 국내 시장에서의 독점적 지위에 안주하게 되었고, 노동 착취, 땅투기, 값비싼 외국 상품 수입 판매 등을 통하여 비정상적인 방법으로 재산을 증식하는 경우가 많았다. 자본의 해외 유출, 기업주 개인의 재산 불리기 등 많은 오류를 범하였고, 획기적인 기술 개발에 의한 국제 경쟁력 확보에는 실패하게 되었다.

이러한 경제 정책은 여타 경제 주체들, 특히 중소기업에 대해 상대적 소외를 가져다 줌으로써 국가 경제의 균형 있는 발전을 저해

---

6) 이규억·이재형, 《기업 집단과 경제력 집중》(KDI, 1990), pp.65-71.

7) J. A. Schumpeter, *Capitalism, Socialism and Democracy*(New York: Harper & Row, 1950, Oxford University Press, Oxford, reprinted Harper Colophon, 1975), pp. 83ff.

하였고, 그 성장과 소득의 결과를 모든 사람들에게 공평하게 분배하는 것을 도외시하게 만들었다. 대기업(재벌) 중심의 경제 정책은 중소기업들이 은행 및 제2금융권으로부터 자금을 지원받고 전문 교육을 받은 인력을 확보하고 노동력을 확보하는 데 지대한 어려움을 겪게 만듦으로써 중소기업들의 사업 활동을 심각하게 제한시키는 결과를 낳게 되었다. 대기업으로의 경제 집중이 낳은 문제점에 대하여 어떤 사람은 다음과 같이 지적하고 있다.

불공정한 경쟁 때문에 구조적으로 창의적인 중소기업이 나올 수 없도록 되어 있지요. 이것은 달리 말하면 우리 나라에서는 자본주의가 제대로 안 된다는 이야기입니다. 자본주의는 장기적으로 봤을 때 새로운 아이디어를 바탕으로 새로운 기업이 자꾸 나오고, 또 한편에서는 경쟁력이 없는 사람은 도태되어 가는 과정에서 발전하는데 물론 이런 사람들을 위해서는 다른 정책, 즉 사회 정책으로 다뤄야 합니다만 우리의 경우 그런 토대가 전혀 안 되어 있습니다. 한마디로 비경쟁 구조입니다. 그러니까 아예 창의적 기여를 할 생각은 안하고, 하더라도 중간에 주저앉고 마는 것이지요. 결국 모든 것을 재벌이 하지 않으면 안 되는 구조로 되어 있습니다.[8]

그러나 1997년 이후 재벌 그룹들이 잇따라 무너지면서 재벌 시스템이 한국 경제의 미래를 보장해 주는 존재가 아니라 부담스러운 '짐'으로 변하고 말았다. 한때 한국에서 제1위 규모의 자리를 차지

---

8) 김인호 공정거래위원회위원장, 《신동아》, '99년 2월호(대담일 1999. 1. 9).

하고 있었던 현대 그룹의 정주영 명예회장은 사망하기 전 경영 일선에서 물러날 것을 선언하면서 이렇게 말하였다. "과거에는 그룹 체제가 각사간의 협조라는 장점이 있었으나, 이제 세계적인 흐름과 여건은 각 기업들이 독자적인 전문 경영인 체제로 운영하는 것만이 국제 경쟁 사회에서 성공할 수 있는 길이라고 생각합니다."[9] 그는 '재벌 체제'에 대해 '사망 선고'를 내린 것이었다. 이제는 탄탄하게 뿌리를 내린 정보 혁명과 글로벌화된 경제 시스템으로 인해 '덩치'나 '정권과의 유착'이 기업의 성장은 물론 생존조차 보장해 주지 못할 정도로 한국 경제의 패러다임이 근본적으로 바뀌었다. 특성화되고 전문화된 단일 기업들이 세계 시장에서의 경쟁에 더욱 효과적으로 대처할 수 있게 되어가는 것이다.

농림어업 분야의 소외

상공업 중심의 수출주도형 경제 성장 정책은 농림어업 분야를 낙후시켰으며, 공장 노동력 확보를 위하여 농촌·어촌·산촌 지역의 젊은이들을 대도시의 공장 지대로 내몰았다. 결국 농어촌과 산촌 지역에는 노인들만 남았고, 폐가들과 폐교들이 늘어났으며, 도시로의 급격한 인구 이동은 도시 빈민들과 그로 인한 수많은 사회 문제들을 야기시켰다.

농림어업 분야와 타분야의 성장률을 비교해 보면 한국의 경제 정책이 불균형하게 전개되었으며, 농림어업 분야가 심히 소외되었음을 알 수 있다. 통계 자료에 의하면 1971년부터 1999년까지의 농림

---

9) 조선일보(2000. 6. 1).

어업 분야 성장률은 평균 2.7퍼센트로서 비농림어업 전체 평균 8.2 퍼센트의 1/3 정도에 그치고 있으며, 제조업 성장률 12.1퍼센트의 1/5 정도에 머물고 있다. 2002년부터 농림어업은 마이너스 성장으로 진입하여 타분야와 비교조차 할 수 없는 상황에 이르렀다.[10] 그대로 놔두면 농림어업 분야의 형편은 더욱 나빠질 것이요, 이 분야에 종사하고 있는 국민들의 삶의 형편이 더욱 열악해질 것이며, 그들의 저항과 투쟁은 더욱 거세어질 것이다. 그리고 결국에는 사회 전체의 평안과 발전에 짐이 되고 말 것이다.

다국간 자유무역을 위한 시장 개방은 농림어업 분야에 더욱더 타격을 줄 것이다. 국가적 차원에서의 경제를 고려한다면, 자동차와 같은 고가의 상품을 수출하고 농수산물 같은 저가의 상품을 수입하는 것이 훨씬 이익이 될 것이다. 그렇다고 국내 농림어업을 보호하기 위해서 외국과의 자유무역 협정을 포기할 수는 없는 일이다. 그리고 외국에게 우리 나라의 자동차는 사라고 강요하면서, 우리는 농림어

---

10)

농림어업 분야와 타분야의 평균 성장률 비교

	GDP 성장률(%)	농림어업 성장률(%)	비농림어업 성장률(%)	제조업 성장률(%)
1971-79	8.5	4.3	9.7	17.9
1980-90	7.6	2.2	8.4	10.4
1991-99	6.2	1.5	6.6	7.9
1971-99 평균	7.4	2.7	8.2	12.1
2000	9.3	2.0	9.8	15.9
2001	3.1	1.9	3.2	2.1
2002	6.3	-4.1	6.9	6.3
2003	2.6	-0.7	2.8	3.3
2000-03 평균	5.3	-0.9	5.7	6.9

자료: 한국은행(국민계정, 경제 통계), 2004. 1. *2003년도는 3/4분기까지의 통계수치이다. 참고로 농림어업 분야의 2003년도 성장률은 1/4분기 4.8%, 2/4분기 -1.4%, 3/4분기는 -5.6%로 나타났다.

업을 보호해야 되기 때문에 농림수산물을 살 수 없다고 한다면 이는 너무 일방적이요, 비윤리적인 행동이 될 것이다. 요컨대 국제 관계에 있어서의 상호 호혜적인 유대 관계와 경제적인 유익을 포기하지 않으면서 위기에 처해 있는 국내 농림어업을 보호하는 방법을 모색해야 할 것이다. 단기적으로는 적절한 보상책을 마련하고, 장기적으로는 외국과의 경쟁에서 우위를 차지할 수 있도록 대단위 기업화와 기술개발 지원 등의 전략을 구사할 필요가 있다.

불공정한 분배와 노사 갈등

기업가들과 근로자들은 각자의 이기적인 이익만을 위해서 일하는 적이 아니라 서로의 발전을 위해서 일하는 동지이며, 사회 전체의 안정적이고 균형적인 발전을 위해서 일하는 사명자들임을 인식하고, 유연성·인내·포용성·의리·동지애를 가지고 상호 부조해야 한다.

근로자들과 사회 구성원 전체는 기업가들을 돈에 눈이 먼 악한들로 몰아붙일 것이 아니라, 우리 모두의 풍요로운 삶을 만들어 내기 위해서 뛰고 있는 대표 선수들로 인정하고 격려할 필요가 있다. 그들이 기쁜 마음으로 사업할 수 있도록 최대한의 여건을 조성해 주어야 한다. 기업가들 역시 근로자들을 자기 이익만 챙기는 싸움꾼들로 몰아붙일 것이 아니라 기업 발전과 국가 및 사회의 발전을 위해 뛰고 있는 동지요 전사들로 인정해야 한다. 또한 그들이 기쁜 마음으로 노동에 임할 수 있도록 근로 조건과 임금 등을 그들이 요구하기 전에 정당하게 보장해 주어야 한다.

정부는 국가의 안정적인 발전과 분배정의를 실현하기 위하여 법을 공정하고 엄정하게 집행토록 하며, 기업과 근로자 사이의 조화로운 관계 정립을 위하여 둘 사이에 힘의 균형을 유지하고 조정하는 관리자의 역할을 충실히 수행해야 한다. 그러나 한국에서는 이와 반대의 상황이 발생하였다.

다음에 인용한 글은 군사 정부와 기업이 취해 온 노동 정책의 특성을 잘 보여주고 있으며, 정부가 노동자들에게 아주 적대적인 자세를 취하였음을 알게 해준다.

> 정부의 노동 정책은 고도 성장 및 수출의 확대라는 목표 달성에 종속되어 운용되었다. 억압적 노동 정책을 수출 지원책에 포함시키는 것은, 그것이 기본적으로 임금을 억제하여 비용 가격을 줄이고 국제 경쟁력을 강화시켜 초과 이윤을 획득하도록 하는 조치이기 때문이다. 실제로 한국에서의 저임금은 시장에서의 수급에 의해서 결정되는 측면이 있기도 하지만, 다른 한편으로는 저임을 통해서 수출 경쟁력을 확보하고자 하는 정부의 노동 정책의 결과이기도 하였다. 정부는 노조의 단체 교섭에 따른 임금의 증대와 복지 비용의 증대가 수출 경쟁력을 약화시킬 것이라는 인식하에 노조의 활동을 억압하는 노동관계법을 제정하고, 노조의 활동을 억압하는 노동 행정을 펼쳤다.[11]

기업들의 불투명한 경영, 비자금 형성, 거액의 정치 자금 헌납 등이 근로자들로 하여금 기업에 대한 신뢰도를 잃어버리게 만들었다. 여기에다 사회 전반에 깔려 있는 상대적 박탈감과 근로자들의 이기

---

11) 한국사회경제학회편, 《한국 경제론 강의》(한울아카데미, 1994), p.275.

심 등이 더해져서 근로자들을 끊임없는 권익 투쟁으로 내몰고 있으며, 때로는 분신 자살과 같은 극한적인 상황이 발생하기도 한다. 통계 자료에 의하면 2002년도까지의 기업에 대한 근로자들의 주요 투쟁 요인은 체불 임금 해결, 임금 인상, 근로 조건 개선, 근로자의 경영 참여 등이었다.[12]

여성의 예속과 차별

다음 인용문은 남녀 성 차별의 한 특성을 요약적으로 보여주는 글인데, 이것은 그대로 한국 사회에도 적용될 수 있다.

계급적 지위는 인정받고 힘과 권력을 가질 수 있는 남성

---

12) **연도별 분쟁 건수와 주요 원인**

연도별		1980- 1984	1985- 1989	1990- 1994	1995- 1999	2000	2001	2002	전 체
분쟁 건수		892	7,779	1,056	578	250	235	322	11,112
주 요 원 인	체불 임금	456	272	59	49	7	6	2	851
	비율 %	51.12	3.49	5.58	8.47	2.80	2.55	0.62	7.65
	임금 인상	120	4,460	550	138	47	59	44	5,418
	비율 %	13.45	57.33	52.08	23.87	18.80	25.10	13.66	48.75
	근로 조건 개선	100	818	('90-'91) 4	0	0	0	0	922
	비율 %	8.92	10.51	0.37	0	0	0	0	8.29
	단체 협약	141	995	248	308	167	149	249	2,257
	비율 %	15.80	12.79	23.48	53.28	66.80	63.40	77.32	20.31
	구조 조정	0	0	0	('98-'99) 39	22	15	8	84
	비율 %	0	0	0	6.74	8.80	6.38	2.48	0.75

자료: 노동부(2003. 12)

에게는 충분하지는 않으나 필수적으로 혜택이 많은 제도이
다. 사회 구조에서 모든 남자가 이러한 특권을 소유하는 것
은 아니지만, 남자라는 사실은 그들에게 선행 조건이 된다.
남성의 상위적 계급 신분이 반드시 인생을 안락하고 편안하
게 만드는 것은 아니다. 착취와 차별을 당하는 남성도 있다.
하지만 그것은 남성이기 때문에 당하는 것은 아니다…….
그러나 남성들은 자신의 성적 정체성으로 모든 여성을 무력
화시킨다.[13]

한국 사회 내에서의 여성 차별에 대한 분석을 위해서는 물질적인
측면 분석에 앞서 문화적인 요인부터 분석해 볼 필요가 있다. 한국
사회에 있어서 여성에 대한 차별과 남성에의 예속은 단군 신화로부
터 시작하여 한국 사회에 변함없이 전해 내려온 가치관이다. 단군
의 부모에 대한 설명을 보면, 남자는 우주 만물을 다스리는 옥황상
제의 아들로 묘사되어 있고 여자는 짐승(곰)과 연결되어 있으며, 묵

특이 사항 분석:
 ① 1984년도까지는 체불 임금에 대한 분쟁이 큰 비중을 차지하고 있다.
 ② 전 기간에 걸쳐 임금 인상에 대한 근로자들의 요구가 지속적으로 이어지고
있음을 볼 수 있으며, 1985년부터 1994년까지 10년 동안 임금 인상에 대한 요구
가 매우 거세게 나타났음을 알 수 있다. 전 기간에 걸쳐서 전체 노사 분규 중 가장
큰 비중을 차지하고 있는 것이 바로 임금 인상과 관련한 것(48.75%)이었다.
 ③ 1991년 이후에는 근로 조건 개선과 관련한 분쟁이 사라짐으로써, 그때 이후
근로 환경 등 근로 조건이 많이 개선되었음을 알 수 있다.
 ④ 1995년 이전에도 단체 협약과 관련한 분쟁이 지속적으로 발생했으나, 1995
년 이후에 급속도로 증가하여 의사 결정, 경영 참여 등에 대한 근로자들의 욕구가
크게 분출되고 있음을 알 수 있다.
 ⑤ 1998년 이후부터 IMF 사태의 영향을 받아 구조 조정과 관련한 분쟁이 발생
하기 시작하였음을 알 수 있다.
 13) M. B. Mcguire 저, 김기대·최종렬 역, 《종교사회학》(민족사, 1994), p.158.

묵한 고통 감수와 철저한 복종의 이행자로 묘사되어 있다.[14]

조선시대에 이르러 유교를 정치철학으로 도입한 통치자들은 여성을 남성에 예속시키고 복종시키기 위한 작업을 조직적으로 진행하였다. 몇 가지 예를 들어 보기로 하자.

고려시대 때의 여성들은 비록 남성보다 우월한 위치에 서 있지는 않았다고 할지라도 조선시대 때의 여성들보다는 훨씬 형편이 좋았다고 보아야 할 것이다. 예를 들어서 고려시대에는 남녀가 결혼하게 되면 남성이 여성의 집으로 가서 자녀들을 낳고 살다가 자녀들이 성숙하게 되면 비로소 분가하는 것이 전통이었다. 그러나 이성계의 혁명으로 고려가 끝나고 조선시대로 들어오면서 혁명에 가담한 공신들에 의하여 이 전통을 바꾸려는 노력이 시도되었다. 일등 혁명 공신이었으며, 유교의 토대 위에 새로운 왕조의 기틀을 세운 정도전은 다음과 같이 말하고 있다.

> 만일 남자가 결혼 후에 친영의 예를 따르지 않고 신부의
> 집에 들어가서 살게 되면, 아내는 친정부모에게 의지하여

---

14) 남성 지배적인 문화에서 창조 설화는 현실 세계에 악과 고통이 들어오게 된 책임을 여성에게 떠맡기는 경우가 있다. 이러한 신화들은 성적인 유혹, 호기심, 어리석음, 끝없는 탐욕과 같은 부정적인 요소를 여성과 연결시키며 여성은 열등한 존재라는 선입견을 심어주는 역할을 한다. 히브리의 릴리트(Lilith) 신화에 의하면 태초에 신이 남자와 여자를 흙으로 만들었다. 첫번째 여자인 릴리트는 모든 면에서 아담과 동일했는데, 그녀는 아담이 원하는 일(성적 요구를 포함)을 거부했다. 아담이 이것에 대해서 불평하자 신은 아담의 갈비뼈로 하와를 창조하였다. 하와는 만들어지는 과정에서부터 이미 아담에게 종속적인 존재요 열등한 존재임을 볼 수 있다. 이 신화는 다음과 같이 이야기한다. 릴리트는 하와가 지식의 나무로부터 열매를 따먹도록 유혹했는데, 어리석은 '선한' 여성과 의지가 강한 '나쁜' 여성 모두가 인류가 에덴동산에서 추방되는 데 대한 책임이 있음을 보여주고 있다. *Ibid.*, p.159.

남편을 경시하게 되고 날로 교만해져서 결국에는 남편의 뜻
을 거역하게 될 것이요, 남성의 우월성과 여성의 복종이라
는 질서를 뒤집음으로써 가정을 욕되게 할 것이다.[15]

이렇게 하여 여성들을 남성에게 예속시키는 새로운 관습과 전통이
세워지게 된 것이다. 오늘날 여성들이 '결혼'이라는 말 대신에 '시
집간다'는 말을 사용하는 것도 바로 조선시대로부터 유래한 것이
다. 이러한 시도와 더불어 여성들을 남성에게 더욱 확실하게 복종
시키기 위하여 가르친 것이 '삼종지도(三從之道)'의 가르침이었다.

아내는 자율적이 되거나 남을 다스리려는 의지를 가져서
는 안 되고, 스스로를 낮추고 복종하는 것이 사회의 법도이
다. 여성이 지켜야 할 세 가지 복종의 법이 있다. 혼인하기
전에 자신의 집에 있을 때는 아버지에게 복종할 것이요, 혼
인한 후에는 남편에게 복종하며, 남편이 죽은 후에는 아들
에게 복종하여야 한다. 어떠한 경우에라도 여성이 스스로의
뜻대로 행동하거나 단독으로 무엇을 성취하려고 해서는 안
된다.[16]

조선시대의 여성들이 어떠한 대접을 받았는지를 아주 잘 보여주

---

15) 이능화, 《조선여성고》(대영서적, 1975), p.96.cf. 친영(親迎)의 예란 신랑이
직접 신부의 집에 가서 신부를 남자의 집으로 데리고 가는 예식을 의미한다. 이능
화, 《조선여속고》(동문선, 1990), pp.125-127.
16) Eui-Young Yu, Earl H. Phillips, ed., *Traditional Thoughts and Practices in
Korea*(Los Angeles: Center for Korean-American and Korean Studies, California State
University, Los Angeles, 1983), p.73.

는 또 다른 예로는 '칠거지악'이 있다. 그 일곱 가지 죄란, 1)시부모에게 불순종하는 것, 2)아이(특히 아들)를 낳지 못하는 것, 3)정조를 지키지 않음, 4)(남편의 첩에 대하여) 질투함, 5)불치병, 6)수다스러움, 7)도둑질을 의미하는 것이며, 그 중 어느 하나만을 어겨도 시집에서 쫓겨날 수 있는 무서운 규범이었다.[17] 1920년대에 와서야 일부일처제가 법제화되었고, 간통죄가 법제화된 것은 1953년이었다.

《내훈》은 조선시대 때의 결혼한 여성이 시부모에게 어떻게 행동해야 하는지 다음과 같이 가르치고 있다.

> 시부모님을 모심에 있어서, 절대로 불복종하여서는 안 된다. 비록 그들이 너에게 네가 싫어하는 음식을 먹게 할지라도 그것을 기꺼이 먹어야 한다. 네가 입고 싶지 않은 옷을 입게 할지라도 그것을 기쁜 마음으로 입고 봉사하여야 한다. 네가 하고 있는 것과 다른 일을 시킬지라도, 그리고 네가 그 일을 하고 싶지 않을지라도 그들의 분부를 따라야만 한다. 그들이 시킨 일을 끝내고 난 후에 네가 하고 있었던 일을 다시 시작하여야 한다.[18]

여성의 존엄성·인권·자유는 무시되었고, 사회 구조적으로 억압당하였다. 여성들은 가정과 집의 범주 안에 갇혀 살았으며, 사회 활동을 할 수가 없었다. 정조·조용함·복종·인내가 여성에게 있어서 가장 중요한 미덕으로 간주되었다. 일단 결혼하게 되면 여성은 남

---

17) *Ibid.*, pp.77-93.
18) 김지영, 〈내훈에 비춰진 이조 여인들의 생활상〉, 《아세아 여성 연구》, Vol. 7, 1968, p.189.

편 외의 다른 남자에게 얼굴을 보여서는 안 되므로 외출시에는 장
옷으로 얼굴을 가리고 다녀야만 했다.[19]

한국 사회 내에서의 여성에 대한 이러한 전통적 가치관은 결국 여
성들의 사회적인 활동을 제약하였고, 직장 생활을 하더라도 임금과
진급 등 핵심적인 면에서 심한 불이익을 당하게 만들었다. 여성이
남성보다 열등한 존재라는 근본적으로 잘못된 생각 외에도, 가사나
육아가 사회 전체의 유지와 발전을 위하여 엄청난 기여를 하는 국
가의 기간 시설(철도, 은행, 공공기관 등)만큼이나 중요한 역할을 수
행하고 있음에도 불구하고 노동의 연장으로 인정하지 않는 경향이
있다. 그러므로 그러한 일을 위하여 직장에서 출산 휴가를 준다든
지, 남자 직원들보다 약간 일찍 퇴근한다든지 하는 것을 빌미로 임
금이나 진급 등에 차별을 가하고 있는 것이다.

통계 자료에 의하면, 임금 액수에 있어서 여성들의 임금이 남성들
이 받는 임금에 큰 폭으로 뒤떨어져 있음을 알 수 있다. 그나마 조
건이 가장 우세하다고 볼 수 있는 대졸 이상의 학력을 가진 여성들
의 경우에도 남성들이 받는 임금의 70퍼센트를 약간 상회하는 수준
에 머물고 있음을 볼 수 있다.[20] 이러한 통계치는 그 능력과 학력에
상관없이 여성들이 성적인 이유 때문에 차별당하고 있음을 분명하
게 보여준다.

한국 사회에서 여성이 받는 차별은 삼중의 차별이다. 사회적으로

---

19) 이능화, 《조선여성고》, pp.252, 254. cf. 1414년에 이미 양반가의 여성들은
줄이 쳐진 모자를 씀으로써 얼굴을 가리고 다니도록 하는 왕명이 선포되었다. 그
후에 얼굴을 가리는 것이 일반적인 관습이 되었고, 조선 후기에 와서는 평민들의
부인들도 장옷을 이용하여 얼굴을 가리게 되었다. Eui-Young Yu, *Traditional
Thoughts and Practices in Korea*, p.71.

여성이기 때문에 당하는 문화적 차별, 노동의 대가 면에 있어서 노동자들이 일반적으로 겪는 불이익, 직장 내에서 여성이기 때문에 당하는 임금·진급 등의 불이익까지 겹쳐져 있는 것이다.

사회적 약자에 대한 차별과 사회보장제도

우리는 다른 국가들에서 행해지는 인종 차별이나 장애인에 대한 차별에 대해서 자주 비난한다. 그러나 한국 사회야말로 장애인, 혼혈아, 외국인 근로자, 노약자 등 사회적 약자들을 매우 심하게 차별하는 사회이다. 특히 지체 및 정신장애아와 그 가족들이 많은 고통을 겪고 있는데, 그 까닭은 장애 그 자체로 인해서 겪는 고통 외에도 장애인에 대한 사회 전체의 매우 부정적인 의식으로 인한 경멸과 차별이 가중되기 때문이다. 예를 들면 아파트 값이 하락한다거나 자녀들에게 해가 된다면서 장애아들을 위한 교육 시설이나 노인 복지 시설이 자신들의 주거 지역에 설치되는 것을 저지하기 위해 강력하게 투쟁하는 모습이 언론매체에 보도되는 것을 자주 본다. 뿐만

20)
성별 평균 임금

(단위: 원)

	1975	1980	1985	1990	1995	1998	2002
전체 평균	46,654	150,747	268,766	501,992	927,891	1,148,122	1,532,750
남 자	60,319	192,589	328,177	588,320	1,049,646	1,274,784	1,716,024
여 자	25,465	85,674	158,486	323,691	628,275	804,343	1,112,457
임금비 %	42.2	44.5	48.3	55.0	59.9	63.1	64.82
대졸 이상	120,021	338,208	552,460	812,168	1,263,681	1,550,241	2,035,761
남 자	123,573	348,513	564,800	833,004	1,297,778	1,599,488	2,166,172
여 자	77,187	210981	411,642	593,776	985,564	1,225,303	1,547,262
임금비 %	62.5	60.5	72.9	71.3	76.0	76.6	71.42

임금비: 남성 임금에 대한 여성 임금비
자료: 노동부(학력 및 성별 평균 임금).(2003. 12)

아니라 장애인들을 위한 교육과 취업의 기회가 극히 제한되어 있고, 장애인들을 위한 제반 시설들 또한 미비하며, 안정된 생활을 위한 사회보장제도 역시 제대로 되어 있지 않다.

1985년부터 1999년까지의 OECD회원국들의 사회복지비 지출 수준을 비교해 보면 한국은 멕시코·터키와 비슷한 수준이며, 그외의 다른 국가들에 비해서는 월등히 낮았다.[21] 1인당 GDP가 1만 달러였던 연도를 기준으로 해서 GDP 대비 사회보장비의 비율을 비교해 보더라도 한국(1995년) 5.23퍼센트, 미국(1978년) 13.62퍼센트, 일본(1981년) 10.42퍼센트, 서독(1980년)이 25.66퍼센트로 다른 국가들의 경우가 한국보다 약 2~5배나 높았다. 다시 말해 OECD회원국의 약 21~51퍼센트에 불과한 수준인 것이다.[22]

---

[21]

OECD 주요국 사회복지비 지출: 1985-1999

(단위: 자국의 GDP에 대한 %, Unit: percentage of GDP)

국가	1985	1990	1991	1992	1993	1994	1995	1996	1997	1998	1999
호주	13.50	14.37	15.53	16.51	16.80	16.55	18.09	18.27	18.74	18.86	17.74
캐나다	16.97	18.25	20.64	21.28	21.21	20.17	19.23	18.41	17.84	18.03	17.31
체코	–	16.81	18.18	18.52	19.02	18.99	18.64	18.59	19.41	19.42	20.34
프랑스	26.90	26.50	27.13	27.93	29.39	29.12	29.63	30.04	29.97	29.52	–
독일	23.00	22.50	26.56	27.99	28.74	28.45	29.08	30.32	29.72	29.24	–
일본	11.08	10.97	11.12	11.64	12.28	12.90	13.73	14.20	14.64	15.05	–
한국	–	4.52	4.28	4.63	4.71	4.88	5.23	5.47	6.65	11.09	9.77
멕시코	1.76	3.23	3.58	3.93	4.24	4.68	7.44	7.54	8.02	8.22	8.23
뉴질랜드	19.43	22.53	22.56	22.40	21.02	19.90	19.32	19.67	20.76	20.97	19.97
폴란드	–	16.19	23.02	27.31	26.64	25.44	24.74	24.86	84.21	22.83	23.27
터키	4.21	6.44	7.99	7.35	7.19	7.86	7.46	10.41	11.72	11.59	14.31
영국	24.22	22.03	24.22	26.69	27.42	27.11	26.70	26.65	26.18	25.59	–
미국	13.29	13.89	14.97	15.67	15.86	15.85	15.87	15.73	15.31	14.96	14.68

자료 : OECD, OECD Social Expenditure Data 1980-1998, 2001. 한국 자료는 보건복지부·한국보건사회연구원, OECD 추계 방법에 의한 한국의 순 사회복지 지출 추계, 2000.

22) 자료: 보건복지부(OECD회원국 1인당 GDP 1만 달러 기준 연도 GDP 대비 사회보장비 비율), 1999. 12.

분배정의와 복지사회 건설을 위한
윤리 이론

'최대 다수의 최대 행복'을 주창하는 공리주의는, 자본주의 경제 정책을 지향하는 국가나 개발도상국들에게 매력적인 이론이다. 그러나 이 공리주의는 분배정의와 관련해서는 약점을 가지고 있다. 왜냐하면 공리주의는 전체적인 선의 양을 최대화시키는 것을 주장할 뿐 그것의 공정한 분배에 대해서는 언급하지 않기 때문이다. 그러므로 때로는 비록 조금 작은 결과를 생산하게 될지라도 공정한 분배를 위한 부가적인 조치들을 필요로 하게 된다. 다시 말해서, 최대 결과 생산을 옳고 그름의 판단 기준으로 삼는 공리주의 원칙 이외에도 분배정의 실현과 약자 보호를 위한 부가적인 윤리 이론들을 필요로 하게 된다는 말이다.

그렇다면 공리주의적 논리에 토대를 두고 전개한 경제 정책과 다양한 형태의 차별로 인해서 발생한 문제점들을 극복하고, 최대의 결과와 분배정의를 동시에 이루어 낼 수 있는 다른 대안들은 무엇인가? 그 방법들에 대해서 살펴보기로 하자.

유대-기독교의 전통: 사랑

첫번째로, 기독교 성경이 제시하는 사랑에 대해서 생각해 볼 필요가 있다. 몇몇 특정 그룹이나 구성원들에게 편중된 행복이 아니라 사회적 약자들을 포함한 모두에게 행복이 골고루 분배되는 사회를 이루기 위해서는 박애와 정의가 동시에 살아 움직이는 차원에서의 사랑에 근거한 분배 논리가 필요하게 된다.

성경에서 가장 확실하고 강력한 윤리적 명령은 하나님을 사랑하고 이웃을 사랑하라는 것이다. 바리새인들이 예수님을 시험하고자 모였을 때, 한 율법사가 예수에게 "선생이여 율법 중에 어느 계명이 크니이까?" 하고 묻자 "네 마음을 다하고 목숨을 다하고 뜻을 다하여 주 너의 하나님을 사랑하라. 이것이 크고 첫째되는 계명이다. 둘째는 네 이웃을 네 몸과 같이 사랑하라. 이 두 계명이 온 율법과 선지자의 강령이다"라고 대답하였다.(〈마태복음〉, 22장 37-40절)

로크를 따랐던 18세기의 기독교 공리주의자들은 이 사랑을 악/고통보다 많은 선/쾌락의 양을 극대화시켜 주는 것이라는 측면에서 이해하였다.[23] 그런가 하면 어떤 신학자들은 이 사랑을 계명과 하나님의 명령을 수행한다는 측면에서 의무론적으로 이해한 사람들도 있다. 그러나 이 두 입장은 전통적인 공리주의와 의무론적 방법론의 틀을 거의 그대로 따르고 있기 때문에 순수하게 사랑과 관련해서 논의할 수 있는 의미가 약하다고 보아야 할 것이다.

상황윤리학자들은 사랑을 정의 실현의 원칙이라는 측면에서 이해하였다. 두 가지 형태의 상황윤리 이론을 고찰해 보기로 하자.

첫째, 행동 상황윤리(act-situationalism, 프랑케나는 act-agapism이라는 용어를 사용하고 있다)의 입장을 볼 수 있는데, 이는 이전의 어떤 경험이나 규범에도 의지하지 않고 매 상황을 새롭게 해석한 후에 아가페적인 사랑을 실천하는 것이 가장 옳은 행동이요, 정의를 실현하는 것이라는 주장이다. 플레처는 여기에 약간의 변화를 가미하여 과거의 경험에 근거한 규범을 고려할 수도 있다는 점을 인정하

---

23) William K. Frankena, *Ethics*, 2nd ed.(New Jersey: Prentice-Hall, 1973), p.56.

고 있지만, 규범은 여전히 그때그때의 상황에서 필요할 경우에만 참고로 할 뿐이다.

둘째, 규범 상황윤리의 입장을 볼 수 있는데, 이는 전자와는 달리 올바르고 정의로운 행동을 하기 위해서는 매 상황마다의 독립된 행동이 아니라, 어떤 규범을 따르는 것이 가장 사랑을 실천하는 것인지를 판단하여 그 규범에 따라 행동해야 한다는 주장이다.[24]

그러나 두 주장은 사랑의 중요성을 강조한 면에 있어서 상황에 따른 융통성 있는 판단을 강조한 장점을 가지고 있으나 여전히 문제점을 안고 있다. 첫째 입장은 규범을 너무 무시해 버림으로로써 혼돈으로 흘러가거나 결과만을 중시하는 공리주의로 회귀해 버릴 위험성이 있고, 둘째 입장은 규범을 너무 강조하여서 사랑이 가지는 융통성을 잃어버리게 되며, 결국 의무론적 논리로 회귀해 버릴 위험성을 안고 있다. 더 나아가 상황윤리의 입장들은 구체적인 상황에서 사랑이 어떤 행동을 취할 것인지, 그리고 어떤 규범을 따를 것인지에 대한 구체적인 지침을 제시해 주지 못하는 결점을 지니고 있다.

따라서 한 사회의 분배정의 문제를 다룸에 있어서 사랑에 대한 논의는 반드시 필요한 것이나, 이 사랑을 실천하는 구체적인 방법은 다른 곳에서 찾을 수밖에 없다. 이 구체적인 방법론을 찾기 위해서는 존 로울스와 윌리엄 프랑케나 그리고 라인홀드 니부어의 이론을 고찰해 볼 필요가 있다.

사회적 약자들을 위한 사회보장 장치: 평등한 기회의 부여와 약자의 이익 최대화 전략

---

24) *Ibid.*, p.57.

정의로운 복지사회 건설을 위해서는 먼저 사회적인 약자들을 위한 복지를 고려해야 한다. 공리주의는 최대 다수의 최대 행복을 표방하고 있으나, 장애인·노약자 등 사회적 약자들의 복지를 보장하지 못한다. 이러한 문제의 해결을 위하여, 로울스의 '공평함으로서의 정의(justice as fairness)'라는 논리가 도움이 될 것이다. 로울스의 이론은 로크와 루소의 사회계약설과 칸트의 의무론에 그 뿌리를 두고 있는데, 그는 사회계약론적인 측면에서 칸트의 자율적인 선택의 개념을 해석하고 그것을 자신의 윤리 원칙의 기초로 삼고 있다.[25]

로울스는 계약에 참가하게 될 대표자들이 자신들이 그 사회 속에서 어떤 위치에 서게 될 것인지를 모르는 상태인 '무지의 베일(veil of ignorance)'[26] 예를 통하여 그의 '공평함'의 논리를 전개한다. 다음과 같은 조건을 갖춘 대표들을 통하여 정의로운 사회 구조를 이룩하기 위한 원칙들을 선택할 것을 주장한다. 이 대표들은 이해 관계에 있어서 중립적 위치에 있고,[27] 합리적인 사고를 지니고 있으며,[28] 다른 사람들이 자기들이 성취하게 될 삶의 기본적인 요소들보다 더 많이 성취하게 되어도 시기하지 않을 사람들이어야 한다.[29] 자신들이 그 사회 속에서 어떤 위치에 서게 될 것인지를 모르는 상태에 있는 이 대표들은 단지 두 가지만 알고 있는데, 첫째는 자기들이 속한 사회가 재화의 희소성 문제와 서로 다른 그룹들이 추구하는 이익 사이에

---

25) John Rawls, *A Theory of Justice*(Cambridge, Mass.: Harvard University Press, 1971). 로울스는 여기에서 20세기초를 장악하고 있었던 두 이론, 즉 공리주의와 의무론적 직관론에 대한 대안을 제시하고자 했다. 그러나 주된 목표는 공리주의에 대한 대안 제시에 있었다고 볼 수 있다.

26) *Ibid.*, p.12.

27) *Ibid.*, pp.144f.

28) *Ibid.*, p.143.

29) *Ibid.*, pp.143, 148-149.

충돌이 발생하는 등, 정의를 요하는 상황에 처하게 되리라는 것을 알고 있어야 한다.[30] 둘째로 그들은 경제 이론과 사회 조직, 그리고 심리학에 대해서 어느 정도의 지식을 가지고 있어야 한다.[31] 이러한 조건들 속에서 가상적인 계약이 진행되는 것이다.

로울스는 이러한 조건 속에서 정의로운 사회를 형성하기 위한 원칙들을 선택하게 하면, 그 대표들은 다음 두 가지 원칙들을 선택하게 될 것이라고 주장한다.

첫째, 그들은 '자유의 평등한 보장'을 선택할 것이다. 자유를 위해서만 자유가 제약될 것이며, 그 이외에 경제적 또는 다른 사회적 성취를 위해서는 자유가 제약을 받지 않아야 한다.[32] 둘째, 그들은 '차이의 원칙'을 선택할 것이다. 이 사회는 분배에 있어서의 약간의 차등은 인정하게 될 것이나, 오직 사회의 구성원들 중에서 가장 취약한 위치에 있는 약자들의 삶을 보호하고, 그들의 삶을 향상시키는 것을 보장하는 차원에서의 차등만을 인정하게 될 것이다.[33]

왜냐하면 그들이 모든 선택과 계약을 끝내고 '무지의 베일'을 걷어냈을 때 자신들이 어느 입장에 있게 될지 모르기 때문이다. 그 사회에서 가장 취약한 위치에 서게 될 사람이 바로 자기 자신일 수도 있는 것이다. 그러므로 그 대표들은 가장 취약한 입장에 서게 될 사람들의 삶을 최대 한도로 보장하는 정의의 법칙을 선택하게 될 것이다. 로울스는 이를 '약자의 이익 최대화 전략(the strategy of 'maximin'——maximize the minimum)'이라고 부른다.[34] 로울스는 모두에

---

30) *Ibid.*, p.137.
31) *Ibid.*, pp.137f.
32) *Ibid.*, p.302.
33) *Ibid.*, pp.15, 152-156.
34) *Ibid.*, pp.152-156.

게 평등한 기회를 제공할 것과, (그들 자신이 어느 세대에 속하게 될지 모르므로 한 세대가 모든 자원을 소모하지 않고) 다음 세대를 위하여 자원을 저축하는 '공정한 저축의 원칙'을 두번째 원칙에 포함시킨다.[35]

분배의 기준으로써 능력이나 기여도를 고려할 때 사회적 약자들에 대하여 고려해야 한다는 것이다. 프랑케나가 지적하듯이, 능력과 필요를 고려하는 것은 정의의 원칙에 속하지 않고 자비의 원칙에 속한다. 예를 들어서 장애인은 일을 하고 싶어도 할 수 없는 경우가 생기게 되는데, 이러한 경우에 그 사람이 사회를 위해서 기여한 것만을 기준으로 삼아 분배의 양을 결정한다면 그 사람은 생존이 불가능하다. 그러므로 노년층·장애인·고아 같은 경우에도 다른 건장한 사람과 마찬가지로 공평한 분배의 기회가 부여되어야 하며, 필요하다면 질적인 면에서 부족하지 않은 삶을 누릴 수 있도록 보장해 줄 수 있는 사회적 시설과 제도가 마련되어야 할 것이다. 프랑케나는 "분배정의의 기본적인 기준은 대우 또는 취급에 있어서의 평등함(equality of treatment)이다. 그렇기 때문에 분배정의는 장애인에 대한 특별한 관심을 기울일 것을 요구하는 것이다"라고 강조한다.[36]

힘의 균형과 정부의 역할

정의를 실현하기 위해서는 이해 당사자들 사이에 힘의 균형을 유지하고 적절한 조정자의 역할을 수행할 정부가 필요하다. 라인홀드

---

35) *Ibid.*, p.83.
36) William K. Frankena, *Ethics*, p.51.

니부어의 '자유와 평등'에 대한 글에서 볼 수 있듯이, 이성적 계산과 판단에 의거하여 사회적 상황을 냉철하게 분석하고[37] 환상에 빠지지 않는[38] 합리적인 방법들을 찾아내야 할 것이다. 그러므로 정의를 이룩함에 있어서는 이성의 역할이 중요하다.[39]

그러나 이성만으로는 정의를 이룩할 수가 없다. 왜냐하면 이성 역시 이기적인 욕심에 의해서 영향받고 타락하였기 때문이다.[40] 인간들이 합리적이며 옳다고 하는 판단은 모두 한시적이고 유한한 것이며, 욕망과 이기심에 의해서 오염된 것이다.[41] 그러므로 '가장 합리적인' 사람들조차도 정의에 대한 타락한 개념 정의를 제시할 것이다.[42] 결국 인간들이 진리라고 하는 것은 궁극적인 진리일 수 없다.[43]

라인홀드 니부어는 인간의 이성적 발달이 '세계적인 요구' 차원의 정의를 부분적인 사회적 이해 관계로 축소 적용시킴으로써 참된 정의의 구현 노력에 상처를 입혔다고 지적한다.[44] 사회의 기득권층이 특히 이러한 형태의 죄를 범하였다고 볼 수 있을 것이다.

디트로이트 지역에서 목회를 하였던 라인홀드 니부어는 근로자들과 기업주들 사이의 분쟁을 경험하면서 재화의 공정한 분배와 더불

---

37) Reinhold Niebuhr, *Moral Man and Immoral Society*(New York: Scribner, 1932, 1960), p.32.

38) *Ibid.*, p.237.

39) Reinhold Niebuhr, *The Nature and Destiny of Man*, 2 vols.(New York: Scribner, 1943, 1964), vol.2, *Human Destiny*, p.248.

40) Reinhold Niebuhr, *An Interpretation of Christian Ethics*(New York: Seabury, 1979), pp.79f.

41) Reinhold Niebuhr, *Nature and Destity*, vol.2, p.252.

42) D. B. Robertson, ed., *Love and Justice: Selections from the Shorter Writings of Reinhold Niebuhr*(Gloucester, Mass.: Peter Smith, 1976), p.71.

43) Reinhold Niebuhr, *Nature and Destity*, vol.2, p.214.

44) Reinhold Niebuhr, *Christian Ethics*, p.137.

어 그것을 성취해 내기 위해서는 반드시 노동자들의 조직적인 힘이
필요하다고 느꼈다.[45] 왜냐하면 이기적인 욕심과 경제 논리에 절어
있는 기업가들은 그들이 소유한 부와 기득권을 절대 자발적으로 포
기하거나 나누려 하지 않기 때문이다. 노동자들은 자신들의 힘을
기르고 조직화하여서 그들의 권리를 쟁취하여야만 했던 것이다.[46]

　라인홀드 니부어는 힘이 균등하게 배분되지 않을 때에 부정의가
생겨나게 됨을 주목하였다.[47] 그러므로 사회 조직 속에서 정의를 이
룩하는 것은 재화를 어떻게 분배하는가로만 끝나지 않고, 동시에 힘
의 균형과 질서를 이루어 내는 것을 의미한다. 그러므로 정의를 이
루기 위한 노력은 부정의에 의한 희생자들의 힘을 증가시켜 주는
작업이기도 한 것이다.[48]

　정부는 기업가들의 논리대로만 모든 것을 처리해서는 안 된다. 합
리적인 계산에 의한 것이라고 주장하며 제시하는 조건들이 자신들
의 경제적 이기심에 의해서 얼마나 오염되었는지를 그들은 깨닫지
못하고 있다.[49] 라인홀드 니부어는 "사회 부조리로부터 이득을 보고
있는 기득권층은 근본적으로 그러한 부조리에 의한 희생자들보다
그 부조리의 특성을 참으로 이해할 가능성을 적게 가지고 있다"고
말함으로써 억압당하는 사람들에게 '인식적 우선권'을 부여한다.[50]

<hr>

45) cf. Ronald H. Stone, *Reinhold Niebuhr: Prophet to Politician*(Nashville: Abingdon Press, 1972), p.27.

46) Reinhold Niebuhr, *Moral Man*, p.179, Robertson, *Love and Justice*, p.38.

47) D. B. Robertson, *Love and Justice*, p.199.

48) John Bennett, 〈Reinhold Niebuhr's Social Ethics〉 in *Reinhold Niebuhr: His Religious, Social, and Political Thought*, ed., Charles W. Kegley and Robert W. Bretall(New York: Macmillan, 1956), p.60.

49) Reinhold Niebuhr, *Moral Man and Immoral Society*, p.xiv.

50) *Ibid.*, p.80.

정의는 이성과 열정을 동시에 가지고 있는 인간 삶의 총체적인 부분과 연관되어 있으므로 이성만으로 정의를 이룬다는 것은 적절하지 않다. 라인홀드 니부어는 "현실주의자는 역사가 단순히 합리적 과정이 아니라 역동적인 것임을 안다"고 말한다.[51] 그러므로 역사의 흐름 속에서 정의를 이룩하기 위해서는 규범들과 원칙들만이 필요한 것이 아니라 서로 충돌하는 조직과 힘들 사이에 균형을 이루어 냄으로써 인간의 역동적인 삶을 순화시키고 질서를 부여할 필요가 있는 것이다.[52]

그러므로 라인홀드 니부어는 정의는 질서를 이룩하기 위해 힘 또는 억제력을 사용할 것을 요구하게 된다고 생각하며, "정의는 오직 경쟁하는 힘들 사이에 건전하고 균형잡힌 형평성이 이루어졌을 때에만 성취되는 것이다"라고 말한다.[53] 그는 "세계가 이룩한 모든 정의는 다양한 이해 관계 사이에 이루어진 균형에 기반을 두고 있는 것이다"[54]라고 말하며, 이것이 바로 "역사가 명확하게 보여주는 교훈이다"[55]라고 선언한다.

라인홀드 니부어는 경제 정의를 이루기 위해서는 정치적 참여와 힘의 사용을 필요로 한다고 주장한다.[56] 바로 정부의 역할이 여기에 필요하게 되는 것이다. 라인홀드 니부어는 파시즘의 위협에 직면해 있었던 당시의 상황 속에서 강한 민주적 정부를 지지한다. 사회 속에서 여러 충돌하는 힘들 사이의 균형을 필요로 하는 정의의 구조

---

51) D. B. Robertson, *Love and Justice*, p.207.
52) Reinhold Niebuhr, *Nature and Destiny*, vol.2, p.257.
53) D. B. Robertson, *Love and Justice*, p.52.
54) *Ibid.*, p.173.
55) *Ibid.*, p.36.
56) D. B. Robertson, *Love and Justice*, pp.92-93.

는 조직과 질서를 이루어 내는 힘 또는 정부와 힘의 균형을 동시에 필요로 한다.[57] 정부는 부정적인 독재자로 군림하며 빈자들에게 적대적이었던 '강도 정부'의 역할을 탈피하고 힘의 균형을 이루어 내는 작업을 하여야 한다.[58] 이기적 논리에 젖어 있는 기업가들과 기득권층이 그들의 논리와 욕심을 버리고 정의 사회를 이룩하는 데 참여하도록 하기 위하여 정부는 강압적인 힘을 사용하여야 하며, 약자들을 보호하며 그들의 힘을 길러주는 중재자 역할을 하여야 하는 것이다. 너무 강압적으로 되어서 군림하는 정부는 안 되지만, 정의로운 사회를 만들기 위해서 적당한 힘은 사용할 줄 아는 정부가 필요하다고 라인홀드 니부어는 주장하고 있는 것이다.

그렇다면 근로자들이 지나친 요구를 하거나 사회 발전을 저해하는 행동을 할 때에는 어떻게 할 것인가? 정부는 근로자들이 국가 전체의 복지와 균형적인 발전을 고려하지 않고 자신들의 이익만을 위하여 극단적인 투쟁을 전개할 경우에는 이들의 행동 역시 다스릴 필요가 있다. 더군다나 근로자들의 시간당 실질임금이 노동생산성을 추월하였고 주변 국가들의 근로자들이 받는 임금보다도 높음에도 불구하고, 또한 고임금과 과다한 생산비로 인하여 기업들이 도산하거나 해외로 탈출하고 있음에도 불구하고 근로자들이 이기적인 투쟁을 계속한다면, 이는 국가 전체의 안정적이고 균형적인 발전을 저해하는 지대한 위협 요소가 될 수 있으므로 정부는 엄정한 법 집행과 공권력을 사용해서 이를 통제할 필요가 있다.

---

57) Reinhold Niebuhr, *Nature and Destiny*, vol.2, p.257.
58) D. B. Robertson, *Love and Justice*, p.167.

혼합의무론

프랑케나는 공리주의가 안고 있는 분배의 문제점을 보완하기 위하여 공리의 원칙과 정의의 원칙을 종합한 혼합의무론(mixed deontological theory)을 제시하였다.[59]

프랑케나는 공리의 원칙보다 더 기본적이고 우선적인 "선을 행하고 해를 방지하라"는 원칙에 근거하여 '자비의 원칙(the principle of beneficence)'과 '공정한 분배의 원칙(the principle of just distribution)'을 제시한다.

프랑케나는 자비의 원칙으로서 네 가지 요소를 제시한다. 첫째, 악이나 해를 야기시키지 말 것. 둘째, 악이나 해를 예방할 것. 셋째, 악을 제거할 것. 넷째, 선을 행하거나 증대시킬 것.[60]

그러나 이 원칙은 선을 생산하고 악을 방지할 것을 강조하고 있을 뿐 최종 결과나 선과 악을, 또는 쾌락과 고통을 어떻게 분배할 것인가에 대해서는 말해 주지 않는다. 이를 위하여 프랑케나는 '정의의 원칙'인 평등을 제시한다. 이에 대해서 알아보도록 하자.

비교적인 대우 또는 분배 규칙

프랑케나는 공정한 분배를 위하여 다음과 같은 몇 가지 사항들에 대하여 고찰하고 있다. 첫째, 기여도나 공로를 정의로운 분배를 위

---

59) William K. Frankena, *Ethics*, p.43.
60) *Ibid.*, p.47.

한 기준으로 삼는 것인데, 각자의 공로나 기여도에 의거해 선이나 행복, 악이나 고통을 공평하게 나누어 주는 것이다. 예를 들면 아리스토텔레스는 각자의 덕스러움을 기준으로 삼아, 정의는 덕스러움에 의거하여 선(예컨대 행복)을 나누어 주는 것이라고 보았다.

물론 각자의 능력, 기여도, 지능, 피부색, 사회적 지위, 경제력 등 다양한 것을 분배의 기준으로 삼을 수도 있다. 이 경우에는 이러한 기준들에 의거하여 선과 악을 분배하는 것이 정의가 될 것이다.

그러나 여기에는 프랑케나가 지적하고 있듯이 한 가지 선행되어야 할 것이 있다. 각자가 그러한 능력과 공적을 갖출 수 있도록 자기를 개발할 수 있는 조건과 기회가 모두에게 공평하게 주어져야 한다는 것이다.[61] 모든 사람은 법에 의해서 평등하게 다루어지고 보호받아야 하며, 교육의 기회가 평등하게 주어져야 하고, 제반 사회 활동에 있어서 평등한 기회를 보장받아야 한다.[62] 각자가 공정한 분배를 받을 수 있는 자격 또는 능력을 개발할 수 있는 기회를 부여받지 못한 상태임에도 불구하고 현 시점의 조건에서 분배하는 것은 공평하지 못하다.

이러한 점에서 두번째로 생각할 수 있는 공정한 분배의 법칙은 평등(equality)인데, 이는 처벌받는 것을 제외하고는 선과 악을 분배함에 있어서 모든 사람을 평등하게 대우하는 것이다.[63]

그러나 개개인의 노력으로도 어찌할 수 없는 피부색·인종·성별·장애 상태 등이나 각자의 종교 등은 분배를 위한 공로의 조건 속에 포함되어서는 안 될 것이며, 그로 인해서 분배상의 차별을 당해서

---

61) *Ibid.*, p.50.
62) *Ibid.*, p.50.
63) *Ibid.*, p.49.

도 안 된다. 그리고 모든 사람의 기여도와 능력은 각자의 피부색·인종·종교·성별·사회적 신분·신체적 조건 등에 상관없이 공평하게 수용되고 인정받아야 한다.

여기에서 특별히 강조될 점은 분배의 기준으로써 능력이나 기여도를 고려할 때 사회적 약자들에 대하여 고려해야 한다는 것이다. 프랑케나가 지적하듯이 능력과 필요를 고려하는 것은 정의의 원칙에 속하는 것이 아니라 자비의 원칙에 속한다. 예를 들어서 장애인은 일을 하고 싶어도 할 수 없는 경우가 생기게 되는데, 이러한 경우에 그 사람이 사회를 위해서 기여한 것을 기준으로 삼아서 분배의 양을 결정한다면 그 사람은 생존할 수 없다. 그러므로 노년층·장애인·고아 같은 경우에도 다른 사람들과 마찬가지로 평등한 분배의 기회가 부여되어야 하며, 필요하다면 질적인 면에서 부족하지 않은 삶을 누릴 수 있도록 보장해 줄 수 있는 사회적 시설과 제도가 마련되어야 할 것이다. 프랑케나는 "분배정의의 기본적인 기준은 대우 또는 취급에 있어서의 평등함이다. 그렇기 때문에 분배정의는 장애인에 대한 특별한 관심을 요구하는 것이다"라고 강조한다.[64]

종합적 분배정의론

분배정의 문제는 단순히 개인과 기업 간의 물질적 분배에 대한 문제로만 끝나는 것이 아니라 대기업과 중소기업 간, 각 업종간의 인적 물적 자원과 자본의 분배 문제, 문화적 차별 문제, 성·인종·장

---

64) *Ibid.*, p.51.

애 등으로 인한 사회적 약자에 대한 복지 문제 등이 복합적으로 연관되어 있다. 따라서 이러한 제반 사항들을 종합적으로 다룰 수 있는 윤리적 방법론이 필요케 된다.

필자는 이러한 제반 사항들을 동시에 고려하면서, 앞에서 살펴본 몇몇 이론들을 토대로 하여 최대 결과 생산과 박애 및 정의 실현을 동시에 가능케 해줄 수 있는 대안으로써 '종합적 분배정의론'을 제시하고자 한다.

첫째, 가능한 한 최소의 악 및 고통과 최대 최상의 선 및 행복을 생산할 수 있는 정책과 행동을 지향할 것을 제시한다. 삶의 질 향상을 위하여 과학적·문화적 발전과 물질적 풍요를 확보할 필요가 있다. 우리가 우리에게 주어진 모든 것을 최선으로 활용하여 최대 최상의 결과를 추구하는 것을 부정적으로 볼 필요는 없다. 다만 그 결과의 공정한 분배를 위한 장치가 필요한 것이다.

둘째, 각자의 능력과 노력 및 기여도를 존중하여 공로에 따라 선과 악을 공평하게 분배하여야 한다. 개인의 창의력과 노력을 존중하고, 그에 따른 정당한 대가를 부여하는 것은 당연한 일이다. 개개인의 노력과 기여도를 고려하지 않고 모든 사람에게 똑같은 양을 분배하는 것은 정의라고 할 수 없으며, 이는 결국 각자의 창의력과 성취욕을 둔화시켜 사회를 퇴보하게 만들 것이다. 그러나 한 가지 반드시 고려하여야 할 점은 모든 사람들에게 자기 자신을 개발할 수 있는 기회를 평등하게 부여해야 한다는 것이다. 나면서부터 소외된 지역과 가난한 부모 밑에 태어난 아이에게 교육 및 훈련을 받을 수 있는 기회도 부여하지 않고서 능력을 토대로 분배받을 몫을 결정해 버린다면 이는 불공평한 것이다. 물론 이 부분은 뒤에 나오는 '약자의 이익 최대화' 원칙과도 연관되는 문제이다.

셋째, 모든 사람을 평등하게 대우해야 한다. 인종·성·종교·신체적 정신적 조건·사회적 신분 등이 분배를 위한 공로의 기준이 되어서는 안 된다. 역사적·문화적으로 오랜 세월에 걸쳐서 형성되어진 가치관이나 선입견은 실로 막강한 힘을 가지고 있으며, 많은 경우에 인권을 유린하고 각종 혜택의 분배에 있어서 비인간적 차별을 정당화시키는 부정적 역할을 해왔다. 그러나 이러한 제 조건들이 전반적인 사회 활동이나 각종 혜택의 분배에 있어서 불이익을 주는 분배의 기준이 되어서는 안 된다. 똑같은 능력과 노력과 기여를 하였음에도 불구하고 차별당하는 인종에 속한다고 해서, 여성이라고 해서, 소수종교를 믿는다고 해서, 장애인이라고 해서 사회의 각종 혜택이나 재화의 분배에 있어서 차별을 받아서는 안 될 것이다. 모든 사람은 이러한 조건들에 상관없이 각자의 능력이며 노력·기여도에 대하여 평등하게 인정받아야 하며, 또 그에 따른 분배를 정당하게 받아야 한다.

넷째, 은혜와 박애의 원칙을 고려해야 한다. 장애인·여성·노약자·고아·죄수·중소기업·농림어업 등, 사회에서 보호받아야 할 약자들의 삶의 질과 기회가 최상으로 보장받을 수 있는 약자의 이익 최대화를 위한 제도와 정책이 시행되어야 한다. 사회구성원 각자의 능력과 노력 및 기여도에 대한 정당한 보상으로서의 혜택 및 재화의 분배는 합리적인 방법이다. 그러나 능력과 기여도만으로 분배의 기준을 삼는 것은 사회구성원 전체의 행복을 고려하는 복지사회를 이룩하는 데 있어서는 부족한 방법이다.

예를 들어서 나면서부터 신체적·정신적 장애를 가지고 태어난 사람은 누구의 책임인가? 그 사람은 정상적인 상태로 태어나서 좋은 교육을 받고 적성에 맞는 직업을 가지고 열심히 노력하여 많은 수

입을 올리며 다복한 가정을 꾸리고 살면서 가난하고 약한 이웃에게 사랑을 베풀며 살고 싶지 않았을까? 노인들은 젊은 시절에 이 사회를 발전시키기 위하여 모든 것을 바친 사람들이다. 이제는 일을 하고 싶어도 더 이상 약해진 몸이 그것을 불가능하게 만들고 있다. 중소기업이나 농림어업 역시 사회의 조화로운 발전과 국민 전체의 복지 향상을 위하여 반드시 필요한 분야를 담당하고 있는 것이다. 그러므로 가장 약하고 불리한 삶의 조건 속에 처해 있는 구성원들의 삶의 질을 최대한으로 보장하는 법적·제도적 장치와 예산이 마련되어야 한다.

다섯째, 힘의 균형 성취 및 유지, 중재 역할, 정당한 법과 제도의 수행을 위한 정부의 조정자(coordinator) 역할과 정당한 힘의 사용이 필요하다. 한국의 역사를 볼 때에 정치·경제적 기득권을 장악한 계층이 자신들이 소유하고 있는 것을 백성 또는 민중들이나 근로자들에게 자발적으로 나누어 준 예는 없다. 언제나 민중과 근로자들의 희생과 피흘리는 투쟁에 의해서만 어렵게 조금씩 쟁취되었을 뿐이다. 그리고 이 과정에서 정부는 거의 언제나 가진 자들과 기업가들의 편에 서서 민중들과 근로자들에게 적대적으로 대하며 군림하는 악역을 맡아왔었다.

그러나 정부는 서로 상충하는 이해 관계를 가지고 충돌하는 다양한 이익집단들 사이에 힘의 균형을 이루어 내고 유지하며, 약자들의 권익을 보호하는 법적·제도적 장치를 마련하여 공정하게 시행하는 중재자, 조정자, 감시자, 심판의 역할을 충실히 수행하여야 한다. 독재자로서 군림하는 정부는 안 되지만 정당하게 힘을 사용하여 안정과 질서를 유지하는 조정자와 심판으로서의 정부는 반드시 필요한 것이다.

여섯째, 노동자들이 자신들의 노동으로부터 완전히 소외당하는 것은 바람직하지 않다. 그러므로 근로자들이 적정선까지는 자신들이 근무하고 있는 기업체의 상품 생산과 판매, 그리고 분배 과정에 참여할 수 있어야 한다.[65] 이렇게 함으로써 근로자들이 주인 의식을 가지게 되고, 자기가 소속한 기업의 발전을 위해서 더욱 헌신할 수 있게 만들어 줄 것이다. 그러나 지나친 간섭은 오히려 해가 될 것이다. 왜냐하면 생산직 근로자들이 모든 분야에 전문가라고는 볼 수 없기 때문이다. 각 분야별(기술 개발, 판매, 디자인, 경영 등)로 전문가들(이들 또한 근로자이므로)이 업무를 분장하여 각기 맡은 분야에서 능력을 발휘함으로써 총체적인 발전을 가능하게 할 수 있을 것이다.

노조가 자신들의 복지만을 생각하며 임금 인상과 고용 안정을 주장할 것이 아니라 조금씩 양보해야 한다. 근로자들이 무조건 수혜자의 입장에만 서 있어서는 안 된다. 근로자들도 국가와 사회 전체의 안정적이고 지속적인 발전·공존 등을 고려해야 한다. 각자의 이익 추구에만 고착될 것이 아니라 공동체 전체의 행복을 증진시키는 데 부름받은 소명자라는 사실을 인식할 필요가 있다.

자유민주주의와 자유 경쟁의 시장 원칙을 토대로 한 경제 원칙이 존중되고, 개개인의 인권과 창의력과 자기 개발을 위한 노력이 존중받고 정당한 대가를 보장받으며, 약자의 삶의 질이 보장받으며, 개인과 사회가 조화를 이룬 복지사회, 다양한 인종과 성 및 신체적·

---

65) 참고: '근로자 참여 및 협력 증진에 관한 법률'(약칭 근참법, 1997년 제정)에 의하면 노사는 경영상 또는 기술상의 사정으로 인한 인력의 배치 전환, 재훈련, 해고 등 고용 조정의 일반 원칙, 신기계·기술의 도입 또는 작업 공정의 개선 등 14개 항은 노사협의회에서 협의토록 규정하고 있고, 사업 확장, 합병, 공장 이전, 휴·폐업 등 경영상 중요 결정 사항은 사용자가 노사협의회에 보고토록 규정하고 있다.

정신적 조건을 가진 사람들이 더불어 사는 삶의 환희가 넘쳐나는 정의롭고 평화로운 사회를 이룩하기 위해서는 앞에서 제시한 것과 같은 윤리적 원칙들을 필요로 할 것이다.

【참고 문헌】

김기태 외, 《한국경제의 구조》(한울아카데미), 1993.

김인호(공정거래위원회위원장), 《신동아》, 99년 2월호(대담일 1999. 1. 9).

김지영, 〈내훈에 비춰진 이조 여인들의 생활상〉, 《아세아 여성 연구》, Vol. 7, 1968.

김희수, 〈한국 사회와 분배정의에 관한 기독교윤리적 성찰〉, 《기독교사회윤리》(한국기독교사회윤리학회편, 선학사), 2000.

노동부, 〈연도별 분쟁 건수와 주요 원인〉(2003. 12).

______, 〈학력 및 성별 평균 임금〉(2003. 12).

보건복지부, 〈OECD국 1인당 GDP 1만 달러 기준 연도 GDP 대비 사회보장비 비율〉(1999. 12).

이규억·이재형, 《기업 집단과 경제력 집중》(KDI), 1990.

이능화, 《조선여성고》(대영서적), 1975.

______, 《조선여속고》(동문선), 1990.

조선일보(2000. 6. 1).

한국사회경제학회편, 《한국경제론강의》, 한울아카데미, 1994.

박정희, 〈혁명공약〉(1961. 5. 16).

한국은행(국민계정, 경제통계), 〈농림어업 분야와 타분야의 평균 성장률 비교〉(2004. 1).

Bennett, John, 〈Reinhold Niebuhr's Social Ethics〉 in *Reinhold Niebuhr: His Religious, Social, and Political Thought*, ed., Charles W. Kegley and Robert W. Bretall, New York: Macmillan, 1956.

Frankena, William K., *Ethics*, 2nd ed., New Jersey: Prentice-Hall, 1973.

Mcguire, M. B., 김기대·최종렬 역, 《종교사회학》(민족사), 1994.

Niebuhr, Reinhold, *An Interpretation of Christian Ethics*, New York: Seabury, 1979.

______, *Moral Man and Immoral Society*, New York: Scribner, 1932, 1960.

______, *The Nature and Destiny of Man*, New York: Scribner, 1943, 1964.

Rawls, John, *A Theory of Justice*, Cambridge, Mass.: Harvard University Press, 1971.

Robertson, D. B., ed., *Love and Justice: Selections from the Shorter Writings of Reinhold Niebuhr*, Gloucester, Mass.: Peter Smith, 1976.

Schumpeter, J. A., *Capitalism, Socialism and Democracy*, New York: Harper & Row(1950), Oxford University Press, Oxford, reprinted Harper Colophon, 1975.

Stone, Ronald H., *Reinhold Niebuhr: Prophet to Politician*, Nashville: Abingdon Press, 1972.

Yu, Eui-Young and Phillips, Earl H., ed., *Traditional Thoughts and Practices in Korea*, Los Angeles: Center for Korean-American and Korean Studies, California State University, Los Angeles, 1983.

제III부

제6장
대리모 출산

서 론

대리모 출산은 허용되어야 하는가? 관련된 문제들은 무엇인가? 과학적 실험은 무조건 금지해야 하는가? 한계 설정은 어떻게 할 것인가?

세계 어느 문화권이나 마찬가지이겠지만 한국의 경우에는 특히 자녀를 출산하여 가문의 대를 잇는 것이 결혼의 가장 큰 목적 가운데 하나였다고 말할 수 있을 것이다. 의술이 발달하지 못했던 시절, 한국에서는 부인이 자녀, 특히 아들을 출산하지 못하면 대를 이을 아들을 얻기 위해 씨받이(대리모)를 들이곤 했다. 오늘날에도 한국 사회에는 대리모에 대한 명확한 법적 가이드라인 없이 찬반양론만 무성한 가운데 전통적인 개념의 씨받이를 비롯한 다양한 형태의 대리모 출산이 공공연하게 행해지고 있는 실정이다.

아이를 갖고 싶으나 신체적인 요인으로 인해 임신을 할 수 없는 부부들의 경우, 대리모를 통해서라도 자신들의 유전자를 이어받은 아이를 갖고 싶어하는 것은 충분히 이해할 수 있는 일이다. 그리고 이러한 부부들의 행복추구권을 사회적으로 지원해 줄 필요도 있다. 그러나 대리모 출산에는 복합적인 문제들이 연관되어 있다. 친권자 판정 문제, 혈연 및 가족 계보 파괴, 금전적 거래에 의한 아이 획득, 대리모 여성의 인권 유린, 빈곤층 및 약소국 여성 착취, 잉여 배아 파괴, 아이의 행복보다는 부모의 욕구 충족을 위한 우생학적 실험과 맞춤형 아이 생산 등의 윤리적 법적 문제들이 대리모 출산과 연관되어 있다.

대리모의 개념 정의

대리모는 "부인의 자궁에 이상이 있는 불임부부가 자녀를 갖는 것을 돕기 위해 그 부인을 대신하여 자신의 자궁으로 태아를 양육하는 여성"을 의미한다.[1] 이외에도 불임부부를 위해 조력된 임신에 의해 포태된 아이를 출산하기로 약정한 성년에 이른 여성,[2] 출생한 자를 타인에게 인도할 것을 내용으로 하는 당사자간의 합의에 의해 남편이 아닌 다른 남자의 정자로 수정한 후 임신 및 출산한 여성[3] 등으로 정의한 사람들도 있다.

대리모의 유형은 불임의 유형과 정자, 난자, 자궁의 제공자가 누구냐에 따라 다양할 수 있다. 부인의 자궁 이상으로 인해 불임인 경우 남편의 정자와 그 아내의 난자를 체외수정한 후 제3의 대리모 여성의 자궁에 이식해 출산하는 방법(출산대리모 또는 자궁대리모:

---

1) 대한의사협회, 의사윤리지침 제56조 제1항. 2001. 4. 19. 제정, 2001. 11. 15. 공포.

2) Uniform Status of Children of Assisted Conception Act(1988) Section 1(4).

3) 박동진, 〈대리모 계약에 의한 출산과 그 법적 문제〉, 《의료법학》 제3권 제1호, 대한 의료법학회, 2002, p.58.

Gestational Surrogacy), 부인의 자궁과 난자에 모두 문제가 있는 경우 남편의 정자와 대리모가 될 여성의 난자를 체외수정한 후 난자를 제공한 그 대리모 여성의 자궁에 이식하여 출산하는 방법(유전적대리모: Genetic Surrogacy), 이 둘이 가장 흔히 사용되는 방법들인데, 그 중에서도 현재 주로 사용되는 방법은 자궁대리모이다.[4] 이외에도 제3자의 난자와 남편의 정자를 체외수정하여 난자 제공자가 아닌 제3의 대리모에게 출산시키는 경우, 제3자의 정자와 부인의 난자를 체외수정하여 제3의 대리모에게 출산시키는 경우, 정자와 난자를 모두 제3자에게서 채취하여 체외수정한 후 난자를 제공한 여성의 자궁에 이식하여 출산시키는 경우, 정자와 난자를 모두 제3자에게서 채취하여 체외수정한 후 또 다른 제3의 대리모에게 출산시키는 경우 등 다양한 방법들이 사용되고 있다.

대리모 출산에 대한 국민 의식과 현황

2005년 8월에 한림대학교 이인영 교수팀이 성인남녀 1,028명을 대상으로 조사한 자료에 의하면 36.2%가 '불임 문제 해결을 위해 다른 사람으로부터 정자·난자를 제공받을 의향이 있다'고 답변하였다. '대리모를 통한 출산에 찬성하는가?'에 대해서는 69.8%가

---

4) 출생대리모 또는 자궁대리모는 출생한 아이와 대리모 사이에 유전적 관계가 전혀 없다는 점에서 완전대리모라고도 한다. 고정명·신관철, 〈대리모 계약의 모성 추정에 관한 고찰〉, 《국민대법학논총》, 제10집, 1998, p.11; 최준·신종승·박원일·이진용, 〈선천성 질결여증 환자에서 대리모를 이용한 체외수정 임신 1예〉, 《대한산부회지》, 제47권 제11호, 2004, p.2265.

반대하고, 28.0%가 찬성했다. 역시 이인영 교수팀이 2005년 10월 보건복지부에 제출한 '대리모 관련 문제의 고찰 및 입법 정책 방안 모색'이란 보고서에 의하면, 전국의 성인 남녀 1,000명을 대상으로 실시한 전화 설문 조사 결과 3분의 1인 32.9%가 "대리모 출산을 음성적으로 방치하지 말고 법적으로 허용해야 한다"고 답하였다.[5] 대한산부인과개원의협의회 소속 의사 133명을 대상으로 한 조사에 의하면 40.2%가 대리모 법제화에 찬성했다.[6]

대리모 출산에 대해 제 종교는 일반적으로 반대 입장을 취한다. 기독교는 일반적으로 다음과 같은 이유 때문에 대리모 출산을 반대한다. 대리모 출산이 하나님에 의해 만들어진 자연적인 출산 방법과 과정에 의해서가 아닌 인위적인 방법에 의해서 이루어짐으로써 창조의 질서를 깨뜨린다. 수정란 또는 배아에 대한 각종 비윤리적 실험이 가해질 수 있다. 대리모 출산 과정에서 비록 육체적인 성교는 이루어지지 않는다고 할지라도 배우자가 아닌 다른 여성을 씨받이의 도구로 사용하기 때문에 '간음하지 말라'는 십계명을 사실상 깨뜨리게 된다. 혈연 및 가족 계보를 파괴할 수 있다.

교황청은 신앙교리성에서 1987년에 반포한 훈령 〈생명의 선물〉(Donum vitae)을 통해, 출산은 혼인한 부부의 정상적인 부부행위에 의해서만 이루어져야 한다고 밝히고, 인위적 조작에 의한 체외수정과 배아의 자궁 내 이식을 통한 출산은 배우자 사이의 경우이든 비배우자 사이의 경우(대리모 포함)이든 모두 비윤리적인 것으로 보고 금지한다.[7]

---

5) '불임, 사회가 나서야'(上), 〈서울신문〉, 2005년 11월 14일자. http://www.halym.ac.kr/weekly_teemp/664/page3.html

6) 〈서울신문〉, 2005년 11월 14일자.

본 훈령은 대리모 출산에 대해서 다음과 같은 이유로 반대한다.

대리모는 모성적 사랑의 의무와 부부간의 정절, 그리고 책임 있는 모성으로서의 의무를 객관적으로 다하지 못한 것이 된다. 그리고 그것은 아이가 자기 어머니 자궁 속에서 임신되고 발달되며, 바로 그 부모에 의해 세상에 나와 성장되어야 하는 권리와 아이들의 존엄성을 해치는 일인 동시에 가정에도 피해를 주어 가족의 기본 구성 단위인 육체적·정신적, 그리고 도덕적 요소의 분열을 초래하기도 한다.[8]

불교 역시 대리모 출산을 반대한다. 불교는 생명 그 자체를 '잠재적 부처' 또는 '본래의 부처'로 본다. 그러므로 인간뿐만 아니라 어떤 생명체라고 할지라도 그것을 수단으로 취급하는 것에 반대하는 것이다. 비록 아무런 금전적 대가 없이 이루어지는 순수한 동기의 대리모 출산이라고 할지라도 인간을 수단으로 취급함으로써 생명을 경시하는 가치관을 만연시킬 수 있다고 보기 때문에 불교계는 대리모 출산을 반대한다.[9]

한편 여성계는 "현대 과학을 빌린 대리모 출산은 혈통 위주의 가족 관념을 반영하는 것이며, 대리모의 자궁을 돈으로 사는 반인권

---

7) 교황청 신앙교리성, 〈생명의 선물〉, 1987년 2월 22일. 이 훈령은 한국천주교중앙협의회 발행의 사목 112호(1987년 7월), pp.119-144에 〈인간 생명의 기원과 출산의 존엄성에 관한 훈령〉이라는 제목으로 번역 전문이 실려 있다. 이 글에서는 위 번역문을 인터넷으로 다운받은 파일의 쪽수로 표기한다. pp.13-14.
8) 한국천주교중앙협의회, 〈인간 생명의 기원과 출산의 존엄성에 관한 훈령〉, p.14.
9) http://www.buddhism.or.kr/board/freeboard/board.asp

적 행위"라며 부정적인 입장을 나타낸다.[10]

이와는 반대로 대리모 시술을 담당하는 의사들은 대리모 출산을 원칙적으로 찬성하는 것으로 보인다. 2001년 11월 15일에 발표된 의사윤리지침 제55조 1항은 "인공수정 등 법률로 허용된 방법으로 불임부부가 자녀를 갖도록 돕는 행위는 허용된다. 단, 배우자 사이 이외의 인공수정은 장려되지 않는다"고 밝히고 있다. 이 조항에서 "인공수정 등 법률로 허용된 방법으로 불임부부가 자녀를 갖도록 돕는 행위는 허용된다"고 한 것은, 일단 순기능적인 의미의 인공수정은 할 수 있다는 의미로 받아들여진다. 그리고 "배우자 사이 이외의 인공수정은 장려되지 않는다"고 한 것은 대리모의 경우에 해당되는데, 이 말은 장려하지는 않지만 엄격하게 금지하지도 않는다는 말이 되므로 결국 대리모 출산을 인정하는 것으로 봐야 할 것이다.

지침 제56조 2항은 "금전적 거래 목적의 대리모 관계를 인정하지 않는다"고 명시하고 있지만, 이 말도 금전적 거래가 없는 친족간의 대리모 관계 등은 허용할 수도 있음을 의미하는 것이다.

그렇다면 현재 우리나라에서는 대리모 출산이 얼마나 이루어지고 있는가? 이에 대한 구체적인 통계자료가 밝혀진 것은 없다. 그러나 한국 내에 돈을 받고 아이를 대신 낳아주는 대리 출산과 난자 매매가 여전히 성행하고 있는 것으로 나타났다. 2006년 10월 16일 국회 보건복지위원회 박재완 의원(한나라당)이 보건복지부 국정감사에서 발표한 '대리모 및 난자 매매 현황' 자료에 따르면, 인터넷을 통한 상업적 대리 출산이 2005년보다 증가했다. 2005년 9월 당시 모 포털사이트에는 대리 출산을 알선하는 카페 4개소가 존재했으

---

10) 〈대리모 문제 법으로 풀리나〉, 〈여성신문〉.

나 2006년 9월 조사에서는 12개소로 오히려 늘어났다. 카페 회원 수는 2,300여 명에 달한 가운데 대리모를 원하는 광고와 대리모 모집 광고가 각각 50건과 15건이 게재되어 있었다. 심지어 일본인들이 법규가 허술한 한국으로 원정을 와서 난자를 적출하고 대리모를 구하는 사례가 빈발해 '자궁 식민지화' 우려까지 낳고 있다.[11]

대한산부인과개원의협의회 소속 의사 133명을 대상으로 한 조사에 의하면, 의사들의 67.5%는 "현재 신생아 출산의 10% 이상이 대리모를 통한 것"이라고 답했다.[12] 이 자료와 통계청의 신생아 출산 수를 종합하여 계산하면 대리모를 통한 출산이 어느 정도인지 대략 계산해 낼 수 있을 것이다. 통계청이 2005년 1월부터 2006년 2월 말까지의 출산 신고 자료를 기초로 추정한 통계에 의하면, 2005년 출생아수는 438,000명이었다.[13] 결국 2005년 전체 출생아 가운데 10%인 43,800여 명이 대리모를 통해서 태어난 아이들이라는 결론을 내릴 수 있다. 미국 진보재단 조사에 따르면, 미국에는 2009년 12월 현재를 기준으로 해서 볼 때 한 해 평균 750명의 미국 신생아가 제3의 대리모를 통해서 태어나고 있다.[14] 한국과 미국의 인구를 대비해서 생각해 볼 때 한국에서의 대리모 출산이 매우 일반화되어 있음을 알 수 있다.

---

11) 머니투데이, 2006년 10월 16일.
12) 서울신문, 2005년 11월 14일.
13) 통계청, '2005년 출생 통계 잠정 결과' 2006년 5월 8일.
14) http://www.gays.kr/news/55372 대리모 출산… 동성 커플 자녀… '21세기 아이들' 분쟁 급증(조선닷컴, 2009. 12. 14).

대리모 출산과 관련된 윤리적·법적 문제

그렇다면 대리모 출산에는 어떤 윤리적·법적 문제들이 관련되어 있는가?

관련 법규의 부재

외국의 경우에도 대리모 출산에 대해서 찬반 양론이 존재하고 있다. 그러나 주요 국가들은 다음 페이지에서 보는 바와 같이 찬성이든 반대이든 법적인 가이드라인을 제시하고 있다.

외국의 경우와는 달리 우리나라의 법에는 대리모 계약 자체의 유효성 여부나 대리모 계약을 통해 출생한 아이의 법적 지위 문제 등, 대리모를 통한 출산과 관련하여 파생될 수 있는 법적 문제들에 대해서는 아무런 언급이 없다. 우리나라에는 2005년 1월 1일부터 '생명윤리 및 안전에 관한 법률'이 시행되어 정자나 난자의 제공 등에 대해서 규제를 가하고 있다. 이 법률은 "누구든지 금전 또는 재산상의 이익, 그밖에 반대급부를 조건으로 정자 또는 난자를 제공 또는 이용하거나 이를 유인 또는 알선하여서는 안 된다"(동법 제3조 3항)고 명시하고 있으며, 정자 또는 난자를 제공하거나 그것을 이용하는 자는 3년 이하의 징역에 처하고(동법 제51조), 정자 또는 난자를 제공하도록 유인하거나 알선한 자는 2년 이하의 징역 또는 3천만 원 이하의 벌금에 처하도록(동법 제52조) 규정하고 있다. 이러한 규제 조항들은 수정 과정에서 의뢰인 부부가 아닌 제3자의 정자나 난자가 사용되는 것은 금지할 수 있으나, 의뢰인 부부의 정자와 난자를 수정한 후 대리모를 통해 출산하는 출산대리모(gestational surrogacy)의 경우에는 아무런 법적 효력을 발휘하지 못한다.

외국의 대리모 관련 법적 입장(2006년)

국 가	대리모 계약에 대한 입장
미 국	각 주에 따라 다르나, 10개 주에서 영리를 목적으로 하지 않은 대리모 계약을 인정하고 있다. 플로리다 등 일부 주의 경우 '사전에 계획된 양자의 체결'을 전제로 인정하지만, 뉴햄프셔와 같이 법원의 사전 승인에 의해서 합법화하는 주도 있다.
영 국	1985년 대리모 계약법을 통해 대리모 계약을 인정하였으나 영리를 목적으로 한 대리 출산은 금지하였다. 상업적 목적으로 시술하는 의료인 및 의료 기관은 법에 따라 처벌하나, 사적·비상업적으로 이루어지는 경우는 대리모와 의뢰한 부부에 대한 처벌 규정을 두고 있지 않다.
호 주	비상업적 대리모를 허용하는 주가 일부 존재한다.
대 만	대리모 계약을 인정하되 반드시 서면으로 하고, 법원의 엄격한 공증을 거치도록 하고 있으며, 이를 어길 경우에는 처벌하도록 하고 있다.
캐나다	대리모를 공식적으로 등록시켜 정부가 대리모에게 일정액의 보조금을 지급해 주는 방안을 검토하고 있다. 이는 암묵적으로 대리모 시술이 진행될 바에야 아예 대리모를 합법화시켜 보호하고 지원하자는 취지이다.
이스라엘	일정한 요건하의 대리모 행위를 인정하고 있다.
독 일	금지 — 대리모에 의한 인공수정이나 배아의 이식 행위를 처벌하고 있다.
프랑스	금지 — 랑스에서 출산 후 아이 인도를 거부한 여성(대리모)이 모권을 주장한 소송에서 법원은 대리모에게서 아이를 데려가는 것은 유괴에 해당된다는 판결을 내렸다.
일 본	금지

친권자 판정 문제

우리나라 가족법에는 대리모에게서 아이가 태어남과 동시에 의뢰인 부부에게 친권과 양육권이 주어질 수 있도록 하는 법이 없다. 우리나라는 가족법에 "모권은 출산 여성에게 있다"고 하여, 아이의 친권에 대한 가장 우선적인 권리를 출산한 여성에 두고 있으므로 대리모가 아이에 대하여 우선적으로 친권 행사를 할 수 있다. 그러므로 의뢰인 부부는 법적 절차에 따라 아이를 입양해야 한다. 따라서 대리모가 출산 이전에 의뢰인 부부와 계약을 맺었더라도 출산 후에 모성애를 비롯한 기타 이유로 아이를 양도하기를 거부하고 친권을 행사하고자 할 때에는 복잡한 문제가 발생할 수도 있다. 대리모 출산에 의해 태어난 아이에 대한 국내법적 처리 과정에 대해 살펴보기로 하자.

대리모에 의하여 태어난 아이는 우선 정자나 난자가 누구로부터 연유하는가를 불문하고 민법 제844조에 따라서 대리모 부(夫)의 친생자로 추정된다. 다만 대리모 부가 친생자로 추정받는 아이에 대하여 대리모를 통한 임신을 이유로 친생부인의 소를 제기하여 친자관계를 부인하면, 아이는 의뢰부(대리모에게 대리 임신을 의뢰한 夫)의 혼인외의 아이(혼인 관계인 婦 사이에 태어나지 않은 아이)가 된다. 그리고 대리모가 미혼인 경우에는 대리모로부터 태어난 아이는 의뢰부(혹은 정자 제공자)의 혼인외의 아이가 된다.

민법 제855조 1항에 따르면, 대리모의 부(夫)가 대리모에 의하여 태어난 아이에 대한 친자관계를 부인하여 아이가 의뢰부의 혼인외의 자로 된 때에는 의뢰부는 자를 인지할 수 있다. 인지에 의하여 의뢰부가 대리모에 의하여 태어난 자의 법적 부가 된다고 하더라도 의뢰모에 대하여는 단지 적모서자관계(혼인외의 출생자와 부(父)의 배우자 사이의 관계)가 성립할 뿐이고, 법정모자관계가 생기지 아니한다.

결국 의뢰부부가 대리모에 의하여 태어난 자에 대한 완전한 친권을 행사하기 위해서는 민법 제909조 5항에 근거하여 아이를 입양하여야 한다.

의뢰인 부부의 정자와 난자를 수정하여 대리모를 통해 아이를 출산하는 전형적인 경우를 제외하고는, 정자나 난자의 제공자가 누구인가에 따라 친권자 판정은 더욱 복잡한 문제가 될 수도 있다.

혈연·가족 체계 파괴와
반인륜적 가족 관계 형성 가능성

정자 제공자가 의뢰인 남편이 아닌 친족 가운데 1인(시동생, 시아버지 등)이거나 의뢰모의 친족 가운데 1인(여동생, 어머니 등)이 대리모가 되었을 경우 심각한 법적·윤리적 문제가 발생하게 될 것이다. 이 경우에 반인륜적 가족 관계가 생겨날 수 있으며, 대리모가 아이의 친권을 주장하게 되거나 지나친 연대감을 표시하게 될 경우에는 전 가정이 해체될 수 있는 위험에 처하게 될 것이다.

2006년 10월 15일 일본 언론 보도를 보면, 나가노현 시모스와마치의 스와산부인과는 자궁 적출 수술을 받았던 30대 여성 부부가 50대의 친정어머니를 통해 아기를 낳았다고 밝혔다. 2004년 이 여성의 난자와 남편의 정자를 체외수정시킨 뒤 수정란을 그 어머니의 자궁에 이식해, 2006년 봄 출산에 성공했다. 이 아기는 그 어머니의 자녀로 호적에 올린 뒤, 딸 부부의 양자로 삼았다. 이 병원에선 2001년부터 여동생이나 남편의 누이 등 가족 관계에 있는 여성을 대리모로 한 대리 출산이 5건 있었다고 밝혔다. 1990년 이후 할머니가 손자를 낳는 형태의 대리 출산은 미국과 영국에서 각각 2건씩 보고된 바 있다.[15]

금전 거래를 통한 부모 자식의 관계 형성

김진영 제일병원 산부인과 의사는 "불임부부의 행복 추구를 최대한 존중하는 의미에서 의사들이 대리모 출산을 시술할 수 있지만 돈이 오가는 관계란 점이 문제"라며, "우리나라에선 현재 대리모 관련법이 없고, 처벌도 못하는 상황이다. 아무리 상업적 거래를 금지해도 돈은 오가게 마련"이라고 덧붙였다.[16]

아이를 원하는 부부와 대리모의 관계는 두 경우로 나눌 수 있는데, 고용자-피고용자 관계와 비계약적 관계이다. 전자는 임신과 출산을 위해 신체적·정신적인 노동력을 제공한 대리모에게 의뢰인 부부가 금전적 보상을 하는 경우이다. 후자는 대리모가 금전적인 보상을 바라지 않고 신체적·정신적 노동력을 제공하는 경우이다. 후자의 경우는 대개 의뢰인 부부의 친척이나 친구가 대리모가 된다. 그러나 후자의 경우에도 명시적이지는 않을지라도 수정란의 자궁 이식 과정, 임신 기간 동안, 그리고 출산 과정에 따르게 되는 대리모의 고통과 수고에 대하여 금전적 보상이 따를 수밖에 없을 것이다. 결국 두 경우 다 금전적인 거래를 통해서 아이를 갖게 된다는 점에는 별반 차이가 없으며, 금전적 거래를 통한 부모 자식 관계 형성은 당연히 윤리적인 문제점을 안고 있다.[17]

대리모 계약은 여타의 상품 계약과 마찬가지의 과정을 거치게 되

---

15) 〈한겨레신문〉, 2006년 10월 15일자.
16) '대리모 문제 법으로 풀리나,' 〈여성신문〉.
17) 〈대리모에 관한 분석 보고서〉 (자료번호:#364426) 2006. 9. 28. p.5. http://www.reportworld.co.kr/data/365/F364426.html

며, 이렇게 태어난 아이는 상품으로 취급된다. 물론 대리모 자신도 여러 측면에서 희생자가 될 수 있지만, 최대 희생자는 역시 그러한 과정을 거쳐 상품처럼 생산된 아이이다.

대리모 여성에 대한 인권 유린

대부분의 대리모들은 자신들의 법적 권리를 알지 못할 뿐만 아니라 경제적인 어려움 해소를 위해 자원하였으며, 법적으로 금지된 행위를 하고 있다는 생각 때문에 일방적으로 불이익과 비인간적인 처우를 당할 위험이 높다. 이러한 사태가 실재로 발생하고 있음을 보여주는 사례가 언론에 공개되기도 하였다. 〈서울신문〉이 입수한 경찰 압수 자료와 대리모 희망 여성의 증언으로 본 대리모 계약은 '현대판 노예 계약'이었다.

대리모 계약서 및 임신동의서 주요 내용 [18]

대리모는 출산 후 친권포기각서 작성. 공증 후 사례금 잔금 지급.
임신중 사망, 질병, 합병증은 전적으로 대리모가 책임 짐. 의뢰인은 도덕적·법률적 책임 없음.
기형아 출산시 의뢰인은 친권 거부 가능.
대리모가 임신중 음주·흡연·성관계 등을 할 때에는 곧바로 계약 파기. 의뢰인과 브로커에게 받은 금액의 2배 배상.
의뢰인에게 경제적·가정적 문제가 발생해 아이 인수나 사례금 지급이 힘들 때는 임신중절할 것. 거부하면 사례금 없음.
의뢰인의 남편과는 인공수정을 위해 꼭 필요한 때를 제외하고는 일체 접촉 금지.

18) 〈서울신문〉, 2005년 2월 23일자, 1, 4, 5면 보도.

이와 같은 계약은 대리모 여성을 몇 가지 생물학적인 기능만을 수행하는 도구로 취급하는 것이다. 대리모 착취와 관련된 또 하나의 문제는 대리모 여성의 육체적 학대이다. 수정란의 자궁 내 이식과 성공적인 출산에 이르기까지는 수차례에 걸친 시도가 필요하게 되고, 이는 대리모 여성의 몸을 심각하게 손상시킬 수 있다. 서울대병원에서 일하는 한 의사는 여성 잡지와의 인터뷰에서 "대리모의 문제는 어쩌면 윤리적인 문제보다 여성의 육체적 존엄성의 문제가 더욱 중요할 수 있다"고 말할 정도이다.[19]

빈곤층 및 약소국 여성 착취

대리모와 관련된 윤리적 문제가 또 하나 있다. 오늘날 세계화된 시장 경제 구조 속에서 대리모는 가난한 국가의 여성들을 착취하는 또 다른 다리 역할을 하고 있다. 싼 가격에 '자궁'을 임대하기 위해 부유한 국가의 부부들이 비용도 싸고, 법적 제재도 적은 빈국으로 '출장'을 가는 경우가 빈번히 일어나고 있다. 빈국의 여성들이 점점 부국의 대리모화되어 가고 있으며, 빈곤층 여성들에 대한 착취가 가해지고 있는 것이다.[20]

예를 들면 미국에서는 체외 인공수정 및 대리모를 구하는 데 최소 2만~2만5천 달러가 들지만, 인도인 여성을 사용하면 약 4분의 1 정도의 경비밖에 들지 않는다. 실제로 사로즈 메리(32세)라는 인도인 여성을 대리모로 계약한 한 미국인 부부는 메리에게 주어진 5천

---

19) 인도 '대리모 외화벌이,' 〈동아일보〉, 2006년 4월 21일자.
20) *Ibid.*

달러의 대가와 체외 인공수정, 수정란의 자궁 이식, 인도 관광 경비 등을 모두 포함하여 7천2백 달러를 썼다. 메리가 받는 5천 달러는 교사인 메리가 6년 넘게 월급을 모아야 되는 큰돈이다.[21]

인도 아난다의 한 산부인과 의사인 네이나 파텔 씨는 2006년 4월에 대리모를 통해 8명의 아기들을 분만시켰는데, 그 중 3명은 미국, 2명은 영국, 나머지는 인도의 다른 지역으로 갈 아이들이다. 그리고 이 병원에는 20여 명의 젊은 여성들이 대리모를 하겠다고 자원하여 대기중이다. 파텔 씨와 전화나 웹 사이트로 불임 상담을 하려는 해외 고객들이 계속 줄을 잇고 있다. 이는 세계화된 시장 경제 속에서 수요와 공급이 딱 맞아떨어진 결과라고 볼 수 있으며, 대리모를 구하는 외국인들은 큰돈을 절약할 수 있으므로, 인도 여성은 큰돈을 벌 수 있는 기회가 되므로 인도 여성들을 대리모로 선택하는 일이 매우 성행하게 된 것이다.[22] 최근에는 우리나라 여성들이 일본인 부부들을 위한 대리모 역할을 수행하는 경우도 빈발하고 있

아시아 각국의 대리모 몸값[23]

구　　분	대리모 시세(원 단위 환산)	의　　뢰　　인
한　　국	C급 : 2천만 ~ 3천만 B급 : 4천만 ~ 7천만 A급 : 8천만 ~ 1억 원 이상	한국인, 일본인
일　　본	5천6백만 ~ 1억 원	
중　　국	6백만 ~ 1천4백40만 원	중국인, 일부 외국인
조선족 교포	1천만 ~ 2천만 원	한국인
인 도 인	3백60만 원	영국인, 미국인, 일본인, 한국인 등

---

21) *Ibid.*

22) *Ibid.*

23) 〈시사저널〉, 2007년 9월 15일자.

으며, 우리나라 부부들이 조선족 여성들을 대리모로 계약하여 착취하는 경우들도 생겨나고 있다.

앞의 표는 2007년 현재 아시아 각국 대리모의 몸값을 보여주고 있으며, 빈곤층 및 약소국 여성에 대한 착취를 잘 보여주고 있다.

잉여 배아 파괴

대리모 출산이 성공적으로 이루어지기까지는 대개 여러 차례의 시도를 거치게 되고, 이를 위해서는 많은 수의 배아들이 만들어지게 되며, 자궁 내 이식이 성공한 후에는 사용되지 않고 남겨진 잉여 배아들이 파괴된다. 그러나 여기에는 윤리적 문제가 있다. 정자와 난자가 수정되는 순간부터 하나의 생명체로 볼 경우, 잉여 배아의 파괴는 곧 생명 파괴 행위가 되는 것이다.

가톨릭교회는 수정란은 수정되는 순간부터 하나의 독립된 인격체로 간주하며 보호받고 존중되어야 한다고 본다. 교황 요한 바오로 2세가 반포한 〈가정권리헌장〉에서 "인간의 생명은 마땅히 존중되어야 하며, 수정되는 순간부터 절대적으로 보호받아야 한다"[24]고 선언하고 있다.

교황 요한 바오로 2세의 회칙 〈생명의 복음〉은 인간 배아의 존엄성에 대해 다음과 같이 말한다. "인간의 배아나 태아를 실험의 대상으로 이용하는 것은, 그들이 인간으로서 지닌 존엄성을 침해하는 범죄가 된다는 점을 언급하지 않을 수 없습니다. 그들은 출생한 아기들을 존중해야 하는 것과 똑같이, 모든 사람들과 마찬가지로 존중

---

24) 요한 바오로 2세의 회칙, 〈가정권리헌장〉 4조, 1983년 11월 25일.

되어야 합니다."[25]

　체외수정을 통하여 태어난 최초의 아이는 루이스 브라운이었다. 1978년 스텝토우와 에드워즈가 나팔관이 막혀서 임신을 할 수 없었던 브라운 부인에게서 15개의 난자를 체취하여 호르몬과 영양액이 배합된 시험관에 넣고 약 5천 개의 정자를 넣어 수정시킨 후 수정된 배아를 다시 산모에게 이식하여 약 9개월 뒤에 루이스를 출생시켰다.[26] 그러나 이 성공은 1백여 회의 착상 시도가 실패한 후에 비로소 성공한 것이었다.[27] 루이스 이후로 체외수정은 불임 치료 방법으로써 그 적용이 계속 확대되고 있다. 처음보다는 의료 기술이 매우 발전하였지만 한 번의 성공을 위해서는 여전히 수많은 실패를 거치게 되며, 그에 따라 수많은 잉여 배아가 만들어지고 파괴된다. 대리모 출산의 경우에도 이와 똑같은 문제가 발생한다.

　최준 외 3명의 의사들은 선천성 질결여증 환자를 위한 대리모 출산을 실시하면서 환자에게서 9개의 난자를 채취하여 수정시킨 후 그 중 3개의 배아를 대리모의 자궁에 이식하여 쌍둥이를 출산시키는 데 성공하였다고 보고한 바 있다.[28] 그렇다면 나머지 6개의 배아는 어떻게 하였는가? 이에 대해서는 본 보고서에 전혀 언급되지 않았다. 십중팔구는 파괴되었을 것이다.

　교황 요한 바오로 2세의 회칙 〈생명의 복음〉은 이러한 잉여 배아의 생산과 사용에 대해서 다음과 같이 언급한다.

---

25) 요한 바오로 2세의 회칙 〈생명의 복음〉, 63항, 1995년 3월 25일.

26) PC Steptoe and Robert G. Edwards "Birth after the Reimplantation of a Human Embryo," *Lancet* 6 1978. pp.342, 366.

27) John Jefferson Davis, *Evangelical Ethics*(New Jersey: R&R, 1983), p.72.

28) 최준·신종승·박원일·이진용, 〈선천성 질결여증 환자에서 대리모를 이용한 체외수정 임신 1예〉, 《대한산부회지》 제47권 제11호, 2004, p.2265.

이 수정란들은 일반적으로 매우 짧은 시간 안에 죽을 수 있는 위험에 노출됩니다. 게다가 생산된 수정란의 수는 대개 여성의 자궁 속에 이식하기 위해 필요한 수보다 많으며, 이른바 '예비 수정란'이라고 부르는 이 수정란들은 폐기되거나 또는 실험에 사용됩니다. 이 실험이란 과학 또는 의학의 발전이라는 미명을 지니고 있지만, 실제로는 인간의 생명을 마음대로 처분해 버릴 수 있는 단순한 '생물학적 재료'의 수준으로 격하시키는 것입니다."[29]

잉여 배아의 파괴는 심각하게 고려해야 할 윤리적 문제이다.

배아 실험 및 조작

아이의 복지를 최우선적으로 고려해야 함에도 불구하고 부모들의 이기적인 목적과 의도에 의해서 배아에 인위적 조작과 실험이 가해질 위험이 있다.

체외수정을 통한 대리모 출산에 있어 정자 선별 기술, 유전자 조작 기술 등이 급속도로 발전하여 의료 시술에 실재로 적용되고 있다. 그러나 이러한 기술들은 칼이 수술칼로도 쓰일 수 있고 살인용 흉기로 쓰일 수 있는 것처럼, 질병 치료의 목적으로 쓰일 수도 있지

---

29) 회칙, 〈생명의 복음〉, 14항; 참고. 에드워즈 같은 학자는 배아는 인격체가 아니므로 실험용으로 쓰거나 파괴해도 좋다고 생각한다. 체외수정을 통한 출산에 있어 장애가 있는 아이의 출산을 방지하기 위해 배아를 시험하는 것과 문제가 있는 배아를 폐기하는 것을 당연한 것으로 간주한다. 그는 "시험관에서 수정된 배아는 법의 보호를 받아야 할 생명체가 아니다"고 말한다. Robert G. Edwards and M. Puxon, "Parental Consent over Embryo," *Nature* 1984, p.179.

만 대리모 출산을 통해 아이를 갖고자 하는 불임부부들의 특정한 기대를 충족시켜 주기 위한 우생학적 조작 수단으로 잘못 사용될 수도 있다.

유아 살해를 통한 성 선택은 용납될 수 없는 잔인하고 비윤리적인 행위일 것이다. 그렇다면 정자 선별 방법을 통한 성 선택은 어떤가? 유아 살해를 야기시키지는 않으나 여전히 특정 성을 가진 아이를 생산하는 방법으로 악용될 수가 있다.

버지니아 패어팩스에 있는 유전자학 및 인공출산기술연구소(The Genetics & IVF Institute)는 여아가 될 X염색체를 가진 여성 정자와 남아가 될 Y염색체를 가진 남성 정자를 구별하는 기술을 개발하였다. 정자에 형광물질을 염색하고 레이저 광선 아래로 지나게 하면 X염색체를 가진 여성 정자가 더 밝은 빛을 낸다는 점에 착안한 기술이었다. 이 기술을 통하여 여아를 원하는 부모에게는 91%, 남아를 원하는 부모들에게는 73%까지 원하는 아이를 출산시켜 주는 데 성공하였다.[30]

'더친 근육 영양실조증(Duchene muscular dystrophy)'처럼 성염색체와 관련한 심각한 질병을 가진 배아가 만들어지는 것을 피하기 위해 성을 선택하는 것과는 달리, 특정 성의 아이(대부분의 경우 남아)를 원하는 사회적인 이유에 근거한 성 선택은 우생학적 차별(eugenic discrimination)을 야기시킬 것이다. 인위적으로 특정 성의 아이들을 선택하여 출산하게 되면, 이는 아이를 하나님이 주시는 선물로, 그

---

30) Agneta M. Sutton, "Sex Selection Via 'Sperm-Sorting': A Morally Acceptable Option?" The Center for Bioethics and Human Dignity, Commentary, November 4, 2002. http://www.cbhd.org/resources/reproductive/sutton_2002-11-04_print.html

리고 인류 사회의 구성원으로 우리 모두와 같은 존엄성을 가진 존재로 생각하고 무조건적으로 받아들이기를 거부하는 것이다. 한걸음 더 나아가 이러한 시도는 성불균형이라는 지대한 문제를 야기시킬 수도 있다. 그리고 한 세대가 다음 세대의 운명을 인위적으로 좌우하는 주권자가 될 위험을 안고 있다.[31]

체외인공수정으로 만들어진 배아를 자궁 내에 착상시키기 전에 특정 성향을 가진 아이를 생산하기 위해 배아의 유전자를 분석하는 기술(pre-implantation genetic diagnosis)이 개발되었다. 출산 전 유전자 감식은 유전적 결함을 가진 태아를 출산 전에 낙태시키는 데 사용된다. 이러한 기술은 자궁 내에 착상시키기 전에 배아가 가지고 있을 수도 있는 질병을 발견해 내는 긍정적인 면을 지니고 있다. 그러나 이 기술은 우리의 필요와 기대에 부응하는 특정한 성향이나 재능을 가진 아이(맞춤식 아이)의 생산을 위해서 쓰일 수도 있다. 더 뛰어난 지적 능력, 운동 선수로서의 능력, 음악적 재능 등과 같이 특정한 성향이나 재능을 가진 배아만을 골라서 자궁에 착상시키고 출산시키는 것을 가능하게 만들 것이다.[32]

이와 같이 태어날 아이 자신의 독립성과 존엄성과 자유가 최우선적 고려 사항이 아니고, 특정한 성향이나 재능을 가진 아이를 원하는 부모의 기대를 충족시키는 것을 목적으로 해서 배아에 우생학적 조작을 가하는 것은 매우 심각한 윤리적 문제가 된다. 이렇게 되었

---

31) *Ibid.*

32) Francis S. Collins, "Genetic Enhancements: Current and Future Prospects" Presentation at the December 13, 2002 meeting of the President's Council on Bioethics, Washington, D.C. http://www.bioethics.gov/transcripts/dec02/session5.html

을 때, 아이는 독립되고 자유로우며 자기 자신의 꿈과 희망을 성취해 가는 고유한 삶을 사는 것이 아니라 부모의 기대와 계획을 충족시키기 위해서 살아야 하는 로봇가 되는 것이며, 항상 과중한 책임과 스트레스 속에서 살게 될 것이다. 또한 이기적인 목적을 위해 특정 배아를 살리거나 죽이거나 하는 최종 선택권을 하나님이 아닌 부모가 행사하는 것 역시 중대한 문제이다.[33]

결 론

위에서 대리모 출산과 관련된 윤리적·법적 문제점들에 대해 살펴보았다. 이제 이러한 문제점들의 해결을 위한 몇 가지 가이드라인을 제시하고자 한다.

첫째, 대리모 출산은 법적으로 인정하여야 한다. 자기 자신의 아이를 낳고 싶으나 아이를 낳지 못하는 여성들의 고통을 생각해 볼 필요가 있다. 가능한 모든 방법을 동원하여 자기 자신의 유전인자를 이어받은 아이를 갖고 싶어하는 것이 과연 비윤리적인 욕구인가? 아이를 갖고 싶어하는 욕구와 의료적인 방법을 통하여 아이를 갖는 것을 무조건 금지하는 것은 불공평하며, 오히려 비윤리적인 제재로 보아야 할 것이다. 그러므로 아이를 갖기 위해서 자연임신 과정이 아닌 다른 방법을 사용하는 것을 법적으로 허용할 필요가 있다. 그러나 대리모 출산과 관련한 법규를 정할 경우에는 대리모 출

---

33) Samuel Hensley, "Designer Babies: One Step Closer," The Center for Bioethics and Human Dignity, July 1, 2004. http://www.cbhd.orrg/resources/repro ductive/henesley_2004-07-01-print.html

산 자체를 허용할 것인지의 여부에 대한 것뿐만 아니라 대리모 계약의 내용에 대한 것까지도 법규로 제정하여 혼선이 빚어지지 않도록 해야 할 것이다. 대리모의 출산의 자유, 금전적 보상, 의료적 보장 등 대리모 여성의 인권 보호, 출생한 아이의 복지 최우선 보장, 수태중인 아이가 장애아일 경우 등 다양한 상황을 고려한 법규정이 제정되어야 한다.

다만 몸매 유지, 출산의 고통 회피 등과 같이 자녀 출산 이외의 다른 목적을 위한 대리모 출산은 법적으로 금지되어야 할 것이다. 대리모 출산은 불임부부들을 위한 최후 수단으로써만 허용되어야 한다.

둘째, 아이 출산 후에 아이의 인도를 둘러싸고 일어날 수 있는 분쟁 등에 대한 법규정들이 분명하게 제정되어야 할 것이다. 복잡한 입양 절차를 거치지 않고 의뢰인 부부가 친권과 양육권을 가질 수 있도록 하는 법규정이 제정될 필요가 있다.

셋째, 전통적인 혈연 및 가족 체계가 무너지는 것을 방지하기 위해 친인척이 정자 제공자가 되거나 대리모가 되는 것은 법적으로 금지해야 한다.

넷째, 대리모에게 금전적 보상이 주어지는 것은 법적으로 허용해야 한다. 자궁 내 이식에서부터 출산까지 들게 되는 의료비와 출산 후까지를 포함한 전 과정에서 대리모가 겪게 되는 정신적·육체적 고통을 감안할 때 이에 대한 금전적 보상은 필수적인 것이다. 대리모에 대한 인권 유린을 막기 위해서도 금전적 보상은 법적으로 허용되어야 한다.

다섯째, 치유 목적을 위한 잉여 배아 생산과 배아에 대한 과학적 실험은 법적으로 허용하되 우생학적 목적을 위한 생산과 실험은 금지되어야 한다. 그러나 생명공학·의료기술·유전자학과 관련한 실험과 연구를 일률적으로 금지해서는 안 될 것이다. 비록 실패와 시행 착오 등으로 인해 잉여 배아 파괴 등과 같은 피치 못할 희생이 따른다고 할지라도 실험과 연구는 계속될 필요가 있다. 왜냐하면 연구와 실험의 과정을 거치지 않고 어느 날 갑자기 장기 복제가 가능해지고, 체외수정과 자궁 내 착상이 가능해지며, 암의 치유가 가능하게 되는 것을 기대할 수는 없을 것이기 때문이다. 물론 희생을 최소화하기 위한 노력은 최대 한도로 해야 할 것이다.

자연적인 생식 과정에서도 단 몇 개를 제외한 수십만에서 수백만 개의 정자와 난자는 희생된다. 정자는 1초에 1천 마리(1년에 3백억 마리)라는 경이적인 숫자가 생산된다. 1회 사정시에 2,3억 마리가 배출되어 이 가운데 한 마리의 정자만이 난자와 만나 수정이 된다. 나머지는 질 내의 액체에 의해 죽게 된다. 여성은 출생시 평생 사용할 난모세포 약 2백만 개를 갖고 태어나는데, 사춘기가 되면 약 40만 개로 줄어들고 한 달에 한 개씩 성숙한 난자를 배출한다. 실제 배란되는 숫자는 5백에서 1천 개 정도밖에 되지 않으며, 이 가운데에서 정자와 수정되어 생명으로 발전하는 것은 2,3개에 불과하다는 점을 생각해 볼 필요가 있다.

어떤 사람들은 새로운 의료 기술의 개발을 위한 실험 도구로 지금껏 해왔듯이 동물들을 사용하면 되지 않느냐고 주장할 것이다. 그러나 인간을 위해 동물을 희생시켜도 된다는 이러한 주장 역시 지극히 인간 중심적인 발상이며, 윤리적 문제점을 안고 있다. 인간의 복지를 위한 실험이면 인간 스스로가 실험의 대상이 될 필요가 있다. 그러므로 배아에 대한 실험은 어느 정도 허용되어야 하며, 그에 따른 희생은 인간이 감수할 필요가 있다.

그러나 의뢰부모의 취향에 따른 맞춤형 아이를 생산하기 위해 배아에 우생학적 실험을 시도하는 것은 금지되어야 한다. 아이 자신의 행복이 아니라 부모의 욕구(특정 성이나 재능)를 충족시키기 위해 우생학적 조작을 하는 것은 생명을 하나님께서 허락하신 사랑의 선물이 아니라 산업적 생산품으로 보며, 인간의 인격적인 측면보다도 생물학적 특질을 더 우선시하는 잘못된 생각의 표출이다. 그러한 행위는 아이를 특정 목적을 위한 상품이나 기계로 전락시키며, 인간 사회의 삶의 틀 자체를 와해시킬 큰 위험성을 내포하고 있기 때문에 금지되어야 한다.

여섯째, 많은 윤리적 문제를 안고 있는 대리모 출산 대신 입양도 고려할 필요가 있다. 자기 자신의 유전인자를 이어받은 자식을 고집하지만 말고, 도움이 필요한 아이들을 입양하여 그들의 삶이 아름답게 피어나도록 보살펴 줄 수 있다면 이 또한 일거양득 이상의 보람 있는 선택이 될 것이다.

【참고 문헌】

Collins, Francis S., "Genetic Enhancements: Current and Future Prospects," Presentation at the December 13, 2002 meeting of the President's Council on Bioethics, Washington, D.C.

http://www.bioethics.gov/transcripts/dec02/session5.html

Davis, John Jefferson, *Evangelical Ethics*, New Jersey: R&R, 1983.

Edwards, Robert G. and M. Puxon, "Parental Consent over Embryo," *Nature*, 1984.

Hensley, Samuel, "Designer Babies: One Step Closer," The Center for Bioethics and Human Dignity, *Commentary*, July 1, 2004.

http://www.cbhd.orrg/resources/reproductive/hensley_2004-07-01_print.html

Steptoe, PC and Edwards, Robert G., "Birth after the Reimplantation of a Human Embryo," Lancet 6, 1978.

Sutton, Agneta M., "Sex Selection Via 'Sperm-Sorting' : A Morally Acceptable Option?" The Center for Bioethics and Human Dignity, Commentary. November 4, 2002.

http://www.cbhd.org/resources/reproductive/sutton_2002-11-04_print.html

Uniform Status of Children of Assisted Conception Act(1988)

고정명 · 신관철, 〈대리모계 약의 모성 추정에 관한 고찰〉, 《국민대 법학논총》, 제10집, 1998.

요한 바오로 2세, 〈가정권리헌장〉, 1983년 11월 25일.

요한 바오로 2세, 〈생명의 복음〉, 1995년 3월 25일.

대한의사협회, 의사윤리지침, 2001. 4. 19. 제정, 2001. 11. 15. 공포.

박동진, 〈대리모 계약에 의한 출산과 그 법적 문제〉, 대한의료법학회, 《의료법학》, 제3권 제1호, 2002.

교황청 신앙교리성, 〈생명의 선물〉, 1987년 2월 22일. 이 훈령은 한국천주교중앙협의회 발행의 사목 112호(1987년 7월) pp.119-144에 〈인간 생명의 기원과 출산의 존엄성에 관한 훈령〉이라는 제목으로 번역 전문이 실려 있다.

최준 · 신종승 · 박원일 · 이진용, 〈선천성 질결여증 환자에서 대리모를 이용한 체외수정 임신 1예〉, 《대한산부회지》, 제47권 제11호, 2004.

통계청, '2005년 출생 통계 잠정 결과' 2006. 5. 8.

〈머니투데이〉, 2006년 10월 16일자.

인도 '대리모 외화벌이,' 〈동아일보〉, 2006년 4월 21일자.

〈서울신문〉, 2005년 2월 23일자; 11월 14일자.

'불임, 사회가 나서야'(上), 〈서울신문〉, 2005년 11월 14일자. http://www.hallym.ac.kr/weekly_temp/664/page3.html

〈시사저널〉, 2007년 9월 15일자.

〈美 게이커플 대리모 '성업'〉서울=연합뉴스, 2005년 5월 27일자. http://news.hankooki.com/lpage/world/200505/h2005052720515022470.html

〈한겨레신문〉, 2006년 10월 15일자.

〈대리모에 관한 분석 보고서〉(자료번호:#364426) 2006. 9. 28. p.5.

http://www.reportworld.co.kr/data/365/F364426.html

http://www.buddhism.or.kr/board/freeboard/board.asp

http://www.gays.kr/news/55372

제7장

변화하는 시대상황과 낙태

서 론

시대적 상황이 변화하게 되면, 그 문화와 가치관과 윤리적 규범들도 따라서 변하게 된다. 낙태(인공임신중절)[1]에 대한 관점들도 시대에 따라 변화해 왔다. 그러므로 낙태행위가 죄인가, 아니면 윤리적으로 합당한 행위인가에 대해서 단답식의 단순한 질문을 제기하는 것은 매우 부적절하며, 잘못된 질문이 될 것이다. 한국 내 일반 여성의 85.1%, 법조계 96.6%, 여성계 96.6%, 종교계 40.9%가 낙태를 법적으로 허용해야 한다고 답했다.[2] 낙태는 살인행위이며 절대로 허용해서는 안 된다고 하는 사람들의 입장에서 보면 한국 사회가 비정상적인 사회로 보여질 수도 있을 것이다. 그러나 이러한 통계수치는 변화한 시대적 상황과 사회적 의식을 잘 보여주고 있다.

사람의 행동에 대한 선악 또는 옳고 그름의 판단은 무엇에 근거하여 내려지게 되는가? 어떤 것에 대한 사회적 필요가 오래 지속되면

---

1) "'인공임신중절'이라 함은 태아가 모체 외에서 생명을 유지할 수 없는 시기에 태아와 그 부속물들을 인공적으로 모체 외부에 배출시키는 수술을 말한다." 모자보건법(1973. 2. 8. 법률 제2541호), 제2조 4항.

2) 〈조선일보〉, 2005년 9월 13일자.

그것을 합리화시켜 주는 가치관과 문화가 형성되고, 이것에 근거하여 윤리적 규범이 만들어지고, 더 나아가 구체적 정책과 법이 만들어지게 된다. 이러한 기준들에 의해서 사회 구성원들의 행동에 대한 선악 판단이 이루어지게 된다. 그리고 시대와 인간 삶의 여건과 사회적 상황이 변화하게 되고, 과학과 의학 등이 발전하게 되면 그에 따라 새로운 문화와 가치관이 생겨나게 되고, 새로운 규범들을 필요로 하게 되는 것이다.

아우구스티누스는 남아의 경우는 임신 40일 만에, 여아의 경우는 90일 만에 배아에게 영혼이 들어가게 된다고 한 아리스토텔레스의 불확실한 논리를 따라 낙태에 대해 두 가지 입장을 취하였다. "영혼이 주어지기 전의 배아(embryo)는 아직 형태를 갖추지 못한 태아이기 때문에 인간의 힘으로 이를 파괴하는 경우의 처벌은 벌금에 해당할 따름이다. 그러나 형태를 갖춘 태아는 영혼을 부여받았으며, 태동하는 존재이다. 따라서 이를 파괴하는 것은 살인이요 죽음으로써 처벌받아야만 한다"고 하였다.[3] 그리고 기독교회는 그 이후 오랜 세월 동안 이 논리를 공식적인 가이드라인으로 지켜왔다. 이는 시대적인 과학 상식에 따라 신앙적 사회적 의식이 지배받은 전형적인 예라고 할 수 있을 것이다.

오래 전 아마존 지역에 사는 어떤 한 종족의 성 풍속에 관한 기록을 읽은 적이 있다. 그 종족은 부모와 자식을 포함한 가족간의 성교와 출산도 금지하지 않는데, 그 이유는 종족 존속을 위한 다산의 필요성 때문이라고 했다. 사회적 필요는 그것을 충족시키기 위한 정

---

3) Article "Foeticide," in Hastings' *Encyclopaedia of Religion and Ethics*(Edinburgh, 1913), vol. vi. 재인용, 니겔 캐머런·파멜라 심스 공저, 횃불성경연구소 역, 《낙태: 위기에 처한 기독의료윤리》(횃불, 1993), p.34.

책이나 행동을 윤리적인 선이 되게 만드는 것이다.

오늘날 세계 여러 나라가 출산율 저하로 인한 사회 문제에 직면하게 되자 아이를 많이 낳는 것이 국가적 필요가 되고 미덕이 되었다. 그리하여 여러 국가들이 출산 장려 정책을 적극적으로 실시하고 있다. 한국도 예외가 아니다. 통계청 자료에 의하면 2005년 한국 여성 1명이 15~49세의 가임 기간 동안 낳을 것으로 예상되는 평균 출생아수인 합계출산율은 약 1.08명으로 세계 최저출산율을 기록하였고, 2006년 합계출산율은 1.13명이었다.[4] 한국 정부는 2005년 5월 18일 '저출산·고령사회기본법'('05. 9. 1. 시행)을 제정하고, 대통령을 위원장으로 하는 '저출산·고령사회위원회'를 발족시켰다.

그러나 과거에는 어떠하였던가? 인구의 폭발적인 증가로 인해 식량난·주거난·교육난 등이 심각한 사회 문제가 되자, 아이를 많이 낳는 것이 반사회적·비윤리적인 것으로 간주되었다. 이에 여러 국가들이 산아제한 정책을 적극적으로 실시하게 되었으며, 대대적으로 피임 방법 보급과 불임시술을 실시하였으며, 낙태 허용법을 제정하였다. 한국의 경우도 예외는 아니었다.

현재 시행되고 있는 모자보건법은 유신체제하에서 제정된 것이다. 1960년대 이후 박정희 정부는 경제 건설을 국가 정책의 최우선 과제로 삼았다. 박정희 정부는 모자보건법에 제시된 여러 상황들도 물론 고려하였겠으나, 무엇보다도 인구 증가가 경제 건설에 큰 걸림돌이 되고 있다는 판단하에 1973년 2월 8일 비상 국무회의를 통해 인구 억제를 위한 가족 계획의 일환으로 이 법을 제정하였다. 인공 피임 방법만으로는 인구 억제가 어렵게 되자 낙태를 합법화시킨

---

4) 합계출산율, 통계청, 2007. 8.

것이다.

낙태행위에 대해 단순하게 선악의 율법적 잣대를 들이대는 것은 바람직하지 않다. 낙태는 사회적 필요, 여성의 인권, 태아의 생명권, 낙태가 불가피한 경우, 한 인간으로서의 생명의 시작점, 낙태 가능 기간 등 여러 가지 윤리적 쟁점들이 복잡하게 얽혀 있는 주제이다.

이 장에서는 이러한 점들을 염두에 두고 낙태 허용 논리, 낙태 금지 논리, 여성의 인권적 측면, 태아의 인권적 측면, 낙태를 허용할 수밖에 없는 예외적 상황, 모자보건법 중 개선되어야 할 사항, 개선되어야 할 사회적 여건 등에 대해서 살펴보기로 하겠다.

한 인간으로서의
생명의 시작점에 대한 견해들

낙태와 관련해서 필연적으로 등장하는 논점은, 한 인간으로서의 생명이 언제부터 시작되는가에 대한 것이다. 그 시작점에 대해서는 다양한 견해들이 있지만 대개 다음과 같은 세 가지 논리로 집약되는데, 신학자인 찰스 커런이 이를 잘 요약해 주고 있다.[5]

1) 유전인자적 접근학파(the Genetic School): 이들은 유전자와 염색체가 인체적 특성과 인체의 화학적 특성을 통제하는 시스템까지

---

5) Charles Curran, Politics, *Medicine and Christian Ethics: A Dialogue with Paul Ramsey*(Philadelphia: Fortress Press, 1973), pp.78-81, 재인용 Paul D. Simmons, *Birth & Death: Bioethical Decision Making*(Philadelphia: The Westminster Press, 1983), pp.80ff.

결정짓는다고 보기 때문에 인간을 유전적 암호(Genetic Code)와 동일시한다. 이들은 또한 태아의 유전적 암호가 그 태아를 임신하고 있는 여성의 유전적 암호와 다르기 때문에 그 태아를 하나의 독립된 인격적 존재로 보며, 난자와 정자가 결합할 때 한 인간의 육체적·정신적 성품이 형성된다고 본다.

2) 발달적 접근학파(the Developmental School): 태아를 하나의 인격체로 볼 수 있으려면 유전인자가 형성된 것만으로는 부족하고 생리학적인 능력을 겸비해야 한다고 본다. 그러나 태아를 하나의 인격체로 간주할 수 있는 시점에 대해서는 수정된 순간, 기관이 분화된 때, 태동을 시작한 순간, 태아가 어머니의 몸 밖에서 생존할 수 있을 때, 말을 할 수 있을 정도로 뇌와 다른 기관들이 발달한 때 등으로 다양한 견해를 보인다.

3) 사회적 결과 중시학파(the Social Consequences School): 인격체를 정의함에 있어서 생물학적인 요인, 즉 생명 유지 기능뿐만 아니라 사회적·관계적 요인들, 즉 복지, 행복, 삶의 목적 및 의미 등을 중시한다. 인간됨을 규정함에 있어서 태아가 가지는 단순한 생명 유지 기능보다는 수용·긍정·인정·사랑 등이 더욱 중요한 인간 삶의 본질이라고 보는 것이다. 그러므로 태아의 삶의 가치는 본래부터 타고나는 것이 아니며, 사회에 의해서 결정되고 주어지는 것이라고 본다.

첫번째 그룹에 속하는 사람들은 원칙적으로 낙태를 정죄하고 금지하며, 두번째의 일부와 세번째 속하는 사람들은 대개 임신 후 일정 기간 이내의 낙태를 허용해야 한다고 보는 사람들이다.

힌델과 심즈는 초기의 태아(embryo: 임신 8~20주 이내의 태아)와 전기의 태아(fetus: 임신 8주가 지난 후의 태아)는 의학적·법적으로 단순히 어머니의 신체의 일부분일 뿐 아직 인간이 아니라고 하였다.[6] 그러나 기독교의 대체적인 입장은 한 인간으로서의 생명의 시작은 난자와 정자가 수정되는 순간부터라고 본다. 교황청 신앙교리성의 '인공유산 반대 선언문'은 다음과 같이 선언하고 있다. "실재로 인간 생명의 존중은 잉태되는 첫 순간부터 요구되는 것이다. 난자가 수정되는 순간부터, 아버지의 것도 어머니의 것도 아닌 하나의 새로운 사람의 생명이 시작된다. 그것은 그 자신의 성장을 가지는 한 새로운 사람의 생명인 것이다."[7] 정자와 난자는 수정되는 순간 46개의 염색체를 가진 세포가 되며, 한 인간이 될 모든 유전자 정보(DNA)를 갖추게 된다.[8] 존 스타트는 〈시편〉 139편에 나타난 하나님에 의한 창조, 연속성, 영적 교재와 언약 등에 근거하여 수정되는 순간부터 한 인격체라고 본다. 한 사람이 태아, 유아, 소년, 성인기 어느 때에 속할지라도 동일한 존재임을 보여주는 연속성을 가지고 있으며, 우리가 모태에 있을 때부터 이미 하나님께서 우리를 아시고 사랑하시므로 수정되는 순간부터 이미 각자는 하나의 인격체라는 것이다.[9]

한국의 대법원 역시 "생명은 잉태된 때부터 시작되는 것이고 회임된 태아는 새로운 존재와 인격의 근원으로서 존엄과 가치를 지닌다"고 판시한 바 있다.[10]

---

6 K. Hindell and Madelaine Simms, *Abortion: The Personal Dilemma*(Paternoster Press, 1972).

7) 가톨릭대학교 교리사목연구소, 〈인공유산과 시험관 아기에 대한 가톨릭교회의 가르침〉, 《상담과 선교》, 2000년 가을호, pp.78-79.

8) 프랜시스 쉐퍼, 〈낙태에 대한 그리스도인의 자세〉, 《상담과 선교》, 2000년 가을호, p.47.

9) 존 스타트 저, 박영호 역, 《현대 사회 문제와 기독교적 답변》(기독교문서선교회, 1985), pp.386-388.

낙태 허용 논리

플라톤은《공화국》에서 40세 이상 된 어머니의 경우에는 낙태 및 영아 살해를 허용해야 한다고 주장하였으며, 아리스토텔레스는《이상적인 사회》에서 가족이 일정 인원을 초과하게 되면 낙태를 의무화해야 한다고 주장하였다. 아리스토텔레스는 태아를 '형성된 태아(formed fetus)'와 '형성되지 않은 태아(unformed fetus)'로 구별하고 남아는 임신 40일 후, 여아는 임신 90일 후에 생명이 시작된다고 하였으며, '형성된 태아'든지 '형성되지 않은 태아'든지 모두 낙태시킬 수 있다고 하였다. 그는 발생 초기의 태아는 '식물(vegetative)' 영혼을 가지고 있으며, 이것이 '동물(animal)' 영혼으로 바뀌었다가, 40일이나 90일이 지나고 나면 비로소 '이성적(rational)'인 인간 영혼으로 바뀐다고 하였다. 나중에 아우구스티누스나 토마스 아퀴나스 같은 일부 기독교인들도 이 구별을 받아들였으며, 오늘날 임신을 임의로 3기로 구분하는 기초가 되었다. 플라톤과 아리스토텔레스는 태아가 출생 전에도 생명을 가진다고 믿었지만, 태아의 생명권보다도 사회와 가족의 복지를 더 중요시하였다. 로마는 스토아학파의 견해를 따라서 인간의 생명은 출생시부터 시작된다고 생각하였으나, 낙태를 허용하였다. 로마법은 태아를 인간으로 인정하지 않았으며, 출생한 아이들도 로마 제국의 유용도에 따라 그 가치를 평가하였다.[11]

도날드 드마르코는 낙태를 옹호하는 서양의 철학적 사조들을 다

---

10) 대판 1985.6.11, 84도 1958.

섯 관점으로 나누어 소개한다. [12]

원자주의

원자주의는 고대 그리스의 데모크리토스(BC 460-370년경)에서부터 20세기 물리학으로 이어진 것으로 "물질은 더 이상 분해할 수 없는 원자로 이루어져 있다"는 논리를 사회학적으로 발전시킨 것이다. 원자주의는 각 개인은 공동 사회를 이루는 단순한 구조물이 아니며, 개개인이 완성되고 독립된 실체라고 보았는데, 이것이 오늘날의 서구 개인주의의 개념적 근거가 되었다. 이 논리는 또한 낙태를 찬성하는 서구 여성해방론자들에게 논리적 근거가 되었다. 그들은 개개인이 독립된 개체이며, 자유로운 존재이므로 여성의 육체와 성관계의 모든 통제권을 여성 자신이 소유해야 한다고 주장하였다. 낙태도 여성의 육체에 대한 통제권의 일부이므로 임신한 여성은 자기 몸의 일부가 아닐 뿐만 아니라 여성의 자유를 속박하는 태아를 제거할 자유를 가진다고 주장하였다.

데카르트주의

생각할 수 있는 능력을 존재함의 근거로 간주하는 데카르트의 논

---

11) Michael J. Goman, Abortion and the Early Church(Downers Grove, IL, IVP: 1982), p.32, 니겔 캐머런·파멜라 심스 공저, 햇불성경연구소 역, 《낙태: 위기에 처한 기독의료윤리》(햇불, 1993), pp.28, 35.

12) Donald DeMarco, *Abortion in Perspective*(Hayes Publishing Co., 1974), pp. 7-22, 재인용, 황필호 편, 《산아제한과 낙태와 여성 해방》(종로서적, 1995), pp. 211-230.

리에 의하면, 현재 생각할 수 있는 능력이 없는 태아는 인간이 아니
다. 그러므로 낙태는 인간의 생명을 죽이는 것이 아니라 물질에 불
과한 세포 덩어리를 제거하는 것이다. 조셉 플레처는 "태아는 자유,
자기 결정, 합리성, 수단이나 목적을 선택할 수 있는 능력이나 상황
에 대한 지식을 결여하고 있다. 그러므로 그것은 도덕적 존재도 아
니며 인격적 존재도 아니다"고 하였으며,[13] 또한 "임신 초기에는 태
(胎) 안에는 인격이라고 할 만한 인간의 생명이 없다"고 주장했다.[14]

실존주의

사르트르는 인간은 불완전한 존재이지만 자유의 의식적인 행사를
통해 그 불완전성을 극복하려고 노력하며, 이렇게 노력하는 것이 인
간됨의 본질이라고 하였다. 시몬 드 보부아르는 《제2의 성》에서 다
음과 같이 말한다. "자유로부터 창출되는 창조적인 행위만이 실체
에 가치를 부여하며, 그에게 본질적인 속성을 부여한다. 그러나 임
신모의 뱃속에 있는 태아는 이런 권리를 가질 수 없다. 그것은 임신
모의 호의 속에서 자라나는 세포이다……."[15]

경험주의

흄·밀·듀이 등이 대표적인 학자들이며, 형이상학이나 신학적 명

---

13) Joseph Fletcher, *Morals and Medicine*(Boston: Beacon Press, 1954), p.152.
14) Joseph F. Fletcher, *Situation Ethics: The New Morality*(Philadelphia: Westminster Press, 1966), 이희숙 역, 《상황윤리: 새로운 도덕》(종로서적, 1989), p.24.
15) Simone de Beauvoir, *The Second Sex*(New York: Bantam, 1952), p.468.

제들은 비실증적인 명제들이라고 비판하였다. 그들은 '보는 것이 믿는 것이다' 는 전제하에 감각적으로 증명할 수 없는 것은 검증이 불가능한 것으로 간주하였다. 경험주의적 관점을 취하는 사람들은 세포 덩어리에 불과한 태아에게서는 성인들이 행하는 활동들을 볼 수 없기 때문에 인간으로 인정할 수 없다고 본다.

사회제일주의

이러한 관점을 취하는 사람들은 인간의 의미와 그 의미의 정당성을 사회가 부여한다고 본다. 즉 인간에게 다른 동물들보다 높은 지위와 삶의 터전을 부여하고, 문화적 공간을 제공하며, 교육하고 훈련하는 것이 바로 사회라는 말이다. 그러므로 다른 구성원들과의 상호 교제와 창조적 행위를 통하여 자기를 개발하고 사회에 기여할 수 없는 태아는 법적 보호를 받을 수 없는 것이다. 이들의 논리는 태아를 가짐으로써 가난한 부모와 산모와 사회 전체가 감당해야 할 어려움과 손실을 감수하는 것보다는 태아가 낙태당하는 불이익을 감수하는 것이 훨씬 더 타당하다고 보는 것이다.

낙태 허용 논리에 대한 비판

앞에 제시된 철학적 논리들은 전적으로 동의할 수만은 없는 문제점들을 내포하고 있다. 인간은 근원적으로 생각하거나 움직이거나 창작을 하거나 대인관계를 맺기 때문에 존재하는 것이라고는 말할 수 없다. 존재해야만 생각할 수도 움직일 수도 창작 활동을 할 수도 대인관계를 맺을 수도 있는 것이다. 비록 태아가 완전히 발달한 한 인간이 되지 않은 상태라고 할지라도 그 속에 한 인간으로서의 본질과 속성을 가진 개체임에는 틀림이 없다. 물론 존재론적 측면에서 인간이냐 아니냐를 따지기보다 삶의 질 차원을 고려한다면, 단순히 생물학적인 숨쉼만으로는 충만한 삶을 영위하고 있는 존재라고 하기에는 다소 무리가 있을 것이다. 그러나 삶의 질에만 근거해서 한 인간이 존재할 가치가 있느냐 없느냐를 결정하는 것에도 문제가 있다. 만일 그렇게 판단한다면, 장애인은 무조건 제거해도 된다는 논리가 가능해질 것이기 때문이다. 그러나 사는 것보다는 죽는 것이 더 나을 정도로 비참하고 고통스러운 상황임(극단적인 질병이나 장애 등)에도 불구하고 무조건 그 고통을 감수하도록 강제하는 것 역시 문제가 있을 것이다.

사회의 필요 여부에 따라 태아의 생존권을 박탈할 수 있다는 논리에도 문제가 있다. 인간이 비록 사회의 도움을 받는다고 할지라도 인간은 사회의 단순한 부속물이 아니다. 사회를 형성한 주체는 인간이요, 인간은 사회에 우선하는 존재이다. 또한 태아를 여성의 몸의 단순한 부속물로 보는 것에도 문제가 있다. 태아는 한 여성의 난자와 한 남성의 정자가 수정되어 만들어진 존재요, 임신모와는 다른 유전자 구조와 육체를 가지고 자라고 있는 독립적인 존재임을 잊지 말아야 할 것이다. 존 스타트 같은 이도 태아가 비록 어머니의 신체 내에서 자라고 있다고 할지라도 태아는 신학적·생리학적으로 그 어머니와는 구별된 유전자형을 가진 독립적인 존재임을 강조한다.[16] 바르트 역시 이와 유사한 점을 지적하고 있다. 바르트는 태아

---

16) 존 스타트, 《현대사회 문제와 기독교적 답변》, p.385.

가 비록 독립된 삶을 살고 있지는 않지만 자체의 뇌, 신경 체계, 혈액순환 체계, 자체의 자율성을 가진 존재이며, 물질 덩어리이거나 어머니 신체의 일부분이 아니라 하나님께서 주신 생명을 가진 하나의 사람이라고 본다.[17]

초대교회 교부들은 그리스와 로마의 견해와 태도를 단죄하였다. 《바나바 서신》은 "임부의 태중에 있는 아기는 절대 죽이지 말라"고 하며, 낙태를 살인으로 규정하고 있다.[18] 아타고라스는 낙태를 위해 약물을 사용하는 여성을 살아 있는 아이를 죽이는 살인자로 간주한다. 그는 인간 생명은 하나님께서 주관하시는 것이므로 침해할 수 없는 존귀한 것이라고 보았다.[19] 교황 요한 바오로 6세는 제2차 바티칸 공의회에서 "생명은 그 임신의 순간부터 성심껏 보호되어야 한다. 낙태와 유아 살해는 가증한 죄이다"라고 선언하였다.[20] 테레사 수녀는 인간이 누구를 살릴 것이며 죽일 것인지를 결정하는 것은, 그들 자신이 하나님이 되려고 하는 사악한 죄라고 하며 다음과 같이 주장하였다. "오직 하나님만이 삶과 죽음을 결정하실 수 있으시다. 그래서 낙태는 저주받을 만한 극악한 죄악이다."[21] 존 스타트는 "아무리 태아가 미성숙했다 하더라도 그것은 살아 있는 인간"이므로 낙태는 허용될 수 없다고 하였다.[22]

성경은 하나님이 인간을 포함한 모든 생명체를 창조하셨으며(〈창

---

17) Karl Barth, *Church Dogmatics*, Vol. III, 4, The Doctrine of Creation(Edinburgh: T. & T. Clark, 1978), pp.414-416.

18) 함세웅, 〈교부들의 사상〉(IV), 《사목》 61, p.125.

19) 함세웅, 〈호교 교부〉, 《사목》 66, p.100.

20) 〈사목헌장〉 51항.

21) Desmond Doig, *Mother Teresa: Her People and Her Work*(Collins, 1976), p.162.

22) 존 스타트, 《현대 사회 문제와 기독교적 답변》, p.378.

세기〉, 1,2장), 인간 생명의 주권자는 인간이 아니라 하나님이심을 분명히 하고 있다. 그러므로 인간이 그 생명을 파괴하는 것은 죄라고 한다. 하나님이 "만민에게 생명과 호흡과 만물을 친히 주시는 자"이며, "우리가 그를 힘입어" 사는 것(〈사도행전〉, 17장 25, 28절)이다. "주께서 저희 호흡을 취하신즉 저희가 죽어 본흙으로 돌아가나이다."(〈시편〉, 104편 29절) "주신 자도 여호와시요 취하신 자도 여호와시오니 여호와의 이름이 찬송을 받으실지니이다."(〈욥기〉, 1장 21절) "살인하지 말지니라."(〈출애굽기〉, 20장 13절) "무릇 사람의 피를 흘리면 사람이 그 피를 흘릴 것이니, 이는 하나님이 자기 형상대로 사람을 지었음이니라."(〈창세기〉, 9장 6절)

이율배반적 사고: 낙태를 강요하는 성의식

프랜시스 쉐퍼는 낙태를 옹호하는 미국민들의 이율배반적인 태도를 보며 미국 사회가 정신분열증에 걸린 사회라고 비판하면서, 낙태는 금지되어야 한다고 주장하였다. 매년 1백만여 명의 아이들이 낙태되는 것을 허용한 대법원이 7.6센티미터짜리 스네일 다터라는 고기가 멸절될지 모른다는 이유로 테네시에서 1억 1천6백만 달러가 드는 텔레코 댐 건설을 중지시켰다. 장님 거미가 사는 데 방해가 될까 봐서 캘리포니아의 스태니스라우스 강에 세우던 3억 4천만 달러짜리 댐의 건설이 중지되었다. 환경을 보존하기 위해 이러한 노력을 기울이면서 인간의 태아를 죽이는 것을 법적으로 허용한다는 것은 그 우선 순위에 문제가 있다. 한편에서는 의사들이 조산아를 살려내기 위해 혼신의 힘을 쏟아붇고 있는 동안에, 같은 산부인과의 다른 수술실에서는 정상적으로 자라고 있는 수많은 태아들을 살해하고 있다. 미성년자들이 술이나 담배를 구입하는 것은 법으로 금지하면서 낙태는 부모의 동의 없이도 할 수 있도록 법으로 허용하고 있다.[23] 낙태의 자유화를 부르짖는 사람들이 인권과 생명의 존엄성을 말하고, 사형 제도의 폐지와 핵무기 반대를 주장한다.[24] 이 얼마나 이율배반적인 태도인가.

쉐퍼가 미국민들에게 가한 비판처럼 한국 사회에도 이와 유사한 비정상적인 사회 의식이 존재하고 있는데, 이는 여성들로 하여금 낙태를 피할 수 없게 만드는 순결에 대한 의식이다. 한국 사회는 오랜 세월 동안 유독 여성의 순결을 강요하는 가치관을 가지고 있다. 예를 들어 '환향녀'를 비하시킨 비속어로서 '화냥년'이라는 어휘가 우리 사회에 널리 통용되고 있는데, 이 단어는 정조 관념이 없는 여인 또는 창녀를 일컫는 말로 사용되고 있다. 환향녀는 고려와 조선 등 왕조시대 때에 국가와 남성들(아버지와 오빠나 남동생)은 자신들의 힘이 약하여 그 딸들을 지켜주지 못하였을 뿐만 아니라 자신들의 생존을 위해 비겁하게 그들을 다른 나라의 공녀로 바쳤다. 그럼에도 불구하고 그 딸들이 순결을 잃어버렸다고 하여 국가와 가문의 수치로 여기고 그들을 받아들이지 않았을 뿐만 아니라 쓰레기처럼 취급하였다. 이는 여성을 남성의 소유물 또는 재산 중의 하나로 취급한 결과라고 봐야 할 것이다. 이러한 무책임하고 비상식적인 사회 의식 때문에 수많은 피해 여성들이 조국이나 가정으로 돌아오지 못하고 외롭게 떠돌다가 한 맺힌 고혼들이 되어 버렸다. 그리고 돌

---

23) 프랜시스 쉐퍼, 〈낙태에 대한 그리스도인의 자세〉, pp.43-46.
24) 가톨릭대학교교리사목연구소, 〈인공유산과 시험관 아기에 대한 가톨릭교회의 가르침〉, p.69.

아온 딸들에게 자살을 강요한 부모들도 많이 있었다. 이러한 일은 일제 강점기의 정신대 희생자들에게도 일어났다.

그런데 여성의 순결에 대한 비상식적인 의식은 오늘날에도 여전히 맹위를 떨치고 있어, 성폭행 피해 여성들에게 그대로 족쇄가 되고 있다. 한 남자가 자신보다 힘이 강한 사람으로부터 폭행을 당해서 팔이나 다리가 부러지는 등의 신체적인 손상을 당했을 때 어느 누구도 그 피해자를 부도덕하다거나 더럽혀진 사람이라고 비난하지 않으며, 오히려 불쌍히 여기고 위로하며 정신적·물질적 도움을 아끼지 않는다. 성폭행을 당한 여성도 사실은 힘이 모자라 폭력을 당한 것이다. 그럼에도 불구하고 한국 사회는 다른 폭력 피해자의 경우와는 전혀 다른 태도를 가지고 성폭력 피해자를 대한다. 그 피해자를 위로하거나 격려하는 것이 아니라 더럽혀진 사람, 망가진 사람, 신세를 망친 사람, 가문에 수치를 준 사람으로 여겨 멀리하고 소외시켜 버린다. 이는 성폭행을 당한 피해자에게 성폭행 자체보다 더 가혹한 테러를 가하는 것이나 마찬가지이다. 이러한 상황이 성폭행을 당한 여성으로 하여금 자신은 더 이상 살 가치가 없다고 생각하게 만들고, 정신병자가 되거나, 인생을 막 살아 버리거나, 자살을 하게 만들기도 한다. 여성의 성적 순결을 생명보다 더 중요하게 생각하는 이상한 사회이다.

이런 상황이므로 성폭행을 당해서 임신을 하게 되면, 가해자의 아이를 가지게 된 것에 대한 혐오감 이전에 자신의 순결을 망쳤다는 것과 그로 인한 사회적 질시의 대상이 되는 것이 두려워 우선적으로 낙태를 선택하게 되는 것이다. 순결에 대한 비정상적인 사회 의식은 성폭행 피해의 경우 외에도 미혼여성의 임신, 미성년 임신, 기타 원하지 않는 임신의 경우에도 여성으로 하여금 낙태를 선택할 수밖에 없도록 만든다. 이러한 사회 의식은 여성을 사회적 족쇄로부터 풀어주고, 낙태를 감소시키기 위해 반드시 개선되어야 한다.

여성 인권 배려:
낙태를 강요하는 사회적 여건 해소

여성이 원치 않는 성교와 임신, 여성의 순결과 정조를 강요하는 한국 사회의 성의식, 남아 선호, 미혼, 미성년, 남성들의 강요, 가족의 요구, 경제적 사유(빈곤, 근로, 양육, 교육 등), 국가의 가족 계획 정책 등이 여성들로 하여금 낙태를 수용할 수밖에 없게 만들었다. 여성들이 낙태를 행한 당사자들이지만 능동적 행위자라기보다는 낙태를 강요당하는 피해자들이었다고 보아야 할 것이다. 이러한 상황은 낙태 행위의 가장 핵심에 서 있는 여성들을 전적으로 도외시하는 것이며, 여성에게 정당한 처우라고 할 수 없을 것이다. 이러한 상황으로부터 여성들을 해방시키고 낙태를 줄이기 위해 다음과 같은 조치가 취해져야 한다.

프라이버시 권리로서의 낙태권

미연방대법원은 프라이버시 권리에 의거하여 낙태를 제한적으로 허용하고 있다. 낙태가 여성의 프라이버시 권리에 속한다면, 이는 여성 스스로가 임신의 지속이나 종결을 결정할 자유, 즉 '원치 않는 어머니가 되지 않을 자유,' 혹은 '임신과 출산의 과정상 특별한 희생을 강요당하지 않을 자유'를 가지게 되는 것이다.[25]

여성의 낙태 결정을 프라이버시 권리로 인정하는 시금석이 된 판례는 로 대 웨이드 판결이었다.[26] 한 여성이 재인 로라라는 가명으로 임부의 생명을 위협하는 경우를 제외한 모든 낙태를 금지하고 있는 텍사스주법이 위헌임을 주장하고, 그녀가 낙태할 수 있도록 해달라며 연방 소송을 제기하였다.

여기에 대하여 블랙먼 대법관은 미국 수정헌법 14조가 보장하고 있는 프라이버시권에는 여성이 자신의 임신을 종결할 권리도 포함된다고 판결함으로써 텍사스주법이 위헌임을 판시하고 임부가 스스로 낙태 결정을 내릴 수 있도록 하였다.[27] 그는 법정 의견에서 주가 여성의 선택권을 부인함으로써 어머니가 되거나 자녀가 추가될 경우에 여성은 강요된 힘겨운 미래와 삶, 원치 않은 아이를 키워야 하는 정신적 고통, 육아로 인한 육체적·정신적 건강의 훼손, 능력이 없는 가족이 양육을 떠맡게 되는 경우 등의 피해를 감수해야만 함을 언급하며 여성의 낙태 선택권을 옹호하였다.[28]

평등권으로서의 낙태권

성을 은밀한 것으로 만들거나 성에 탄압을 가하게 되면 청소년과 여성과 사회 모두가 병들게 된다.[29] 양현아는 "낙태는 여성의 신체

---

25) 이인영, 〈성통합적 관점에서의 낙태죄의 현실 분석과 재구성을 위한 논의〉, 《낙태죄에서 재생산권으로》(2004), 서울대학교 BK21법학연구단 공익권법센터 주최 학술회의 자료집.

26) The Supreme Court of United States, 410 U.S. 113(1973).

27) 양현아, 〈여성 낙태권의 필요성과 그 함의〉, 《한국여성학》 제21권 1호 (2005), pp.12-13.

28) The Supreme Court of United States, 410 U.S. 113(1973), p.153.

통합성, 성적 결정권, 노동권과 같은 관점에서 여성의 생존권 그 자체로 개념화되어야 한다"고 주장한다.[30] 국가가 여성의 낙태 선택권을 법으로 금지하는 것은 여성의 자유를 제약하고 억압하는 문화적으로 주입된 성 역할을 영속시키는 것이며, 여성이 평등하고 자유로운 사람으로 살 수 없도록 만드는 것이다. 여성이 재생산의 자유를 가지는 것은, 여성이 평등하고 자유로운 존재로 살아가는 데 있어서 필수적인 요소이다.[31]

낙태규제법은 단순히 여성의 몸에만 규제를 가하는 것이 아니라 여성의 역할에 규제를 가하는 것이다.[32] 여성의 임신과 출산은 그들이 살고 있는 사회의 복합적인 구조 속에서 이루어진다. 그러므로 여성의 재생산은 사적이고 생리적인 측면뿐만 아니라 사회구조적인 특성도 동시에 가지고 있다. 사회는 여성의 재생산에 강제적으로 개입하는 대신 지원적 대책을 모색해야 한다.[33]

반종속(Anti-subordination)으로서의 낙태권

여성은 성적으로 종속되어 있다. 여성의 성성(sexuality)은 임신과

---

29) 이연수, 〈내 육체에 대한 판단은 내가 한다〉, 《사회평론》 10호(길, 1997), p.146.

30) 양현아, 〈여성 낙태권의 필요성과 그 함의〉, p.11.

31) Sylvia Law, "Rethinking Sex and the Constitution," in *Pennsylvania Law Review*, 132(1984), pp.955-1040.

32) Reva B. Siegel, "Reasoning from the Body: A Historical Perspective on Abortion Regulation and Question of Equal Protection," in *Stanford Law Review* 44 (1992), pp.261-381.

33) Reva B. Siegel, "Abortion as Sex Equality Right: Its Basis in Feminist Theory," in Mothers in Law-Feminist Theory and the Legal Regulation of Motherhood, Martha Fineman & Isabel Kaplan(eds.), (New York: Columbia University Press, 1995).

양육이라는 성 역할과 밀접하게 연결되어 있으므로 성관계시에 남성은 여성의 육체를 이용하여 쾌락만을 추구할 수도 있지만, 여성은 필연적으로 임신과 양육이라는 위험 부담을 안게 된다. 그러므로 여성이 성관계의 위험성, 남성의 성적 공격과 이용으로부터 자유롭게 되기 위해서는 여성이 자신의 성성을 통제할 수 있는 권한을 가져야 한다. 여성의 낙태권은 프라이버시 권리로서뿐만이 아니라 공적인 권리로 인정되어야 한다.[34)]

재생산권(Reproductive Rights)으로서의 낙태권

여성의 재생산 행위에는 성성, 임신, 출산, 양육, 생리적 요소, 사회경제적 요소가 동시에 얽혀 있다. 여성이 이 모든 복잡한 그물망에 얽매이지 않고, 사회나 배우자 또는 가족의 간섭 없이 자율적으로 최상의 선택을 할 수 있기 위해서는 "커플과 개인들이 자녀수와 터울을 자유롭고 책임 있게 결정할 수 있는 기본권"인 재생산 결정권이 여성에게 주어져야 한다.[35)]

여성이 사회문화적 틀에 갇힘으로써 임신과 출산과 낙태를 강요당하게 되는 것은 막아야 한다. 그러기 위해서 이러한 틀로부터 여성을 자유케 해주어야 한다. 그러나 자유의 초점은 아무렇게나 낙태를 할 수 있는 자유가 아니라 원치 않는 임신과 낙태로부터의 자

---

34) Catharine MacKinnon, "Privacy v. Equality: Beyond Roe v. Wade," in *Feminism Unmodified*(Cambridge: Harvard University Press, 1987), p.94, Catharine MacKinnon, "Abortion: On Private and Public," in *Toward a Feminist Theory of the State*(Cambridge: Harvard University Press, 1989).

35) Anita Hardon, "Reproductive Rights in Practice," in Reproductive Rights in Practice, Anita Hardon & Elizabeth Hayes(eds.), (London: Zed Books, 1997), pp.3-14.

유에 맞추어져야 한다. 궁극적으로는 낙태를 최소화시킬 수 있는 사회적 여건 마련에 목적이 있는 것이다.

최약자인 태아에 대한 배려

이 모든 경우들을 감안한다고 할지라도 최우선적으로 고려되어야 할 것은 자기 자신의 생명을 보호받기 위해 아무런 말도 할 수 없는 태아에 대한 배려이다.

존 로울스는 '무지의 베일(veil of ignorance)'[36] 예를 통하여 그의 '공평함'의 논리를 전개한다. 로울스는 자신들이 그 사회 속에서 어떤 위치에 서게 될 것인지를 모르도록 하기 위해 베일 속에 갇힌 상태에 있는 대표들을 통하여 정의로운 사회 구조를 이룩하기 위한 원칙들을 선택하게 할 경우를 가정한다. 이 대표들은 이해 관계에 있어서 중립적 위치에 있고,[37] 합리적인 사고를 가지고 있으며,[38] 다른 사람들이 자기들이 성취하게 될 삶의 기본적인 요소들보다 더 많이 성취하게 되어도 시기하지 않을 사람들이어야 한다.[39]

그 대표들은 가장 취약한 입장에 서게 될 사람들의 삶을 최대한도로 보장하는 정의의 법칙을 선택하게 될 것이다. 왜냐하면 그 베일

---

36) John Rawls, *A Theory of Justice*(Cambridge, Mass.: Harvard University Press, 1971), p.12. 로울스는 이 책에서 20세기초를 장악하고 있었던 두 이론, 즉 공리주의와 의무론적 직관론에 대한 대안을 제시하고자 하였다. 그러나 주된 목표는 공리주의에 대한 대안 제시에 있었다고 볼 수 있다.

37) *Ibid.*, pp.144f.

38) *Ibid.*, p.143.

39) *Ibid.*, pp.143, 148-149.

을 벗기게 되었을 때 자신이 그 사회에서 가장 취약한 입장에 서게 될지도 모르기 때문이다. 로울스는 이것을 '약자의 이익 최대화 전략(the strategy of 'maximin'—maximize the minimum)'이라 부른다.[40]

또 한 가지 고려할 것이 있다. 능력과 필요를 고려하는 것은 정의의 원칙에 속하는 것이 아니라 자비의 원칙에 속한다. 예를 들어서 노인이나 어린이 또는 장애인은 일을 하고 싶어도 할 수 없는 경우가 생기는데, 이러한 경우에 그 사람이 사회를 위해서 기여한 것을 기준으로 삼아서 분배의 양을 결정한다면 그 사람은 생존할 수가 없을 것이다. 그러므로 노년층·장애인·고아 같은 경우에도 다른 건장한 사람과 마찬가지로 평등한 분배의 기회가 부여되어야 할 것이며, 필요하다면 질적인 면에서 부족하지 않은 삶을 누릴 수 있도록 보장해 줄 수 있는 사회적 시설과 제도가 마련되어야 할 것이다.

낙태의 경우에도 앞의 논리들을 적용할 필요가 있다. 낙태의 경우에 있어서 가장 약자는 당연히 태아이며, 그 다음이 여성, 사회/남성/가족은 혜택을 베풀어야 하는 입장에 서 있다고 봐야 할 것이다. 태아는 자신의 존재함이나 생명을 스스로 선택한 것이 아닐 뿐만 아니라 자기 생명을 보호할 힘이나 발언 수단이 없다. 아직은 창조 활동을 하거나 대인관계를 맺거나 사회를 위해서 기여한 바도 없으므로 공리주의적인 권리를 주장할 수도 없다. 순전히 어머니와 가족과 사회의 자비에만 의존해야 하는 존재이다. 그렇지만 한 가지 분명한 것은 비록 죄/비윤리적 행위의 결과로서 잉태되었다 할지라도 태아 자신이 원인 제공자는 아니며, 죄 자체가 아니라는 사실이다. 태아는 무참히 제거되어야 할 잘못을 범한 적이 없는 것이다.

---

40) *Ibid.*, pp.152-156.

어찌되었건 인간이 아름다운 사회를 지향한다면, 태아는 최우선적으로 보호받아야 하는 약자이다. 남성/가족/사회는 자신들이 최약자인 태아의 입장에 서서 가능한 한 모든 경우에 태아들이 제거되지 않고 태어나고, 또 양육받을 수 있는 여건과 환경을 만들어 줄 책임과 의무가 있는 것이다. 임신모 또한 자신의 고통을 감수하고서라도 태아를 보호하는 자비를 베풀어야 한다.

아울러 태아 다음의 약자라고 할 수 있는 임신모에 대해서도 특별한 배려가 베풀어져야 한다. 임신모는 태아와는 달리 어느 정도 자기 결정권과 발언권을 가지고 있지만 여전히 사회, 가족, 파트너, 경제, 가족 계획과 인구 조절 정책 등의 강요에 의한 피해자임이 분명하다. 남성/가족/사회는 여성이 원치 않는 임신을 하지 않을 수 있도록 보장해 주어야 하며, 일단 잉태된 태아는 여성이 수치심이나 양육에 대한 부담 등으로 인한 낙태를 선택하지 않아도 되도록 가능한 한 모든 여건과 환경을 만들어 주어야 한다.

낙태를 허용할 수밖에 없는 예외적 상황

가능한 한 낙태를 피하도록 해야 하지만, 상황을 전혀 고려하지 않고 낙태를 무조건 금지하는 것에는 문제가 있다. 다음과 같이 어쩔 수 없이 낙태를 허용해야만 하는 경우들도 있을 것이다. 태아가 무뇌증 등과 같은 치명적인 병을 가지고 있어 태어나더라도 반드시 죽을 수밖에 없는 경우, 자궁외 임신이거나 자궁암에 걸려 있어 반드시 수술을 할 수밖에 없는 경우, 태어나더라도 평생을 심각한 장애인으로 살아갈 것이라는 판정을 받은 경우 등이 그러한 경우에 해당할 것이다.

1951년 교황 비오 12세는 연설을 통해 태아의 생명을 죽이는 것을 의도하지 않았으나 모체의 병을 치료하는 과정에서 태아가 죽게 되는 '간접적 치료 낙태'의 경우처럼 모체의 생명을 구하기 위한 치료적 낙태는 허용한다고 말했다.[41] 바르트는 태아도 인간이므로 원칙적으로 낙태를 반대하였다. 그러나 그 역시 태아의 생명과 어머니의 생명, 또는 건강이 대치되는 것처럼 인공유산을 피할 수 있는 모든 가능성이 차단된 경우에는 낙태를 허용하였다.[42]

한국 정부는 1973년 2월 8일에 모자보건법을 제정하고, 제14조에서 인공임신중절수술을 할 수 있는 경우를 다음과 같이 제시하였는데, 이 역시 피치 못할 경우들에 해당된다고 할 수 있을 것이다.

① 의사는 다음 각 호의 1에 해당되는 경우에 한하여 본인과 배우자(사실상의 혼인관계에 있는 자를 포함한다. 이하 같다)의 동의를 얻어 인공임신중절수술을 할 수 있다.
1. 본인 또는 배우자가 대통령령이 정하는 우생학적 또는 유전학적 정신장애나 신체 질환이 있는 경우.
2. 본인 또는 배우자가 대통령령이 정하는 전염성 질환이 있는 경우.
3. 강간 또는 준강간에 의하여 임신된 경우.
4. 법률상 혼인할 수 없는 혈족 또는 인척간에 임신된 경우.

---

41) 가톨릭대학교 교리사목연구소, 〈인공유산과 시험관 아기에 대한 가톨릭교회의 가르침〉, p.78.
42) Karl Barth, *Church Dogmatics*, Vol.III, 4, "The Doctrine of Creation"(Edinburgh: T. & T. Clark, 1978), pp.420-421.

5. 임신의 지속이 보건의학적 이유로 모체의 건강을 심히 해하고 있거나 해할 우려가 있는 경우.

② 제1항의 경우에 배우자의 사망·실종·행방 불명 기타 부득이한 사유로 인하여 동의를 얻을 수 없는 경우에는 본인의 동의만으로 그 수술을 행할 수 있다.

③ 제1항의 경우에 본인 또는 배우자가 심신장애로 의사 표시를 할 수 없는 때에는 그 친권자 또는 후견인의 동의로, 친권자 또는 후견인이 없는 때에는 부양의무자의 동의로 각각 그 동의를 갈음할 수 있다.

이상에 제시된 것처럼 부득이하게 낙태를 허용할 수밖에 없는 경우들도 있을 것이다. 그러나 이러한 예외적 경우들에 대한 제안이 오히려 무분별한 낙태의 길을 터주는 근거로 사용되지 않도록 경각심을 가져야 할 것이다.

개선을 위한 제안

이상에서 살펴본 내용들에 근거하여 다음과 같은 사항들을 제안하고자 한다.

1) 오늘날 한국의 현실은 모자보건법이 처음 제정되던 때와는 사뭇 다르게 변화하였다. 보건복지부가 2008년 2월 13일 실시한 공청회에 따르면,[43] 한국은 경제협력개발기구(OECD) 30개 회원국 가운데 미혼·미성년 임신, 양육 어려움 등 '사회경제적 사유'로 인한 낙태를 금지하는 7개국에 속한다. 그러나 연간 34만여 건(미혼 14

만 건, 기혼 20만 건)의 인공임신중절수술이 이루어지는데, 이 가운데 미혼 임산부의 97.1%가 현행법상 불법인 사회경제적 사유로 낙태를 택하고 기혼 임신모도 그런 경우가 많은 것으로 나타났다. 변화된 사회적 상황을 고려하여 모자보건법상의 낙태 허용 사유에 '사회경제적 사유'를 한시적으로 첨가할 것을 제안한다. 그러나 사회적 여건과 의식이 변화되고 양육을 위한 국가의 경제적 지원이 강화될 경우에는 이 조항은 다시 삭제되어야 할 것이다.

연간 신생아 출산과 낙태수[44]

신생아수(2006년)	445,532명	
낙태 추정건수 (보건복지부 용역 연구, 2005년)	342,233명	198,515(기혼)
		142,233(미혼)

OECD 30개 회원국 낙태 허용 기준 현황[45]

사　유	허용 회원국	불허 회원국(국명)
산모 건강	30개국	0개국
성폭행·근친상간	28개국	2개국(영국, 아일랜드)
태아 이상	27개국(한국 조건부 허용)	3개국(일본, 아일랜드, 멕시코)
사회경제적 사유	23개국	7개국(한국, 스페인, 포르투갈, 아일랜드, 폴란드, 뉴질랜드, 멕시코)
본인 요청	17개국	13개국(한국, 스위스, 룩셈부르크 등)

---

43) 보건복지부는 2008년 2월 13일 사회경제적 사유를 낙태 허용 범위에 포함시키는 방안 등 '모자보건법 14조 개정안' 마련을 논의하는 공청회를 열었다. 이 자리는 보건복지부로부터 연구 의뢰를 받은 연세대학교 의료법윤리학연구소의 연구 결과에 대한 각계 의견을 수렴하기 위해 마련되었다.
44) 모자보건법 제14조 개정안 마련을 위한 공청회 자료집, 2008. 2. 13.
45) *Ibid.*

2) 여성의 자기결정권과 재생산권을 고려하여 현행 모자보건법에
서 배우자 동의 부분은 삭제할 것을 제안한다. 프랑스의 경우, 15세
이하 미성년은 부모의 동의를 필요로 하나, 기혼자의 경우에는 각
자치시 가족계획과 및 의사와 상담 후 낙태를 결정하면 남편 동의
없이도 수술이 가능하다.[46] 한국에서도 이와 같은 경우들을 참고하
여 적절한 절차를 설정한 후 배우자의 동의 없이도 낙태를 시행할
수 있도록 해야 한다. 그러나 이 경우 여성의 책임 의식이 필수적으
로 동반되어야 할 것이다.

3) 모자보건법상 낙태를 허용할 수 있는 기간이 현재 임신 24주
이내로 되어 있으나, 현대 의과학과 유전자학의 발전 상황을 고려
하여 외국의 경우들과 마찬가지로 12주 이내 또는 신체의 주요 기
관들이 형성되는 8주 이내로 한정할 것을 제안한다.

외국의 낙태합법화 여부 및 허용 시기[47]

국가명	낙태 합법화 여부 및 허용 시기
영 국	1967년 합법화, 임신 24주까지 낙태 허용, 유럽에서 피임률이 가장 높고 학교에서도 성교육을 가장 잘 실시하고 있음.
스칸디나비아 3국	1960년대부터 낙태 허용.
네덜란드	법으로 합법화하지 않았지만 1960년대부터 허용하고 있으며, 임신 24주까지 낙태 허용.
독 일	1972년 합법화, 12주 이내의 낙태 허용.
덴마크	1973년 합법화, 12주 이내의 낙태 허용.
프랑스	1975년 합법화, 12주 이내의 낙태 허용.
이탈리아	1978년 합법화, 12주 이내의 낙태 허용.
스페인	1985년 합법화, 12주 이내의 낙태 허용.
그리스	1986년 합법화, 12주 이내의 낙태 허용.
벨기에	1990년 합법화, 12주 이내의 낙태 허용.

4) 임신모가 낙태를 원할 경우에는 프랑스처럼[48] 의료보험의 혜택을 받을 수 있도록 할 것을 제안한다.

5) 현행 모자보건법상에는 우생학적 또는 유전학적 정신장애 및 신체장애, 전염성 질환의 경우에 낙태를 허용하고 있으나 현대 의과학과 유전자학의 발전을 감안할 때 대부분의 경우에 치료가 가능하게 될 것으로 보이므로 점진적으로 삭제해 갈 필요가 있다. 물론 양육 책임을 개인이나 그 가족에게만 일임하는 것이 아니라 국가가 함께 감당한다는 전제가 따라야 할 것이다.

결 론

낙태를 다룸에 있어서, 우리는 하나님이시라면 어떻게 하실 것인가를 고려하고 행동할 필요가 있다. 하나님께서는 용서할 수 없는 자도 용서하시고, 책임질 수 없는 자를 책임지시며, 어떤 경우에도 배척하거나 소외시키시지 않으신다. 하나님께서는 어느 한 개인에게 모든 짐을 지우시지 않으시고 스스로가 그 짐을 지시며, 경제적인 어려움이나 질병의 문제가 있을 때에도 그것을 감당하시고 치유해 주시고, 각각의 생명을 존귀하게 다루신다. 우리는 이러한 하나님의 심정에 입각하여 태아를 대해야 할 것이다. 개인과 공동체와 사회 전체의 의식을 바꿀 필요가 있다.

---

46) 이연수, 〈내 육체에 대한 판단은 내가 한다〉, p.144.

47) *Ibid*.

48) 프랑스는 1982년 낙태수술에도 의료보험 혜택을 적용하는 법안을 제정하였다. *Ibid*., p.144.

자신의 책임과 태아의 인권이 대립되는 경우를 생각해 볼 수 있
다. 혼외 성관계로 임신하였거나 여아 임신 등 원하지 않는 아이,
피임 실패 등으로 인해 우연히 임신하게 된 아이 등의 경우에 성관
계를 한 당사자들이 책임을 회피하기 위한 수단으로써 태아의 생명
을 살해하는 것은 자신의 권리를 주장할 수 없는 약자를 살해하는
죄악된 행동이다. 이렇듯 무책임한 행동들은 행하지 말아야 할 것
이며, 무엇보다도 출산할 수 없는 임신이 발생하지 않도록 신중하
게 행동해야 할 것이다.

　우리가 낙태를 허용할 수밖에 없는 피치 못할 부득이한 상황이라
고 하는 경우들도 대부분은 개인적·사회적 무책임을 회피하기 위
한 핑계들이라고 볼 수 있다. 예를 들어 장애아라고 할지라도 산모
나 그 가족에게만 짐을 지우지 말고 사회 전체가 우리의 아이로 생
각하고 키워주면 된다. 경제적인 이유, 미혼모, 근친상간, 강간 피
해자 등의 경우도 성, 순결에 대한 사회적 의식을 바꿈으로써 사회
적 분위기를 형성해 주면 낙태를 선택하지 않게 될 것이다. 출산 후
에도 양육의 짐을 산모에게만 지우지 말고 사회가 책임을 지게 되
면 낙태보다는 출산을 선택하게 될 것이다. 이렇게 되면, 개인과 가
문의 체면이나 개인적 수치심, 그리고 경제적 사유들로 인한 낙태
가 극적으로 줄어들게 될 것이다. 낙태를 선택할 수밖에 없어지는
사회적 상황을 가능한 한 모든 노력을 동원하여 최소화시킬 필요가
있다.

　시대와 사회적 환경, 과학 및 의학적 여건이 변화하게 되면 문화
와 가치관이 변화하게 되고, 그에 따라 윤리 규범과 법도 당연히 바
뀌게 되는 것이다. 낙태에 대한 접근 방법들도 시대에 따라서 변화
해 왔으며, 앞으로도 변화하게 될 것이다. 그러므로 열린 마음을 가

지고 오늘 현 시점에서 최선의 선택을 하기 위한 겸손한 노력을 해야 한다. 모든 결론을 오늘 이 시점에서 내리고 극단적인 자세를 취하는 것은 어리석고도 교만한 자세이므로 지양해야 한다.

한국의 사회/남성/가족은 태아와 임신모에 대한 보호와 지원의 책임을 져야 한다. 사회/남성/가족은 임신 또는 낙태를 필요로 할 수도 있겠지만, 자신을 위해 타인의 희생을 강요해서는 안 된다. 사회/남성/가족은 그동안 가지고 있던 비윤리적 또는 비이성적 문화관이며 가치관·규범 등을 포기하고, 여성이나 태아에게 덮어씌운 굴레와 강압을 풀어주며, 무조건적인 양육 책임을 감당해야 한다.

세상에서 가장 아름다운 단어 중 하나가 '엄마!' '어머니!'가 아닐까? 그런데 세상에서 가장 믿고 의지할 수 있는 어머니가 자신을 죽이는 원수가 된다면, 이는 얼마나 처참한 일인가? 우리는 태아와 어머니가 서로에게 적대자가 되는 상황과, 어머니가 낙태라는 극단적인 선택을 하게 되는 상황이 전개되지 않도록 하기 위해 최선의 노력을 기울여야 한다.

【참고 문헌】

가톨릭대학교 교리사목연구소, 〈인공유산과 시험관 아기에 대한 가톨릭교회의 가르침〉, 《상담과 선교》, 2000년 가을호.

대판 1985.6.11, 84도 1958.

모자보건법(1973. 2. 8. 법률 제2541호), 제2조 4항.

모자보건법 제14조 개정안 마련을 위한 공청회 자료집, 2008. 2. 13.

〈사목헌장〉, 51항.

쉐퍼, 프랜시스, 〈낙태에 대한 그리스도인의 자세〉, 《상담과 선교》, 2000년 가을호.

스타트, 존 저, 박영호 역, 《현대 사회 문제와 기독교적 답변》, 기독교문서선교회, 1985.

양현아, 〈여성 낙태권의 필요성과 그 함의〉, 《한국여성학》, 제21권 1호 (2005).

이연수, 〈내 육체에 대한 판단은 내가 한다〉, 《사회평론》, 10호, 길, 1997.

이인영, 〈성통합적 관점에서의 낙태죄의 현실 분석과 재구성을 위한 논의〉, 《낙태죄에서 재생산권으로》, 서울대학교 BK21법학연구단 공익권법센터 주최 학술회의 자료집(2004).

〈조선일보〉, 2005년 9월 13일자.

캐머런, 니겔 · 심스, 파멜라 공저, 햇불성경연구소 역, 《낙태: 위기에 처한 기독의료윤리》, 햇불, 1993.

함세웅, 〈교부들의 사상〉(IV), 《사목》 61.

함세웅, 〈호교 교부〉, 《사목》 66.

합계출산율, 통계청, 2007. 8.

황필호 편, 《산아제한과 낙태와 여성 해방》, 종로서적, 1995.

Barth, Karl, *Church Dogmatics*, Vol. III, 4, The Doctrine of Creation, Edinburgh: T. & T. Clark, 1978.

Beauvoir, Simone de, *The Second Sex*, New York: Bantam, 1952.

Curran, Charles, *Politics, Medicine and Christian Ethics: A Dialogue with Paul Ramsey*, Philadelphia: Fortress Press, 1973.

DeMarco, Donald, *Abortion in Perspective*, Hayes Publishing Co., 1974.

Doig, Desmond, *Mother Teresa: Her People and Her Work*, Collins, 1976.

Fletcher, Joseph F, *Morals and Medicine*, Boston: Beacon Press, 1954.

＿＿＿, *Situation Ethics: The New Morality*, Philadelphia: Westminster Press, 1966. 이희숙 역, 《상황윤리: 새로운 도덕》, 종로서적, 1989.

Goman, Michael J, *Abortion and the Early Church*, Downers Grove, IL, IVP: 1982.

Hardon, Anita, "Reproductive Rights in Practice" in *Reproductive Rights in Practice*, Anita Hardon & Elizabeth Hayes(eds.), London: Zed Books, 1997.

Hastings, "Foeticide," in *Encyclopaedia of Religion and Ethics,* vol. vi. Edinburgh, 1913.

Hindell, K. and Simms, Madelaine, Abortion: *The Personal Dilemma*, Paternoster Press, 1972.

Law, Sylvia, "Rethinking Sex and the Constitution," in *Pennsylvania Law Review,* 132(1984).

MacKinnon, Catharine, "Abortion: On Private and Public," in *Toward a Feminist Theory of the State,* Cambridge: Harvard University Press, 1989.

______, "Privacy v. Equality: Beyond Roe v. Wade," in *Feminism Unmodified,* Cambridge: Harvard University Press, 1987.

Rawls, John, *A Theory of Justice,* Cambridge, Mass.: Harvard University Press, 1971.

Siegel, Reva B., "Reasoning from the Body: A Historical Perspective on Abortion Regulation and Question of Equal Protection," in *Stanford Law Review* 44(1992).

Simmons, Paul D. Birth & *Death: Bioethical Decision Making*, Philadelphia: The Westminster Press, 1983.

The Supreme Court of United States, 410 U.S. 113(1973).

제8장

배아 복제 및 연구

서 론

현대 의료과학은 인류 역사에 배아 복제와 줄기세포 생산이라는 또 하나의 코페르니쿠스적인 전환을 만들어내고 있다. 현대 의료과학은 정자와 난자의 인공수정을 통한 자녀 출산에 그치지 않고, 세포핵 치환 기술을 이용하여 배아와 배아줄기세포를 생산하고, 이를 이용한 난치병 치료와 생명 복제의 길까지도 개척해 가고 있다. 그러나 배아 복제와 줄기세포 생산에는 난치병의 치료, 잃어버린 혈육의 되찾음, 불임 치료 등과 같은 긍정적인 요소들과 여성 육체 학대, 생명의 상품화, 생명 파괴, 인간 복제 가능성 등과 같은 부정적 요소들이 함께 연관되어 있기 때문에 의료인·윤리학자·종교인·환자들·일반인 등, 그야말로 세계 모든 사람들이 지대한 관심을 가지고 이 주제에 대해 격렬한 찬반 양론들을 제기하고 있다.

배아 연구와 실험에는 분명 위험성들이 내재되어 있기는 하지만, 긍정적이고 필요한 부분들이 내재되어 있기 때문에 그 연구를 원천적으로 금지하는 것은 바람직하지 않을 것이다. 히틀러나 한국 강점기의 일본 메이지왕, 다이쇼왕, 소화왕 같은 사람들이 태어나는 것을 막기 위해 신이 인간 창조 자체를 포기하였다면 예수, 기라성 같은 선지자들, 석가모니, 공자, 간디, 테레사, 손양원, 이순신, 김구, 마틴 루터 킹, 본회퍼, 안중근, 함석헌 등과 같은 위대한 이들도 태어나지 못하였을 것이다. 다소의 문제점들을 내포하고 있다 할지라도 더 큰 긍정적 기여 가능성을 고려하여 배아 연구와 실험은 허용되어야 할 것이다.

배아의 지위와 인격적 존재로서의 인간의 형성 시점 등에 대한 좀 더 명확한 설명이 제시된다면 많은 사람들이 우려하고 있는 점들을 해소할 수 있을 것이며, 탄탄한 근거 위에서 배아 연구와 실험을 진행할 수 있게 될 것이다. 배아의 지위를 명확히 하기 위해서는 인격적 인간 생명체의 구비 조건은 무엇인지, 인격적 인간 생명체는 언제부터 시작되는지, 영혼과 생물학적 육체와의 관계는 무엇인지에 대한 답이 먼저 주어져야 한다. 이러한 쟁점에 대한 답을 찾기 위해서 우리는 불교·유가·기독교의 관점을 종합적으로 살펴볼 필요가 있다.

배아 연구와 실험의 근본 목적은 심각한 질병을 치료하기 위한 줄기세포의 추출이다. 그렇다면 이미 태어난 인간의 질병을 치료하기 위해 배아를 그 도구와 수단으로 사용해야 한다는 말인데, 이것을 허용할 수 있는 윤리적 근거는 무엇인가? 불교의 자비의 원칙, 유가의 경(經)과 권(權)의 원리, 기독교의 상황윤리적 이론 등이 그 윤리적 근거를 찾는 데 도움이 될 것이다.

배아 복제 및 연구의 쟁점들

복제, 배아, 줄기세포

복제란 '클론(clone),' 즉 '똑같은 유전 정보를 가지고 있는 개체' 들을 생산하는 것이다. 배아 복제는 체세포핵 치환 기술을 사용해 만들어진 수정란을 4,5일간 시험관에서 배양하는 것을 의미하고, 치료용의 배아줄기세포를 얻는 것이 주목적이며, 14일 이내의 배아 단계까지만 성장시키는 것을 말한다. 체세포핵 치환이란 핵을 제거 한 난자에 체세포핵을 주입하는 것이다. 인간개체 복제는 복제된 배아를 대리모의 자궁에 착상시켜 출생시키는 것이다.

줄기세포는 무한한 자기 복제 능력과 모든 세포로의 분화 능력을 가진 세포이다. 이 줄기세포는 인체의 손상된 세포를 재생시키는 데 사용할 수 있으며, 간에 넣으면 간세포로, 뇌에 넣으면 뇌세포 로, 심장에 넣으면 심장세포로 분화한다.[1]

줄기세포에는 배아줄기세포(embryonic stem cells), 배아생식세포(embryonic germ cells), 성체줄기세포(adult stem cells)가 있다. 첫째, 배아 줄기세포는 수정 4,5일 된 배반포(blastocyst)의 내부세포괴(inner cell mass)를 기계적 또는 면역수술적 방법으로 분리한 후, 성장이 멈추 도록 처리된 생쥐 섬유아세포(fibroblast) 또는 인간 유래세포로 준비 한 지지세포 위에 올려서 만든 것으로 내부세포괴 고유의 성질을 유지한 체, 무한 증식할 수 있는 세포주를 말한다. 둘째, 배아생식 세포는 태아의 생식융기(gonadal ridge) 부위에서 발생하는 원시생식 세포(primordial germ cell)를 이용해서 만든 것으로 배아줄기세포보다 자기 복제 능력과 다양한 세포로의 분화 능력이 약하다. 셋째, 성체 줄기세포는 제대혈(탯줄혈액)·태반·양수·골수·피부·혈관·지방·

---

1) 김병환, 〈유가철학에서 본 생명윤리시대의 배아 연구〉, 동양철학연구회, 《동 양철학연구》 제49집(2007. 2. 28), p.432; 길원평, 〈배아 복제와 생명윤리에 대 한 고찰〉, 통합연구학회, 《통합연구》 제18권 2호(통권 45호, 2005), pp.10, 15.

뇌·간·신장·위·자궁·코의 점막 등으로부터 추출한 것이다.[2]

생명의 시작과 배아의 지위:
기독교, 불교, 유가의 관점

배아 실험 반대론자들은 난자와 정자가 수정되는 순간부터 하나의 인간 생명체 및 인격체로 간주하여 배아에 대한 어떠한 실험도 반대한다. 그러나 배아 실험을 찬성하는 자들은 일정 시점까지는 배아가 인간 생명체 및 인격체로서의 조건을 갖추고 있지 않은 세포 덩어리에 불과하거나 잠재적 인간에 불과하므로 배아에 대한 실험을 허용해야 한다고 주장한다.[3]

배아 실험 또는 연구를 허용할 것인가에 대한 논의에 있어서 우선적으로 생각해 보아야 할 것은, 인격적인 인간 생명의 시작점이 언제인가에 대한 것이다. 이 문제에 대한 나름대로의 입장이 분명해지면 배아의 지위에 대한 입장이 정리될 것이며, 배아를 대상으로 한 실험 허용 여부도 정리가 될 것이다.

불교는 14일 이전까지의 배아는 하나의 인격체(인간)로 간주할 수

---

2) 김계성, 〈인간 배아줄기세포에 대한 다양한 관점과 현실〉, 철학문화연구소, 《철학과 현실》 통권 65호(2005 여름), 52; 길원평, 〈배아 복제와 생명윤리에 대한 고찰〉, p.16.

3) cf. 〈응용윤리학 백과사전〉은 배아의 지위에 대한 관점을 배아의 도덕적 지위와 연관시켜 다음 세 가지로 요약한다. 첫째, 배아는 내재적인 도덕적 지위를 지니지 않은 단순한 세포 덩어리일 뿐이다. 인간의 다른 신체 조직이나 소유물처럼 다루어질 수 있다. 둘째, 내재적인 도덕적 지위를 지니고 있는 독립적 존재이다. 생성 순간부터 인간의 지위를 갖는다. 셋째, 배아는 일정한 기간이 경과하면 도덕적 지위를 지닌 인간으로 성장할 수 있으므로 잠재적 인간이다. R. Chadwick, ed., "Ethics of Embryology," *Encyclopedia of Applied Ethics*, vol. 2(Academic Press, 1988), pp.41-43.

없지만 인간이 될 수 있는 잠재적 인간으로 본다.[4] 윤용택과 양영웅은 그들의 논문에서 수정 후 14일 이전의 배아도 호모 사피엔스의 일원으로 인정한다. 그러나 이 배아는 이성적 사고력을 가지고 있지 못하며, 신경 조직의 부재로 인해 고통을 느끼지도 못하기 때문에 존엄하다고 할 근거가 없다고 말한다.[5] 유가에서는 생명은 음양의 결합에 의해서 시작되므로 수정되는 순간부터 인간화 과정이 시작된다고 본다.[6] 기독교의 대체적인 입장은 한 인간으로서의 생명의 시작은 난자와 정자가 수정되는 순간부터로 본다. 그러므로 태아가 아무리 미성숙했다 하더라도 살아 있는 인간으로 보는 것이다.[7] 교황청 신앙교리성은 '인공유산 반대 선언문'에서 정자와 난자가 수정되는 순간부터, 아버지의 것도 어머니의 것도 아닌 하나의 새로운 사람의 생명이 시작되는 것이므로 인간 생명에 대한 존중은 잉태되는 첫 순간부터 요구되는 것이라고 선언하고 있다.[8] 한국의 대법원 역시 "생명은 잉태된 때부터 시작되는 것이고, 회임된 태아는 새로운 존재와 인격의 근원으로서 존엄과 가치를 지닌다"고 판시한 바 있다.[9]

기독교는 하나님의 생명 창조라는 관점에 입각하여 수정 순간부

---

4) 윤종갑, 〈인간 배아 복제에 대한 불교적 관점: 연기설과 무아설을 중심으로〉, 한국불교학회, 《한국불교학》 Vol.41, No.0(2005), pp.272-273.

5) 윤용택·양영웅, 〈인간 배아의 존엄성 논거에 대한 고찰〉, 새한철학회, 《제15회 한국철학자대회보—보편윤리와 전통 문화》 1(2002), p.315.

6) 김병환, 〈유가철학에서 본 생명윤리시대의 배아 연구〉, 동양철학연구회, 《동양철학연구》 제49집(2007. 2. 28), p.443.

7) 존 스타트, 박영호 역, 〈현대 사회 문제와 기독교적 답변〉(기독교문서선교회, 1985), p.378.

8) 가톨릭대학교 교리사목연구소, 〈인공유산과 시험관 아기에 대한 가톨릭교회의 가르침〉, 《상담과 선교》(2000년 가을호), pp.78-79.

9) 대판 1985. 6. 11, 84도 1958.

터 독립적인 인간 존재가 된다고 주장한다. 존 스타트는 〈시편〉 139편에 나타난 하나님에 의한 창조, 연속성, 영적 교재와 언약 등에 근거하여 수정되는 순간부터 한 인격체로 본다. 한 사람이 태아, 유아, 소년, 성인기 어느 때에 속할지라도 동일한 존재임을 보여주는 연속성을 가지고 있으며, 우리가 모태에 있을 때부터 이미 하나님께서 우리를 아시고 사랑하시므로 수정되는 순간부터 이미 각자는 하나의 인격체라는 것이다.[10] 길원평은 인간 영혼은 수정되는 순간에 들어온다고 주장하며, 이것을 포기하면 태아가 인간으로 인정받는 시점이 계속 늦어질 수 있고, 태아에 대한 실험이 막무가내로 시행될 수 있다고 경고한다.[11]

그러나 수정은 순간이 아니라 하나의 과정이다. 정자가 난자를 둘러싼 막을 관통하고, 정자의 머리 부분이 난자의 세포막을 관통하게 되고, 그것의 유전물질이 난자의 세포질 속으로 들어감으로써 비로소 남성의 전핵(pronucleus)이 형성되고, 그후 16~18시간 후에 남성의 전핵과 여성의 전핵이 합쳐져 접합자(zygote)라는 새로운 개체가 형성된다.[12] 그렇다면 이 과정 중 어느 시점을 수정 순간으로 봐야 할 것이며, 수정의 어느 순간부터 인격적인 인간 생명체로 봐야 하는가? 자궁에 착상되기 전이라도 인간 생명체인가? 그렇다면 수정은 완료되었지만 자궁에 제대로 착상하지 못하고 자연유산되어 버리는 수정란 또는 배아는 어떻게 볼 것인가? 더 나아가 자궁에 착상되었다 할지라도 정상적으로 태어나지 못하고 임신중에 자연유

---

10) 존 스타트, 박영호 역, 〈현대 사회 문제와 기독교적 답변〉, pp.386-388.
11) 길원평, 〈배아 복제와 생명윤리에 대한 고찰〉, p.22.
12) 윤종갑, 〈인간배아 복제에 대한 불교적 관점: 연기설과 무아설을 중심으로〉, p.266, 각주 54.

산되는 태아들의 경우는 어떻게 이해해야 할 것인가? 이것은 하나님께서 파괴하는 것이라고 해야 할 것인가?

불교 경전에서는 수정(受精)이라는 표현 대신 수태(受胎)라는 용어를 사용한다. 수태는 어머니의 가임 시기, 부모의 성교, 중유(中有)[13]의 출현이 함께 인연하는 것을 뜻한다. "수태(임신)하기 위해서는 첫째 산모가 적절하고 알맞은 가임 시기여야 하고, 둘째 부모가 함께 어울려 성교를 하여야 하며, 셋째 건달바(중유)가 바로 앞에 출현해 있어야 한다."[14] 따라서 수태는 수정의 의미에다 중유를 더한 것이기 때문에 수정의 의미와는 차이가 난다. 중유가 결합되지 않은 수정란은 인간 생명체로 인정할 수 없다. 수태 과정중 어느 시점에 중유가 하강하는지 알 수 없기 때문에 언제부터 인간 생명체로 규정할지 불분명하다. 그러므로 수정 순간을 생명의 시작점으로 보는 것은 잘못이다. 중유가 결합되지 않은 생물체 상태인 배아에 대한 실험과 연구는 수용될 수도 있는 것이다.[15]

불교 전통은 인간의 지위에 대해 불교 나름의 독특한 견해를 가지고 있다. 불교 전통은 인간이란 단지 여러 요소의 인연 화합에 불과한 것으로 간주하며, 고정된 실체성을 인정하지 않는다. 불교의 윤회설은 인도의 다른 윤회설과 달리 영혼 또는 아트만〔眞我〕과 같은 어떤 불변의 실체를 인정하지 않는다.[16] 인간을 포함한 우주 만물이

---

13) "중유는 불교의 독자적인 생명관을 보여주는 것으로 전생에 지은 업력을 보존하고 현세의 출생을 바라는 생명체이다. 그런 의미에서 중유는 수태를 실질적으로 결정하는 주체자이다." 윤종갑, 〈인간배아 복제에 대한 불교적 관점: 연기설과 무아설을 중심으로〉, p.267.

14) 《瑜伽師地論》 卷1 《大正藏》 30, 282中.

15) 윤종갑, 〈인간배아 복제에 대한 불교적 관점: 연기설과 무아설을 중심으로〉, 270.

16) *Ibid.*, pp.249-250.

연기적 화합에 따라 일시적으로 모습을 갖추었다가 사라지는 것, 즉 상호 관계(연기)에 의해 연속적으로 이어지는 무실체적 자아(생명)로 보는 것이다. "모든 존재는 연기의 산물이고, 그 속에는 실체라고 할 만한 어떠한 것도 없다."[17] "마치 여러 부품이 합해져 있는 것을 세간에서는 수레(차)라고 하듯이 단지 오온(색·수·상·행·식)이 인연에 따라 화합한 것을 잠시 인간이라 이름할 뿐이다."[18] "인간(생명)은 내가 만든 것도 아니고 남이 만든 것도 아니며, 인연에 의해 생겨난 것"이다.[19]

부모의 정자와 난자, 전생의 업력[中有]이 서로 결합될 때 현세(생)의 한 생명체가 생겨나게 되며, 이 생명체는 현세의 삶을 통해 미래의 업력이 된다.[20] "모든 중생은 업의 상속자"이다.[21]

해탈하지 못한 중생들은 반드시 재생(윤회)할 수밖에 없다. 이것이 복제인간의 출현으로 나타날 수도 있는 것이다. 첫째, '뿌린 대로 거둔다'는 연기법의 인과적 법칙에 근거하여 반드시 태어나야 할 존재들이 임신중절, 인공피임 등과 같은 과학 기술의 방해로 인해 태어나지 못했을 경우에는, 이에 상응하는 과학적 방식, 즉 복제 기술에 의해 다시 태어나게 된다. 둘째, 해탈한 존재는 다시 태어나지 않지만, 해탈하지 못하였으나 '인간으로 태어나야 할 존재는 반드시 인간으로 다시 태어난다'는 연기법의 필연적인 법칙에 의해 복

---

17) *Ibid*., p.261. cf. 불경은 인간을 비롯한 일체의 존재를 地水火風이라는 四大의 인연 화합(《雜阿含經》卷2《大正藏》2, 15下)으로 보거나, 色受想行識의 五蘊의 인연 화합(《雜阿含經》卷2《大正藏》2, 18下)으로 본다.

18)《雜阿含經》卷45《大正藏》2, 327中.

19)《雜阿含經》卷45《大正藏》2, 327下.

20) 윤종갑, 〈인간배아 복제에 대한 불교적 관점: 연기설과 무아설을 중심으로〉, p.262.

21) Majjhima-Nikaya, Vol.I(London: The Pali Text Society, 1888), pp.387-388.

제인간은 과학 기술의 힘에 의해 인간으로 다시 태어남으로써 윤회로부터 벗어날 수 있는 기회를 제공받는다. 그러므로 인간 복제는 태어나야 할 중유들에게 출산의 기회를 제공해 준다는 점에서 긍정적인 측면을 갖는다. 불교는 인간이 어떤 방식에 의해 태어나는가보다는 어떻게 깨달음을 성취하는가에 더 큰 관심을 가진다.[22]

유가는 음양의 결합에 의해서 생명이 시작된다고 보기 때문에 수정되는 순간부터 인간화 과정이 시작된다고 본다. 그러나 단순히 생물학적 지식에 근거해서 배아가 인간이냐 아니냐를 결정하는 것은 타당하지 못하다고 본다.[23] 왜냐하면 음양 생명관은 단순히 생물적인 자연 생명의 형성뿐만 아니라 지속적인 수양을 통한 도덕 생명으로의 완성을 동시에 지향하기 때문이다.[24]

---

22) 윤종갑, 〈인간배아 복제에 대한 불교적 관점: 연기설과 무아설을 중심으로〉, pp.251-254. cf. 불교는 생명 출현 방식에 대해서 어떤 관점을 가지고 있는가? "불교에서는 인간에 의해서만 인간이 태어나야 한다는 법칙은 없다. 생명체가 만들어질 수 있는 방식을 네 가지로 나누는데, 그 중 하나가 '양친 없는 재생'(化生, rebirth without parents)을 제시하고 있기 때문이다.(T. W. Rhys Davis and William Stede, *Pali-English Dictionary*(London: The Pali Text Society, 1986), p.144) 즉 《海深密經》 등에 의하면 생명체가 생겨나는 방식에는 卵生, 胎生, 濕生, 化生의 네 가지가 있다.(《海深密經》 卷1 《大正藏》 16, 692中) ① 난생은 새들처럼 알에서 생기는 방식이며, ② 태생은 사람이나 짐승과 같이 어미의 뱃속에서 사지가 갖추어져 출생하는 방식이다. 또 ③ 습생은 모기나 귀뚜라미처럼 습기(물)에서 생기는 방식이며, ④ 화생은 양친과 같은 의지처에 의탁하지 않고 생겨나는 방식이다. 인간은 원래 태생의 방식에 의해 태어났지만, 만약 인간 복제가 실현된다면 화생의 방식에 의해서도 태어날 수 있게 되는 것이다. 다시 말해, 태생의 방식뿐만 아니라 인간으로 태어날 수 있는 조건(인연)만 갖추어지면 언제든지 인간으로 태어날 수 있다는 게 연기법의 필연적인 법칙이다." 윤종갑, 〈인간배아 복제에 대한 불교적 관점: 연기설과 무아설을 중심으로〉, p.249.

23) 김병환, 〈유가철학에서 본 생명윤리시대의 배아 연구〉, pp.442-443.

24) *Ibid.*, p.446.

한 번 음(陰)하고 한 번 양(陽)하는 것을 도(道)라고 한다. 이 도를 계승하는 것이 선(善)이며, 이를 이루는 것이 본성(本性)이다. 어진 사람은 이를 보고 인(仁)이라고 하고, 지혜로운 사람은 이를 보고 지(智)라고 한다. 사람들은 이 도에 의지하여 살면서도 이를 잘 알지 못한다. 그래서 군자의 도를 행하는 사람이 드물다.[25]

유가는 생명 운동을 선과 연결지어서 보고 있다. 음양의 조화에 의해 생명이 태어나는 이치가 도인데, 이 도는 만물 안에 내재되어 있다. 이렇게 만물 안에 내재되어 있는 도, 즉 본성을 온전히 실현하는 것이 도덕적 선이 되는 것이다. 고로 인간의 생명은 생물적 차원에서 끝나는 것이 아니라 도덕적인 차원에서의 완성까지를 포함하는 것이다. 그러므로 유가의 입장에서 본다면 완성된 도덕적 인간의 인격이 갖추어지지 않은 상태인 배아에 대한 연구와 실험을 막을 필요가 없는 것이다.

사람의 영혼은 심장과 뇌가 작동하는 동안만 생물적인 육체 속에 머문다. 그러므로 영혼·뇌·심장 및 기타 기본적인 장기들이 갖추어져 있어야만 하나의 인격적 인간 생명체가 되는 것이다. 일반적으로 과학자들은 정자와 난자는 수정되는 순간 46개의 염색체를 가진 세포가 되며, 한 인간이 될 모든 유전자 정보(DNA)를 갖추게 된다고 말한다.[26] 그러나 수정란의 발달, 즉 유전인자의 발현으로 인해 형성된 생물적 구조물만을 가지고 인격적 인간 생명체라고 한다

---

25) 《周易》〈계사전(繫辭傳)〉上 5章.

26) Francis Scheffer, 〈낙태에 대한 그리스도인의 자세〉, 《상담과 선교》(2000년 가을호), p.47.

면 이는 인간의 정체성을 생물적인 조건에만 국한시키는 것이다. "영혼은 유전자 정보로부터 형성되는 것이 아니다."[27] 영혼은 분명히 생물적인 인간 구조물과는 구별되는 것으로 보아야 한다. 만일 생물학적인 인간 구조물만을 가지고 완전한 인간이라고 한다면, 이는 인간을 뇌와 장기들의 기능체만으로 국한시키게 되는 것이다. 이렇게 될 경우 영혼을 뇌의 작동과 동일시하는 것이며, 또한 뇌의 작동이 와해됨과 동시에 영혼은 소멸되는 것으로 보는 것이다. 이렇게 본다면 영속적으로 존재하는 영혼은 없는 것이다.

〈창세기〉는 인간 창조와 관련하여 하나님께서 먼저 땅의 먼지로 인간의 육체를 만든 다음에 코로 생기를 불어넣음으로써 비로소 살아 있는 생명체로서의 인간이 되었다고 서술하고 있다.(〈창세기〉, 2장 7절) 히브리인들은 생물학적 육체에서 영혼이 생겨나는 것이 아니며, 육체와 영혼을 별개의 것으로 이해하였음을 보여주고 있는 것이다.

성경이 얘기하고 있는 영혼의 영생, 귀신의 존재, 타인의 몸에 다른 영혼이 들어오는 빙의 현상은 의식 작용과는 별개의 독립된 영혼의 존재를 보여주는 증거이다. 일란성 쌍생아의 경우도 인간이 생물적 구조물 외에 별도의 영혼을 가지고 있음을 보여주는 예이다. 일란성 쌍생아는 동일한 유전자를 가지고 있지만 각기 다른 사람이다. 이는 서로 다른 영혼을 가지고 있기 때문이다.[28] 일란성 쌍생아의 경우, 부부간의 성교에 의해서 자연임신이 되고 태어난 아이들이거나 체외에서 만들어진 복제배아를 자궁에 착상시켜 출생시킨 아

---

27) Ted Peters, Science, *Theology, and Ethics*(Burlington, VT: Ashgate Publishing Company, 2003), 169.

28) *Ibid.*

이들의 경우나 두 경우 다 각기 다른 영혼을 가진 존재들인 것이다. 복제인간 역시 생물적인 유전인자는 원래의 본체와 동일하지만 각기 다른 영혼을 소유한 별개의 독립된 인간이다.

결국 영혼과 생물적 인체 구조는 별개의 구성 요소이며, 영혼이 뇌와 심장 및 기타 장기들을 사용하여 의식 작용을 하고 이리저리로 움직이는 것으로 봐야 할 것이다. 전기가 필라멘트와 전구를 사용하여 전깃불을 켜지게 만드는 것과 흡사한 것으로 볼 수 있을 것이다. 필라멘트와 전구가 망가지면 전깃불은 꺼지지만 전기 그 자체는 사라지지 않고 존속되는 것과 같이, 인체가 작동을 멈추면 영혼은 그 인체를 떠나 영속하게 되는 것으로 보아야 할 것이다.

그렇다면 인간의 영혼은 언제 인간의 생물적 구조물 속으로 들어오는가? 수정이 완료되는 시점인가? 아니면 의식 작용과 장기 기능을 가능케 해주는 기본 구조물인 원시선이 최초로 형성되는 14일경이라고 보아야 하는가? 어느 시점이라고 말하기 어렵다. 그러나 하나의 인격체로서의 인간이 최초로 작동하기 시작하는 시점은 영혼이 3차원 세계에서의 생명 운동을 위해 사용할 수 있는 생물적 장기들이 최초로 형성된 시점인 14일경이라고 말할 수 있을 것이다.

의식 작용과 장기 기능의 최초 가능성이 형성되는 원시선 형성 전까지의 생물적 구조물은 잠재적 인간이라고 하기보다는 '생물적 기초인간 구조물'이라고 보는 것이 더 옳을 것이다. 그러므로 영혼이 활용할 수 있는 최초 원시선이 형성되기 전까지의 생물적 기초인간 구조물에 대한 생물학적 실험들은 허용될 수도 있을 것이다.

배아 복제 및 연구에 대한
비교윤리적 접근

배아 연구와 실험의 근본 목적은 심각한 질병 치료에 활용하기 위한 것이다. 태어난 인간의 생명이 위험에 처했을 경우 배아의 생물적인 생명을 희생시킬 수 있을 것인가? 그것을 허용한다면 과연 어떠한 근거에 의해서 허용할 것인가? 이 논의는 배아의 생물적 생명을 우선할 것인가, 태어난 인간의 생명을 우선할 것인가라는 문제로 환원될 수 있을 것이다. 이 문제를 풀기 위해 우리는 불교·유가·기독교 전통에서 그 해결의 실마리를 찾아보게 될 것이다.

불교의 자비의 원칙

윤종갑은 불교의 관점을 다음과 같이 제시한다. 불교의 대승적 차원에서 볼 때 14일 이전의 배아를 이용한 난치병 환자 치료는 중생 구제를 위한 자비 실천 중의 하나다. 불교에 있어서 중요한 것은 모든 존재의 해탈이기 때문에 완성된 인격체나 잠재적 존재인 배아나 차별 없이 모두 자비의 대상이다. 그러나 배아를 사용하여 질병으로 죽어가고 있는 완성된 인격체를 치료할 수 있다면 당연히 잠재적인 존재일 뿐인 배아를 희생시키는 것이 윤리적으로 더 옳다고 보며, 이렇게 하는 것이 가장 적합한 구체적인 해결책이라고 본다. 배아를 보호하고자 하는 자비심과 배아 연구를 통해 고통받는 인간을 구제하고자 하는 자비심이 서로 충돌하게 될 때는 후자를 선택해야 한다고 보는 것이다.[29] 안옥선 역시 두 자비가 갈등을 일으킬 때는 보다 더 효율적이고 더 큰 자비의 실천을 위하여 특정 상황에서는 (방편적으로) 하나의 자비는 포기될 수도 있다고 본다.[30]

이렇게 말하는 근거는 무엇인가? 불교에서는 모든 생명체가 다 존중되어야 한다고 보지만 도덕적 탁월성에 따라 차등 대우가 불가피하다고 본다. 씨앗보다는 식물의 생명이, 식물보다는 동물이, 동물보다는 인간의 생명이 더 소중하다. 그리고 인간의 경우에 있어서도 도덕적 인격성이 높을수록 그 생명의 가치가 더 높은 것이다. 그러므로 자비의 원칙도 배아보다는 도덕적 인격적 구현 정도가 더 높은 인간의 생명을 더 우선시한다.[31]

유가의 경(經)과 권(權)의 원리

맹자는 "남녀가 서로 주고받음에 친하게 하지 않는 것은 경이며, 물에 빠졌을 때 손을 내미는 것은 권"이라는 상황윤리적인 제안을 하고 있다.[32] 맹자는 '남녀칠세부동석'을 강조하던 당시의 엄격한 윤리관으로 볼 때 남녀의 육체 접촉, 더욱이 형수와 시동생 간의 육체 접촉은 금해야 하지만, 형수가 물에 빠져 죽어가고 있는 상황이라

---

29) 윤종갑, 〈인간배아 복제에 대한 불교적 관점: 연기설과 무아설을 중심으로〉, pp.271-272.

30) 안옥선, 〈응용윤리학 방법론에 대한 동양철학적 접근〉, 범한철학회, 《범한철학》 제28집(2003), p.146.

31) 윤종갑, 〈인간배아 복제에 대한 불교적 관점: 연기설과 무아설을 중심으로〉, pp.273-274. cf. 불교에서는 아무리 비도덕적인 행위를 하는 인간이라고 해도 동물보다는 나은 행위(도덕적)를 한다고 본다. Majjhima-Nikāya, Vol. III(London: The Pali Text Society, 1976), pp.254-255. 그러나 과연 성인 중에서 악한 행위를 한 사람이라도 현재 죄를 지은 것이 없는 배아보다 더 존귀한가에 대해서는 한 번 생각해 볼 문제이다.

32) 《맹자(孟子)》 〈이루(離婁)〉 上.

면, 그러한 엄한 규범을 어기고서라도 생명을 살리는 것이 선을 이루는 것이라고 보았다.[33]

유가에 있어서는 생명의 창생과 이를 인격적 존재로 길러내는 것이 지고의 가치이므로 고통을 덜어주고 생명을 구제하기 위한 배아 연구에 찬성한다. 현존하는 생명과 잠재적인 생명의 복지가 서로 충돌할 때 어떻게 할 것인가? 이 경우에 유가는 맹자의 경우에서 보듯이 경과 권의 원리를 적용한다. 경은 보편적 원리이며, 권은 이 보편적 원리를 구체적 상황에 적용하는 것을 의미한다. 배아의 생명이나 태어난 자의 생명이나 모두 소중한 생명이다. 그러나 이미 태어난 자의 생명이 질병으로 인해 위험에 처해 있을 경우에는 이 생명을 구하기 위해 아직 태동을 못 느끼는 잠재적인 생명인 배아를 활용할 수도 있다는 것이다. 유가는 선을 이루고자 하는 목적 성취를 위해 (제한된 경우에 한해서) 경(보편적 규범)을 어기고 상황에 적절한 행동을 취할 수 있어야 한다고 본다.[34]

기독교의 상황윤리와 아가페의 실현

기독교의 상황윤리학자들은 매 상황 속에서 '아가페적인 사랑이 명하는 대로 행동하는 것'이 도덕적으로 가장 올바른 행동이며, 각각의 상황에 가장 적절하게 행동하는 것이라고 주장한다.[35] 이런 관점에서 조셉 플레처는 사랑을 실현하는 데 방해가 되는 규범은 어길 수도 있다고 보았다.

---

33) 김병환, 〈유가철학에서 본 생명윤리시대의 배아 연구〉, pp.449-450.
34) *Ibid.*, pp.448-449.
35) 김희수, 《기독교윤리학의 이론과 방법론》(동문선, 2004), p.196.

흑인 차별 대우 폐지법이나 시민의 기본권은 정의의 개념
을 아가페적으로 이해하기 위하여 필요한 것이다. 만일 민
법이 사랑의 목적을 달성할 수 없다면 그것은 쓸모없는 것
이므로 내버려야 할 것이다……. 국가와 국가의 법률은 상
황윤리학자들에게 절대적 권위를 갖고 군림하지는 못한다.
국가의 법과 사랑의 법 사이에 대립이 생긴다면, 상황윤리학
자는 주저 없이 사랑의 법을 우위에 둔다.[36]

플레처는 사랑 이외에 어느 시대에 있어서나 또 어느곳에서나 모
든 사람들이 동의할 수 있는 '보편적 법칙'은 있을 수 없다고 선언
하였다.

기독교 상황윤리는 단 하나의 규범 또는 법칙을 가지고
있다. 이 규범은 환경에 상관없이 항상 선하고 바른 것으로
예외가 있을 수 없다. 이 규범은 곧 '사랑'이다. 즉 이 사랑
은 하나님을 사랑하고 이웃을 사랑하는 계명의 요약으로서
의 아가페이다. 예외 없이 그밖의 모든 다른 것들, 즉 모든
법률·규칙·원리·이상·규범은 모두 우발적인 것일 뿐이며,
또한 어떤 상황에서나 사랑을 하는 데 도움이 될 때에만 타
당한 것이다.[37]

플레처는 사랑을 실현하기 위해서 규범을 어길 수도 있는 예외적

---

36) 조셉 플레처, 이희숙 역, 《상황윤리: 새로운 도덕》(종로서적, 1989), pp.84-
85.
37) *Ibid.*, p.16.

인 경우들을 제시하고 있는데, "거짓말하지 말라" "간음하지 말라" "살인하지 말라" "자살하지 말라" 등의 규범에 대한 것들이다. 그는 "사랑에 근거한 거짓말이라면 그것은 선이다"[38]라고 주장하며, 다음과 같은 예를 든다. A라는 사람이 B라는 사람을 죽이기 위해 C라는 사람에게 와서 B가 어디에 있는지 물을 경우, C는 살인을 예방하기 위해 거짓말을 할 수도 있다는 것이다.[39] 18세기 서부개척시대의 일로서, 한 흑인 여성은 인디언들에게 일행들의 위치가 발각되어 죽는 것을 방지하기 위해 갑자기 울기 시작하는 자신의 어린아이의 입을 막아 질식사시켰다. 그리고 일행은 살아남게 되었다.[40] 마리아라는 여인은 제2차 세계대전 당시 나치 수용소에서 어린 소녀 대신에 가스실에 들어가 죽는 것을 택했다.[41] 포로로 잡힌 군인이 아군의 비밀을 누설치 않으려고 애국심을 가지고 자살을 하였다.[42]

플레처는 공리주의적인 결단이 필요할 때도 있음을 주장하였다. 집에 불이 나서 급하게 되었을 때, 그 집 안에서 자신의 아버지와 불치병의 치료법을 개발한 명의 둘 중 한 사람만을 택해야 한다면 누구를 택해야 옳은가? 플레처는 아가페적인 사랑을 실천하기 위해서는 명의를 구해야 한다고 주장한다.[43]

미국 의회는 3천 명을 낙태시킨 한 여의사에게 시민권을 주는 특별법을 가결한 적이 있다. 그녀는 임신한 사실이 밝혀지면 화형을

---

37) *Ibid.*, p.16.
38) *Ibid.*, p.49.
39) *Ibid.*, p.113.
40) *Ibid.*, p.109.
41) *Ibid.*, p.58.
42) *Ibid.*, p.50-51.
43) *Ibid.*, p.99.

당하게 되는 유대인 여성들을 구하기 위해 낙태 시술을 해주었다. 그녀는 극한 상황 속에서 3천 명의 태아의 생명을 희생시킴으로써 이미 세상에 살고 있는 다른 3천 명의 생명들을 구해 낸 것이다. 그렇게 하지 않았다면 6천 명의 생명이 희생되었을 것이다.[44]

기독교에 있어서 생명은 생물적인 생명만 가지고 있는 배아의 것이나 이미 태어난 인간의 것이나 모두 소중한 것이다. 그러나 이미 태어난 인간의 생명을 구하기 위해서라면, 인류의 삶을 질적으로 향상시키는 데 도움이 된다면, 생물적 생명체의 단계에 있는 배아를 활용하는 것을 허용할 필요가 있으며, 이것이 인류 전체를 위한 아가페적인 사랑의 실천이 될 수도 있는 것이다.

결 론

인간 삶의 질을 향상시키고자 하는 목적에서 태어난 인간을 위해 배아를 활용할 수도 있음을 합리화시켜 주는 논리들을 제시하였지만, 배아의 지위에 대한 정의가 결정적으로 명확해진 것은 아니다. 그러므로 배아 연구와 실험 및 활용에는 신중에 신중을 기해야 할 것이다.

배아 연구와) 실험에는 다음과 같은 우려 사항들이 제기되고 있다. 1) 인간 생명체에 대한 실험 조작의 물꼬를 튼다. 2) 우생학적 조작의 길을 열어준다. 3) 난자 채취를 위해 여성 육체를 실험 도구화할 수 있으며, 여성 육체에 심각한 손상을 끼칠 수 있다. 4) 동물의

---

44) *Ibid.*, p.117.

난자에 인간의 체세포핵을 이식하는 이종간 교잡이 발생할 수 있으며, 이로 인해 유해한 병균의 유입과 이상한 존재의 출현이 발생할 수도 있다. 5) 배아 복제가 인간 복제로 이어질 수 있다. 6) 배아를 상업적으로 이용할 가능성이 있다. 7) 인간 복제시 기형인간이 발생할 수 있다.

그러나 이러한 문제점은 기술적·윤리적, 그리고 법적 제도 마련과 개선에 따라 충분히 해결될 수 있는 문제로서 인간배아 복제 연구를 폐기해야 할 결정적인 이유가 되지 못한다.[45] 앞으로 과학 기술이 더욱 발전하여 무수정란에서 줄기세포를 추출하는 방법, 인공난자의 생산, 성체줄기세포의 분화 능력을 극대화하는 등의 기술이 개발되면 배아 복제와 관련된 많은 문제들이 해결될 수도 있을 것이다.[46]

그렇지만 배아줄기세포와 성체줄기세포가 가지고 있는 장단점을 비교해 볼 때, 가능한 한 윤리적 문제가 적은 성체줄기세포의 이용을 선택할 필요가 있다.

배아줄기세포는 무한한 자기 복제 능력, 즉 분열 능력과 다양한 세포로의 분화 가능성 등의 장점을 가지고 있다. 그러나 배아줄기세포의 활용에는 여러 가지 제약 사항들이 따르는데, 기형종 발생 가능성, 너무 미분화된 상태여서 불필요한 다른 세포들이 생겨날 가능성, 이식시 거부 반응 가능성, 유전적 질환이나 급성질환에 사용 불가능, 다량의 공급원 확보가 어려움 등이 그것이다. 성체줄기세포의 활용에는 암 발생 같은 문제가 없고, 자기 자신의 성체세포를

---

45) 윤종갑, 〈인간배아 복제에 대한 불교적 관점: 연기설과 무아설을 중심으로〉, p.278.
46) 김병환, 〈유가철학에서 본 생명윤리시대의 배아 연구〉, p.453.

사용할 경우 이식시 거부 반응이 없으며, 공급원이 다양함 등의 장점을 가지고 있다. 그러나 성체줄기세포는 분열능·분화능이 약한 것으로 알려져 있으며, 인간의 신체는 나이가 많아지면 줄기세포수가 감소하여 채취에 여전히 어려움이 따르는 단점을 가지고 있다. 예를 들어서 신생아는 줄기세포수가 1만 개 중 하나, 10대는 10만 개 중 하나, 50대는 40만 개 중 하나가 존재한다.[47]

배아줄기세포는 암 발생과 유전자 발현의 불안정성 때문에 인체 임상실험을 시행하지 못하고 있으나, 성체줄기세포는 이미 인체 임상실험을 통해 심장병·뇌일혈·파킨슨·치매·당뇨병 등에 대한 치료 가능성이 밝혀지고 있다.[48] 2010년 10월 현재 한국도 인간 배아 줄기세포에 대한 실험이 허용되었으며, 식양청의 승인을 받고 16개의 줄기세포 치료제가 임상실험을 하고 있는데, 모두 태반·골수 등에서 추출한 성체줄기세포를 활용한 것이다.[49] 또한 최근의 연구에 의하면 성체줄기세포의 자기 복제 능력과 다양한 세포로의 분화 능력이 배아줄기세포에 비해 떨어지지 않는 것으로 나타나고 있다.[50]

의학이 놀라울 정도로 발달한 현대에도 배아줄기세포의 이식과

---

47) 길원평, 〈배아 복제와 생명윤리에 대한 고찰〉, p.16; 강경선, 〈기독교적 관점에서 본 난치병 치료를 위한 성체줄기세포 연구〉, 사랑의교회 생명윤리선교회 편, 《난치병 치료와 줄기세포 연구》, 2005, pp.1-10.

48) "Interview with Genetics Prof. David Prentice on stem cell research," *National Review*, June 8, 2001.

49) 〈중앙일보〉, 2010년 10월 16일자.

50) W. Murrell, F. Féron, A. Wetzig, N. Cameron, K. Splatt, B. Bellette, J. Bianco, C. Perry, G. Lee and A. Mackay-Sim, "Multipotent stem cells from adult olfactory mucosa," *Developmental Dynamics*, 233(2), 2005, pp.496-515; C. P. Mcgukin, N. Forraz, M. O. Baradez, S. Navran, J. Zhao, R. Urban, R. Tilton and L. Denner, "Production of stem cells with embryonic characteristics from human umbilical cord blood," *Cell Proliferation*, 38(4), 2005, p.245.

같은 특단의 조치를 취하지 않고는 치료가 불가능한 병으로 고통을 당하고 있는 사람들이 수없이 많다. 사람들이 질병으로 인한 고통으로부터 해방되어 행복한 삶을 누릴 수 있게 하기 위해 우리는 끊임없이 노력해야 한다. 이러한 노력은 결국 의과학적 실험과 연구로 이어질 수밖에 없다. 그런데 인간의 질병을 치료하기 위한 실험이면서도 실험용 쥐와 같은 동물들이 연구와 실험의 대상으로 이용되고 있다. 이러한 행위가 과연 윤리적으로 옳은 행위인가? 인간의 병을 고치기 위해서 행하는 연구와 실험에 다른 동물을 희생시키면서 인간은 전혀 희생하지 않으려 한다는 것은 너무나도 이기적인 발상이다. 인간의 질병을 치유하기 위해서 배아 연구 등을 포함한 제반 연구가 필요하다면, 엄격한 통제와 가이드라인 아래서 행해져야하겠지만 그것을 허용할 수밖에 없는 것이다.

그러나 난치병 치료에 꼭 배아줄기세포를 필요로 하는 것은 아닐 것이다. 배아줄기세포를 사용할 경우보다 윤리적 문제가 적고 활용 가능성이 꾸준히 개발되고 있는 성체줄기세포 연구에 집중하는 것이 윤리적으로 더 바람직한 선택이 될 것이다.

【참고 문헌】

《周易》

《孟子》

《大正藏》

가톨릭대학교 교리사목연구소, 〈인공유산과 시험관 아기에 대한 가톨릭교회의 가르침〉, 《상담과선교》, 2000년 가을호.

강경선, 〈기독교적 관점에서 본 난치병 치료를 위한 성체줄기세포 연구〉, 사랑의교회 생명윤리선교회편, 《난치병 치료와 줄기세포 연구》, 2005.

길원평, 〈배아 복제와 생명윤리에 대한 고찰〉, 통합연구학회, 《통합연구》

제18권 2호(통권 45호), 2005.

김계성, 〈인간 배아줄기세포에 대한 다양한 관점과 현실〉, 철학문화연구소, 《철학과현실》 통권 65호, 2005 여름.

김병환, 〈유가철학에서 본 생명윤리시대의 배아 연구〉, 동양철학연구회, 《동양철학연구》 제49집, 2007.

김희수, 《기독교윤리학의 이론과 방법론》, 동문선, 2004.

안옥선, 〈응용윤리학 방법론에 대한 동양철학적 접근〉, 범한철학회, 《범한철학》 제28집, 2003.

윤용택·양영웅, 〈인간 배아의 존엄성 논거에 대한 고찰〉, 새한철학회, 《제15회 한국철학자대회보—보편윤리와 전통 문화》 1, 2002.

윤종갑, 〈인간배아 복제에 대한 불교적 관점: 연기설과 무아설을 중심으로〉, 한국불교학회, 《한국불교학》 Vol.41, No.0, 2005.

Fletcher, Joseph, 이희숙 역, 《상황윤리: 새로운 도덕》, 종로서적, 1989.

Schaffer, Francis, 〈낙태에 대한 그리스도인의 자세〉, 《상담과선교》, 2000년 가을호.

Stott, John, 박영호 역, 〈현대 사회 문제와 기독교적 답변〉, 기독교문서선교회, 1985.

〈중앙일보〉, 2010. 10. 16.

Chadwick, R. ed., "Ethics of Embryology," *Encyclopedia of Applied Ethics*, vol. 2. Academic Press, 1988.

"Interview with Genetics Prof. David Prentice on stem cell research," *National Review*, June 8, 2001.

Majjhima-Nikāya, Vol.I. London: The Pali Text Society, 1888.

Majjhima-Nikāya, Vol.III. London: The Pali Text Society, 1976.

Mcgukin, C. P., N. Forraz, M. O. Baradez, S. Navran, J. Zhao, R. Urban, R. Tilton and L. Denner, "Production of stem cells with embryonic characteristics from human umbilical cord blood," *Cell Proliferation*, 38(4), 2005.

Murrell, W., F. Féron, A. Wetzig, N. Cameron, K. Splatt, B. Bellette, J. Bianco, C. Perry, G. Lee and A. Mackay-Sim, "Multipotent stem cells from adult olfactory mucosa," *Developmental Dynamics*, 233(2), 2005.

Peters, Ted. *Science, Theology, and Ethics.* Burlington, VT: Ashgate Publishing Company, 2003.

Rhys T. W., Davis and William Stede, *Pali-English Dictionary*, London: The Pali Text Society, 1986.

제9장
존엄사:
모든 죽음이 다 나쁜 것인가?

서 론

폐까지 전이된 기관지암이 발견된 남편 피터 더프(80세)와 15년째 희귀한 위장암을 앓고 있던 아내 페넬로페 더프(70세)는 존엄사를 금지하는 영국을 떠나 스위스로 갔으며, 취리히에 있는 Dignitas Clinic에서 2009년 2월 27일 함께 죽음을 맞이했다. 스위스는 '개인적인 목적'으로 존엄사를 도울 경우를 제외하고는 존엄사를 인정하고 있다. 창설 이래 디그니타스를 통해 존엄사를 택한 영국인은 1백 명 이상이다. 그러나 부부가 한날 한시에 존엄사를 택한 경우는 처음인 것으로 알려졌다.[1]

서양의 의료는 의료적으로 보조된 자살을 위해서 독약을 처방하는 것을 거부하는 히포크라테스적 정신을 따른다. 기독교는 히포크라테스 정신을 받아들였으며, 대부분의 기독교 윤리학자들은 존엄사가 인간의 존엄성에 대한 이해와 하나님의 섭리에 대한 신뢰를

---

1) 〈조선일보〉 2009년 3월 6일자. 박종인 기자 http://blog.daum.net/han0114/17046350

손상시키는 나쁜 행위로 보아왔다. 그러나 유럽의 역사 속에서 이 정신에 위배되는 사건이 발생한 적이 있었다.[2]

첫번째는 독일에서 있었던 사건이다. 제2차 세계대전이 일어나기 직전 독일의 의사들은 정부에서 주도한 반자의적 안락사(involuntary euthanasia)에 동의하였다. 그들은 장애아동, 제1차 세계대전의 손발 잘린 상이군인들, 정신병자들을 살해하였으며, 제2차 세계대전 동안에는 유대인과 동성애자 등 수많은 희생자들을 학살하였다. 나치의 잔인한 행동에 반발한 세계의 의료인들은 제2차 세계대전이 끝난 후 제네바 선언(The Declaration Geneva)을 통해 히포크라테스 정신을 재확인하고, 안락사에 대한 반대 의견을 재천명하였다.

두번째는 영국의회윤리위원회(the Select Committee on Medical Ethics, the House of Lords)의 결정이다. 위원회는 1993년 2월 안락사 입법에 반대하였으나, 의사들에게 지속적인 식물인간 상태에 있는 환자에게 의료적인 치료를 멈출 권한과 환자에게 한 인간으로서의 행복한 삶(well-being)에 도움을 주지 못하는 치료를 멈출 권한을 부여하도록 결정하였다.

오늘날 존엄사는 배아 연구, 줄기세포 연구, 생명 복제 등과 더불어 매우 중요한 윤리적 쟁점 중의 하나가 되었다. 인간이 생명을 시작하고 끝내는 일에 직접적으로 관여할 수 있는가 하는 것에 대해 많은 논란들이 이어지고 있다. 그러한 행위를 근원적으로 금지해야 한다는 것에서부터 전적으로 허용해야 한다는 것에 이르기까지 다양한 주장들이 제기되고 있다. 어느쪽으로건 결정을 내리기가 매우

---

2) David J. Atkinson, David F. Field, Arthur Holmes, Oliver O' Donovan, ed., "Euthanasia," in New Dictionary of Christian Ethics and Pastoral Theology (Downers Grove, Il, USA/Leicester, England: Inter-Varsity Press, 1995), pp.357-359.

어렵지만, 그럼에도 불구하고 모두가 수긍할 만한 행동 지침을 찾아야만 하는 주제이다.

존엄사는 생명의 의미에 대한 이해, 삶의 질과 가치, 생명의 종료점에 대한 이해, 죽음의 다양한 동기, 죽임의 옳고 그름, 자신의 운명을 스스로 결정할 권리, 자유로운 의사 결정권, 말기환자의 통증 완화와 치료, 환자의 경제력 등이 복잡하게 얽혀 있는 주제이다. 이 장에서는 이러한 다양한 쟁점들에 대해서 분석하고, 이러한 분석을 토대로 하여 존엄사의 원천적 금지보다는 제한적 허용의 논리를 찾아보기로 하겠다.

존엄사의 개념 정의와 국가별 현황

개념 정의

존엄사의 개념 정의를 내리기 전에 전통적으로 통용되어 오던 안락사에 대해서 먼저 살펴보기로 하자. 안락사는 선택하는 수단과 환자의 동의 여부에 따라 다양한 형태로 구분되어 왔다.

첫째, 선택하는 수단에 따라 적극적 안락사와 소극적 안락사로 구분해 왔다. 적극적 안락사(active euthanasia)는 의사 또는 보호자가 약물 등을 사용하여 환자가 죽음에 이르게 하는 것이다.[3] 이 경우는 동물의 경우와 마찬가지로 '자비로운 죽임(mercy-killing)'에 해당된다. 적극적 안락사는 살인죄로 간주하여 금지해 왔다.[4] 소극적 안락

---

3) David J. Atkinson, "Euthanasia," p.357.

사(passive euthanasia)는 생명 보조 장치의 사용이나 치료를 생략함으로써, 또는 의약품이나 음식 공급을 중단함으로써 자연사에 이르게 하는 것을 의미한다.[5]

둘째, 환자의 동의 여부에 따라 자발적 안락사, 반자의적 안락사, 비자발적 안락사로 구분해 왔다. 자발적 안락사(voluntary euthanasia)는 본인이 죽음을 요청하거나 동의한 경우에 행해지는 안락사 행위이다. 반자의적 안락사(involuntary euthanasia)는 환자 본인의 자발적 요청에 의한 것이 아니라 타인, 즉 의사나 가족, 또는 정부에 의해 결정된 안락사를 의미한다. 이것은 사실상 살인이라고 보는 것이 더 타당할 것이다. 비자발적 안락사(nonvoluntary euthanasia)는 안락사를 결정하는 순간 환자가 자기 자신의 의사를 표시할 수 있는 능력이 없을 경우에 타인에 의해서 결정되어진 안락사를 의미한다.[6] 예를 들면 생후 1개월 이내의 신생아, 매우 어린 아이, 지속적인 식물인간 상태로 의식이 없는 환자, 극도로 심한 통증을 겪고 있어 이성적 판단이 불가능한 상태에 있는 환자, 심각한 학습장애를 앓고 있어서 글의 내용을 파악하지 못하는 사람 등의 경우이다.

그렇다면 '안락사'와 '존엄사' 중 어느것이 보다 더 적절한 어휘인가? 한국어로 안락사 또는 존엄사로 번역되는 이 영어 어휘는 'euthanasia'이다. 'euthanasia'라는 어휘는 *Oxford English Dictionary*에

---

4) 이인영, 〈안락사 유형별 규범 해석과 사회적 인식도〉, 《형사법연구》, 제20권 제2호(2008 여름 통권 제35호), pp.176-177; 김일수, 〈안락사 문제의 실정법적 연구〉, 《현대사회》, 1984 봄, p.187; 이재상, 〈안락사의 형태와 허용 한계〉, 《김종원 교수 회갑기념논문집》, 1981, p.578; 허일태, 〈안락사에 관한 연구〉, 《형법연구》(I), pp.428, 436.

5) David J. Atkinson, "Euthanasia," p.357.

6) *Ibid.*

의하면, 외적 모양새는 그리스어에서 유래된 것처럼 보이나 원천적으로 영어 어휘이며, '좋은 죽음' 또는 '행복한 죽음'을 의미하는 어휘로서 상당히 근대(1646년)에 만들어졌다. 현대의 '자비로운 죽임(mercy-killing)'이라는 의미로는 1869년에 옥스퍼드 사전에 처음으로 인용되었다.[7] 그리고 한국에서 흔히 사용되던 안락사라는 표현도 바로 이 자비로운 죽임의 의미를 가지고 있었다. 그러나 근래에 와서는 '품위를 유지한 채로의 죽음(dying with dignity)'이라는 측면에서 존엄사라는 어휘가 사용되고 있다. 다시 말해서 'euthanasia'라는 영어 어휘는 그대로 사용되고 있으나, 그 의미가 안락사(자비로운 죽임, mercy-killing)로부터 존엄사(dying with dignity)로 변화된 것이다. 물론 치유 불가능한 질병, 치명적 부상, 노약해짐 등으로 고통을 당하고 있는 동물들을 그 고통으로부터 해방시켜 주기 위해 죽이는 경우는 자비로운 죽임의 측면에서 안락사라는 표현이 보다 적절할 것이다. 그러나 인간의 경우에는 동물의 경우처럼 '살해'의 성격이 강한 안락사는 지양하고 품위를 유지한 채로 고통 없이 '자연사'에 이르는 것을 선택하는 것과, 또 그렇게 자연사에 이를 수 있도록 도와주는 것을 허용한다는 의미에서의 존엄사라는 표현을 사용하는 것이 적절할 터이다. 이러한 측면에서 필자는 존엄사라는 어휘를 사용하기로 하였다.

그렇다면 존엄사(euthanasia)는 구체적으로 어떻게 정의를 내릴 수 있는가? 최근까지 통용된 안락사에는 다양한 정의들이 있었다. "아주 심하게 아픈 환자가 죽는 것을 허락하거나, 또는 죽음을 초래하는 조치를 취하는 결정을 내리는 것"이다.[8] "불치의 중병에 걸리는

---

7) *Ibid.*

등등의 이유로 치료 및 생명 유지가 무의미하다고 판단되는 생물에 대해 직·간접적 방법으로 죽음에 이르게 만드는 행위를 말한다."[9] "다른 누군가를 죽이기 위한 의도로 인해 죽게 되는 것을 의미하며, 가장 품위 있고 편안한 방법으로 시행되어야 하고, 죽음을 맞이하는 사람의 최상의 이익을 위한 동기에 의거한 행동이어야 한다."[10] "더 이상 살 가치가 없어졌다고 판단되어지는 사람을 [특정한] 행동이나 [치료의] 생략에 의해서 의도적으로 죽이는 것이다."[11] 이상의 정의들은 적극적 안락사에 속하는 것들로서 살인에 해당한다고 볼 수 있을 것이다. 그러나 다음의 정의는 소극적 안락사에 해당하는 것으로서 존엄사에 근접한 것으로 볼 수 있을 터이다. "소생 불가능한 말기 환자에게 심폐소생술이나 무의미한 생명 연장 치료를 하지 않고 통증 관리 등 최소한의 치료만 제공하여 환자가 자연스럽게 죽을 수 있도록 하는 것이다."[12]

이상의 정의들을 참고하여 필자는 존엄사를 치료 또는 소생이 불가능한 병의 말기에 이르러 치료 및 생명 유지가 무의미하다고 판단되는 환자에게 심폐소생술이나 무의미한 생명 연장 치료를 시행하지 않고 통증 관리 등 최소한의 치료만 제공하여 환자가 품위를 유지한 채 고통 없이 편안하게 자연사에 이르도록 하는 것이라고 정

---

8) Kenneth Kearon, 김희수 역, 《의료윤리》(기독교문서선교회, 1998), p.48.

9) http://enc.daum.net/dic100/contents.do?query1=10XXX91234 위키백과

10) Herbert Draper, "Euthanasia," *Encyclopedia of Applied Ethics*, edited by Ruth Chadwick(San Diago, London, Boston, New York, Sydney, Tokyo, Toronto: Academic Press, 1998), vol.2, p.176.

11) David J. Atkinson, "Euthanasia," p.357.

12) 건강, 의학 전문 블로그 Korean Healthlog "존엄사 제도화, 사전 의사 결정서 반드시 필요" 칼럼과 수다 2008/12/09 09:29 Posted by docdocdoc http://healthlog.kr/739

의하고자 한다.

국가별 상황[13]

현재 대부분의 나라에서는 존엄사를 허용하지 않고 있다. 그러나 네덜란드와 같이 존엄사 관련 법률을 도입하며 적극적으로 인정하는 나라도 있다. 존엄사를 허용하는 법률은 없지만 존엄사를 인정하는 판결이 나오기도 한다.

네덜란드는 2000년 12월, 존엄사를 허용하는 법률을 도입하였다. 자발적 존엄사만을 대상으로 환자는 반드시 시한부이어야 하며, 극심한 고통을 동반하고 있어야 한다. 또한 반드시 의사 2명이 치료 가망성이 없다고 동의해야 한다. 벨기에는 네덜란드와 비슷한 조건의 환자에게 허용하며, 2002년부터 시행되었다. 스위스에는 존엄사를 돕기 위한 많은 단체들이 있으며, 법제화되어 있다.

미국의 경우는 오직 오리건주에서만 허용되고 있다. 환자가 서면으로 2차례 이상 요구하고 2명 이상의 증인, 그리고 2명 이상의 의사에게 진료를 받은 후 의사가 처방전을 써주면 약국에 가서 약을 구하고, 복용 후 죽음을 맞게 된다. 이 제도를 존엄사법(Death with Dignity Act)이라 지칭하고 있다. 2005년 15년째 식물인간이었던 테리 시아보에게서 영양 공급 튜브를 제거하는 것에 관해 논란이 있었다. 7년 동안 판결을 거듭하다가 튜브 제거가 타당하다는 최종 판결이 났다. 시아보는 급식 장치 제거 13일 만에 숨졌다.

영국에는 19세기말부터 존엄사 논쟁이 있었으나, 존엄사를 허용

---

13) http://enc.daum.net/dic100/contents.do?query1=10XXX91234 위키백과

하는 법률은 없다. 1993년 식물인간 상태로 있던 사람에게 영양 공급 장치를 제거해도 좋다는 판결이 나온 적이 있다. 독일은 제1·2차 세계대전시에 자행되었던 학살 행위에 대한 반성으로 어떤 이유에서도 사람을 죽일 수 없다는 형법 조항에 따라 존엄사가 허용되지 않는다. 일본에는 존엄사를 허용하는 법률은 없지만 죽음 임박 시 연명 치료를 거부하는 존엄사는 상당 부분 인정된다.

대한민국 역시 존엄사를 허용하는 법률은 없지만, 2008년 11월 28일 처음으로 존엄사를 인정하는 법원 판결이 나왔다. 서울서부지법 민사12부(김천수 부장판사)는 28일 오전 식물인간 상태인 김모(75세, 여) 씨의 자녀들이 어머니로부터 인공호흡기를 제거해 달라며 낸 소송에서 예의 인공호흡기를 제거하라고 판결했다. 식물인간 상태인 어머니에 대한 무의미한 연명 치료를 중단케 해달라며 자녀들이 병원을 상대로 낸 소송에서, 법원은 환자가 치료 중단 의사를 가지고 있는 것으로 추정해 존엄하게 죽을 권리를 인정한 것이다.[14]

서울대병원은 2009년 7월 8일 연명 치료 중단과 관련한 '가이드라인'을 발표하였다. 이 가이드라인은 우리가 활용할 수 있는 하나의 유용한 지침이 될 수 있을 것이다.

서울대병원의 연명 치료 중단 가이드라인[15]

중단 수준	환자의 의사 결정 능력	환자 상태	중단 대상	결정 절차 및 주체
1	있음	암, 에이즈, 만성질환의 말기 상태, 뇌사 상태	심폐소생술, 인공호흡기 등 연명 치료	환자가 의사의 설명을 듣고 미리 문서로 남김
2	없음	암, 에이즈, 만성질환의 말기 상태, 뇌사 상태	연명 치료	환자의 추정적 의사에 따라 가족과 의사가 결정

| 3 | 없음 | 인공호흡기 등 특수 연명 치료에 의존하는 지속적인 식물인간 상태 | 특수 연명 치료 (인공호흡기 등) | 병원의료윤리위원회의 판단에 맡김 |
| 4 | 없음 | 인공호흡기 등 특수 연명 치료에 의존하는 지속적인 식물인간 상태 | 일반 연명 치료 (영양 공급 등) | 법원 결정에 따름 |

* 말기 상태: 의사 2인이 잔여 생존 기간을 3개월 이내로 판단한 경우

안락사와 존엄사 허용에 반대하는 논리

안락사와 존엄사를 반대하는 사람들이 제시하는 대표적인 근거는 생명은 신에 의해서 창조된 것이므로 신성하다는 것이다. 이들은 생명의 주인은 신이므로 인간이 임의대로 좌우할 수 없다고 주장한다. 타인의 생명을 취하는 것이 죄가 되는 것은 물론이요, 자기 자신의 생명을 취하는 것(자살) 역시 죄라고 본다.

생명이 신에 의해서 창조되었으므로 신성하다는 주장에 더하여, 생명의 선천적 가치를 인정하는 논리에 근거한 또 다른 주장은 생명의 가치는 생명에 가치를 제공하는 질과 양에 있는 것이 아니라 생명 자체가 모든 경험들(좋은 것 나쁜 것을 모두 포함한)의 매개체라는 사실이 생명에 가치를 부여하는 것이라는 주장이다.[16] 네이걸은 다음과 같이 말한다.

---

14) http://healthlog.kr/836?srchid=BR1http%3A%2F%2Fhealthlog.kr%2F836

15) http://news.chosun.com/site/data/html_dir/2009/07/08/2009070800199.html?srchCol=news&srchUrl=news4

16) Herbert Draper "Euthanasia," p.185.

경험들 중에는 한 사람의 경험에 더해질 때 삶을 더 좋게 만드는 것들도 있고 더 나쁘게 만드는 것들도 있다. 그러나 이러한 것들이 제외되었을 때 남는 것은 중립적인 것이 아니라 절대적으로 긍정적인 것이다. 그러므로 삶이 비록 나쁜 경험들로 가득 차 있고, 그것들이 좋은 경험들을 훨씬 능가할지라도 생명은 살 만한 가치가 있는 것이다. 경험의 내용에 의해서보다는 경험 그 자체가 추가적인 긍정적 요소가 된다.[17]

이러한 논리는 자발적 안락사를 반대하는 논리로는 약할지 모르나 비자발적 안락사(nonvoluntary euthanasia) 시행을 반대하는 데는 강력한 주장이 될 수 있다. 안락사를 허용해야 한다고 주장하는 사람들이 제시하는 이유들 중의 하나는 환자들을 치료 또는 완화될 수 없는 통증과 고통으로부터 해방시켜 주어야 한다는 것이다. 그러나 이에 반대하는 사람들은 통증으로 고통당하는 과정이나 심지어는 무의식 상태의 식물인간으로 누워 있는 기간도 그들의 삶과 동떨어진 것이 아니라 그들의 삶의 비극의 한 부분, 즉 전기적 삶의 마지막 장이라고 본다. 그러므로 생명은 고통까지도 포함해서 소중한 것으로 보아야 하며, 안락사는 허용되어서는 안 된다고 주장한다.[18]

호스피스와 통증 완화 치료에 종사하는 사람들 역시 통증과 고통으로부터의 해방을 위한 안락사 허용을 반대한다. 그들은 최악의 경우에는 약물을 사용하여 환자를 무의식 상태에 빠트려서 통증을

---

17) Thomas Nagal, *Mortal Questions*(Cambridge: Cambridge University Press, 1979), p.2.
18) Herbert Draper "Euthanasia," p.185.

못 느끼게 만들면 된다고 한다. 그들은 안락사를 요구하게 만드는 것은 환자를 잘못 돌본 증거이며, 안락사를 시행하는 것은 그러한 돌봄으로부터의 손쉬운 탈출이라고 본다. 마찬가지로 품위는 환자가 잃어버리는 것이 아니라 조심성 없고 무성의한 간호자와 환자가 필요로 하는 치료를 공급해 주지 못하는 제도에 의해서 박탈당하는 것이라고 본다.[19] 안락사를 통해 환자를 죽게 하는 것이 문제를 해결하는 것은 아니라는 말이다.

안락사와 존엄사 반대자들은 이것의 허용이 생명 경시 풍조를 조장할 가능성이 있고, 사회적 취약자(장애인과 빈곤층 등)에게 불리하게 적용 또는 남용될 수 있으며, 장기 매매 등 상업적 목적으로 악용될 가능성이 있다는 점들 역시 존엄사 허용을 반대하는 이유로 제시한다.

미끄러운 경사길 논리를 주장하는 사람들은, 인간의 심성을 볼 때 안락사를 허용하는 법을 제정하거나 안락사를 금지하는 전문적인 규정들을 느슨하게 풀어주게 되면 점점 더 심각한 문제들이 발생하게 될 것이라고 본다. 그들은 일단 한 형태의 안락사를 허용하고 나면, 그것에 익숙해진 사람들이 다른 형태의 안락사도 요구하게 될 위험성이 있다고 주장한다. 즉 자발적 안락사의 허용이 비자발적 안락사(nonvoluntary euthanasia)와, 심지어는 반자의적 안락사(involuntary euthanasia)까지도 허용하는 사태를 초래하게 될 수 있다는 것이다. 그러므로 그들은 안락사와 존엄사 등 일체의 죽음 허용을 원천적으로 금지해야 한다고 주장한다.[20]

---

19) *Ibid.*

존엄사 허용에 찬성하는 논리

환자 자신의 자발적·합리적 판단과
의사의 자발적 동의

말기에 이른 불치병 등으로 인해 회생이 불가능하며, 생물적인 호흡만 있을 뿐 의미 있는 삶은 불가능하다는 판단이 내려졌을 경우 환자의 자발적 존엄사 요청은 허용되어야 할 것이다. 그러나 이 논리가 수용되기 위해서는 다음 몇 가지 사항들이 고려되어야 한다.

첫째, 존엄사의 정당성을 인정받기 위해서는 원칙적으로 다음 조건들이 충족되어야만 한다. 주인공에게 모든 정보가 제공되어야 하며, 주인공이 주어진 모든 정보를 충분히 이해할 수 있어야 하고(주어진 정보 또는 행위와 자신의 죽음과의 연관성, 타당성, 영향 및 결과와 어떻게 관련이 되는지에 대한 이해), 강제되지 않고 자율적인 동의에 의한 결정일 것, 환자의 동의 없이는 어떤 행위도 시행되지 않을 것(존엄사 희망 또는 거부에 관한 동의) 등이 준수되어져야 한다.[21]

둘째, 스스로의 생명을 끝낼 자율권을 인정하는 것과 존엄사 사이에 연관을 맺기 위해서는, 자신의 죽음을 위해 다른 사람의 도움을 받을 수 있다는 것이 증명되어야 한다. 한 사람이 무엇인가를 하는

---

20) 안락사를 반대하는 미끄러운 경사길 주장에 대해 자세히 알기 위해서는 다음을 보라. D. Lamb, *Down the Slippery Slope*(Beckenham, U.K.: Croom Helm, 1988); Douglas Walton, *Slippery Slope Arguments*(Oxford: Clarendon Press, 1992), p.22; Den Hartogh G, "The Slippery Slope Argument." Kuhse H, and Singer P eds., *Companion to Bioethics*(Oxford: Blackwell Pub, 1998), p.280.

21) Herbert Draper, "Euthanasia," p.176.

것이 허용된다고 해서 그것을 하기 위해 다른 사람의 도움을 받는 것이 당연하며, 또한 다른 사람이 그것을 도와줄 의무를 가진다고 단정짓기는 어렵기 때문이다. 제임스 레이첼스는 이같이 말하였다. "남편은 자기 부인과 동침할 권리를 가질 수 있을 것이다. 그러나 그 특권을 다른 대리인이 대신하게 할 권리는 없다."[22] 마찬가지로 스스로의 생명을 끝내는 것을 허용할 수 있다는 주장, 자신의 생명을 끝내기 위해 다른 사람의 도움을 요구할 권리도 동시에 가진다는 주장, 다른 사람이 그 요구를 무조건 들어주어야 한다는 주장은 엄연히 다른 것이다. 그렇다면 이 문제를 어떻게 해결할 것인가?

레이첼스는 이 둘 사이의 연결을 위해 다음과 같은 논리를 제공한다. "만일 어떤 사람이 무엇을 행하거나 어떤 특정한 상황을 초래하는 것이 허용된다면, 그 행동이 다른 제3자에게 어떤 해도 끼치지 않는다는 전제하에, 그 사람이 그렇게 함에 있어서 다른 사람이 자유 의지로 제공하는 도움(freely given help)을 받아들이는 것은 허용될 수 있다."[23]

존엄사의 시행을 꺼리는 의사에게 이를 강요하는 것은 부당하다. 환자가 자신의 생명이 더 이상 지속할 가치가 없는 상태에 이르렀다고 판단하고 존엄사를 희망할 경우에 의사가 존엄사를 위한 도움을 '자유 의지로 제공'하도록 하기 위해서는 그 의사도 역시 환자의 생명이 더 이상 살 가치가 없다는 데 동의하고 있어야만 한다.[24]

결론적으로 환자가 말기에 이른 불치의 병 등으로 인해 자신의 생명이 더 이상 지속할 가치가 없는 상태에 이르렀다고 판단하여 존

---

22) James Rachels, *The End of Life*(Oxford: OUP, 1986), p.86.
23) *Ibid.*
24) Herbert Draper, "Euthanasia," p.184.

엄사를 희망할 경우에, 의사 역시 환자와 같은 판단을 내렸다면 환자의 희망을 수용하여 더 이상의 연명 치료 등을 중지하고 환자가 품위를 유지한 채로 평안하게 죽음에 이르는 것을 허용해야 하며, 의사가 그런 결정을 내리는 것 역시 허용해야 한다.

셋째, 존엄사를 요청하는 환자의 결정이 합리적 판단을 어렵게 할 정도의 극심한 고통 속에서나 우울증 또는 정신질환을 앓고 있는 상태에서 내려진 것이 아닌지 살펴보아야 할 것이다. 가족이나 의사의 영향(경제적 이유, 자기 자신들의 이익 고려, 감정적 이유 등에 의한) 때문에 그들의 눈치를 보거나 잘못 판단해서 내리는 결정이 아닌지도 잘 살펴보아야 할 것이다.

넷째, 자신의 의사를 표현할 능력이 없어질(incompetent) 경우에 치료를 거부한다는 뜻을 기록한 사전 지시서나 유언장(living will)의 경우도 문제가 있을 수 있다. 실제로 우려했던 상황이 발생했을 때, 구체적으로 어떤 일이 전개될 것인지 알지 못한 채 대략적으로 작성된 표준화된 유언장에 서명할 수도 있는 것이다. 사전지시서나 유언장 또한 치료 중단에 동의한다는 환자의 자율적인 의사 표현을 위한 것이지만, 그 의사가 불명확할 경우에는 친척들이나 다른 사람들에 의해서 오용되는 등의 문제가 발생할 수도 있는 것이다.[25]

자살 선택이 아닌 진정한 의미에서의 자발적인 존엄사가 되게 하기 위해서는 합리적이고 객관적인 판단 기준들이 정립되어야 한다. 환자의 자율적인 결정으로서의 존엄사가 인정을 받으려면 존엄사를 반자의적 안락사(involuntary euthanasia)와 확실하게 구분할 수 있어야만 한다.[26] 잘못된 판단을 방지하기 위해 자발적으로 존엄사를

---

25) David J. Atkinson, "Euthanasia," p.358.

선택하는 환자들의 경우에도 병원의료윤리위원회와의 상담과 협의를 의무화하는 것도 좋은 방법이 될 수 있을 것이다. 그리고 모든 결정은 환자에게 최선의 이익 또는 복지가 보장되는 결정이 되어야 한다.

의사 표현 능력이 없는 환자의 경우

존엄사를 결정하는 순간 환자가 자기 자신의 의사를 표시할 수 있는 능력이 없음으로 인해 타인이 존엄사를 선택해야 하는 비자발적 존엄사(nonvoluntary euthanasia)의 경우에는 어떻게 할 것인가? 가장 대표적인 경우가 지속적인 식물인간 상태로 의식이 없는 환자이다. 의식이 없는 환자라고 할지라도 환자 자신이 이러한 경우를 대비하여 평소에 작성해 놓은 치료 중단 사전지시서나 유언장이 있다면, 이것을 의사 표현 수단으로 간주할 수 있을 것이다. 그러나 의식이 없는 환자로서 사전지시서나 유언장을 작성해 놓지 않은 사람이나, 생후 1개월 이내의 신생아, 매우 어린 아이, 극도로 심한 통증을 겪고 있어 이성적 판단이 불가능한 상태에 있는 환자, 심각한 학습장애를 앓고 있어서 글의 내용을 파악하지 못하는 사람 등의 경우가 모두 존엄사 선택의 순간에 자기 자신의 의사를 표현할 수 없는 환자에 해당하는데 이럴 경우에는 어떻게 할 것인가? 이러한 환자들의 경우에는 서울대병원의 연명 치료 중단 가이드라인이 유용한 지침이 될 것으로 본다. 특히 자신의 의사 결정 능력이 없는 세 범주

---

26) *Ibid.*

에 속하는 환자들을 위한 지침을 실용적으로 활용할 수 있을 것이다. 각 병원은 의사·변호사·윤리학자·종교인 등으로 조직된 의료윤리위원회를 운영해야 한다. 다만 농어촌 등과 같이 지역 특성상 각 병원별로 의료윤리위원회를 운영하는 데 어려움이 있다면, 지역별 위원회를 구성하고 운영해도 무방할 것이다.

특별한 치료 수단을 거부할 권리

환자들에게 행해지는 치료 수단은 보편적인 것과 특별한 것으로 구별될 수 있다. 케넷 케어론은 다음과 같이 설명한다.

> 보편적 수단은 문제가 되고 있는 상황 속에서 취할 수 있는 익히 잘 확립되어 있으며 전형적인 것으로 간주되는 수단을 의미하고, 합리적인 사람이라면 누구나가 취하게 되며 또 환자에게 진정으로 도움이 될 가능성을 부여할 것으로 기대할 수 있는 수단을 일컫는다. 특별한 수단은 이 기준에 부합되지 않는 모든 수단을 의미한다. 그러나 어떤 것이 보편적인 것이냐 아니냐에 대한 결정은 환자의 관점에 따라 다르다.[27]

환자와 환자 주변의 사람들과 의료진에게는 '보편적'인 치료를 받아들이고 공급할 도덕적 의무가 있으나, 비보편적인 '특별' 수단들에 대해서는 그러한 도덕적 의무가 없다.[28] 병이 악화되어 참을 수

---

27) Kenneth Kearon, 《의료윤리》, p.51.

없는 고통만 지속될 뿐, 치유가 불가능한 상황에 처한 것으로 판단된 환자에게 생명 연장 보조 장치를 사용하거나, 수술을 시행하거나, 비싼 약을 투여하거나 하는 것은 비보편적인 수단을 강요하는 행위이다. 환자와 가족들과 의료진은 이러한 행위를 거부할 권리가 있으며, 환자는 품위를 유지한 채로 평안하게 자연사를 맞이할 권리가 있다.

자비의 원칙과 공리주의적 고려

동물의 경우는 너무 늙었거나, 치료 불가능한 병의 말기에 이르렀거나, 심각한 부상으로 인해 움직일 수 없게 되었을 경우 고통당하는 것을 그냥 지켜보기보다는 안락사를 시킨다.

치료 불가능한 병의 말기에 이른 환자를 고통으로부터 해방시켜 줄 수 있는 다른 방법이 없을 경우 유일하게 남은 자비로운 선택은 환자가 편안한 죽음을 맞이할 수 있도록 도와주는 것이다. 자비를 베푸는 것은 가장 중요한 윤리 원칙들 가운데 하나다. 의사들은 환자가 극심한 고통 속에서 죽어가는 것을 지켜보기보다는 편안하게 죽을 수 있도록 도와줄 수 있는 수단들을 가지고 있다. 그러므로 의사는 그런 환자에게 자비로운 행위로써 편안한 죽음을 맞이할 수 있도록 도와줄 도덕적 의무가 있는 것이다.[29]

자비의 원칙에 호소하는 주장들은 공리주의에 의해 지원을 받았다. 피터 싱어·존 해리스·제임스 레이첼스·조너선 글로버 같은 공

---

28) *Ibid.*, pp.51-52.
29) Herbert Draper, "Euthanasia," p.184.

리주의자들은 모든 행동의 선성은——죽음을 초래하는 행동까지도
——그 행동의 결과에 좌우된다고 주장한다. 환자의 죽음을 허용하
는 것이 살인하지 말라는 금기 사항과는 충돌될지 모르지만, 그것
이 말기 환자를 고통으로부터 해방시켜 주며 희망하는 결과, 즉 편
안한 죽음을 성취하게 해준다면 잘못된 것은 아니라고 본다. 육체
적 고통뿐만 아니라 심리적 고통, 그날그날의 일상적인 일을 할 수
없는 당혹감 등도 고통에 포함된다.[30]

스스로의 의견을 표현할 수 있는 성인의 경우뿐만 아니라 무의식
상태에 있는 환자나 어린아이처럼 스스로의 의견을 표현할 수 없는
환자들의 경우에도 그들이 편안한 죽음을 맞이할 수 있도록 자비의
원칙이 적용되어야 한다.

생명윤리에 있어 악행 금지의 원칙이 자비의 원칙보다 우선한다
고 보고 존엄사를 무조건 금지해야 한다는 주장을 할 수도 있을 것
이다. 그러나 회복의 가능성이 없어진 환자에게 존엄사를 허용하지
않고 장기간에 걸쳐 엄청난 고통을 당하게 만들고 경제적인 부담을
지우려 한다면, 이는 존엄사를 허용하는 것보다 더 큰 악행이 될 수
도 있다. 고로 최후 수단으로써의 자비의 원칙은 그대로 적용되어
야 한다.

존엄사 허용의 정당성을 뒷받침하는
큰 고려 사항들

---

30) *Ibid.*

살아 있음의 의미와 죽음의 의미

생명의 정의는 어떻게 내릴 것인가? 리처드 맥코믹은 '생명'이 두 가지 의미를 가진다고 하였다. "첫째, 복지(well-being)를 위한 인간적 역할(또는 능력)이 지속되고 있는 상태, 둘째, 인간적 역할이나 능력 없이 단순한 생물적 생명 유지에 필요한 신진대사만 있는 경우"이다.[31] 케넷 케어론은 살아 있음을 단순히 숨을 쉬고 있는 의학적인 생리 현상 측면에서보다는 관계적인 측면에서 이해한다. 다시 말해서 인간적인 접촉을 통하여 타인과의 관계를 맺고 이어가거나, 의식과 기억을 통하여 자기 자신과 관계를 맺거나, 활동을 통하여 주변 환경과 관계를 맺을 수 있을 때 비로소 한 인간이 살아 있다고 말할 수 있다는 것이다. 그러므로 인간적 활동이 지속되고 있는 상태에 있을 때만 생명의 존엄성이나 가치를 인정할 수 있다고 보는 것이다.[32]

그렇다면 인격적인 한 존재로서의 생명의 시작은 이러한 인간적 활동의 가능성이 시작된 때부터라고 볼 수 있을 것이며, 생명의 끝은 이러한 가능성이 멈추는 순간이라고 볼 수 있을 것이다.

1968년 하버드 의과대학의 한 위원회는 그 이전까지 통용되던 '호흡과 심장의 멈춤'이라는 판정 기준과는 달리 '영원히 작용을 멈춘 뇌(뇌사)'를 죽음 판단의 새로운 기준으로 제시하였다. 그 이유는 생명 보조 장치들이 개발됨으로써 뇌가 심각하게 파괴되어 의식을

---

31) Richard McCormic, *How Brave a New World?*(London: 1981), p.396. 재인용, Kenneth Kearon, 《의료윤리》, p.16.

32) *Ibid.*, pp.15−16.

찾을 가능성이 거의 희박하게 된 후에도 그러한 보조 수단을 통하여 호흡과 심장박동을 지속시킬 수 있게 된 때문이었다. 위원회가 제시한 죽음 판정 기준은, 1)외부적으로 가해진 자극과 내적인 필요를 수용치 못함과 반응치 못함, 2)자발적인 근육 운동과 호흡의 부재, 3)생리적인 반사 작용의 부재이며, 위원회는 이러한 판단을 위한 임상진단 방법으로써 동전기 뇌파기록술(flat electroencephalogram)이 도움이 될 것으로 보았다.[33] 이러한 하버드 기준은 세계적으로 신속하게 받아들여졌다.

폴 램지는 하버드 기준을 지지하면서 이같이 말하였다. "뇌사 기준들은, 사망이 발생한 것을 판단하는 우리의 절차를 최신의 것으로 새롭게 하기 위한 제안들이며, 환자에게는 기계나 치료라는 신념을 논박하기 위한 제안들이고, 인공적으로 지탱된 생명의 증표들이 그것 자체로 생명의 증표들이라는 개념의 철회를 위한 제안들이며, 환자에게서 정말 살아 있거나 회복할 만한 생명 유지에 필요한 작용들이 사라져 버렸기 때문에 언제 우리가 묻히지 않은 시체의 피를 순환시키고 환기시키는 것을 멈춰야만 할 것인지를 말해 주기 위한 제안들이다."[34]

뇌가 작동을 멈추는 것은 살아 있는 한 인격적 존재로서의 활동 가능성이 사라졌음을 의미하는 것이며, 한 인간의 완벽한 죽음을 의미하는 것이다. 뇌활동의 부재는 사망 판단의 충분한 증거가 된다.

---

33) "A Definition of Irreversible Coma," *Journal of the American Medical Association*(1968); A. M. Capron and L. R. Kass, "A Statutory Definition of the Standards for Determining Human Death: An Appraisal and a Proposal," D. J. Horan and D. Mall, eds., *Death, Dying and Euthanasia*(Maryland, 1980), pp.42-44.

34) Paul Ramsey, The Patient as Person(Yale: Yale University Press, 1970), pp. 88-89.

그러면 뇌활동의 존재가 한 사람이 살아 있다고 할 수 있는 충분한 증거가 될 수 있는가? 1976년 미국의 법정 케이스가 되었던 캐런 퀸란의 예를 보자.

22세였던 캐런은 친구들과 놀던 중 별 이유 없이 쓰러졌다. 병원으로 옮겨졌지만 이미 15분여 동안 호흡이 멈추어진 상태였다. 그녀는 매우 심각한 뇌손상을 입었고, 깊은 혼수 상태에 빠지게 되었다. 그리고 호흡을 돕기 위해서 인공호흡기가 필요하게 되었다. 시간이 흐름에 따라 그녀가 혼수 상태에서 깨어날 가능성이 없음이 분명해졌다. 그러나 의사들은 "그녀에게 하버드 기준에 해당하는 뇌사가 발생하지 않았기 때문에"[35] 인공호흡 장치의 제거를 꺼렸다.

그녀의 아버지는 법원에 인공호흡 장치 제거를 허가할 수 있는 보호자의 역할을 할 수 있게 해달라고 청원하였다. 법원은 뇌사는 일어나지 않았지만 실질적으로는 '소생할 희망이 없는' 사람으로부터 인공호흡기의 제거를 결정하는 중요한 역할을 맡게 된 것이다.

청문회에 제시된 의학적 증거들은 그녀가 "식물적인 분야의 신경작용을 유지할 능력은 가지고 있지만 인식 능력은 더 이상 가지고 있지 않은" '만성 식물인간 상태'로 판명되었다.[36] 그리고 "그러한 상태를 치유하거나 호전시킬 만한 어떤 치료 방법도 알려지거나 사용 가능한 것이 없다. 대부분의 의료과학 예측들의 특징인 가려져 있는 먼 미래의 불확실함을 고려해 볼 때(즉 확고한 치유 방법을 예측할 수 없는 현재로서는), 그녀가 인식 능력과 슬기를 가진 생명으로 결코 소생할 수 없다고 거의 말할 수 있다."[37]

---

35) "Opinion of the New Jersey Supreme Court in the Karen Quinlan Case," D. J. Horan and D. Mall, eds., *Death, Dying and Euthanasia*(Maryland, 1980), p.497.
36) *Ibid.*

그녀의 아버지 조셉 퀸란은 로마가톨릭교인이었고, 법원에 가기 전 교회의 견해를 물었다. 교회는 환자가 소생할 희망이 전혀 없는 경우에는 인공호흡 장치를 계속해서 사용할 도덕적 의무가 없으며, 그러한 보조 기구를 제거하는 것은 안락사와는 다른 것이라고 주장하였다. "가톨릭교회의 가르침에 따르면, 치료의 중단을 요청하는 조셉 퀸란의 결정은 도덕적으로 옳은 결정이다."[38]

교회의 조언이 청문회에 소개되었고, 판사는 그러한 교회의 의견을 따라서 판결하였다. 만약 모든 믿을 만한 의학적 견해들이 "캐런이 지금의 혼수 상태에서 인식 능력을 가지고 생각할 수 있는 상태로 회복될 가능성이 전혀 없다는 데" 동의한다면, "지금의 생명 보조 장치들을 제거할 수 있으며, 그렇게 하여도 민법이나 형법의 저촉을 받지 않는다."[39]

뇌활동의 존재가 한 사람의 살아 있음을 구성하는 충분한 조건인가? 아니다. 뇌의 활동이 완전히 사라진 것은 아니었다고 할지라도 인식력을 가지고 활동할 수 있는 잠재력이 파괴된 경우, 다시 말해서 관계를 맺을 수 있는 능력이 사라진 경우에는 한 사람의 살아 있음이 끝났다고 봐야 하는 것이다. 그러므로 법원은 생명 보조 장치의 제거를 허용한 것이다. 법원은 캐런이 이미 죽음의 과정으로 들어갔다고 판단하였고, 인공호흡기는 단지 그 과정을 연장하고 있을 뿐이라고 본 것이다.[40] "인공호흡기의 제거가 그녀의 죽음을 촉발하

---

37) "Opinion of the New Jersey Supreme Court in the Karen Quinlan Case," p.498.

38) "Opinion of the New Jersey Supreme Court in the Karen Quinlan Case," p.503.

39) "Opinion of the New Jersey Supreme Court in the Karen Quinlan Case," p.521.

는 것이 아니라, 다만 그것이 일어나는 것을 용인하는 것일 뿐이었다.”[41)

죽음은 교통 사고로 죽는 것과 같이 ‘한순간’의 일이 될 수도 있지만 대부분의 경우 다양한 단계를 가진 하나의 ‘과정’이다. 생명 보조 장치의 발달은 맥박과 호흡만을 죽음 판단의 기준으로 삼는 것을 무효화시키고, 뇌사라는 새로운 기준을 고려하게 만들었다. 뇌사는 관계 형성의 모든 가능성이 끝났음을 의미하기 때문이다. 그러나 퀸란 사례는 때에 따라서는 뇌사를 죽음 판단의 최종 기준으로 삼는 것도 충분하지 않음을 보여주었다. 왜냐하면 잠재적 능력의 소멸이 뇌사 이전에도 일어날 수 있기 때문이다. 이러한 상황이 발생할 경우, 더 이상의 의학적 치료는 죽음의 과정을 무의미하게 연장시키는 역할을 할 뿐인 것이다.[42) 환자가 이러한 상태에 이르게 되면 존엄사를 허용하는 것이 옳을 터이다.

뇌사의 정의를 뇌간 기능(brain-stem function)이 되돌이킬 수 없을 정도로 손상된 것에서 상층뇌 기능의 손실로 연장하려는 주장은, 전기적 생명(biographical life)과 생물적 생명(biological life) 사이의 차이에 근거한다. 그들은 일단 자기 자신의 존재를 경험할 수 없으면 그/그녀는 실제적으로 죽은 것이라고 주장한다. 그러므로 예를 들면 지속적 식물인간 상태에 있었던 퀸란은 심폐 기능 정지나 뇌간 기능 상실로 인해 죽었다고 공식적으로 선언했을 때가 아니라 그녀가 의식 능력을 잃어버렸을 때 죽은 것이다. 그러므로 존엄사를 허용해야 한다는 것이다.[43)

---

40) Kenneth Kearon, 《의료윤리》, p.41.
41) *Ibid.*
42) *Ibid.*, pp.42–43.

성경은 모든 죽임 또는 죽음을 정죄하는가?

1세기의 요세푸스와 5세기의 아우구스티누스는 자살을 본질적으로 나쁜 것으로 보았다. 그 두 사람의 자살에 대한 견해는 종교적인 것이었음에도 불구하고 이후의 사람들에게 막대한 영향을 끼쳤으며, 대부분의 사람들이 자살에 대해 부정적인 태도를 가지도록 만들었다.[44]

사람들은 히브리 전통과 기독교 전통이 죽임(killing)에 대해 총괄적으로 금지(blanket prohibition)한다고 오해한다. 그러나 〈출애굽기〉 20장 13절과 〈신명기〉 5장 17절의 표현은 "죽이지 말라(Thou shall not kill)"가 아니라 "살해하지 말라(Thou shall do no murder)"이다. 죽임의 종류, 또는 상황이 다를 수 있음을 고려해야 한다. 정당한 죽임과 부당한 죽임, 즉 살해를 구분할 필요가 있는 것이다. 살해 (murder)를 의역한 히브리어는 라자흐(râtsach)이다. 히브리어는 죽임과 관련하여 다양한 어휘를 사용한다. 때로 하나님이 누군가를 죽이라고 명령하는데, 이때는 무오쓰(mûwth)가 쓰였으며, 마땅히 죽여도 될 대상을 죽임을 의미하였다. 〈시편〉 10편 8절에서는 "그가 마을의 은밀한 곳에서 무죄한 사람들을 살해한다"라고 표현하고 있다. 이 경우에 살해자(murderer)는 학살자(slaughter)를 의미하는 하라그(hârag)이다. (〈민수기〉, 31장 17-18절도 참조하라.)

---

43) Herbert Draper, "Euthanasia," p.185.

44) Brian Stoffell, "Voluntary euthanasia, suicide and physician-assisted suicide," Helga Kushe and Peter Singer, eds., *A Companion to Bioethics*(Oxford, UK and Malden, MS: Blackwell Publishers, Ltd., 1998, 2001), p.272.

히브리어에는 자살에 해당하는 단어가 없다. 성경에 기록된 자살 행위는 죽음에 사용된 수단들의 관점에서 묘사되어 있다. 예를 들면 〈사무엘하〉 17장 23절에는 "〔아히도벨이〕……자기 집에 이르러 집을 정리하고 목을 매었다, 그리고 죽었다(hanged〔chânaq〕 himself, and died)"라고 기록하고 있다. "자살했다"라고 쓰지 않고 "목을 매었다, 그리고 죽었다"라고 묘사하고 있는 것이다. 또한 히브리 성경 중 이곳에서나 다른 어느곳에서도 자살에 대해서 묘사할 때 그 행위에 대해 경멸적인 비하 발언이 가해지고 있지 않음을 주목할 필요가 있다. 그리고 이와 유사한 판단이 기독교 성경에도 나타나고 있다.[45]

기독교인들 중 죽임에 대해 부정적으로 보는 전통은 그 주장들을 형성함에 있어서 절충적이었는데, 그 부분적인 이유는 그들이 근거 교재로 사용한 히브리 및 기독교 문서들이 자발적 죽음을 금지하지 않았기 때문일 것이다.[46]

모든 죽임 또는 죽음이 다 나쁜 것은 아니다

유원은 자살에 대해 언급하면서 모든 죽임이 다 나쁜 것이 아님을 다음과 같이 설명한다. 첫째, 모든 죽임이 도덕적으로 나쁜 것이므로 자살도 나쁜 것이라고 하는 것은 잘못된 주장이다. 순교처럼 거

---

45) D. Daube, "The linguistics of suicide," *Philosophy and Public Affairs*, 1/4 (1972), pp.387-437.

46) 다음을 보라. A. Schopenhauer, "On suicide," in *Essays and Aphorisms*(Harmondsworth: Penguin, 1970). R. E. Ewin, "What is wrong with killing people?" *Philosophical Quarterly*, 22(1972), pp.126-139.

록한 죽음이나 타인의 보조를 받아서 시행된 자살이나 존엄사같이 도덕적으로 중립적인(선도 악도 아닌) 종류의 죽음은 도덕적으로 나쁜 것이 아니다. 그렇다면 모든 종류의 죽임 또는 죽음이 무조건 나쁘다고 하는 주장은 잘못된 것이다. 둘째, 자살은 살해로서의 죽임에 포함되지 않는다. 셋째, 자살을 살해의 한 부류로 단정지을 수 있도록 타당한 근거를 제시하는 세속적 주장이 없다.[47]

죽음(자살과 존엄사 포함) 자체에 대해서 총괄적으로 비난하거나 도덕적 금지를 주장할 수는 없다. 자살 또는 존엄사를 선택하는 다양한 이유들을 살펴보면 이해가 쉬워질 것이다. 적에게 잡힌 스파이가 적에게 비밀을 누설하게 되고 동료들마저 죽게 만드는 것을 방지하기 위해 청산가리를 먹고 자살한다. 어떤 사형수는 더 큰 고통을 피하기 위해 잔인한 공개 절단형이나 사형 집행 전에 목을 매어 죽는다. 논개는 조국을 침략자들로부터 구하기 위해 일본군 장수를 안고 강물 속으로 뛰어들어 죽었다. 어떤 사람은 빚을 갚을 길이 없어서 자살을 선택한다. 어떤 사람은 비윤리적 행동에 대한 심판으로써 겪게 될 수치가 두려워 자살을 선택한다. 어떤 사람은 가족들이 생명 보조 장치를 사용하는 것은 자신이 천국 가는 것을 방해하는 행위이므로 그렇게 하지 말라고 한다. 또 어떤 사람은 이 세상에 더 오래 머물기 위해 생명 보조 장치를 사용하는 것은 하나님의 섭리에 대한 불신 행위라고 보고 치료의 중단을 요구한다. 어떤 사람은 자신의 치료로 인해 가족들이 지게 될 정신적·물질적 고통을 생각해서 더 이상의 치료를 거부한다.

---

47) R. E. Ewin, "What is wrong with killing people," *Philosophical Quarterly*, 22(1972), pp.126-139.

살 수 있음에도 불구하고 생명보다 더 고귀한 가치를 성취하기 위해 죽음을 선택하는 경우들도 있다. 십자가의 길을 선택한 예수와 그의 뒤를 따르는 순교자들, 물에 빠진 사람을 살리기 위해 자신의 생명을 희생하는 사람, 조국의 독립을 위해 불의한 세력의 핵심 인물들을 제거하고 자신의 생명을 희생한 윤봉길이나 안중근 같은 독립투사들이 이러한 경우들에 해당할 것이다.

어떤 사람은 불치의 말기 질병으로 인한 통증으로부터 해방되기 위해 자살하거나 존엄사를 선택한다. 그런가 하면 어떤 사람은 통증을 자신들이 믿는 신의 섭리를 더 잘 깨달을 수 있도록 하기 위한 것으로 이해하고 끝까지 참고 견딘다. 어떤 사람은 통증과 비참함을 기꺼이 감수하지만, 다른 한편으로는 구원을 잃지 않기 위해 비록 죽는 한이 있더라도 수혈을 거부한다. 어떤 사람은 자신의 건강 상태가 더 이상은 자신의 삶의 목적을 지속적으로 수행할 수 없는 상태에 이르렀기 때문에 더 이상 생물적 목숨을 이어가는 것이 무의미하다고 판단하여 자살 또는 존엄사를 선택한다.

또 다음과 같은 경우도 있을 수 있다. 한 여성이 자신의 아름다움이나 인품이 병의 악화나 통증이나 약물에 의해 파괴되기 전에 죽기로 결정한다면, 그 결정은 그녀가 이지를 상실하게 되고, 변을 못 가리게 되며, 이전의 모든 아름다움을 다 상실하게 되고 전적으로 의존적인 존재가 된다고 할지라도 끝까지 그녀가 곁에 있어 주기를 소망하고 그녀를 돌보기를 원하는 남편의 희망에 전적으로 위배되는 것일 수도 있을 것이다. 그러나 배우자의 희망을 거부한 것 때문에 그녀의 죽음 선택을 잘못된 행동이라고 정죄하는 것은 매우 질 나쁜 종류의 무례함이다. 비록 그녀의 결정이 통증에 대한 패배요, 이기적인 결정처럼 보인다 할지라도 그녀의 결정을 존중해 주어야 하며, 자비로운 마음으로 정죄 없이 수용하는 배려가 필요할 것이다. 그러한 고통을 당하면서도 끝까지 자기 곁에 있어 주기를 강요하는 것이야말로 매우 이기적이며 잔인한 행위가 될 것이다.

이상에서 보았듯이 모든 죽임 또는 죽음을 총괄적으로 비난할 수는 없다. 죽음(자살과 존엄사 포함)을 선택하는 동기에는 박애적인 이유, 이기적 이유, 중립적인 이유 등 여러 가지가 있을 수 있는 것이다. 박애적인 죽음은 칭송을 받으며, 이기적인 죽음은 비난을 받는다. 어느 누구에게 해를 끼치지 않으며 도덕적으로 중립적인 죽음에 대해서는 가치 판단 없이 수용하기도 한다.

이상에서 발견할 수 있는 한 가지 중요한 사실은 죽음을 선택하는 동기에 대한 것이다. 말기 환자의 통증으로부터의 탈출보다도 삶 또는 생명의 목적에 대한 각자의 이해와 종교적 신앙 등이 더 중요한 핵심적 동기가 될 수가 있음을 볼 수 있다.

박애적인 동기나 중립적인 동기 등에 의해서 스스로의 생명을 희생 또는 포기하는 것은 칭송하거나 허용하면서, 말기에 이른 불치의 병으로 인한 고통과 밑 빠진 독에 물 붓듯 하는 경제적 부담으로부터 해방되기 위해 존엄사를 선택하는 것을 방해하거나 비난하는 것은 비합리적인 태도이다.

결 론

생명은 존귀한 것이다. 생명이 함부로 파괴되는 것을 방지하기 위해 최선의 노력을 기울여야 한다. 존엄사에 대한 담론 역시 예외일 수가 없다.

존엄사를 허용하도록 법이나 전문적인 규정들을 느슨하게 풀어줄 경우 점점 더 심각한 문제들이 발생할 수도 있음을 경고하는 미끄러운 경사길 논리에 귀를 기울일 필요가 있다. 이러한 사태가 발생하지 않도록 조심해야 한다. 생명 경시 풍조가 조장되거나, 가난하거나 신체적·정신적 장애를 가진 사람 등 사회적 약자들이 희생자가 되거나, 장기 매매 등 상업적 목적으로 악용되는 일이 발생하지 않도록 노력해야 한다.

그러나 미끄러운 경사길 논리를 근거로 하거나 다른 어떤 이유로도 존엄사 허용을 원천적으로 금지하는 것은 오히려 비윤리적인 처사가 될 수 있다. 그렇게 할 경우에는 피치 못하게 존엄사가 허용되어야만 하는 사람들에게조차 그것을 금지하여 무의미한 고통과 희생을 지속적으로 겪게 만드는 오류를 범할 수도 있다.

불치병 말기 환자들처럼 부득이한 경우의 존엄사 선택은 허용되어야 한다. 불치병 말기 환자들처럼 부득이한 상황에 처했을 경우, 자발적인 의사 표현이 가능한 환자뿐만 아니라 무의식 상태에 있는 환자나 갓난아이처럼 스스로의 의사 표현이 불가능한 환자의 경우에도 존엄사는 허용되어야 한다.

자기 자신과 이웃 그리고 주변 환경과 관계를 맺을 수 있는 능력이나 잠재력 또 생산적인 활동을 할 수 있는 능력이나 잠재력이 소멸된 경우, 환자는 이미 회복이 불가능한 죽음의 과정에 들어간 것이다. 이 경우 더 이상의 의학적 치료는 무의미하게 죽음을 연장시킬 뿐이다. 그러므로 이러한 경우에는 죽음의 과정이 가능한 한 편안하도록 도와주는 것 외에는 의학적 치료를 지속할 도덕적 의무가 없다.

단순히 생물적 호흡을 존속시키기 위해 가혹한 고통을 감당하도록 강요하는 것은 비윤리적인 것이다. 교리적인 틀에 얽매어 무자비해지는 것은 옳지 못하다. 자연사를 허용하지 않고 무리하게 생명을 연장시키려 하는 것은 이승에서의 육체적 생명에 대한 집착이며, 신의 섭리에 대한 반항이다. 고통으로부터의 해방보다도 고귀하고 선한 동기에 의한 존엄사 선택 역시 허용되어야 한다. 고문을 통해 기밀을 뽑아내거나 신앙을 파괴하고자 하는 악한 세력들의 계략에 넘어가지 않기 위해, 구차한 생명을 지속적으로 이어가기보다 죽음을 선택하는 애국지사들이나 순교자들의 죽음이 이에 해당할 것이다. 모든 죽음 선택이 다 비윤리적이거나 비신앙적인 것은 아니다.

【참고 문헌】

건강, 의학 전문 블로그 Korean Healthlog “존엄사 제도화, 사전 의사 결정서 반드시 필요” 칼럼과 수다 2008/12/09 09:29 Posted by docdocdoc http://healthlog.kr/739

김일수, 〈안락사 문제의 실정법적 연구〉, 《현대사회》, 1984 봄.

오영근, 《형법각론》, 대명출판사, 2004.

이인영, 〈안락사 유형별 규범 해석과 사회적 인식도〉, 《형사법연구》, 제20권 제2호(2008 여름 통권 제35호).

이재상, 〈안락사의 형태와 허용 한계〉, 《김종원 교수 회갑기념논문집》, 1981.

허일태, 〈안락사에 관한 연구〉, 《형법연구》(I).

〈조선일보〉, 2009년 3월 6일자, 박종인 기자 http://blog.daum.net/han0114/17046350

“A Definition of Irreversible Coma,” *Journal of the American Medical Association*(1968).

Atkinson, David J., David F. Field, Arthur Holmes, Oliver O’Donovan, eds.,

"Euthanasia," in *New Dictionary of Christian Ethics and Pastoral Theology*, Downers Grove, Il, USA/Leicester, England: Inter-Varsity Press, 1995.

Cameron, N. M. de S. ed., *Death without Dignity: Euthanasia in Perspective*, Edinburgh, 1990.

Capron, A. M. and L. R. Kass, "A Statutory Definition of the Standards for Determining Human Death: An Appraisal and a Proposal," D. J. Horan and D. Mall, eds., *Death, Dying and Euthanasia*, Maryland: 1980.

Daube, D., "The linguistics of suicide," *Philosophy and Public Affairs*, 1/4 (1972).

Draper, Herbert, "Euthanasia," *Encyclopedia of Applied Ethics*, edited by Ruth Chadwick. San Diago, London, Boston, New York, Sydney, Tokyo, Toronto: Academic Press, 1998.

Ewin, R. E., "What is wrong with killing people?" *Philosophical Quarterly*, 22(1972).

Hartogh G, Den, "The Slippery Slope Argument." Kuhse H, and Singer P eds., *Companion to Bioethics*, Oxford: Blackwell Pub, 1998.

Kearon, Kenneth, 김희수 역, 《의료윤리》, 기독교문서선교회, 1998.

Lamb, D., *Down the Slippery Slope*, Beckenham, U.K.: Croom Helm, 1988.

McCormic, Richard, *How Brave a New World?*, London: 1981.

Nagal, Thomas, *Mortal Questions*, Cambridge: Cambridge University Press, 1979.

"Opinion of the New Jersey Supreme Court in the Karen Quinlan Case," D. J. Horan and D. Mall, eds., *Death, Dying and Euthanasia*, Maryland, 1980.

Proctor, R., *Racial Hygiene: Medicine under the Nazis.*, Cambridge, MA, and London, 1988.

Rachels, James, *The End of Life*, Oxford: OUP, 1986.

Ramsey, Paul, *The Patient as Person*, Yale: Yale University Press, 1970.

Report of the Select Committee on Medical Ethics(London, 1994).

Schopenhauer, A., "On suicide," in *Essays and Aphorisms*, Harmondsworth: Penguin, 1970.

Stoffell, Brian, "Voluntary euthanasia, suicide and physicianassisted suicide," Helga Kushe and Peter Singer, eds., *A Companion to Bioethics*, Oxford, UK and Malden, MS: Blackwell Publishers, Ltd, 1998, 2001.

Walton, Douglas, Slippery Slope Arguments, Oxford: Clarendon Press, 1992.

http://enc.daum.net/dic100/contents.do?query1=10XXX91234 위키백과

http://healthlog.kr/836?srchid=BR1http%3A%2F%2Fhealthlog.kr%2F836

제IV부

제10장

동성애

서 론

동성애는 죄인가? 기독교 전통은 결혼한 부부 사이의 직접적인 성교를 통한 아이의 출산에 초점을 맞추고 성행위 및 성기 사용의 목적과 옳고 그름을 판단하였다. 이러한 관점에서 동성애를 죄악된 행위로 간주하고 정죄하였다. 〈창세기〉 1장 27–28절, 2장 24절에 의하면 남녀는 반드시 결혼을 해야 하고, 아이를 출산해야만 한다. 그렇다면 독신과 불임도 죄라고 봐야 할 것이다. 그러나 성경과 기독교 역사에는 독신으로 산 사람들의 예가 나오며, 때로는 신에게 전적으로 충성한다는 의미에서 권장하기까지 했다. 유전적 요인으로 인해 불임이 된 사람과 유전적 요인으로 인해 동성애자가 된 사람은 어떻게 다른가? 불임자는 죄인이 아니고, 동성애자는 죄인인가? 유독 동성애자들만 용서받지 못할 죄인으로 취급하는 것이 과연 타당한 생각인가?

어떤 사람들은 동성애자들은 예수를 믿을 자격도 없고, 교회에 출석할 자격도 없으며, 구원을 받을 수도 없는 사람들이라고 주장한다. 원죄를 물려받은 모든 사람, 다양한 형태의 성범죄를 범한 사람이나 심지어 수많은 사람들을 죽인 살인자라고 할지라도 구원받을 수 있다는 것이 기독교의 기본적인 가르침인데, 동성애자들에게는 그런 자격이 없다고 한다면, 이는 동성애가 원죄나 살인죄보다도 더 무서운 죄라는 말이 되는 것이다. 그러나 과연 이러한 주장이 타당하며 성경적인 주장인가? 이 장에서는 성의 역할과 동성애에 대한 단죄가 다분히 특정 시기 특정 집단의 정치적·경제적·문화적·종교적 목적에 의한 것임을 밝혀내고 동성애를 용서받지 못할 근원적인 죄라고 주장하는 것이 비합리적인 것임을 밝혀내게 될 것이다.

동성애의 개념 정의와 기원에 대한 견해

동성애란 유독 동성의 사람을 성의 대상으로 삼는 지속적인 성애 심리 현상이다. 이러한 동성애 지향성(homosexual orientation)은 이성애 지향성을 가진 사람에 의해서 행해질 수도 있는 동성애 행위나 언젠가는 끝날 수도 있는 독신 동성애자들의 동성애 행위와는 반드시 구별되어야만 한다.[1]

어떤 학자들은 최근의 유전자 연구에 의거하여 동성애자는 날 때부터 그렇게 태어나기 때문에 그들이 동성을 좋아하는 것은 자연스러운 것이며, 따라서 부도덕하지 않다고 주장한다.[2] 생물학적 요인 때문에 동성애자가 된다고 주장하는 학자들은 유전자 구조, 출산 이전 또는 출산 이후의 비정상적 호르몬 분비, 성과 성적 행위에 관

---

1) James F. Childress and John Macquarrie, eds., *The Westminster Dictionary of Christian Ethics*(Philadelphia: The Westminster Press, 1986), p.271.

2) 콜린 윌슨, 수잔 타이번, 《동성애자 해방 운동의 역사》, 연구사, 1998, pp. 24, 37-38.

련된 여러 조직들의 비정상적 발전 등이 그 요인이라고 한다.[3] 현대의 유전학자들은 동성애 유전인자를 찾아내기 위해 노력하고 있다. 그러나 어떤 학자들은 동성애 지향성이 생물학적 요인에만 근거한다고 보기에는 문제가 있다고 주장하였다.[4] 머니는 동성애자가 되는 것이 출산 이전의 성향에 의한다고만 할 수는 없다고 하였다. 그는 특정한 환경에서만 나타나는 동성애, 복장도착증(transvestism: 이성의 복장을 하고 성적 만족을 얻는 일), 성전환(transsexualism: 수술이나 호르몬 치료를 통해 성을 전환함), 성심리적 기능 부조화(psycho-sexual malfunction) 등을 예로 들며 출산 이후의 사회적 경험이 동성애자가 되는 요인이라고 하였다.[5] 해터러는 동성애가 성적 정체성의 혼란으로부터 발생하기 때문에, 동성애자들은 "후천적으로 만들어지는 것이지 타고나는 것이 아니다"라고 주장했다.[6] 헤틀링거 역시 "일부 유전적 특징들이 한 사람이 동성애 편향을 가지게 되는 데 영향을 끼친다고 볼 수는 있을 것이다. 그러나 부적절한 가족 관계와 문화적 영향이 없이는 이러한 잠재요인들이 결정적인 것이 되지는 못한다"고 하였다.[7]

어찌되었건간에 성 지향성과 관련하여 학자들은 다음 두 가지에

---

3) Milton Diamond, "Biological Foundations for Social Development," in *Human Sexuality in Four Perspectives*, Frank A. Beach, ed.(Baltimore: Johns Hopkins University Press, 1976), pp.40-42.

4) Herant A. Katchdourian and Donal T. Lunde, *Fundamentals of Human Sexuality*, 2nd ed., (New York: Holt, Rinehart and Winston, 1975), p.336.

5) John Money, "Human Hermaphroditism," in *Human Sexuality in Four Perspectives*, Frank A. Beach, ed., (Baltimore: Johns Hopkins University Press, 1976), p.80.

6) Lawrence J. Hatterer, "What Makes a Homosexual?" condensed from McCall's(July, 1971) in *The Readers Digest*(September 1971): pp.60-63.

7) Richard Hettlinger, *Living with Sex*(New York: Seabury, 1966), p.111.

보편적으로 동의한다. 첫째, 기본적인 성적 지향성은 자신이 의식적으로 선택하기에는 비교적 어린 나이인 5세에서 7세 사이에 이미 고정화된다. 둘째, 성인의 성적 지향성을 바꾸려는 노력은 특정한 성행위 형태들을 바꿀 수 있을지는 몰라도 느낌이나 욕구나 성적 환상에 대해서는 지속적인 영향력을 행사하는 큰 변화를 주지는 못한다.[8]

그러나 동성애자가 되는 원인을 명확하게 밝혀낸다고 할지라도 그것이 동성애 자체가 죄인지 또는 비도덕적인 것인지를 판단하는 데 있어서 결정적인 역할은 하지 못할 것이다. 사람들은 동성애 유전인자를 발견하게 되면 동성애자가 되는 것이 자신들의 의지에 의한 것이 아니므로 그들에 대한 편견이나 학대를 잠재울 수 있게 될 것이라고 생각한다. 그렇다고 할지라도 동성애 유전인자의 발견이 동성애 자체에 대한 신학적·윤리적 답을 제시하지는 못한다. 기원에 대한 질문과 윤리적 질문은 분명히 다른 것이기 때문이다.[9] 피터스는 "우리가 비록 남성 동성애가 유전인자를 통해 유전된 것임을 사실로 인정하게 된다고 할지라도, 그러한 과학적 사실 자체가 그 사실에 대한 윤리적 해석의 방향을 결정짓지는 않는다"고 말한다.[10]

---

8) James F. Childress and John Macquarrie, eds., *The Westminster Dictionary of Christian Ethics*, p.271.

9) Ken Stone, "Adam, Eve, and the Genome," in Susan Brooks Thistlethwaite, ed., *Adam, Eve, and the Genome: The Human Genome Project and Theology*(Minneapolis, MN: Augsburg Fortress, 2003), p.117.

10) Ted Peters, *Playing God? Genetic Determinism and Human Freedom*(New York: Routledge, 1997), p.96.

기독교 전통의 성의 목적 이해에 근거한 동성애 정죄 분석

히브리인들은 〈창세기〉 1장 27-28절에서 보는 바와 같이 종족 보존과 번영을 위해 다산을 강조하였다. 성에 대한 기독교의 전통적인 가르침 역시 출산에 초점을 맞추어 왔다.

아우구스티누스는 정욕과 섹스 자체를 타락의 결과로 보았으며, 출산 목적이 아닌 모든 성행위를 죄악으로 보았다. 그는 결혼한 부부들의 성행위도 출산을 위해서가 아니라 쾌락을 위해서 행해질 때는 죄가 되며, 피임도 출산에 위배되므로 죄라고 하였다.[11]

토마스 아퀴나스는 육체적인 합일 그 자체를 악으로 볼 수는 없다고 하였다. 그는 이성간의 성행위는 신이 부여한 자연적 성향이며, 그 행위를 통하여 생식기는 자연적 목적을 성취하는 것이라고 보았다.[12] 그러므로 그는 출산 목적에 위배되는 정자의 방출(자위행위), 수간, 동성애는 죄로 보았다.[13]

로마가톨릭 신앙교리성은 동성애가 생명 전달 가능성을 전적으로 결여하고 있으므로 '본질적이고 필수적인 목적을 결여한 행위'인 동시에 '내재적으로 병든 것'이므로 인정될 수 없다고 하였다.[14]

---

11) Augustine, *On Marriage and Concupiscence,* bk.1, ch.9. W. Alexander, "Sex and Philosophy in Augustine," *Augustinian Studies* 5(1974), pp.197-208.

12) Thomas Aquinas, "That Not All Sexual Intercourse Is Sinful," in *Summa Contra Gentiles,* bk.3, pt.2, ch.126.

13) 출산을 목적으로 한 이성간의 성행위라 할지라도 근친상간, 강간, 유괴, 간통, 도착적인 성행위 등은 죄로 보았다. Thomas Aquinas, Summa Theologicae, 2a2ae, q.154, a.11, 12.

14) 교황청 신앙교리성, 〈성윤리에 관한 선언문〉 제8항. 1975. 12. 29.

로마가톨릭교회는 신앙교리성의 또 다른 서한에서도 출산에 초점을 맞추고 동성애를 정죄한다. 하나님의 형상으로 창조된 남자와 여자는 상호간의 성관계를 통하여 생명을 전달하는(출산) 창조주의 협력자이다. 그러므로 성적 기능의 사용은 혼인 관계 안에서만 윤리적으로 선하다. 동성애 행위는 성의 창조 목적과 그 풍요성을 무효화시키므로 악한 것이다.[15]

그러나 출산만이 성기 사용과 성의 목적이라고 보고, 그 기준에 의해서 성행위의 옳고 그름을 판단하는 것이 과연 합리적인가?

성의 의미와 특정 성행위의 옳고 그름에 대한 판단은 특정 집단의 시대적·사회적·경제적 필요에 따라, 그리고 축적된 과학적 지식의 도움을 받으면서 정치적으로 내려진 것이다. 엥겔스는 《가정, 사유재산, 그리고 국가의 기원》[16]에서 결혼과 가정이 경제적 생산과 관련된 제도임을 밝혀내었으며, 출산이 성행위의 자연적 목적이라는 주장 역시 인위적으로 만들어진 것임을 밝혀내었다.[17]

인류학자 루빈은 "성에 대한 관심은 그 자신의 내면화된 당파적 이해와 불공정성, 억압의 양상을 띠고 있다. 어떤 일정 시기와 장소에 있어서 성과 관련된 구체적인 제도적 틀들은 인간 행위의 다른 국면들과 마찬가지로 인간 활동의 산물이다. 이러한 제도적 틀들은 개인의 이해관계와 정치적 책략 사이의 갈등으로 가득 차 있다"고 말했다.[18]

---

15) 교황청 신앙교리성, 〈동성애자 사목에 관하여 가톨릭교회의 주교들에게 보내는 서한〉, 7항.

16) Friedrich Engels, *Der Ursprung der Familie, des Privateigentums und des Staats* (Stuttgart, 1884).

17) 콜린 윌슨, 수잔 타이번, 《동성애자 해방 운동의 역사》, pp.26-28.

푸코는 동성애를 발견된 정체성이라기보다는 의도적으로 구성된 지식의 범주로 간주하였다.[19] 푸코는 성 지향성을 규정하는 데 있어서 제도와 담론이 수행하는 결정적 역할을 우선시하였으며, 생물학적 기원보다 역사적·사회적·문화적 영향이 더 중요한 역할을 한다고 보았다. 18세기 이후 성은 규제되고 지도되어야 할 것으로 간주되었다. 계몽시대에는 신체를 가진 개인에게 초점을 맞춘 새로운 지배 체제를 개발하고, 사회적 규범들을 내면화시키기 위한 다양한 기술들을 고안해냈다. 이러한 맥락에서 성을 이해하는 공식화된 방식들이 생겨났고, 이러한 방식들이 오늘날에도 동성애와 이성애를 규정짓는 지배적인 역할을 하고 있다. 19세기 의학의 특별한 관심사는 발전하는 자본주의 체제의 필요에 부합하는 생산적이면서 가임적인 인구(노동력)를 보존하고 확대시키는 것이었다. 이러한 맥락에서 어린이들의 자위행위나 동성애적 욕망과 실행은 자본주의 발전과 생식 원칙에 위배되는 비정상적이고 심각한 문제로 규정되었다.[20] 영국은 1885년에 결혼 연령을 13세에서 16세로 늦추는 동시에 남자들 사이의 모든 성행위를 금지하는 형법을 통과시켰다.[21] 동성애라는 말 자체도 1869년 헝가리 출신 의사인 벤케르트가 인간 유형을 성적·사회적으로 구분하면서 처음으로 사용한 것이다.

나치 독일은 독일 자본주의 발전을 위해 노동력과 군사력 약화의

---

18) Gayle S. Rubin, "Thinking Sex: Notes for a Radical Theory of the Politics of Sexuality," in Henry Abelove, Michle Aina Barale, David M. Halperin, eds., *The Lesbian and Gay Studies Reader*(New York and London: Routledge, 1993), p. 4. 재인용 Tamsin Spargo, 김부용 역, 《푸코와 이반 이론》(이제이북스, 2003), p.12.

19) Tamsin Spargo, 김부용 역, 《푸코와 이반 이론》, p.24.

20) *Ibid.*, pp.19-26.

21) 콜린 윌슨, 수잔 타이번, 《동성애자 해방 운동의 역사》, pp.33-34.

방지, 게르만 민족의 우월성을 저해하는 요소의 제거 등의 명분하에 유대인·공산주의자·동성애자들을 희생양으로 삼았다. 1993년 1월 수상으로 취임한 히틀러는 3주 만에 사회주의와 동성애 단체를 와해시켰고, 그후 최소한 수만 명의 동성애자들을 집단 학살했다. 소련에서는 1934년 스탈린의 출산장려책으로 인하여 동성애가 '파시스트의 성도착증'으로 범죄시되면서 수천 명이 체포 구금되었다.[22]

기독교 전통이건 일반 사회적인 전통이건 동성애에 대한 판단은 다분히 주류 기득권층의 정치·경제적 목적에 의해서 좌우되었음이 분명하다. 그러므로 그러한 판단 기준에 근거하여 동성애를 죄로 간주하는 것은 옳지 못한 태도이다. 더군다나 오늘날에 와서는 남녀의 직접적인 성교를 통하지 않고도 아이를 출산할 수 있는 방법들이 다양하게 개발·시행되고 있으므로 출산을 이유로 해서 동성애를 정죄하는 데는 문제가 있다.

동성애와 관련된 성경 구절들에 대한 이해

동성애와 관련된 성경 구절들에 대해서 살펴보기 전에 우리가 명심해야 할 것이 있다. 스톤은 성경의 특정한 표현들이나 이야기들이 문화적 산물임을 강조한다. 그는 그러한 내용들이 특정한 사회적 상황 속에서 형성된 것으로서, 특정한 문화적 가정들과 가치들을 토대로 하고 있으므로 그것들을 제대로 이해하기 위해서는 그러

---

22) *Ibid.*, pp.44-45; 김진, 《동성애의 배려윤리적 고찰》(울산대학교출판부, 2005), p.40.

한 내용들이 형성된 배경을 심도 있게 분석해 보아야 한다고 주장
한다. [23]

히브리 성경은 그들의 교육적 배경 때문에 옛 팔레스타인 대중들
위에 군림하고 문화적 요소들을 독점하며 여론 형성을 좌우했던 특
정 소수 집단(주로 남성들, 도시 거주자들, 제사장 또는 율법학자들)에
의해서 기록되었으며, 그들의 이기적인 목적과 편견이 깊이 스며
있다. [24]

소돔과 고모라 얘기 끝에 나오는 〈창세기〉 19장 30-38절의 암몬
족속과 모압 족속의 기원에 대한 이야기가 하나의 좋은 예가 될 것
이다. 이스라엘 족속은 자기 자신들의 이기적인 목적과 두 족속에
대한 편견과 적대감을 가지고 이 이야기를 만들어 내었다. [25] 두 부
족을 근친상간을 통해서 태어난 불결한 족속들로 만든 데는 그 두
족속에 대한 자신들의 억압과 착취를 정당화시키려는 의도가 숨어
있는 것이다. [26] 만일 모압 족속이나 암몬 족속들에게 자신들의 기원
을 말하게 한다면 성경에 기록된 것과 사뭇 다른 얘기를 들을 수도
있을 것이다. [27]

아담과 이브가 겪게 된 고통에 대한 기원론(〈창세기〉 3장 16-19

---

23) Ken Stone, "Adam, Eve, and the Genome," p.113.

24) Cf. Carol Meyers, *Discovering Eve: Ancient Israelite Women in Context*
(Oxford: Oxford University Press, 1988), pp.11-13.

25) Ken Stone, "Adam, Eve, and the Genome," p.123.

26) Randal Bailey, "They're Nothing but Incestuous Bastards: The Polemical
Use of Sex and Sexuality in Hebrew Canon Narratives," in Fernando F. Segovia
and Mary Ann Tolbert, eds., *Reading from This Place.* Volume 1. Social Location
and Biblical Interpretation in the United States(Minneapolis: Fortress Press, 1995),
p.132.

27) Ken Stone, "Adam, Eve, and the Genome," p.123.

절)은, 그 이야기를 만들어 낸 팔레스틴 사회의 고통스런 삶의 현실 (여성이 당하는 출산의 고통, 여성의 예속, 남성의 고통스런 농사일 감당 등)에 대한 설명을 시도하고 있다.[28] 이 기원론은 그런 고통스러운 삶과 불평등이 신의 심판에 의한 것이라고 성화시킴으로써 그러한 현실을 구성원들이 당연한 것으로 수용하고 따르도록 만드는 역할을 한다.[29]

대부분의 기독교인들은 성경이 동성애를 죄로 규정하고 있다고 생각하고 동성애자들을 정죄해 왔다. 그러나 과연 성경이 동성애를 죄로 규정하고 있는가? 성경은 동성애에 대해서 겨우 몇 곳에서만 언급하고 있는데, 자세히 살펴보면 성 심리적 지향성(psychosexual orientation)이라는 관점에서 동성애를 다루고 있는 것이 아니라 율법적인 차원에서 특정한 형태의 동성애적 행위들에 대해 언급하고 있다.

넬슨은 성경이 '자연스런' 동성애에 대해서 지적하는 것이 아니라 이교적인 남창이나 이성애 지향성의 사람들에 의한 '부자연스런' 동성애 행위를 지적하고 있다고 말한다.[30]

스퐁은 소돔과 기브아 주민들의 죄(〈창세기〉 19장 1-8절)가 동성애라기보다는 불친절, 강간 미수, 천사들과 동거하려는 욕망이라고 보았다.[31] 에스겔은 소돔의 죄가 동성애보다는 다른 것에 있었음을

---

28) *Ibid.*, p.118.

29) cf., Pamela J. Milne, "The Patriarchal Stamp of Scripture: The Implications of Structuralist Analysis for Feminist Hermeneutics," with a new afterword in Athalya Brener, ed., *A Feminist Companion to Genesis*(Sheffield: Sheffield Academic Press, 1993), pp.146-172.

30) J. Nelson, "Homosexuality and the Church: Towards a Sexual Ethics of Love," *Christianity and Crisis* 37(1977), pp.63-69.

31) John Shelby Spong, Living in Sin?(San Francisco: Harper and Row, 1988), pp.139-140.

보여준다. "소돔의 죄악은 이러하니 그와 그 딸들에게 교만함과 식물의 풍족함과 태평함이 있음이며, 또 그가 가난하고 궁핍한 자를 도와주지 아니하며 거만하여 가증한 일을 내 앞에서 행하였음이라. 그러므로 내가 보고 곧 그들을 없이하였느니라."(〈에스겔〉 16장 49−50절)

소돔과 고모라 사람들이 '다른 색'을 좇았다는 것에 대한 〈유다서〉의 해석도(〈유다서〉 1장 7절) 동성애에 초점을 둔 것이 아니라고 볼 수 있다. 저자는 1장 6절에서 자기들의 자리를 떠나 죄를 지은 천사들에 대해서 언급한 후에 소돔과 고모라 사람들이 그 천사들처럼 간음을 행하고 다른 색을 좇아갔다가 심판을 받았다고 기록하고 있다. 천사들의 죄란 〈창세기〉 6장 1−4절에 기록되어 있는 바와 같이 천사들과 인간들의 동거에 대한 언급을 의미하는 것으로 볼 수 있다. 그러므로 〈유다서〉는 소돔과 고모라 사람들의 행위를 천사 같은 존재들과 성관계를 맺고 싶어하는 욕망의 표현으로 보았을 것이다.[32]

랜스는 소돔과 기브아 주민들의 행동은 현대의 동성애 행위와는 달리 그 당시 여러 문화에서 발견되는 것으로서, 종속 지위를 상기시키기 위한 항문 침해 습속의 표현으로 볼 수 있다고 한다.[33] 제의로서의 남성 매춘은 주변 종교의 풍요를 비는 의식에서 발견되었기 때문에 성결 법전에서 남성끼리의 성교를 금하는 율법으로 나타나

---

31) John Shelby Spong, *Living in Sin?*(San Francisco: Harper and Row, 1988), pp.139−140.

32) Stanley J. Grenz, 남정우 역, 《성윤리학: 기독교적 관점》(살림출판사, 2003), p.393.

33) H. Darrell Lance, "The Bible and Homosexuality," *American Baptist Quarterly* 8/2(1989): p.143.

게 되는 원인이 되었다.[34]

성결 법전에서 발견되는 금령들은 우상 숭배적인 성행위에 대해서 말하는 것이다. 바울의 언급들 또한 우상 숭배와 관련된 성적 행위들에 대한 레위적 금령들을 그대로 이어받은 것이거나, 고대 그리스의 남색 또는 동성애 매춘과 같은 습속에 대해서 언급하는 것이다.[35]

바울은 〈로마서〉 1장에서 이성애자로서 동성애 행위를 한 사람들이나 동성애 지향성을 가진 사람들의 동성애 행위에 초점을 맞추고 있는 것이 아니라 그 당시 이방 사회의 전반적인 타락상에 대하여 고발하려는 것이다.[36] 바울에게 있어서 적절한 성관계의 유일한 모델은 〈창세기〉 1-2장에 나오는 창조 기사대로 따르는 것이다. 그는 성결 법전의 훈령을 따르면서, 이러한 모델이 자연스러운 것이라고 주장한다.[37]

〈고린도전서〉 6장 9절에는 그리스어 말라코이(malakoi: 남창 노릇 하는 자)와 아르세노코이타이(arsenokoitai: 남색하는 자. 〈디모데전서〉 1장 10절에도 나옴)라는 두 단어가 사용되고 있다. 보스웰은 이 두

---

34) Letha Scanzoni and Virginia Mollenkott, *Is the Homosexual My Neighbor?* (San Francisco: Harper and Row, 1978), pp.59-60.

35) 신약 성서 본문들에 대한 보다 새로운 주석에 대한 간명한 요약과 관련 문헌은 다음 글을 참고하라. Joseph J. Kotva, Jr., "Scripture, Ethics, and the Local Church: Homosexuality as a Case Study," *Conrad Grebel Review* 7/1(Winter 1989), pp.56-57.

36) Richard Hays, "Relations Natural and Unnatural: A Response to John Boswell's Exegesis of Romans 1," *Journal of Religious Ethics*(Spring 1986), p.200.

37) 바울이 '자연스럽다'는 용어를 어떤 의미로 사용했는가에 대한 논의는 다음을 보라. James B. De Young, "The Meaning of 'Nature' in Romans 1 and Its Implications for Biblical Proscriptions of Homosexual Behavior," *Journal of the Evangelical Theological Society* 31/4(1988), pp.429-441.

단어가 "바울 시대에나 그 이후 수세기 동안에 동성애를 의미하는 단어로 사용되지 않았다"고 단언한다.[38] 이 단어들은 동성애 지향성을 가진 사람들에 의한 자연스런 동성애 행위가 아니라 이성애자들에 의한 다양한 성적 욕구 해소 방법들 중의 하나를 의미하는 것으로 보는 것이 더 타당할 것이다.

이렇게 볼 때 성경이 동성애를 죄로 규정하고 있다는 논리는 타당성을 잃어버리게 된다.

동성애 반대 논리에 대한 분석과 비판

코르빈도는 동성애에 반대하는 사람들이 일반적으로 동성애가 자연적이지 않으며 유해하다는 논리를 제시한다고 말하며, 이에 대한 반론을 제시하였다.[39]

'자연적이지 않다' 는 것은 무엇을 의미하는가? 첫째, 비일상적이거나 평범하지 않은 것을 의미할 수도 있을 것이다. 그렇다면 이성애자들의 수는 많고 동성애자들의 수는 적으므로 동성애를 비도덕적인 것이라고 할 수 있는가? 사람들은 왼손을 사용하는 사람들이 적다는 이유만으로 그들을 비도덕적이라고 비난하지는 않는다. 수가 적다거나 일상적이지 않다는 이유만으로 동성애를 자연적이지

---

38) John Boswell, *Christianity, Social Tolerance and Homosexuality*(Chicago: University of Chicago Press, 1980), p.353.

39) John Corvindo, "Homosexuality: The Nature and Harm Arguments," in Alan Soble, ed., *The Philosophy of Sex: Contemporary Readings*, 3rd ed.(New York: Rowman & Littlefield Publishers, 1997), pp.138-145; cf., 김진, 《동성애의 배려윤리적 고찰》, pp.52-62.

않으며 비도덕적인 것이라고 규정하는 것은 적절하지 못한 주장이다. 이와 같은 주장은 관점의 차이에 따라 달라질 수 있는 것이다.

둘째, 다른 동물들이 행하지 않는 것을 행할 때 그것을 비자연적이라고 말하는 사람들도 있다. 동물들조차도 동성과 교접하지 않으므로 인간의 동성애 행위는 자연스러운 것이 아니며, 고로 비도덕적이라고 보는 것이다. 그러나 이러한 논리는 모든 동물이 반드시 이성간의 교접을 통해서만 번식하는 것은 아니기 때문에 과학적으로 정확하지 못한 주장이다.

게이 양이나 레즈비언 갈매기에 대한 연구가 보고되기도 하였다.[40] 미국 애리조나 사막의 채찍꼬리도마뱀들은 수컷 없이도 새끼를 낳는다. 암컷들끼리 성행위를 하지만 둘 중 하나가 위로 올라가 상대를 자극하면 정자 없이도 수태가 되기 때문이다.[41] 코르빈도는 설사 동물들은 동성애 행위를 하지 않는다고 할지라도 이것에 근거하여 인간의 동성애가 비도덕적이라는 것을 입증할 수는 없다고 주장한다. 동물들의 성적 행태를 근거로 해서 인간의 도덕적 기준을 설정하는 것 자체가 비합리적인 것이기 때문이다.[42]

셋째, 신체기관의 본래적 목적을 해치는 것은 비자연적이라고 주장하는 사람들이 있다. 이들은 성기는 출산 목적으로만 사용되어야 하는데, 동성애로는 출산이 불가능하기 때문에 자연적이지 않다는 것이다. 그러나 인간의 신체기관은 여러 가지 목적을 가지고 있음을 알아야 한다. 예를 들어 입은 말하고, 먹고 마시고, 숨쉬고, 우표에 침을 바르고, 껌을 씹고, 이성에게 키스하거나 동성에게 키스하

---

40) Simon Levay, *Queer Science*(Cambridge: MIT Press, 1996), chap.10.
41) 최재천, 《생명이 있는 것은 다 아름답다》(효형출판사, 2001), 41쪽 이하.
42) John Corvindo, "Homosexuality: The Nature and Harm Arguments," p.138.

는 데 사용할 수 있다. 이 가운데서 어떤 특정 행위만을 가리켜서 비자연적이라고 하는 것은 너무 주관적이다.

어떤 사람들은 동성애자들이 어린이를 성적으로 학대하는 경우가 많기 때문에 비도덕적이라고 주장한다. 그러나 이러한 주장 역시 근거가 미약하다. 어린이를 성적으로 학대하는 사람들 중 대부분은 이성애 또는 양성애자들이며, 대개는 성인 남성이 여아를 성폭행하는 경우들이다. 그러므로 어린이 성폭행을 근거로 하여 동성애를 비난하는 것 역시 타당성이 약하다고 보아야 할 것이다.[43]

어떤 사람들은 동성애가 가정과 사회를 파탄에 이르게 하고,[44] 동성애 집단 내에 성적 문란, 우울증, 자살, 에이즈 등이 증가하고 있으므로[45] 동성애가 유해한 것이요, 비도덕적인 것이라고 주장하기도 한다. 그러나 과연 이러한 주장들이 타당성을 가지고 있는가?

에이즈 확산의 주된 이유는 동성애가 아니라 제3세계의 극심한 빈곤, 이성간의 무분별한 성행위(특히 애널 섹스), 수혈, 그리고 미국을 비롯한 주요 국가들의 초기 대책 미비 등으로 평가되고 있다. 에이즈는 동성애자뿐만 아니라 이성애자나 양성애자들에게도 감염된다. 우리가 주목해야 할 것은 동성애가 아니라 에이즈 바이러스다.

필자가 볼 때, 동성애가 사회와 가정을 파탄에 이르게 한다는 주장 역시 비합리적인 생각이다. 오늘날 사회와 가정을 파괴하는 더

---

43) *Ibid.*, p.144.

44) The Ramsey Colloquium, "The Homosexual Movement," in *First Things* (March 1994), pp.15-20, 19.

45) Thomas Schmidt, *Straight and Narrow? Compassion and Clarity in the Homosexuality Debate*(Downers Grove, Ill.: InterVarsity Press, 1995), chap.6, "The Price of Love"; John Corvindo, "Homosexuality: The Nature and Harm Arguments," p.141.

크고 근본적인 요인은 정치와 경제의 실패, 침략 전쟁, 억압과 착취, 빈곤, 가치관의 혼란, 인간 관계의 상실 등이지 동성애가 주범이라고 할 수는 없을 것이다. 성적 문란, 우울증 및 자살의 증가 역시 앞에서 언급한 요인들로 인해 발생하는 사회 전반적인 현상이지 동성애자들만의 특별한 현상으로 보는 것은 비합리적이다.

이상에서 살펴본 바와 같이 동성애가 자연적이지 못하고 유해하므로 비도덕적이라고 하는 주장은 타당성이 빈약함을 알 수 있다.

동성애에 대한 태도의 변화

근년에 와서 서구 사회에는 동성애에 대한 인정과 동성애자들에 대한 법적 보호가 확산되고 있다. 1974년 미국정신의학회는 동성애가 정신병이 아니라고 공식적으로 선언함으로써 동성애자들에 대한 서구 사회의 부당한 인권 유린의 사슬을 끊었다. 1975년 미국 연방정부는 동성애자라는 이유로 취업을 거부하지 못하도록 하였다. 1989년에 덴마크는 세계 최초로 동성애자들의 파트너쉽을 허용하는 법안을 통과시켰다. 1999년 10월, 프랑스는 동성 커플간의 결합을 공인하는 시민연대협약(PACS)을 통과시킴으로써 동성 커플이 동거계약서를 법원에 제출하고 3년 이상 동거하면 사회 보장, 납세, 유산 상속, 재산 증여 등에서 이성간의 부부와 똑같은 권리를 누릴 수 있도록 하였다. 유럽연합(EU)은 유럽권리장전에 동성애자 차별을 금지하는 내용을 포함하였다.[46]

---

46) 〈동아일보〉, 2000년 6월 2일자.

미국 버몬트주에서는 하워드 딘 주지사가 2000년 4월 동성 부부의 권리를 공식적으로 인정하는 법안에 서명하였고, 같은 해 7월 1일 이성 부부와 동등한 법적 권리를 인정받는 최초의 동성 커플이 탄생하였다.[47] 영국은 1999년 10월 동성 커플간의 상속권을 인정하였다. 영국은 2005년(잉글랜드, 웨일스)과 2006년(스코틀랜드)에 각기 동성 커플의 입양을 허용하였다. 미국의 경우 2007년 4월 현재 버몬트주·코네티컷주·뉴저지주가 시민연합을, 캘리포니아주·메인주와 하와이주·워싱턴 DC가 가정적 파트너쉽을, 매사추세츠주가 동성 결혼을 허용하고 있다. 또한 일부 주에서는 입양도 허용하고 있다. 2007년 4월 현재 네덜란드·벨기에·스페인은 동성 결혼과 입양을 모두 허용하고 있고, 스웨덴은 법적 파트너쉽과 입양을 허용하고 있으며, 캐나다는 동성 결혼을 허용하고 있다.[48]

이렇듯 동성 커플에게 법적 부부와 동등한 권리를 인정하거나 결혼 자체를 허용하고 입양을 허용하는 것은 동성애를 더 이상 죄나 비도덕적인 것으로 간주하지 않음을 의미한다.

결 론

동성애는 죄인가? 기독교적인 관점에서 볼 때 죄에는 두 가지 측면이 있다. 영적인 면과 윤리적인 면이다. 영적인 죄는 불신앙과 영적인 교만함 때문에 삼위일체 하나님의 존재를 부인하고 자기 스스

---

47) CNN 뉴스, 2000. 7. 1.
48) http://en.wikipedia.org/wiki/Homosexuality_laws_of_the_world

로가 신적인 위치에 서려 함과 참 하나님이 아닌 다른 어떤 것(거짓된 신, 물질, 권력, 민족, 이념, 인간 등)을 숭배하는 것을 의미한다. 윤리적인 죄는 하나님의 뜻인 이웃 사랑, 정의와 평화와 함께 더불어 사는 생명의 환희가 넘쳐나게 함을 거부하고 자기 자신의 이기적인 목적 달성을 위해 이웃(인간 및 다른 피조물)을 억압하고 착취하는 것을 의미한다. 이와 같은 영적·윤리적 죄를 범하지 않는 한 동성애자라고 해서 무조건 죄인이라고 할 수는 없다. 그러나 이와 같은 죄를 범하게 되면 동성애자이건 이성애자이건 각자의 성 지향성과는 관계없이 죄인이라고 보아야 할 것이다.

영국의 볼펜덴위원회는 사회 질서나 품위를 침해하거나, 시민을 불쾌히 하거나, 다치게 하거나, 다른 사람들(특히 미성년자나 의존적인 상태에 있는 사람)을 착취하거나 타락하게 만들지 않는 한은 어떤 형태의 동성애 행위라도 법으로 다스려서는 안 된다고 선언했다.[49]

제수이트신학교 기독교윤리학 교수 베섹은, 〈누가복음〉 12장 57절의 자기 자신에 대해서 스스로 판단하라는 예수의 말에 근거해서 다음과 같이 얘기하였다. 첫째, 동성애적 관계가 심리적으로 비정상적인 것은 아니다. 그것이 비정상적이라는 과학적·의학적 입증이 없다. 둘째, 동성애자들도 이성애자들과 똑같이 기능할 수 있다. 일하고 시민의 의무를 수행하며, 이웃을 사랑하고 봉사하는 것이 모두 동일하다. 셋째, 동성애자들도 진실한 기독교적 영성을 형성할 수 있다. 그들도 성육신과 십자가와 부활의 신앙을 가지고 있기 때문에 이성애자들의 신앙과 근본적으로 같다. 베섹은 성령의 아홉 가지 열매(사랑, 희락, 화평, 오래 참음, 자비, 양선, 충성, 온유, 절제)를

---

49) Wolfenden Committee Report, 1957.

예로 들면서 어떤 동성애자들은 이성애자들보다 더 철저하게 이러한 신앙적 삶을 실천한다고 강조한다.[50]

성의 의미와 목적, 그리고 건전한 성행위의 기준은 역사 속에서 정치적·경제적·문화적·종교적 의도에 따라 규정되어 왔다. 동성애 자체가 존재론적인 의미에서의 죄라기보다는 특정 시기 특정 집단에 의해서 죄로 규정된 것이라고 보아야 할 것이다. 일부다처제에 대한 판단 역시 이를 보여주는 한 예이다. 과학과 의학 기술에 의한 다양한 임신 방법, 대리모 출산, 생명 복제 등은 성과 가족 관계의 전통적인 의미에 변화를 일으키고 있다. 성의 의미는 더 이상 아이 출산에만 국한되지 않는다. 성은 사랑의 표현과 생의 즐거움을 풍요롭게 해주는 수단으로 이해되고 있다. 출산과 관련하여 동성애를 죄로 규정한 것 역시 비합리적인 것이었다. 사회와 가정의 파탄과 특정 질병의 확산 역시 동성애보다는 정치 경제 등 더 근본적이고 사회 일반적인 요인에 의한 것임을 알 수 있다. 성경의 텍스트들 역시 자연스런 동성애 자체를 죄로 규정한다고 보기 어려운 측면이 있다. 비록 죄라고 규정한다고 할지라도 저자들의 이기적 의도와 문화적 가정들이 스며 있음을 기억해야 한다. 본인의 의사와는 상관없이 유전적으로 동성애자로 태어나는 사람들도 있다. 이렇게 유전적·생물학적 요인으로 인해 동성애자가 된 사람들에 의한 동성애 행위를(그리고 이성애자들이나 양성애자들에 의한 동성애 행위라 할지라도 타인의 인권을 해치지 않는 한은) 죄라고 볼 수는 없

---

50) Edward C. Vacek, "A Christian Homosexuality?" in Alan Soble, ed., *The Philosophy of Sex: Contemporary Readings*, 3rd ed.(New York: Rowman & Littlefield Publishers, 1997), pp.133-134, cf. 김진, 《동성애의 배려윤리적 고찰》, pp. 37-38.

을 것이다. 더욱이 아담과 이브의 원죄를 물려받은 모든 사람, 다양한 성범죄나 살인죄를 범한 사람조차도 예수님께로 올 수 있고 구원받을 수 있다고 가르치면서 동성애자들을 이러한 은혜의 범주에서 제외시키는 것은 매우 비성경적이라고 볼 수밖에 없을 것이다.

주류와는 다른 성정체성을 가진 남녀 동성애자들은 "너무 오랜 세월 동안 성에 관한 전문적인 논의에 있어서 주체가 되기보다는 그러한 논의의 대상으로 남아 있었다."[51] 이제는 동성애에 관한 윤리적·정치적 판단을 내리는 권한을 과학자들이나 사회의 일부 기득권층이 아닌 동성애자 자신들에게 돌려주어야 할 것이다.

【참고 문헌】

교황청 신앙교리성, 〈동성애자 사목에 관하여 가톨릭교회의 주교들에게 보내는 서한〉

_____, 〈성윤리에 관한 선언문〉

김진, 《동성애의 배려윤리적 고찰》, 울산대학교출판부, 2005.

콜린 윌슨·수잔 타이번, 《동성애자 해방 운동의 역사》, 연구사, 1998.

최재천, 《생명이 있는 것은 다 아름답다》, 효형출판사, 2001.

Grenz, Stanley J., 남정우 역, 《성윤리학: 기독교적 관점》, 살림출판사, 2003.

Augustine, *On Marriage and Concupiscence*.

Alexander, W., "Sex and Philosophy in Augustine," in *Augustinian Studies* 5 (1974).

Bailey, Randal, "They're Nothing but Incestuous Bastards: The Polemical Use of Sex and Sexuality in Hebrew Canon Narratives," in Fernando F. Segovia

---

51) David M. Halperin, *Saint Foucault: Towards a Gay Hagiography*(Oxford: Oxford University Press, 1995), p.42.

and Tolbert, Mary Ann, eds., *Reading from This Place.* Volume 1. Social Location and Biblical Interpretation in the United States, Minneapolis: Fortress Press, 1995.

Boswell, John, *Christianity, Social Tolerance and Homosexuality*, Chicago: University of Chicago Press, 1980.

Childress, James F. and Macquarrie, John, eds., *The Westminster Dictionary of Christian Ethics*, Philadelphia: The Westminster Press, 1986.

Corvindo, John, "Homosexuality: The Nature and Harm Arguments," in Alan Soble, ed., *The Philosophy of Sex: Contemporary Readings*, 3rd ed. New York: Rowman & Littlefield Publishers, 1997.

De Young, James B., "The Meaning of 'Nature' in Romans 1 and Its Implications for Biblical Proscriptions of Homosexual Behavior," *Journal of the Evangelical Theological Society* 31/4(1988).

Diamond, Milton, "Biological Foundations for Social Development," in *Human Sexuality in Four Perspectives*, Frank A. Beach, ed. Baltimore: Johns Hopkins University Press, 1976.

Engels, Friedrich, *Der Ursprung der Familie, des Privateigentums und des Staats*, Stuttgart, 1884.

Hatterer, Lawrence J., "What Makes a Homosexual?" condensed from McCall's (July, 1971) in *The Readers Digest*(September 1971).

Hays, Richard, "Relations Natural and Unnatural: A Response to John Boswell's Exegesis of Romans 1," *Journal of Religious Ethics*(Spring 1986).

Hettlinger, Richard, *Living with Sex*, New York: Seabury, 1966.

Katchdourian, Herant A. and Lunde, Donal T., *Fundamentals of Human Sexuality*, 2nd. ed., New York: Holt, Rinehart and Winston, 1975.

Kiely, Bartholomew, "La cura Pastoale delle persone omosessuali: Nota psicologica," *L'Osservatore Romano*(1986).

Kotva, Joseph J. Jr., "Scripture, Ethics, and the Local Church: Homosexuality as a Case Study," *Conrad Grebel Review* 7/1(Winter 1989).

Lance, H. Darrell, "The Bible and Homosexuality," *American Baptist Quarterly* 8/2(1989).

Levay, Simon, *Queer Science*, Cambridge: MIT Press, 1996.

Meyers, Carol, *Discovering Eve: Ancient Israelite Women in Context*, Oxford: Oxford University Press, 1988.

Milne, Pamela J., "The Patriarchal Stamp of Scripture: The Implications of Structuralist Analysis for Feminist Hermeneutics," with a new afterword in Athalya Brener, ed., *A Feminist Companion to Genesis*, Sheffield: Sheffield Academic Press, 1993.

Money, John. "Human Hermaphroditism," in Human Sexuality in Four Perspectives, Frank A. Beach, ed. Baltimore: Johns Hopkins University Press, 1976.

Nelson, J. "Homosexuality and the Church: Towards a Sexual Ethics of Love," *Christianity and Crisis* 37(1977).

Peters, Ted, *Playing God? Genetic Determinism and Human Freedom,* New York: Routledge, 1997.

Rubin, Gayle S., "Thinking Sex: Notes for a Radical Theory of the Politics of Sexuality," in Henry Abelove, Michle Aina Barale, David M. Halperin, eds., *The Lesbian and Gay Studies Reader,* New York and London: Routledge, 1993.

Scanzoni, Letha and Mollenkott, Virginia, *Is the Homosexual My Neighbor?* San Francisco: Harper and Row, 1978.

Schmidt, Thomas, *Straight and Narrow? Compassion and Clarity in the Homo-sexuality Debate,* Downers Grove, Ill.: InterVarsity Press, 1995.

Spong, John Shelby, *Living in Sin?* San Francisco: Harper and Row, 1988.

Stone, Ken, "Adam, Eve, and the Genome," in Susan Brooks Thistlethwaite, ed., *Adam, Eve, and the Genome: The Human Genome Project and Theology*, Minneapolis, MN: Augsburg Fortress, 2003.

The Ramsey Colloquium, "The Homosexual Movement," in *First Things*(March 1994).

Thomas Aquinas, "That Not All Sexual Intercourse Is Sinful," in *Summa Contra Gentiles*.

______, *Summa Theologicae*.

Vacek, Edward C., "A Christian Homosexuality?" in Alan Soble, ed., *The Philosophy of Sex: Contemporary Readings*, 3rd ed. New York: Rowman & Littlefield Publishers, 1997.

Wolfenden Committee Report, 1957.

http://en.wikipedia.org/wiki/Homosexuality_laws_of_the_world

〈동아일보〉, 2000. 6. 2.

CNN 뉴스, 2000. 7. 1.

제11장
다문화 사회와 다문화 수용

들어가는 말:
기독교윤리적 과제로서의 다문화 사회

한국은 다인종 다문화 국가화되어 가고 있다. 최근 들어 급격히 증가하고 있는 외국인 이주자, 외국인 배우자와의 결혼, 혼혈 자녀들의 출산이 한국의 다인종화 다문화화를 가속화시키고 있다.

2010년 9월 30일 현재 국내 체류 외국인수는 1,237,517명(불법 체류자 171,358명 포함)이며,[1] 이 중 외국인 근로자수는 546,954명(불법체류자 51,068명 포함)이고,[2] 산업연수생이 5,513명(불법체류자 3,684명 포함)이다.[3]

결혼이민자는 2010년 9월 30일 현재 139,050명(여 120,831명〔86.9%〕, 남 18,219명〔13.1%〕)이며, 국가별로는 중국이 34,596명(한국계중국인 31,777명〔47.7%〕), 베트남이 34,171명〔24.6%〕, 일본이 10,328명〔7.4%〕, 필리핀이 7,161명〔5.1%〕 순이다. 혼인귀화자 47,578명을 합하면 한국인과 결혼한 다문화인은 186,628명이다.[4]

---

1) 법무부 출입국·외국인정책 통계월보 9월호, p.8.
2) *Ibid.*, p.20.
3) *Ibid.*

입국 시기는 농촌 총각들이 외국인 여성들과 결혼하기 시작한 2000년 이후가 압도적으로 높다.

결혼이민자의 자녀수는 2009년 현재 총 997,000명이며, 그것은 2020년 3,027,000명으로 약 2배(203.7%, 연평균 10.1%)가 증가할 전망이다. 남성 결혼이민자의 자녀수는 같은 기간 57,000명에서 158,000명으로, 여성 결혼이민자의 자녀수는 939,000명에서 2,869,000명으로 각각 증가할 것이다. 여성 결혼이민자 자녀수의 증가율은 205.4%로, 남성 결혼이민자 자녀수의 증가율 175.8%에 비해 상대적으로 높다.[5]

통계수치가 보여주는 것처럼 최근에 이르러 한국이 다인종 다민족 다문화 사회로 급격히 변화하고 있는데, 주된 원인은 크게 경제적 요인과 사회적 요인으로 나누어서 생각해 볼 수 있다. 첫째, 경제적인 요인으로는 세계 경제의 글로벌화를 들 수 있을 것이다. 급속한 세계화, 정보통신 및 교통의 발달로 인해 물리적 공간이 축소되면서 문화·경제적으로 자급자족하던 각 국가의 국경이 허물어지고 사람과 물류의 활발한 이동과 전 세계의 문화 교류가 가속화되고 있다. 이렇게 되자 세계 경제가 국가 단위로 움직이는 것이 아니라 거대 글로벌 도시들을 중심축으로 해서 움직이게 되었다. 글로벌 경제 중심 도시들은 상대적으로 임금이 낮은 외국인 노동자들뿐만 아니라 고임금 전문 기술자들과 사업가들과 자본까지 동시적으로 유입한다. 서울 역시 세계 자본과 인력을 유입하는 거대 글로벌

---

4) 법무부 출입국·외국인정책 통계월보 9월호, pp.25-26.
5) 설동훈, 서문희, 이삼식, 김영아, 〈다문화가족의 중장기 전망 및 대책 연구: 다문화가족의 장래인구추계 및 사회·경제적 효과 분석을 중심으로〉, 보건복지가족부 연구용역 보고서, 2009, p.xv.

도시 중 하나이다.[6] 한국은 서울뿐만 아니라 부산·인천·대구·광주 등 많은 도시들이 글로벌 경제도시화되었다.

둘째, 사회적인 요인으로는 한국 사회의 저출산으로 인한 노동력 감소, 한국인 노동자들의 3D 업종 회피, 농촌 지역 및 도시 저소득층의 소외, 결혼의 물질주의적 성향 등을 들 수 있을 것이다.

한국에 외국인 근로자와 결혼이민자가 유입되고 다인종 다민족 다문화 사회로 변화하게 된 주된 원인은, 한국의 경제적·사회적 요인과 필요 때문이었다. 그리고 이미 다문화화한 상황을 되돌릴 수도 없게 되었다.

우리 앞에 놓여 있는 과제는 다민족 다문화화된 국가를 어떻게 분열되지 않고 통합된 나라로 발전시켜 가는가 하는 것이다. 통합된 국가를 만들어 간다고 할지라도 소수자 집단에 대한 편견과 차별을 간직한 채로 강압적으로 복속시키는 것이 아니라, 자유와 평등과 각자의 고유한 아름다움이 보장되고 정의와 복지가 이룩되어 함께 더불어 사는 삶의 환희가 넘쳐나는 국가를 형성하는 것이어야 한다. 이것은 또한 매우 중요한 기독교윤리적 과제가 된다. 본장에서는 한국 사회의 외국인 이주자 및 다문화 가족들에 대한 편견과 차별, 다문화를 수용하는 대표적인 모델들에 대해 살펴보고, 통합된 사회 창출을 위한 방안으로서 단계적 대처 방안, 그리고 기독교윤

---

6) Saskia Sassen, "The Global City Today: Advantages of Specialization and Costs of Financialization," Paper presented at 2009 글로벌 서울 포럼: Global Metropolitan Forum of Seoul 2009, 글로벌 시대의 도시경쟁력과 서울의 미래(The Global City: Strategies for Competitiveness), 서울, 신라호텔. Allen J. Scott, "Global City-Regions: Economic Motors and Political Actors on the World Stage," Paper presented at 2009 글로벌 서울 포럼: Global Metropolitan Forum of Seoul 2009, 글로벌 시대의 도시경쟁력과 서울의 미래(The Global City: Strategies for Competitiveness), 서울, 신라호텔.

리적 근거와 교회의 역할에 대해 살펴보기로 하겠다.

다문화 사회의 정의

'다문화 사회(Multicultural Society)'의 정의를 내리기 전에 먼저 '문화(culture)'에 대한 정의를 내릴 필요가 있다.

'문화'는 "예술 및 문학뿐만 아니라 생활 양식, 함께 사는 방식, 가치 체계, 전통과 신념을 포함하는" 것으로서 "사회와 사회 구성원들 특유의 정신적·물질적·지적·감성적 특징의 총체"[7] "관념과 감정과 가치의 통합된 체계 및 이와 관련된 행위의 형태와 그들이 생각하고 느끼며 행동하는 것을 조직하고 규칙화하는 사람들의 집단에 의하여 공유된 산물"[8] 등으로 정의된다. 종합적으로 정의하자면 문화는 지식·신앙·예술·도덕·법률·관습 등, 인간이 사회의 구성원으로서 획득한 능력 또는 습관의 총체라고 할 수 있다.[9]

'다문화'란 이렇게 정의될 수 있는 다수의 문화가 한 사회 속에 복잡하게 혼합되어 있는 것을 의미한다. 한국에 있어서 다문화란 용어의 사용은 이주민과 혼혈인에 대한 차별적인 용어를 순화하고자 하는 차원에서 시작된 시민 사회 운동으로부터 시작되었다. 2006년 4월 이후 중앙 정부가 '결혼이민자 가족의 사회 통합 지원 대책'

---

7) 유네스코 아시아·태평양 국제이해교육원 엮음, 《다문화 사회와 국제이해 교육》(동녘, 2009), p.90.

8) Paul G. Hiebert, 《선교와 문화인류학》, 김동화 외(죠이선교회출판부, 1996), p.41.

9) E. B. Tylor, *Primitive culture: researches into the development of mythology, philosophy, religion, language, art, and custom*(New York: Henry Holt, 1889).

과 '외국인 정책 기본 방향 및 추진 체계'를 수립하고 공포하면서 정부와 언론에 의해 '다문화'와 '다문화 사회'라는 용어의 사용이 확산되었다.[10]

'다문화 사회'란 "언어·종교·관습·가치관·국적·인종·민족·직업·계층 등, 다양한 문화적 배경을 지닌 외국인 등이 사회 구성원으로 차별 없이 참여하여 이루어진 사회를 의미한다."[11] 한국 사회가 아직은 이 개념 정의에서 얘기하고 있는 것처럼 모든 구성원들이 '차별 없이 참여하여' 어우러지는 사회가 된 것은 아니지만, 다인종 다문화 그룹들로 이루어진 사회가 되어가고 있는 것은 분명한 사실이다.

외국인 이주민과 외국 문화를 수용하는 대표적인 모델들[12]

그렇다면 다인종 다문화를 어떤 방식으로 수용할 것인가? 먼저 다른 국가들이 시도하였거나 현재 활용하고 있는 수용 모델들과 한

---

10) 박영은, 《문화 이론의 쟁점과 한국 사회: 문화 담론과 연구방법론》(한국정신문화연구원 제23집, 1995), pp.1-48; 이혜경, 〈다문화 사회의 이해: 차이와 공존·변화와 방향〉, 《한국 사회의 이해》(2008. 12), p.37; 정미경, 〈한국 기독교와 이주민 선교〉, 한국복음주의윤리학회 제10차 정기 논문 발표회, 주제: 다문화 사회와 기독교윤리(한국복음주의윤리학회, 2010. 11. 13), p.2.

11) 정미경, 〈한국 기독교와 이주민 선교〉, p.5. 차용호, 〈다문화 사회 통합 프로그램 이수제 개관〉, 법무부 출입국외국인정책본부, 2008, 1.

12) Stephen Castles and Mark J. Miller, *The Age of Migration: Third Edition*, (New York and London: The Guilford Press, 2003); 설동훈, 〈이민과 다문화 사회의 도래〉, 《한국사회론》(김영기 편, 전북대학교출판부, 2005); 정미경, 〈한국 기독교와 이주민 선교〉, pp.3-5.

계점에 대해 살펴보고, 한국에 적절한 방안은 어떠한 것일지 모색
해 보기로 하자.

차별 배제 모델

차별 배제 모델은 국가가 필요로 하는 특정 영역에만 외국인을 받
아들이고, 다른 영역에는 받아들이지 않음으로써 원치 않는 외국인
의 정착을 원천적으로 차단하는 모형이다. 단일 민족을 강조해 온
독일·일본 등이 이 모델을 채택했다. 이런 나라들은 이중적 접근을
취하는데, 이주 집단의 성격에 따라 공식적인 권한 부여 여부를 결
정한다. "대부분의 이주민은 '사회의 일부'가 아닌 '손님'으로 여겨
질 뿐 정책의 대상으로 통합되지 않는 특징이 있다. 반면에 엄격한
조건을 통과해 공식적인 권한을 부여받은 이민자들은 자국의 제도
와 문화에 적응 내지 동화되어 가는 것을 당연한 과정으로 받아들
임으로써 문화적 단일성을 유지해 나가는 데 초점을 두는 경향"을
지닌다.[13] 이 모델의 대표적인 것으로 백호주의와 혈통주의가 있다.

백호주의(白濠主義, The White Australia Policy)는 1901년부터 1973
년까지 호주 정부가 유지해 온 비백인 이민 제한 정책을 의미한다.
이는 1901년 영국으로부터 독립한 호주가 영국계 백인 사회의 정체
성을 유지함으로써 자신들의 특권을 유지하려는 의도에서 시행된
정책이었다. 그러나 두 차례의 세계대전을 겪으면서 인구 증가 없
이는 국가가 망하게 될 것이라는 위기 의식을 느끼게 되었고, 이로

---

13) 임백형, 〈한국의 다문화 사회의 특징과 사회 통합을 위한 다층적 접근〉, 《한
국사회학회 사회학대회 논문집》(한국사회학회, 2009), p.603.

인해 1960년대 후반에 이르면서 이민 증대 정책을 채택하게 됨으로써 백호주의를 포기하게 된다.[14]

혈통주의는 출생과 혼인·귀화를 통해서만 시민권을 부여하는 정책을 말하며, 주로 독일과 일본 등에서 채택한 방식이다.

외국인 이주자, 결혼이민자, 다문화 가정 자녀들의 출산이 급격히 증가하고 있는 현 상황 속에서, 모든 구성원들이 평등한 관계에서 인격적·문화적으로 존중받는 복지 사회를 이루어 내고자 한다면, 소수 다문화 구성원들을 차별하고 문화적 단일성을 추구하는 차별 배제 모델들은 비윤리적인 모델이며, 한국 사회에 부적합한 것들이다.

동화 모델

동화(同化, Assimilation) 모델은 외국인 이민자가 출신 국가의 언어며 문화, 사회적 특성을 완전히 포기하고 주류 사회의 구성원으로 흡수되는 것을 요구하는 모델로서, 1960년대에 미국이 이러한 정책을 취하였고, 프랑스도 이 정책을 택하였다. 이 모델에는 '용광로(Melting Pot)' 모델, '인종적 스튜(Ethnic Stew)' 모델, '통합주의(Integrationist)' 모델이 있다.

용광로 모델은 미국이 과거에 채택한 모델로 "Melting Pot 안의 재료들, 즉 다른 문화와 인종과 종교에 속한 사람들이 연합되어서 다인종 사회로 발전하게 되는 것"을 의미한다. 이는 "이주민들이 이주해 간 나라의 전체 문화에 동화되는 것을 의미한다."[15]

---

14) 유네스코 아시아·태평양 국제이해교육원 엮음, 《다문화 사회의 이해》, pp. 110-111.

인종적 스튜 모델은 용광로 모델보다 문화적 차별성이 높다. 각각의 집단들이 상호 관계를 유지하면서도 각자의 차이를 유지하는 것이다. 모든 재료들이 헝가리식 스튜로 혼합되지만, 고기 조각들은 여전히 그들의 단단한 조직을 유지하게 됨을 의미한다.[16]

통합주의 모델은 프랑스에서 발전한 방식으로 문화적 동화를 의미하는 것으로 보이는 '동화주의'라는 용어보다 문화적 동화를 수반하지 않는 사회적 통합을 시도한다는 뜻으로 '통합주의'라는 용어를 선호하였다.[17]

동화 모델들 역시 이주자들이 자신들의 언어며 문화, 사회적 특성을 완전히 포기하고 주류 사회의 구성원으로 흡수될 것을 강요한다는 면에서 비윤리적인 속성을 지니고 있으며, 서로를 존중하고 다양성을 통하여 문화적·경제적으로 더욱 풍요로운 복지 사회와 국가를 지향하는 한국에는 부적합한 것들이다.

다문화주의 모델

다문화주의(Multiculturalism) 모델은 이민자들이 출신국의 문화를 지키는 것을 인정하고 장려하며 상호 공존을 목표로 한다. 어느 한쪽으로 완전히 흡수되는 것이 아니라 수평적 공존을 통해 조화로운 발전을 이루고자 하는 것이다. 이 모델에는 '샐러드 보울(salad bowl)'

---

15) 노영상, 〈다문화 사회 속에서의 교회의 역할〉, 《신촌포럼》 22번째(2008), p.63.

16) *Ibid.*, p.65.

17) 유네스코 아시아·태평양 국제이해교육원 엮음, 《다문화 사회의 이해》, p.94.

모델, '인종적 모자이크(ethnic mosaic)' 모델, '무지개 연합(rainbow co-alition)' 모델이 있다.

샐러드 보울 모델은 오늘날 미국이 채택하고 있는 다문화주의 모델이다. 다양한 재료들을 섞어서 샐러드를 만드는 것처럼 다양한 문화들을 함께 섞지만 으깨어져서 하나가 되는 것이 아니라 각각의 문화가 자신의 독특성을 유지하는 모습을 의미한다.

모자이크 모델은 샐러드 보울과 유사한 의미를 가지는 것으로 주로 캐나다에서 사용된다. "이민국인 캐나다는 자국 사회를 '문화적 모자이크'"라고 지칭하며, "다양한 인종·언어·문화적 배경을 가진 사람들이 한 사회에서 조화롭게 살아간다"는 의미에서 이 용어를 사용한다.[18]

무지개 연합 모델 역시 미국에서 사용된 용어이다. 이것은 "다양한 인종들이 백인 중심의 틀 안에서 섞이는 것이 아니라 각각의 고유 문화를 유지하면서 아름다운 공동체를 만드는 것을 추구하는" 것인데, 이는 또한 "인종적·민족적·문화적 배경이 다른 소수파의 연합 정치 세력을 비유적으로 표현한 말"이기도 하다.[19]

다양한 그룹이 각각의 고유 문화의 독특성을 유지하면서 수평적 관계에서 함께 어우러지는 풍요로운 복지 사회를 이루어 가는 것을 지향하는 한국에게는 여러 모델들 중에서 다문화주의 모델이 그 중 유용한 모델일 것이다. 그러나 이 모델 역시 한국 사회에 그대로 적

---

18) 〈중앙일보〉 사회면, 〈모자이크 코리아(상) 방글라데시 남편… 필리핀 아내… '우린 한국인 부부'〉 http://article.joins.com/article/article.asp?ctg=12&total_id=3151845

19) 브리태니커 백과사전, http://enc.daum.net/dic100/contents.do?query1=rts02m074.

용하기에는 문제가 있다.

한국의 선택: 배추김치 모델

다문화적인 상황 속에서 살고 있는 선진국들은 앞에서 살펴본 모델들 중 첫번째와 두번째 모델을 포기하고 세번째 다문화주의 모델을 채택하고 있다. 한국 역시 외국인 이주민들의 문화와 인격을 경멸하고 차별하며 그들을 주류 문화에 완전히 종속시켜 버릴 위험성을 안고 있는 첫번째와 두번째보다는 세번째 다문화주의적 방향을 추구함이 옳을 것이다. 그러나 다른 나라들이 채택하고 있는 다문화주의적 모델들은 갈등과 분열의 위험성을 안고 있기 때문에 그것들을 그대로 적용하는 것은 문제가 있다고 본다. 왜냐하면 아직 인구 중 외국인 이주자들과 다문화 가정 자녀들이 차지하는 비중이 그렇게 크지 않은 한국 같은 경우는 그에 맞는 새로운 단계적 발전 모델을 모색할 필요가 있기 때문이다.

이러한 상황을 고려하여 필자는 '배추김치 모델'을 제시하고자 한다. 배추김치는 완전히 숙성되기까지 몇 단계를 거친다. 첫 단계에서는 배추와 양념거리 등 다양한 재료들이 동등한 지위를 가지고 어우러지면서 큰 모체인 배추의 품으로 포용된다. 두번째 단계인 숙성 단계에서는 배추와 다양한 양념들이 상호 보완적인 역할을 수행하면서 배추김치로 변화된다. 완전히 익은 세번째 단계가 되면, 모두가 여전히 자기 자신의 고유성을 유지하지만 함께 어우러져 영양분이 풍부한 배추김치로 승화된다. 잘 익은 배추김치가 되면, 각각의 재료들은 자기 혼자 있을 때보다 더 뛰어난 맛을 내는 영양소로 진화하게 된다. 필자는 이러한 배추김치 모델을 한국 사회에 적합한 다문화주의 모델로 제시함과 아울러 3단계 과정을 제시하고자한다.

제1단계: 상호 적응 및 포용기

외국인 이주자들(결혼이민자 포함)이 지속적으로 한국으로 들어온다고 할지라도 그 수가 순식간에 한국 인구의 50%를 넘는다거나, 한국의 전통 문화를 뒤집어엎을 정도로 다양한 외국 문화가 들어오지는 않을 것이다. 우리가 이미 경험하고 있는 바와 같이, 초기 단계에서는 소수 외국인 이주자들에 대한 편견과 차별이 매우 심한 상황이 전개될 것이므로 이러한 갈등 요인들을 제거하기 위한 노력을 기울여야 한다. 이를 위해 외국인 이주자들과 토박이 한국인들이 서로를 이해하고 적응할 수 있도록 하는 정책과 프로그램들을 시행하는 것이 필요할 터이다.

토박이 한국인들과 외국인 이주자들과 다문화 가정 출신 자녀들이 함께 노력해야 한다. 소수 집단에 대한 차별과 경시 의식을 버리고 평등하게 대하고 돌보아주기 위해 주류 집단을 이루고 있는 토박이 한국인들은 포용력을 가져야 하며, 소수 집단의 문화를 이해하기 위해 노력해야 한다. 반대로 소수 집단에 속한 사람들은 주류 사회에 대해서 배우고, 자신들 역시 한국인으로 승화되기 위해 노력해야 한다.

그러나 이 단계에서 반드시 해결되어야 할 윤리적 과제가 있는데, 바로 편견과 차별이다. 특히 근본적으로 한국의 사회적·경제적 필요에 의해서 유입해 온 외국인 이주자들을 문화적·인격적으로 무시하고 차별하는 것은 매우 비윤리적인 행태이므로 반드시 시정되어야 한다.

1) 편견과 차별의 해소

UN의 인종차별철폐위원회(CERD; Committee on the Elimination of Racial Discrimination)는 2007년 8월 보고서를 통해 한국이 외국인과 '혼혈인'에 대해 매우 인종차별적이라고 비판하고, 인종차별적인 법과 제도를 바꿀 것과 '단일민족국가'라는 표현을 자제할 것을 권고하였다. 이에 대해 한국 정부는 한국 사회가 다문화 사회화되고 있음을 밝히고, 사회 관습이며 정부 정책과 제도의 개혁을 위해 최선을 다하겠다고 답변하였다.

김유경 등이 2007년 실시한 다문화가족 실태 조사 결과는, 결혼이민자 중 도시 거주자 60.9%, 농어촌 거주자 39.1%, 남자 1.8%, 여자 98.2%였으며, 다음과 같은 통계수치들을 보여준다.[20]

결혼이민자와 한국인 배우자의 한국인의 외국인 차별 경험 비교[21]　　(단위: %)

매우 차별		대체로 차별		별로 차별하지 않음		전혀 차별하지 않음	
결혼 이민자	한국인 배우자	결혼 이민자	한국인 배우자	결혼 이민자	한국인 배우자	결혼 이민자	한국인 배우자
8	8.4	32.5	43.7	46.4	39.7	13.1	8.1

결혼이민자의 40.5%와 한국인 배우자의 52.1%가 차별을 경험했다고 응답하였다. 결혼이민자들보다 한국인 배우자들의 수치가 높

---

20) 김유경, 조애저, 최현미, 이주연, 〈다문화시대를 대비한 복지정책 방안 연구: 다문화가족을 중심으로〉, 한국보건사회연구원, 2008.
21) *Ibid.*, p.427. 결혼이민자 1,063명, 한국인 배우자 947명을 대상으로 함.

은 것으로 볼 때, 실제적인 차별은 결혼이민자들이 느끼는 것보다
더 심하다는 말일 것이다.

다문화가족 아동의 집단 따돌림 여부 및 이유[22)]　　(단위: 명, %)

구　분	전　체	도　시	농 · 어촌
집단 따돌림 여부			
경험한 적 있음	19.6	21.0	16.7
경험한 적 없음	80.4	79.0	83.3
계(수)	100(553)	100(343)	100(210)
집단 따돌림 이유			
특별한 이유 없음	21.1	17.6	22.9
내 아이의 외모가 다른 아이와 다르기 때문에	12.8	13.2	14.3
내 아이의 태도와 행동이 　　다른 아이와 다르기 때문에	8.3	8.8	8.6
의사 소통이 잘 되지 않아서	11.9	14.7	8.6
부모 중 한 사람이 외국인이어서	40.4	39.7	42.9
기타	5.5	5.9	2.9
계(수)	100.0(103)	100.0(68)	100.0(35)

이 표에 의하면 1/5, 즉 다섯 명 중에 한 명의 어린이가 따돌림을
당한 것으로 나타났다. 따돌림당한 이유로는 부모 중 한 사람이 외
국인이기 때문에가 가장 높았고, 특별한 이유 없이 단지 혼혈아라는
것이 두번째로 나타났다. 그밖의 이유들 역시 따돌림당할 이유로는
터무니없는 것들이다. 이러한 조사 결과들은 한국의 어린이들이 혼
혈아들에 대해서 매우 비뚤어진 생각을 가지고 있음을 보여주는 것
이다. 이는 결국 아이들이 가정에서 부모님들로부터 받은 영향이 상
당히 작용했을 것으로 봐야 하며, 어른들이 혼혈아들에 대해서 편

---

22) *Ibid.*, p.288. 미취학, 취학, 자녀가 있는 경우만을 분석 대상으로 함.

견을 가지고 있음을 입증하는 것이다.

2009년 여성가족부의 조사 결과에서도 결혼이민자들 중 많은 사람들이 차별을 경험하고 있음을 보여준다. 2009년 5월 현재 한국인과 결혼한 다문화인 167,090명을 상대로 조사한 결과 결혼이민자 중 34.8%가 차별을 경험했다고 응답했다. 농촌보다는 도시에서, 연령과 학력이 높을수록 "한국 생활에서 외국인이라며 차별 대우를 받았다"고 말했다. 한국 사회에 결혼이주자를 향한 차별이 존재하지만, 일부 다문화인만 인지하고 있음을 보여준다. 나머지는 '차별'인지도 모르고 가정 폭력까지 삶의 일부로 감내하며 살고 있는 것이다.[23]

외국인 근로자들 역시 차별을 받고 있다. '고용허가제' 시행으로 외국인 근로자들도 한국인 근로자들과 동등한 대우를 보장받게 되었지만, 고용 기간을 3년으로 제한함으로써 불법체류자를 양산하는 등의 문제를 안고 있다. 또한 외국인 근로자 임금 체불, 노동 사고, 부당 해고, 성적 학대, 한국인 근로자보다 근로 시간 및 임금 차

---

23) 여성가족부, 2009년 5월, '결혼이민자 현황' 〈서울신문〉, 2010년 7월 6일자. http://news.nate.com/view/20100706n01387

참고) 이 조사 결과 2009년 결혼한 국내 농촌 총각 8,596명 가운데 41%(3,525명)가 외국인을 신부로 맞았다. 여자는 한국인 남편보다 평균 열 살이 어렸다. 특히 캄보디아는 17.5세, 베트남은 17세나 차이났다. 20대 외국인 여자와 40대 한국인 남자가 대부분을 차지했다. 이러한 나이 차이는 다문화가족이 문화 차이뿐만 아니라 세대 차이까지도 극복해야 할 과제임을 입증해 준다. 월평균 소득은 대체로 낮았다. 평균 100-200만 원이 38.4%, 100만 원 이하가 21.3%나 됐다. 한국인 가구의 월평균 소득인 3,322,000원과 사뭇 비교된다. 빈곤을 경험한 다문화가족도 30%. 전기·수도세나 사회보험료를 내지 못하고, 생활비가 없어서 돈을 빌리고, 돈이 없어서 병원 치료를 중단하기도 했다. '가난한' 한국 남자와 '가난한' 외국 여자가 만나 결혼하니 빈곤의 굴레를 벗어나기가 그만큼 힘든 것이다. 결혼이주자가 악착같이 공장에서 돈을 버는 이유도 여기 있다.

별, 노동조합 가입 금지 등의 문제가 여전히 존재하고 있다.

재한 외국인 관련법은 불법 체류 외국인과 미등록 외국인 근로자를 법적용 대상에서 원천적으로 제외시켰다.

'재한 외국인 처우 기본법'이 2007년 7월 18일에 시행되었다. 이 법을 만든 근본 취지는 외국인의 인권 존중과 사회 통합을 통해 '외국인과 더불어 살아가는 열린 사회' 형성과 외국인도 자신의 능력을 충분히 발휘할 수 있도록 보장하며, 국적과 인종을 초월하여 서로 존중하고 이해하는 상생의 사회를 형성하는 것이었다.[24]

그러나 동법 제2조는 재한 외국인을 "대한민국의 국적을 가지지 아니한 자로서 대한민국에 거주할 목적을 가지고 합법적으로 체류하고 있는 자"로 한정하고 있다. 그러므로 미등록 외국인 근로자와 불법 체류 외국인은 아예 법의 적용 대상에서 제외시켰다. 이는 정부의 외국인 정책이 그들의 인권을 보호하거나 사회 통합을 고려하기보다는 관리 통제 차원에만 머무르고 있음을 보여주는 것이다.[25]

제1단계에서는 이러한 편견과 차별을 극복하고 서로를 이해하고 적응할 수 있도록 하기 위해 중앙 정부와 지자체들이 주도적으로 법과 제도를 제정하고, 서로가 함께 어우러질 수 있는 문화 행사 프로그램들을 제공하며 언론 매체들을 활용하여 외국인 이주자들의 모국 문화를 소개하는 프로그램들을 제공할 필요가 있다.

너무 강한 단일 민족 의식, 자민족 우월 의식, 자민족 중심주의는

---

24) 김은미, 양옥경, 이해영 공저, 《다문화 사회, 한국》(나남, 2009), p.188.
25) 윤인진, 〈다문화 사회의 도전과 우리의 과제〉, 계간 《시대정신》, 2008 봄호, pp.339-357; 엄한진, 전 지구적 맥락에서 본 한국의 다문화주의 이민 논의: 동북아 '다문화시대' 한국 사회의 변화와 통합, 〈한국적 '다문화주의'의 이론화〉, 한국사회학회 동북아시대위원회 용역 보고서, 2006, pp.13-14; 윤인진, 〈장래 우리나라 인력난 문제 해결 및 재외동포 인력 활용 방안〉, 법무부, 2006.

타민족을 배척하게 되어 사회 통합과 국가 통합을 해치는 불안 요인으로 작용한다.

그와는 반대로 사회 조직 내의 다양성만 강조하고 다양성과 다문화적인 요소들을 효율적으로 관리·운영하지 못하면, 다문화적인 요소들은 사회 통합과 발전을 위한 긍정적 에너지로 작용하기보다는 사회에 혼란과 분열만 조장하게 된다.[26]

철학자 찰스 테일러는 다문화주의는 '인정의 정치(politics of recognition)'라고 표현했다.[27] 다문화 사회에서는 모든 그룹과 그 구성원들이 다같이 인정받아야 한다.

건전한 제3의 한국과 제3의 문화를 창출해 내기 위해서는 "한국 문화가 자랑하는 관용과 평화의 정신, 상부상조와 공동체 의식, 성실과 근면의 가치관"을[28] 토대로 하여 피부색, 언어, 문화적 다양성을 새로운 발전을 위한 동력으로 승화시켜야 한다.

제2단계: 숙성 및 정착 단계

외국인 이주자, 결혼이민자, 다문화 가정 출신 자녀들의 수가 더

---

26) Kochan, Thomas, Katerina Berzukova, Robin Ely, Susan Jackson, Aparna Joshi, Karen Jehn, Jonathan Leonard, David Levine, and David Thomas, "The Effects of Diversity on Business Performance: Report of the Diversity Research Network," *Human Resource Management* 42(1) 2003, pp.3-21; Gilbert, J., B. Stead, and J. Ivancevich, "Diversity Management: A New Organizational Paradigm," *Journal of Business Ethics* 21(1) 1999, pp.61-76.

27) Charles Taylor, *Multiculturalism and the Politics of Recognition*(Princeton: Princeton University Press, 1992).

28) 네이션 글레이저 지음, 서종남 최현미 옮김, 《우리는 이제 모두 다문화인이다》(미래를 소유한 사람들, 2009), p.17.

욱 증가하게 되고, 그들에 대한 이해가 높아지며, 외국인 이주자들의 한국에 대한 이해가 깊어지게 되면, 한국은 다문화 사회로 정착되어 갈 것이다. 이 단계에 이르게 되면 다음 단계인 도약기로의 발전을 위해 다음과 같은 시도들을 시행해야 할 것이다.

한국 내에 거주하는 외국인들이 빠른 기간 내에 주류 사회의 문화를 심도 있게 이해하고 스며들 수 있도록 하기 위해 그들에 대한 한국어·한국 역사·한국 문화 교육을 실시해야 한다. 이러한 역할을 담당할 공·사립 교육기관을 설치하고, 중앙 정부와 지자체가 적극적으로 지원해야 한다.

외국인 이주자들과 토박이 한국인에게 다문화 사회 시민으로서의 정체성을 확립시켜 주기 위해 자유·평등·평화와 같은 보편적 가치들과, 한국의 역사와 외국의 역사에 대해서 교육을 실시할 필요가 있다. 토박이 한국인과 이주 한국인들이 함께 기획하고 시행하는 다문화 행사들이 중앙 정부와 지자체들 차원에서 실시되어야 한다. 이를 위해 중앙 정부와 지자체들은 연간 예산에 이를 반영해야 한다. 다문화 가정 출신 자녀들이 군복무를 감당하게 함으로써 한 국민 의식을 고양시켜야 한다.

각급 관공서에서 이중 언어 서비스를 제공할 필요가 있다. 공무원들 자신이 이중 언어 능력이 없을 경우에는 그 지역에 거주하는 외국인들을 풀타임 또는 파트타임 통역관 등으로 고용해서라도 그 지역에 거주하는 외국인들에게 편리한 행정 서비스를 제공하도록 노력해야 할 것이다.[29]

---

29) 김은미, 양옥경, 이해영 공저, 《다문화 사회, 한국》(나남, 2009), p.322.

1) 건강한 다문화 사회 창출을 위한 윤리적 과제, 교육

맛있고 영양이 풍부한 김치를 만들어내기 위해서는 숙성 과정의 관리가 중요하듯이, 한국 사회를 갈등이 없는 다문화 사회로 정착시키기 위해서는 온 국민들, 특히 한국 사회의 미래 주인공들인 어린이들과 청소년들에 대한 교육이 매우 중요하다.

다문화 상황 속에 있는 국가는 다양한 인종과 민족적 배경을 가진 사람들을 폭넓게 포용하면서 동시에 그들간의 단결을 도모할 수도 있어야 한다. 각자의 문화적 정체성에서 기인하는 자아 의식은 존중해야 한다. 그러나 인종적·민족적 구분에 따라 사회 속에서 선을 그어 분리하는 것은 피해야만 한다.[30]

민족이나 인종적 자아 의식이 아니라 한국인이라는 자아 의식이 마음의 중심에 자리잡게 될 때 한국은 더욱 좋은 나라가 될 것이다.

주류 사회 구성원들과 소수 집단 구성원들이 모두 다 자신들을 더 큰 사회와 세계의 일부로 바라볼 수 있게 만들어야 한다. 한국인으로서의 문화적 정체성 확립, 다양한 집단 속에서의 자신의 역할 인식, 세계 공동체 속에서의 자신과 자기 집단과 국가의 역할에 대한 인식이 필요하다.

소수자 정체성 교육을 통해 소수자들의 소외감을 극복하고 자긍심을 높여주어야 한다. 다양한 문화를 수용하고 발전시켜 줌으로써 한 사회의 문화는 더욱 풍요롭게 될 것이다.[31]

시민 교육은 모든 인종·민족·언어·문화·종교적 배경을

---

30) David A. Hollinger, *Postethnic America*(New York: Basic Books, 1995), p.3.
31) J. A. Banks, *An Introduction to multicultural education*(3rd ed.)(Boston: Allyn and Bacon, 2002).

지닌 학생들이 자신과 다른 배경을 지닌 타집단의 사람들과
조화롭게 공존하고 상호 작용하며, 자신이 속한 지역 사회,
국가, 세계를 더욱 도덕적이고 평등한 민주 사회로 발전시
키기 위한 지식·기능·가치와 태도를 습득하도록 도와주어
야 한다. 특히 그동안 사회적으로 차별받고 소외되었던 유
색 인종·소수 집단 학생들이 한 사회의 시민으로서 그 사
회에 활발하게 참여하고, 국가와 세계를 보다 정의롭고 인
간적인 공동체로 변화시킬 수 있도록 교육해야 한다.[32]

다음의 표는 다문화 교육을 통해 학생들에게 배양시켜야 할 필수
적인 내용들이 무엇인지 잘 보여준다.

다문화 프로그램 교수·학습 목표[33]

	지 식	기 능	태 도
다 문 화 적 능 력	• 인권, 평화, 화합, 평등, 정의의 필요성 인식. • 다양한 맥락 속에서 불평등을 인식하는 방법. • 차별, 왜곡, 편견, 고정관념 이해하기. • 차별을 없애기 위한 방법 이해. • 인권 존중과 이를 달성하는 방법 이해.	• 불평등, 불의, 인종주의, 편견을 인지하는 능력 개발. • 일상 생활 속의 편견적·차별적인 메커니즘에 대한 의문을 제기하고 바꿀 수 있는 능력. • 한 사회 내의 타문화에 대한 편견과 인권 침해 방지. • 다문화 가정 자녀들에 대한 편견과 차별 해소. • 존중, 대등한 관계 형성. • 문화적 편견 해소. • 평등 사회 도모.	• 배려 윤리. • 타인의 권리 존중. • 일상 생활 속의 편견적·차별적 메커니즘에 대해 의문을 제기하고 바꿀 수 있는 관심 고양. • 평등과 정의의 가치에 대한 재확인. • 타문화에 대한 이해와 정의·평등의 이념 교육. • 우리 사회 소수자의 인권을 존중하는 태도. • 인권 보호를 위한 실천 의지.

다수의 다문화 가정 자녀들이 학교의 중요 구성원으로 등장하게
된 현실 상황 속에서 교사는 다양한 인종·문화·언어의 배경과 특
색에 대한 이해도를 높이기 위해 노력해야 하고, 이러한 요소들이
학생 개개인의 정체성 형성에 미치는 영향에 대해 이해하며, 이러
한 요소들이 특정 그룹의 학생들에 대한 차별과 소외로 나타나지
않도록 감독하는 역할을 담당해야 한다. 그러지 못할 경우 학교를
통한 다문화 교육의 효과를 극대화하고, 학교 내에서의 다양한 그
룹의 학생들 상호간의 조화로운 활동과 화합을 이끌어내는 데 실패
하게 될 것이다.[34]

학생들이 다문화 민주주의 사회를 보다 효과적으로 이해할 수 있
도록 하기 위해서는 교사가 사회를 구성하고 있는 다양한 집단들의
역사와 문화를 소개할 필요가 있으며, 특히 역사적으로 소외되었던
집단의 사회역사적 공헌에 대해 구체적으로 소개하는 것이 도움이
될 것이다.[35]

---

32) 전숙자, 박은아, 최윤정, 《다문화 사회의 새로운 이해》(그린, 2009), p.20; J.
A. Banks, *Educating citizens in a multicultural society*(2nd ed.)(New York: Teachers
College Press, 2007).

33) 출처: 오은순 외, 다문화 교육을 위한 교수 학습 지원 방안 연구(II), RRE 한
국교육과정평가원, 2008, pp.43-45 내용 재구성. 재인용; 전숙자, 박은아, 최윤
정, 《다문화 사회의 새로운 이해》, p.146.

34) 전숙자, 박은아, 최윤정, 《다문화 사회의 새로운 이해》, p.21. cf. C. E. Slee-
ter, *Keepers of American dream*(London: Falmer Press, 1992); M. S. Crocco, "Homo-
phbic hallways: Is anyone listening?" *Theory and Research in Social Education*, 30
(2), 2002, pp.217-232; S. V. Hover, "The professional development of social stu-
dies teachers," in L. S. Levstik & C. A. Tyson, eds., *Handbook of research in social
studies education*(New York: Routledge, 2008).

35) A. Marri, "Building a framework for classroom-based multicultural democra-
tic education(CMDE): Learning from three skilled teachers," *Teachers College Record*,
107(5) 2005, pp.1036-1059, 재인용; 전숙자, 박은아, 최윤정, 《다문화 사회의 새
로운 이해》, p.75.

교사들은 학생들에게 인종·민족·종교 등에 따른 다양한 관점이 있을 수 있다는 것과, 이러한 관점에 따라 동일한 사회적 사건이나 현상에 대해서도 다양한 해석을 할 수 있음을 인식시킬 필요가 있다. 이러한 인식이 학생들로 하여금 역사적 사건들을 소수 집단의 입장에서도 바라볼 수 있도록 도와주며, 나아가 타집단에 대한 고정 관념, 편견, 차별 의식을 없앨 수 있도록 도와줄 것이다.

2) 종교적 다양성 수용

한국이 다문화 사회로 정착되어 가는 과정에서 고려해야 하는 또 하나의 윤리적 과제는 종교적 다양성을 수용하는 것이다. 종교가 한국 사회의 통합을 저해하는 요소가 될 가능성도 배제할 수 없다. 인류 역사상 가장 잔혹한 전쟁은 인종 전쟁과 종교 전쟁이었다. 오랜 옛날부터 오늘날까지도 지속적으로 벌어지고 있는 이슬람교와 유대·기독교 사이의 전쟁이 이를 잘 보여준다. 종교의 자유는 당연히 인정되어야 한다. 그러나 외국인 이주자들과 함께 들어오게 되는 종교들로 인해서 사회적 갈등이 야기되는 것은 막아야 한다.

이슬람은 정치와 종교가 통합되어 있으며, 다른 종교에 대해 철저하게 배타적인 입장을 취하고 있다. 앞으로 외국인 이주자들이 지속적으로 들어오게 될 경우, 이슬람교인들도 증가하게 될 것이다. 만일 이슬람교인들이 자기들끼리 뭉치고 타종교에 대해서 배타적인 자세를 취하며 타문화나 종교에 대해 공격적인 태도를 취하게 된다면, 그들은 사회 통합에 부정적인 요인으로 작용하게 될 것이다.

한국이슬람교중앙회 홈페이지(http://www.koreaislam.org/)에 의하면, 현재 한국 전역에 5,60여 곳의 임시 사원이 있다. 유럽에서의 이슬람 선교 전략은 일곱 가지로 요약할 수 있다. 첫째, 출판, 도서, 강연회, 잡지, 언론 매체의 장악과 사회 전반에 카세트, 비디오, 영화, 예술 분야에서 이슬람에 대한 우호적 분위기 확산. 둘째, 서구 사회에 무슬림의 합법적 거주권 구축. 노동이민 장려, 청년들의 유학, 현지인들과의 합법적 결혼, 다산 장려. 셋째, 강력한 이슬람 공동체 건설. 넷째, 이슬람 공동체를 통해 현지에 맞게 상황화된 설교의 전파. 다섯째, 이슬람의 정치적 합법화를 위한 이슬람 정당 창립. 여섯째, 이슬람 공동체에 샤리아법이 우선적으로 관철되도록 지향. 일곱째, 서구 사회의 이슬람화.[36]

이러한 이슬람 선교 전략이 한국에서도 그대로 추진된다면 매우 심각한 사태가 발생하게 될 것이다. 이슬람 남성들이 국적 취득을 위해 전략적으로 한국 여성들과 결혼하고, 이슬람 종교를 강요하게 될 경우 심각한 문제가 될 수 있다. 이슬람권 국가들에서 이주해 오는 사람들은 말할 것도 없고 타지역에서 이주해 오는 사람들에 대한 이슬람의 전방위적인 선교가 강력한 결속력을 가진 이슬람 공동체를 만드는 데 기여하게 될 것이다. 이러한 공동체가 형성될 경우 한국 사회 전체에 심각한 갈등 요인이 될 수도 있을 것이다. 보수적이고 전투적인 기독교파들과 충돌하게 될 경우에 한국 사회는 극도의 혼란에 휩싸이게 될 것이며, 두 집단 자체가 사회 통합에 걸림돌로 작용할 수도 있을 것이다.

한국은 자유민주주의 국가이다. 정부는 사회구성원들의 인권과 자유와 평등과 평화를 보장하기 위해 법을 엄정하게 집행하고 사회를 관리해야 한다. 종교의 자유를 인정하고, 국민들의 종교 활동을 보

---

36) 정미경, 〈한국 기독교와 이주민 선교〉, pp.24-25. 참고) 샤리아는 "이슬람교에서 코란을 바탕으로 한 법의 체계로서 알라가 마호메트에게 내린 종교적 규칙"(http://krdic.naver.com/detail.nhn?docid=20706800)이다.

장하고 보호하되, 자유민주주의 사회의 보편적 가치와 법을 훼손하는 집단과 행위는 엄격하게 관리하고 통제해야 할 것이다. 앞에서 언급한 바와 같이 어느 한 특정 종교가 자유민주주의의 보편적 가치를 해치고 사회 통합과 평화 유지에 걸림돌이 된다면, 국가는 모든 국민의 인권과 안녕과 행복을 보장하기 위해 이들을 엄격하게 관리 감독하고 통제해야 할 것이다.

제3단계: 도약기

모든 요소들이 포용과 용납의 단계와 숙성의 단계를 거쳐 마침내 잘 익은 맛있는 배추김치로 승화된 단계이다. 이 단계에 이르면, 다양한 문화적 전통들과 민족적 뿌리들이 공존하고 있지만 모든 거주자들의 마음속에 한 국민 의식이 형성된 단계이다. 이전까지 순혈주의 단일 민족 국가를 주장하던 한국인은 이제 소수자가 된 상태일 것이다. 다양한 인종, 다양한 문화, 다양한 종교가 서로에 대한 존경심을 가지고 공존하게 된 상태에 이르렀을 것이다. 그리고 다양성을 토대로 한 공동체 의식과 통일성이 새로운 국민 의식으로 정착된 상태이다. 대한민국은 새롭게 형성된 국민적·문화적 정체성을 가지게 될 것이며, 세계 공동체 속에서 더욱 큰 긍정적 에너지로 활동하는 단계로 도약하게 될 것이다. 명절이나 국경일마다 다양한 민족적·문화적 뿌리를 가진 문화 행사들이 개최될 것이나, 모든 국민들이 그러한 행사들을 우리의 것으로 인식하고 즐거워하게 될 것이며, 그것들에 대한 자부심을 가지고 외국인들에게 자랑하게 될 것이다. 한국은 여러 다양한 인종적·문화적 구성원들이 함께 어우러져 숙성됨으로 인해 더욱 풍요롭고 부유하며 강한 나라가 될 것이다.

다문화 사회 정착을 위한 돌봄의 윤리 및
교회의 책임

인종적·문화적 다양성을 포용하고 승화시켜 제3의 한국, 제3의 문화를 창출하기 위해서는 돌봄의 윤리를 확립할 필요가 있다.

기독교윤리란 "인간과 인간 사이, 그리고 인간과 다른 모든 피조물(우주와 자연을 포함하는)들 사이에 하나님의 뜻에 합당한 올바른 관계를 형성함으로써 정의와 평화를 이룩하고 함께 더불어 사는 삶의 환희가 넘쳐나게 만드는 데 합당한 행동 원칙"으로 정의할 수 있다.[37] 기독교윤리의 목적은 하나님의 뜻대로 모두가 더불어 잘살게 함, 행복하게 살게 함이다. 이는 결국 '돌봄'이라는 말로 요약될 수 있다.

외국인 근로자, 결혼이민자, 다문화 가정 자녀들, 기타 외국인들과 관련해서 볼 때는 이들을 돌봄이 정의이다. 이들을 돌봄은 하나님께서 부여하신 사명이므로 힘들어도 감당해야만 한다. 우리가 가꾼 터전이라고 할지라도 그들과 함께 공유해야 한다. 하나님의 섭리 속에는 그들도 이미 이 땅의 백성으로 포함되어 있다.

예수님께서는 〈마태복음〉 26장 31-46절에서 지극히 작은 자 하나에게 사랑을 베풀었느냐 아니냐에 따라 하나님의 나라에 들어갈 자와 들어가지 못할 자를 구분하겠다고 말씀하신다. 예수님께서는 또한 〈마가복음〉 9장 33-37절에서 뭇사람을 섬기는 자가 위대한 사람이며, 예수의 이름으로 지극히 작은 자를 잘 대접하는 것이 곧

---

37) 김희수, 《기독교윤리학》(동문선, 2011), p.20.

예수님과 하나님을 대접하는 것이라고 말씀하신다.

〈아모스〉서에서 하나님은 가난하고 약한 자들을 핍박하지 말고 "오직 공법을 물같이, 정의를 하수같이 흘릴지로다"(5장 24절)라고 명령하고 있다. 하나님께서는 인간이 공의를 행할 것(〈미가〉, 6장 8절)을 원하신다. 하나님께서는 이방 나그네를 압제하거나 학대하지 말 것과 과부나 고아들에게 해를 끼치지 말라(〈출애굽기〉, 22장 21-24절, 23장 9절)고 명령하신다. 하나님은 "타국인이 너희 땅에 우거하여 함께 있거든 너희는 그를 학대하지 말고 너희와 함께 있는 타국인을 너희 중에서 낳은 자같이 여기며 자기같이 사랑하라"(〈레위기〉, 19장 33-34절)고 명령하신다.

〈마태복음〉 20장 1-16절의 포도원 비유에서, 예수님께서는 이른 아침부터 일을 한 사람에게나 오후 늦은 시간에 와서 일을 한 사람에게나 동일한 품삯을 지불하였다. 이것이 하나님의 은혜로운 결정이었다. 조상 대대로 이 땅에 살면서 한국의 발전을 위해 노력해 온 사람들이거나, 최근에 와서 한국의 발전을 위해 노력하고 있는 사람들이거나 모두 동일하게 한국의 혜택을 누릴 자격을 가지고 있는 것이다. 이것이 하나님의 뜻이다. 나의 땅, 내가 땀 흘려 가꾼 땅, 내가 오래 산 땅이라며 기득권을 주장하는 것은 이기적인 생각이다. 하나님은 이것을 용납하시지 않는다. 하나님께서 노력을 무시하지는 않는다. 그러나 그 노력의 결과를 아낌없이 나누어 가지라는 것이다. 엄격히 따지자면 모든 세상은 하나님의 땅이다. 어느 누구든 어디에나 갈 수 있으며, 그곳에서 행복한 삶을 개척할 권리를 부여받았다. 코리안 드림을 성취하기 위해 한국에 온 모든 사람들이 그 꿈을 이루도록 도와주어야 한다. 그들의 가슴에 정치·경제·문화적 억압과 착취로 인한 한이 쌓이게 해서는 안 된다.

그렇다면 외국인 이주자들과 다문화 가정 자녀들의 정착을 돕고, 제3의 한국 창출을 위해 교회가 감당해야 할 책임은 무엇인가? 교회가 감당해야 할 책임으로 세 가지를 제안한다.

첫째, 남한 인구의 약 25%를 차지하고 있는 기독교인들이 외국인 이주자들과 다문화 가정 자녀들에 대해서 가지고 있는 무지와 편견과 차별 의식을 버리고 그들을 형제자매로 포용할 수 있도록, 그리고 새로운 한국의 그림을 그릴 수 있도록 설교와 성경 공부와 기타 다양한 문화 프로그램들을 통하여 교육하고 훈련시켜야 한다. 둘째, 정부와 지자체 및 기타 다양한 민간 조직들과 단체들이 앞에서 얘기한 것처럼 변화될 수 있도록 촉구하고 감독하는 선지자적 역할을 감당해야 한다. 셋째, 다음과 같이 교회 자체적으로 실행할 수 있는 다양한 프로그램들을 실천해야 한다.

각지역 교회는 자기가 속해 있는 지역의 외국인 이주자들과 다문화 가정 자녀들을 위한 한국어 교육 및 부진 학과목 지도, 한국 문화 체험을 위한 프로그램 제공, 법률 안내, 미풍양속 안내 등과 같은 교양 강좌 실시, 자신들의 문화 활동과 친교를 위한 장소 제공, 다문화 축제 등을 실시할 수 있을 것이다. 이러한 서비스 및 활동들은 자연스럽게 그들이 교회에 친숙해지도록 만들 것이며, 그리스도의 복음을 향해 마음의 문을 열게 만드는 계기가 될 것이다. 그들이 각지역 교회의 교인으로 등록하고 신앙 생활을 이어갈 수 있도록 도와줄 수도 있을 것이며, 자체 언어로 예배를 드릴 수 있는 예배 공동체로 발전할 수 있도록 도와줄 수도 있을 것이다.

맺는말

한국은 다양한 인종과 문화로 이루어진 다문화 국가로 발전해 갈 것이다. 오래전부터 이 땅에 터를 잡고 산 토박이들은 새로이 이주해 오는 사람들과 그들의 자녀들이 이곳에 행복한 둥지를 틀 수 있도록 넓은 마음으로 포용하고 도와주어야 한다. 또한 그들이 주인 의식을 가지고 새 국가 새 문화 창조 작업에 적극적으로 참여할 수 있도록 도와주어야 한다. 우리가 가꾼 터전이라고 할지라도 그들과 함께 공유해야 한다. 하나님의 긴 역사 속에는 그들도 이미 이 땅의 백성으로 포함되어 있다.

새로 이주해 온 사람들과 그들의 자녀들은 한국을 이만큼 발전시켜 놓은 선배들에게 감사하고, 그들의 역사와 문화를 빨리 배우고 익히도록 노력해야 한다. 그들은 자신들의 새로운 조국이 될 한국, 자녀들이 목숨 바쳐 지켜야 하고 가꾸어야 할 모국이 될 한국이 아름답게 발전해 갈 수 있도록 자신들이 가진 최선의 것(문화적 뿌리와 재능 등)을 바쳐 노력해야 한다.

배추와 다양한 재료들이 어우러져 숙성됨으로써 각각의 고유성을 잃지 않지만 이전에 혼자 있을 때보다 더 뛰어난 능력을 발휘하게 되며, 함께 어우러져 제3의 정체성을 가진 개체인 배추김치로 승화되듯이 다문화 사회로 승화되는 한국도 이와 같을 것이다. 한국은 다양성으로 인해 갈등과 분열로 얼룩진 나라가 아닌 그로 인해 더욱 풍요롭고도 부강한 큰 나라로 발전하게 될 것이다. 이를 위해 모든 구성원들은 인내심을 가지고 서로를 존중하고 포용하고 배우며 함께 새로운 나라의 주인공들로 진화해 가기 위해 노력해야 한다.

【참고 문헌】

김유경, 조애저, 최현미, 이주연, 《다문화시대를 대비한 복지정책 방안 연구: 다문화 가족을 중심으로》, 한국보건사회연구원, 2008.

김은미, 양옥경, 이해영 공저, 《다문화 사회, 한국》, 나남, 2009.

김희수, 《기독교윤리학》, 동문선, 2011.

네이션 글레이저 지음, 서종남 최현미 옮김, 《우리는 이제 모두 다문화인이다》, 미래를 소유한 사람들, 2009.

노영상, 〈다문화 사회 속에서의 교회의 역할〉, 《신촌포럼》 22번째(2008).

박영은, 《문화 이론의 쟁점과 한국 사회: 문화 담론과 연구 방법론》, 한국정신문화연구원 제23집, 1995.

법무부 출입국·외국인정책 통계월보 9월호.

설동훈, 〈이민과 다문화 사회의 도래〉, 《한국사회론》(김영기 편), 전북대학교출판부, 2005.

설동훈, 서문희, 이삼식, 김영아, 〈다문화 가족의 중장기 전망 및 대책 연구: 다문화 가족의 장래 인구 추계 및 사회·경제적 효과 분석을 중심으로〉, 보건복지가족부 연구용역 보고서, 2009.

엄한진, '전 지구적 맥락에서 본 한국의 다문화주의 이민 논의: 동북아 '다문화시대' 한국 사회의 변화와 통합,' 〈한국적 '다문화주의'의 이론화〉, 한국사회학회 동북아시대위원회 용역 보고서, 2006.

여성가족부, 2009년 5월, '결혼이주자 현황,' 〈서울신문〉, 2010. 7. 6.

오은순 외, 다문화 교육을 위한 교수 학습 지원 방안 연구(II), RRE 한국교육과정평가원, 2008.

유네스코 아시아·태평양 국제이해교육원 엮음, 《다문화 사회와 국제 이해 교육》, 동녘, 2009.

윤인진, 〈다문화 사회의 도전과 우리의 과제〉, 계간 《시대정신》, 2008년 봄호, pp.339-357.

______, 〈장래 우리나라 인력난 문제 해결 및 재외동포 인력 활용 방안〉, 법무부, 2006.

전숙자, 박은아, 최윤정, 《다문화 사회의 새로운 이해》, 그린, 2009.

정미경, 〈한국 기독교와 이주민 선교〉, 한국복음주의윤리학회 제10차 정기 논문발표회, 주제: 다문화 사회와 기독교윤리(한국복음주의윤리학회, 2010. 11. 13).

주원희, '장애 가진 외국인 혜택 아무것도 없다,' 〈에이블뉴스〉, 2007. 9. 2.

차용호, 〈다문화 사회 통합 프로그램 이수제 개관〉, 법무부 출입국외국인 정책본부, 2008, 1.

황장석, '한반도 단일 민족 신화는 만들어진 역사,' 〈동아일보〉, 2008년 12월 5일자. http://www.donga.com/fbin/output?n=200812050087.

이혜경, 〈다문화 사회의 이해: 차이와 공존·변화와 방향〉, 《한국 사회의 이해》, 2008. 12.

Banks, J. A., *An Introduction to multicultural education*(3rd ed.), Boston: Allyn and Bacon, 2002.

______, "Approaches to multicultural curriculum reform," in J. A. Banks and C. A. M. Banks(Eds.) *Multicultural education: Issues and perspectives*(4th ed.), Boston: Allyn & Bacon, 2001.

______, *Educating citizens in a multicultural society*(2nd ed.), New York: Teachers College Press, 2007.

Sleeter, C. E., *Keepers of American dream*, London: Falmer Press, 1992.

Castles, Stephen and Mark J. Miller, *The Age of Migration: Third Edition*, New York and London: The Guilford Press, 2003.

Crocco, M. S., "Homophbic hallways: Is anyone listening?" *Theory and Research in Social Education*, 30(2), 2002. pp.217-232.

Gilbert, J., B. Stead, and J. Ivancevich, "Diversity Management: A New Organizational Paradigm," *Journal of Business Ethics* 21(1) 1999: pp.61-76.

Glazer, Nathan, *We Are All Multiculturalist Now*, Harvard University Press, 1997, 2003.

Hiebert, Paul G., 《선교와 문화인류학》, 김동화 외 역, 죠이선교회출판부, 1996.

Hollinger, David A., *Postethnic America*, New York: Basic Books, 1995.

Hover, S. V., "The professional development of social studies teachers," in L. S. Levstik & C. A. Tyson, eds., *Handbook of research in social studies education*, New York: Routledge, 2008.

Kochan, Thomas, Katerina Berzukova, Robin Ely, Susan Jackson, Aparna Joshi, Karen Jehn, Jonathan Leonard, David Levine, and David Thomas, "The Effects of Diversity on Business Performance: Report of the Diversity Research Network," *Human Resource Management* 42(1), 2003, pp.3-21.

Marri, A., "Building a framework for classroom-based multicultural democratic education(CMDE): Learning from three skilled teachers," *Teachers College Record*, 107(5) 2005, pp.1036-1059.

Sassen, Saskia, "The Global City Today: Advantages of Specialization and Costs of Financialization," Paper presented at 2009 글로벌 서울 포럼; Global Metropolitan Forum of Seoul 2009, 글로벌 시대의 도시 경쟁력과 서울의 미래(The Global City: Strategies for Competitiveness), 서울, 신라호텔.

Scott, Allen J. "Global City-Regions: Economic Motors and Political Actors on the World Stage," Paper presented at 2009 글로벌 서울 포럼; Global Metropolitan Forum of Seoul 2009, 글로벌 시대의 도시 경쟁력과 서울의 미래(The Global City: Strategies for Competitiveness), 서울, 신라호텔.

Taylor, Charles, *Multiculturalism and the Politics of Recognition*, Princeton: Princeton University Press, 1992.

Tylor, E. B., *Primitive culture: researches into the development of mythology, philosophy, religion, language, art, and custom*, New York: Henry Holt, 1889.

제12장

Ethical Quest For Mutual Survival and Well-being: Justice And Peace

Introduction

Human history has entered into a new millenium. The new millenium will be a show case of technological products like flying cars, virtual reality environments, space travel shuttles, life-enhancing medicines, duplicated organs and humans, and so on. It will be more than a Wonderful New World. It will be an amazing new world. But is the amazing progress of science and technology going to bring justice and peace to the human world? I doubt it. We have already experienced a similar situation at the turn of the 19th century and during the first half of the 20th century. People had a very positive assurance in the development of science and believed that the progress of science would solve all the problems of human society. But the answer to this assurance was the two World Wars. The progress of science and technology in the new millenium may bring us an even greater destruction. Unless human beings liberate themselves from their self-centered belief systems, their view of values and ethics, their political and economical structures, the world situation will not have been changed much. Similar tragedies like the two World Wars, the Gulf War, the conflicts in Yugoslavia, and the L.A. riots will occur again and again.

Beginning the new millenium, externally, countries, races, and religions are talking about and proclaiming plans for the mutual well-being of the world. But, internally, all of them are discussing about the schemes for the maximization of the self interest, revenge, conquests and domination over others. To accomplish these goals, they are preparing all kinds of weapons. What a sad reality it is!

We are living in a global and pluralistic time and world. To enjoy the amazing scientific development in the new millenium and to secure the survival of all creatures, we must have justice and peace in the world. But justice and peace will not be established without great efforts by all humans. We have to be liberated from the superstitious hypotheses of the past which were based upon each community's selfish desires and limited environment and experiences and which have functioned as the weapons for the destruction, oppression, discrimination, and exploitation of others. This chapter will focus on the prerequisites for the establishment of justice and peace in the global community.

False God, False Ethics

Charles S. McCoy says, "Theology and ethics have significant roles to play in the continuing quest for justice, equality, and love."[1] Human locations are multiple. Each community has different locations geographically, historically, culturally, socially, and religiously. How can we deal with those multiple human locations to establish justice, peace, and harmony in the world?

Up until now, human history has been filled with the repeating stories of conquests, oppression, exploitation, and discrimination. Each community has tried to play games only by one's own rule and forced others to follow that rule. They also have tried to judge right and wrong according to their own standards and did not like to recognize the views or rules of other communities. As an example, the conventional theology of Constantinian paradigm, McCoy says, "is restricted to the ecclesiastical enclave. Theologians formulate the convictions of a single community and interpret the world in terms of those formulations."[2]

If a certain standard of conduct is good for only one segment of human communities, it will be unreasonable to consider that standard as the common, sound, and ideal set of ethics which embraces the multiple human locations. Most of us have superstitious and idolatrous beliefs based on the misunderstanding of the nature of the universal God. We draw the images of God according to our limited religious, cultural, social, and scientific heritages. Those images are not perfect ones. They only contain parts of the whole nature of God. However, many times, we assume that the image which we draw is the only perfect image of God in the world. Then, we close the windows toward other peo-

---

1) Charles S. McCoy, *When Gods Change: Hope for Theology*(Nashville: Abingdon Press, 1980), p.13.

2) *Ibid.*, p.28.

ple's views and images of God. People do not like to recognize other peoples' experience of God.

Some people think that there are ranks among races, nations, cultures, and religions. They think that theirs is superior to the others'. Some people believe that they are specially blessed by God and are endowed with more privileges and rights than the others are. This god is not the true universal God but a tribal or sectarian god who only cares for one group. Out of this false understanding of God's nature, people formulate the biased ethics and use it for the rationalization of their violation of other people's rights. Racism, sexism, classism, false religious pride, and ultra nationalism are such examples.

H. Richard Niebuhr says that there are two kinds of gods, the life-giving God and the death-giving god. The true life-giving God embraces all the creatures in one heart. There is no partiality in God's heart. God doesn't discriminate creatures by their species, sizes, colors, races, or genders. God recognizes unity in variety and variety in unity, and wants humans to do likewise.

Regarding the faith in the false god who brings death, Niebuhr points out two major pathological forms of faith(faith in the finite things or values) ——— "henotheism" and "polytheism."[3] For henotheism a social unit(such as family, nation, church, humanity, etc.) functions as a god

---

3) H. Richard Niebuhr, *Radical Monotheism and Western Culture*(New York: Harper & Bros., 1960), pp.24-31; *The Responsible Self*(New York: Harper & Row, 1963), pp.98-100, 106, 121-123, 137-140; "Man the Sinner," *The Journal of Religion*, XV, July(1935), pp.278-80.

which conveys value to and requires loyalty of its members. Polytheism, on the other hand, divides one's loyalty among multiple interests (such as pleasure, wealth, fame, etc.), and these finite interests become the bases of values and morality. These two pathological forms of faith, however, fail to provide harmony, unity, integrity. Nor is there a true center and meaning in personal and social justice, peace, and unity.

The multiple value centers and scattered loyalties of polytheism fragment personal and social life because of its lack of a unifying core. In henotheism, competing interests and conflicting duties, according to their ability to enhance the "closed society" which functions as god, are arranged into a hierarchy. By absolutizing and requesting its members' exclusive loyalty to a "closed society"(whether ethnic, political or religious), power holders and insiders enjoy privileges but treat those who are excluded from the circle, at best, as a means to their selfish ends, and at worst threats to their survival.

Throughout human history henotheistic faiths have caused the greatest brutalities and aggressions and they offer no global center which can embrace all human beings and groups into one whole community.[4]

We do not commit ourselves to a religion for the sake of a religion. We do that for the achievement of the ultimate knowledge about the truth, the liberation and salvation from sins and guilts, and the renewal of broken relationships with God and neighbors. Niebuhr says that

---

4) Niebuhr, *Radical Monotheism*, pp.25−31, 35−37, 56−60, 75−76; "Man the Sinner," pp.278−279. *Responsible Self*, pp.140−141; Cf., Lonnie Kliever, *H. Richard Niebuhr*(Waco, Texas: Word Books, Publisher, 1977), pp.88−89.

true faith in true God extends the moral law's intensiveness and extensiveness by enlarging the boundary of community, beyond the fellow believers and loved ones, to every neighbor in being, whether friend or enemy, animate or inanimate, near or far.[5] This is what we need for the establishment of justice and peace.

The Liberation from the Past

And then, how can we be freed from the past which was dominated by division and violence? How can we break down the harmful walls of our closed castles? How can we escape the small pond which we have considered as the whole world?

Our playgrounds have already been changed from small villages to global cities. All the isolated local communities, which have carried on their lives only with the tools provided by their own race, culture, society, and religion, are now playing games with other members of the world on the global playground. We see many shapes of faces dressed with multiple cultural clothes at the global park. We are living in a new world.

However, our minds are still dwelling in the past. We are still trying to

---

5) Niebuhr, *Radical Monotheism,* pp.122–126; *Responsible Self,* pp.142–145; *The Meaning of Revelation*(New York: Macmillan Publishing Company, 1960), pp. 80–100.

treat the new global context of life with the self-centered tools which we used for the small local communities in the past. Those tools and methods worked in the past but are ineffective ones for the new circumstances and will not work for the new age. We need new tools and ethics for the liberation of ourselves from the limited past and for the proper treatment of the global situation.

Prerequisites for the Formulation of the Global Ethics

a. Effort to Understand Other Communities' Covenants

Johannes Pederson says, "One[Hebrew] is born of a covenant and into a covenant, and wherever one moves in life, one makes a covenant or acts on the basis of the already existing covenant."[6] This is true not only for the ancient Hebrews but also for the other people of the modern society. Each community has its covenant "founded on a believed-in reality."[7] This covenant shapes people's behavior and characters. Charles McCoy says, therefore, "To understand the wholeness of human experiencing——— of individuals or ethnic groups, of nations or religious communities——— it is to the network of commitments summed up in covenant that we must go."[8]

---

6) Johannes Pederson, *Israel: Its Life and Culture*, Vol I(London: Oxford University Press, 1926), p.308.

7) McCoy, *When Gods Change*, p.178.

For the global community to live in justice and peace, we need to have a mutual understanding of each other. Until we become to know each other, it will be very hard to open up one's heart to others and to give up prejudice and anxiety. We need to know the following things to know who they are: why they get angry at a certain point; how they express love and hatred; why they think certain actions are moral and honorable; why they repeat such ritual ceremonies each year; what god they worship; what kinds of covenants they have.

There are no absolute ethical principles. Someone might argue that "don't kill" is one of such absolute principles. But the prohibition of killing is not an absolute rule though the right to life is the most important and basic right standing over any other rights. For instance, in the case of self defense and war, killing is justified or even required.

Each community has ethical principles that are based on their customs and view of values formed through a long process of communal life. The members of the community judge rights and wrongs according to those ethical principles. Therefore, one community might consider a case perfectly right while another community could judge the same case morally wrong. The following case might be an appropriate example for this.

Most communities ask their members to treat their guests kindly. But the method of treatment might be different from community to community. When an important male guest visits one's home, a certain race

---

8) *Ibid.*, p.179.

of the Eskimos offers one's wife to the guest for sexual service that night. For the people who grew up in this culture, this practice is morally right. It wouldn't hurt people's conscience at all. But if someone were to do the same thing in Korea, every one would instinctively know that that is morally wrong and would be criticized by the community. There could be whole lots of examples showing the relativity of moral rules in human communities.

What is the point here? Even people's conscience, rationality, and ethics are influenced by the tradition, custom, and the view of values. Therefore, before we judge others, we must try to understand other people's context of living. Through the compassionate effort of mutual understanding, we will be able to find common grounds for the formulation of global ethics.

If we really want justice and peace in the global human community, we shouldn't wait until others come to us and tell us their stories in our language. Some people think that everything of theirs is the best of all and always push others to surrender to their ways. We have to get rid of this kind of arrogance. We must have courage to visit others. We must not hurt or dominate but learn humbly from others.

By studying other peoples' covenants through many ways, we will realize that no one is absolutely evil or good and that others are not devils but brothers and sisters. Every community shares parts of the truth of God. God has revealed His Will in and throughout the history and experiences of all communities. But each community thought that they were the only ones who knew and owned the whole truth of God. It happened because each community was confined to a particular location. People interpreted God's revelation differently and responded differently according to their limited living contexts, and they formulated the different shape of covenant, culture, history, and religion. Yet all people belong to one universe and pursue justice and peace, and they are like different faces engraved on one big rock, God.

This kind of realization will help us to correct our previous prejudices and mistakes and provide us with a new mindset for the better treatment of the global context.

God allowed us different ways of living. Niebuhr says, "God fulfills himself in many ways lest one good custom should corrupt the whole."[9] McCoy says, "It is not necessary to agree with the views of other communities in order to recognize that their folk ways, social forms, and religious convictions have a coherence and integrity from their perspective and that the participants in those communities really believe in the cultural meanings and beliefs that are theirs."[10]

We don't have to accept other peoples' ways as ours. Likewise we must not insist others to accept our ways as theirs. But we can allow each other to play together on the same global playground. By doing this, we will begin to develop friendship and unity without losing each one's particularity. This will widen the perspective of our understanding of human community. This will liberate us from the oppressive and ex-

---

9) Niebuhr, *The Responsible Self*, p.163.
10) McCoy, *When Gods Change*, p.50.

ploitive idolatry of the past. We will begin to feel the affection toward others. We will seek for the ways to mutual survival and well-being. We will willingly begin to co-operate to establish justice and peace.

There could be harmful concepts or contradicting dogmas in each particular covenant. We need to give up, or at least transform those contradicting and harmful concepts. We need to carry on continuous dialogue between religions, races, nations, sexes, cultures, and ideologies. We must continue every possible effort for the establishment of justice and peace in the global community.

b. Equal and Fair Treatment

All human beings must be treated equally and fairly regardless of their nationality, race, or religion. For the establishment of justice and peace, we must give up and transcend ultra nationalism, racism, and fanatic religious dogmas and beliefs. All three could become irrational idols and function as the worst kinds of weapons to destroy other lives and human communities. A nation is an institution formed to secure the well-being of its people and to contribute to the well-being of the world community. No nation is allowed to invade or destroy other nations or people.

There is no rank in humanity. All are created equal. The skin color does not symbolize the rank of people. The difference of culture or religion does not signify the superiority or inferiority of people. The multiple colors of skin and the variety of culture and religion just show us the variety and multiplicity of human locations. We must be able to accept others as they are without forcing them to be exactly like ourselves. All have to be treated fairly. All races have to share good and evil, joy and sorrow, pleasure and pain equally. All races must do their best for the well-being of all humanity. All races must contribute to the establishment of justice and peace on earth.

c. Transcendence of Religious Dogmas

Among many influential factors on human behavior, individually and socially, religion has had the strongest influence. Unless we transcend fanatic religious dogmas, beliefs, and pride, we will be unable to establish justice and peace on earth. Throughout history, the behavior of world religions, as the institutionalized structure, has been the mixture of good and bad. John Hick summarizes this very well.

> As vast historical movements Christianity, Islam, Sikhism, Judaism, and Hinduism have all been complex mixtures of good and evil, responsible for much of the best and much of the worst in human history, elevating the life of societies and yet also validating their worst habits of violence and warfare, preaching human brotherhood and yet also practicing persecution, producing both saints and sinners and supporting both enlightened and savage despots. Thus all the world religions live in a glass house of morally ambiguous history in which

none can afford to throw stones at another.[11]

We have all sinned and made mistakes against each other according to the order of the religions we have believed in. We have to learn from each other and correct one's own wrongs. We must not accuse others as satanic to prove that we are good. Without attacking or destroying other peoples' religious beliefs, we can find common grounds for the establishment of justice and peace. We need to invite others to the conversation table without forcing them to give up their religious beliefs totally and to follow ours. Religions don't have to be enemies but can co-operate for mutual survival and well-being. Here are some examples of common ground which we can build ethical guidelines on. We can see that the ethical spirit, goals, and objectives of these religions are same. These religions are using similar vocabularies and expressions. These examples show us a possibility of co-operation among world religions.

Christianity

"God shows no partiality." (Romans 2:11)

"Do not seek your own advantage, but that of the other." (I Corinthians 10:24)

"Love your enemies and pray for those who persecute you." (Mat-

____

11) John Hick, God Has Many Names: Britain's New Religious Pluralism(Philadelphia: Westminster, 1982), p.29.

thew 5:44)

"If your enemies are hungary, feed them······ for by doing this you will heap burning coals on their heads. Do not be overcome by evil, but overcome evil with good."(Romans 12:20f)

"Put your sword back into its place; for all who take the sword will perish by the sword."(Matthew 26:52)

Judaism

"All men are responsible for one another."(Talmud, Sanhedrin 17:21)

"Open your hand to the poor and needy neighbor in your land." (Deuteronomy 15:11)

"Let justice roll down like waters."(Amos 5:24)

"Aid an enemy before you aid a friend, to subdue hatred."(Baba Metzia)

Hinduism

"Look upon all creatures equally; none are less dear to me and none more dear."(Bhagavad Gita 9:29)

"Do your work with the welfare of others always in mind······ The wise work for the welfare of the world without thought to themselves." (Bhagavad Gita 3:10−26)

"For a warrior, nothing is higher than a war against evil······ If you do not participate in this battle against evil, you will sin. If you engage in this great battle, you will be freed from sin."(Bhagavad Gita 2:32ff)

Buddhism

"Compassion is a mind that savors only mercy and love for all sentient beings." (Nagarjuna, Precious Garland 437)

"Give to all, be they reclusives and brahmins or wretched needy beggars; be a giver of food and drink, clothing, lodging and lights." (Itivuttaka 65)

"Conquer anger by love. Conquer evil by good." (Dhammapada 23)

Islam

"Each person's every joint must perform a charity every day." (Forty Hadith of An-Nawawi 26)

"Whenever you judge between people, you should do so with justice." (Koran 4:58)

"If you forgive, God will forgive you." (Koran 64:14)

"Whoever kills a human being, except to retaliate for manslaughter or for corruption done in the land, shall be as if he had killed all of humankind." (Koran 5:27–32)

Through interfaith dialogue we can learn good things from others, and this can transform each one's own behavior or correct one's own problems. Hindu India needs to change its caste system, the Islamic world needs to liberate women's status in Muslim societies, Marxists and Maoists need to allow individual human freedom in their societies, and the Christian West needs to learn non-violence from the profoundly peaceful tradition of Buddhism and a certain detachment from material possessions from traditional Hindu wisdom.

Conclusion: Practice

Yet we must work hard on ourselves to attain virtuous habit. Knowing and acting could be two different things. Knowing good doesn't necessarily guarantee acting good. As Aristotle said, to become a virtuous person we need to attain virtuous character through practice.[12] Langdon Gilkey, through his civilian internment camp experience in North China, run by the Japanese army during the Second World War, discovered that a rational person does not necessarily act morally. He writes:

> People generally seemed to be much less rational and much more selfish than I had ever guessed. They did not decide things to do because it would be responsible and moral to act in that way; but because that course of action suited their self-interest. Afterwards, they would find rational and moral reasons for what they had already determined to do.[13]

We must carry out what we know in actual life.

---

12) Cf. Aristotle, *The Nicomachean Ethics*(Indianapolis, Indiana: Bobbs-Merrill Company, Inc., 1984).

13) Langdon B. Gilkey, *Shantung Compound*(New York: Harper & Row, Publishers, Inc., 1975), p.89.

Richard Niebuhr illustrates "sin" as the subjection to the systems of society, the customs, the rules and commandments, and the large organization of economic and cultural activities for self interest. Because of the fear of losing one's safety, identity, and benefits, people subdue themselves under systems and use them for domination and exploitation. Others are considered as enemies interrupting one's prosperity. Therefore, salvation is liberation from anxieties, defensiveness, and distrustfulness and from the powers and systems of the community which we used for evil purpose.[14]

In the same way, each community acts like the individual person. Because of the misunderstanding or the lack of knowledge about others, because of the fear of change, and because of the anxiety of losing identity, safety, and privilege, each community subjects itself to its own power structure, tradition, religion, ethical principles, and military force. Each community becomes aggressive against other communities. Therefore, here, salvation means the liberation from the hardened shells of each community which were created by those power structures, tradition, religion, ethical principles, and so on.

Whitehead says, "Idolatry is the necessary product of static dogmas."[15] As long as we hold on to the fanatic and static dogmas of the past, we will not be able to liberate ourselves from the oppressive and exploitive idolatry. We must not fear change. To enjoy the

---

14) H. Richard Niebuhr, *The Responsible Self*, pp.138-139.

15) Alfred North Whitehead, *Religion in the Making*(New York: The Macmillan Co., 1926), p.147.

authentic justice and peace in the world, we must jump from the attitude of the limited local community to the attitude of the global community and from the self-centered dogmas and ideologies to global ethics. McCoy says, "When we are open toward the God who is becoming, we are prepared to believe and act in hope." [16]

To secure the mutual survival and well-being of all people, we have to sit together at the table of dialogue and talk about the establishment of justice, harmony, unity, and peace in the human community. We need to accept and learn from each other. We have to formulate new ethical principles which respect and embrace all peoples of the world. All human beings are equal moral agents and partners of new history making. We must work and live together.

【Bibliography】

Aristotle, *The Nicomachean Ethics*, Indianapolis, Indiana: Bobbs-Merill Company, Inc., 1984.

McCoy, Charles S., *When Gods Change: Hope for Theology*, Nashville: Abingdon Press, 1980.

Gilkey, Langdon B., *Shantung Compound*, New York: Harper & Row, Publishers, Inc., 1975.

Hick, John, *God Has Many Names: Britain's New Religious Pluralism*, Philadelphia: Westminster, 1982.

Kliever, Lonie, *H. Richard Niebuhr*, Waco, Texas: Word Books, Publisher, 1977.

---

16) McCoy, *When Gods Change,* p.223.

Niebuhr, H. Richard, "Man the Sinner," *The Journal of Religion*, XV, July (1935).

______, *Radical Monotheism and Western Culture*, New York: Harper & Bros., 1960.

______, *The Responsible Self: An Essay in Christian Moral Philosophy*, San Francisco: Harper & Row, Publishers, Inc., 1978.

______, *The Meaning of Revelation*, New York: Macmillan Publishing Company, 1960.

Pederson, Johannes, *Israel: Its Life and Culture*, Vol I. London: Oxford University Press, 1926.

Whitehead, Alfred North, *Religion in the Making*, New York: The Macmillan Co., 1926.

김희수

한남대학교, 영어영문학. B. A.
Pacific School of Religion, Berkeley. M. Div.
Graduate Theological Union, Berkeley. Ph. D.
기독교윤리학, 종교사회학 전공
윌로우스 미국인 연합감리교회(캘리포니아) 담임목사 역임
현재 백석대학교 교수
저서:《외국인을 위한 한국, 한국인 그리고 한국 문화》(공저)
《크리스천 현장영어》(공저)
《기독교 윤리학의 이론과 방법론》《기독교윤리학》
역서:《의료윤리》《종교철학의 핵심》《종교철학》

기독교사회윤리

초판발행 : 2011년 9월 25일

지은이 : 김희수
펴낸곳 : 東文選

제10-64호, 78. 12. 16 등록
110-801 서울 종로구 계동길 50
전화 : 737-2795

ISBN 978-89-8038-677-2 94230
ISBN 978-89-8038-000-3 (세트/문예신서)

【東文選 現代新書】

1 21세기를 위한 새로운 엘리트	FORESEEN 연구소 / 김경현	7,000원
2 의지, 의무, 자유 — 주제별 논술	L. 밀러 / 이대희	6,000원
3 사유의 패배	A. 핑켈크로트 / 주태환	7,000원
4 문학이론	J. 컬러 / 이은경 · 임옥희	7,000원
5 불교란 무엇인가	D. 키언 / 고길환	6,000원
6 유대교란 무엇인가	N. 솔로몬 / 최창모	6,000원
7 20세기 프랑스철학	E. 매슈스 / 김종갑	8,000원
8 강의에 대한 강의	P. 부르디외 / 현택수	6,000원
9 텔레비전에 대하여	P. 부르디외 / 현택수	10,000원
10 고고학이란 무엇인가	P. 반 / 박범수	8,000원
11 우리는 무엇을 아는가	T. 나겔 / 오영미	5,000원
12 에쁘롱 — 니체의 문체들	J. 데리다 / 김다은	7,000원
13 히스테리 사례분석	S. 프로이트 / 태혜숙	7,000원
14 사랑의 지혜	A. 핑켈크로트 / 권유현	6,000원
15 일반미학	R. 카이유와 / 이경자	6,000원
16 본다는 것의 의미	J. 버거 / 박범수	10,000원
17 일본영화사	M. 테시에 / 최은미	7,000원
18 청소년을 위한 철학교실	A. 자카르 / 장혜영	7,000원
19 미술사학 입문	M. 포인턴 / 박범수	8,000원
20 클래식	M. 비어드 · J. 헨더슨 / 박범수	6,000원
21 정치란 무엇인가	K. 미노그 / 이정철	6,000원
22 이미지의 폭력	O. 몽젱 / 이은민	8,000원
23 청소년을 위한 경제학교실	J. C. 드루엥 / 조은미	6,000원
24 순진함의 유혹〔메디치상 수상작〕	P. 브뤼크네르 / 김웅권	9,000원
25 청소년을 위한 이야기 경제학	A. 푸르상 / 이은민	8,000원
26 부르디외 사회학 입문	P. 보네위츠 / 문경자	7,000원
27 돈은 하늘에서 떨어지지 않는다	K. 아른트 / 유영미	6,000원
28 상상력의 세계사	R. 보이아 / 김웅권	9,000원
29 지식을 교환하는 새로운 기술	A. 벵토릴라 外 / 김혜경	6,000원
30 니체 읽기	R. 비어즈워스 / 김웅권	6,000원
31 노동, 교환, 기술 — 주제별 논술	B. 데코사 / 신은영	6,000원
32 미국만들기	R. 로티 / 임옥희	10,000원
33 연극의 이해	A. 쿠프리 / 장혜영	8,000원
34 라틴문학의 이해	J. 가야르 / 김교신	8,000원
35 여성적 가치의 선택	FORESEEN연구소 / 문신원	7,000원
36 동양과 서양 사이	L. 이리가라이 / 이은민	7,000원
37 영화와 문학	R. 리처드슨 / 이형식	8,000원
38 분류하기의 유혹 — 생각하기와 조직하기	G. 비뇨 / 임기대	7,000원
39 사실주의 문학의 이해	G. 라루 / 조성애	8,000원
40 윤리학 — 악에 대한 의식에 관하여	A. 바디우 / 이종영	7,000원
41 흙과 재〔소설〕	A. 라히미 / 김주경	6,000원
42 진보의 미래	D. 르쿠르 / 김영선	6,000원
43 중세에 살기	J. 르 고프 外 / 최애리	8,000원

21 기독교사회윤리

44 쾌락의 횡포 · 상	J. C. 기유보 / 김웅권	10,000원
45 쾌락의 횡포 · 하	J. C. 기유보 / 김웅권	10,000원
46 운디네와 지식의 불	B. 데스파냐 / 김웅권	8,000원
47 이성의 한가운데에서 ― 이성과 신앙	A. 퀴노 / 최은영	6,000원
48 도덕적 명령	FORESEEN 연구소 / 우강택	6,000원
49 망각의 형태	M. 오제 / 김수경	6,000원
50 느리게 산다는 것의 의미 · 1	P. 쌍소 / 김주경	7,000원
51 나만의 자유를 찾아서	C. 토마스 / 문신원	6,000원
52 음악의 예지를 찾아서	M. 존스 / 송인영	10,000원
53 나의 철학 유언	J. 기통 / 권유현	8,000원
54 타르튀프 / 서민귀족 〔희곡〕	몰리에르 / 덕성여대극예술비교연구회	8,000원
55 판타지 공장	A. 플라워즈 / 박범수	10,000원
56 홍수 · 상 〔완역판〕	J. M. G. 르 클레지오 / 신미경	8,000원
57 홍수 · 하 〔완역판〕	J. M. G. 르 클레지오 / 신미경	8,000원
58 일신교 ― 성경과 철학자들	E. 오르티그 / 전광호	6,000원
59 프랑스 시의 이해	A. 바이양 / 김다은 · 이혜지	8,000원
60 종교철학	J. P. 힉 / 김희수	10,000원
61 고요함의 폭력	V. 포레스테 / 박은영	8,000원
62 고대 그리스의 시민	C. 모세 / 김덕희	7,000원
63 미학개론 ― 예술철학입문	A. 셰퍼드 / 유호전	10,000원
64 논증 ― 담화에서 사고까지	G. 비뇨 / 임기대	6,000원
65 역사 ― 성찰된 시간	F. 도스 / 김미겸	7,000원
66 비교문학개요	F. 클로동 · K. 아다 - 보트링 / 김정란	8,000원
67 남성지배	P. 부르디외 / 김용숙	개정판 10,000원
68 호모사피언스에서 인터렉티브인간으로	FORESEEN 연구소 / 공나리	8,000원
69 상투어 ― 언어 · 담론 · 사회	R. 아모시 · A. H. 피에로 / 조성애	9,000원
70 우주론이란 무엇인가	P. 코올즈 / 송형석	8,000원
71 푸코 읽기	P. 빌루에 / 나길래	8,000원
72 문학논술	J. 파프 · D. 로쉬 / 권종분	8,000원
73 한국전통예술개론	沈雨晟	10,000원
74 시학 ― 문학 형식 일반론 입문	D. 퐁텐 / 이용주	8,000원
75 진리의 길	A. 보다르 / 김승철 · 최정아	9,000원
76 동물성 ― 인간의 위상에 관하여	D. 르스텔 / 김승철	6,000원
77 랑가쥬 이론 서설	L. 옐름슬레우 / 김용숙 · 김혜련	10,000원
78 잔혹성의 미학	F. 토넬리 / 박형섭	9,000원
79 문학 텍스트의 정신분석	M. J. 벨멩-노엘 / 심재중 · 최애영	9,000원
80 무관심의 절정	J. 보드리야르 / 이은민	8,000원
81 영원한 황홀	P. 브뤼크네르 / 김웅권	9,000원
82 노동의 종말에 반하여	D. 슈나페르 / 김교신	6,000원
83 프랑스영화사	J. -P. 장콜라 / 김혜련	8,000원
84 조와(弔蛙)	金敎臣 / 노치준 · 민혜숙	8,000원
85 역사적 관점에서 본 시네마	J. -L. 뢰트라 / 곽노경	8,000원
86 욕망에 대하여	M. 슈벨 / 서민원	8,000원
87 산다는 것의 의미 · 1 ― 여분의 행복	P. 쌍소 / 김주경	7,000원
88 철학 연습	M. 아롱델-로오 / 최은영	8,000원

134 노동사회학	M. 스트루방 / 박주원	8,000원
135 맞불 · 2	P. 부르디외 / 김교신	10,000원
136 믿음에 대하여 ─ 행동하는 지성	S. 지제크 / 최생열	9,000원
137 법, 정의, 국가	A. 기그 / 민혜숙	8,000원
138 인식, 상상력, 예술	E. 아카마츄 / 최돈호	근간
139 위기의 대학	ARESER / 김교신	10,000원
140 카오스모제	F. 가타리 / 윤수종	10,000원
141 코란이란 무엇인가	M. 쿡 / 이강훈	9,000원
142 신학이란 무엇인가	D. 포드 / 강혜원 · 노치준	9,000원
143 누보 로망, 누보 시네마	C. 뮈르시아 / 이창실	8,000원
144 지능이란 무엇인가	I. J. 디어리 / 송형석	10,000원
145 죽음 ─ 유한성에 관하여	F. 다스튀르 / 나길래	8,000원
146 철학에 입문하기	Y. 카탱 / 박선주	8,000원
147 지옥의 힘	J. 보드리야르 / 배영달	8,000원
148 철학 기초 강의	F. 로피 / 공나리	8,000원
149 시네마토그래프에 대한 단상	R. 브레송 / 오일환 · 김경온	9,000원
150 성서란 무엇인가	J. 리치스 / 최생열	10,000원
151 프랑스 문학사회학	신미경	8,000원
152 잡사와 문학	F. 에브라르 / 최정아	10,000원
153 세계의 폭력	J. 보드리야르 · E. 모랭 / 배영달	9,000원
154 잠수복과 나비	J. -D. 보비 / 양영란	6,000원
155 고전 할리우드 영화	J. 나카시 / 최은영	10,000원
156 마지막 말, 마지막 미소	B. 드 카스텔바자크 / 김승철 · 장정아	근간
157 몸의 시학	J. 피죠 / 김선미	10,000원
158 철학의 기원에 관하여	C. 콜로베르 / 김정란	8,000원
159 지혜에 대한 숙고	J. -M. 베스니에르 / 곽노경	8,000원
160 자연주의 미학과 시학	조성애	10,000원
161 소설 분석 ─ 현대적 방법론과 기법	B. 발레트 / 조성애	10,000원
162 사회학이란 무엇인가	S. 브루스 / 김경안	10,000원
163 인도철학입문	S. 헤밀턴 / 고길환	10,000원
164 심리학이란 무엇인가	G. 버틀러 · F. 맥마누스 / 이재현	10,000원
165 발자크 비평	J. 글레즈 / 이정민	10,000원
166 결별을 위하여	G. 마츠네프 / 권은희 · 최은희	10,000원
167 인류학이란 무엇인가	J. 모나한 · P. 저스트 / 김경안	10,000원
168 세계화의 불안	Z. 라이디 / 김종명	8,000원
169 음악이란 무엇인가	N. 쿡 / 장호연	10,000원
170 사랑과 우연의 장난 〔희곡〕	마리보 / 박형섭	10,000원
171 사진의 이해	G. 보레 / 박은영	10,000원
172 현대인의 사랑과 성	현택수	9,000원
173 성해방은 진행중인가?	M. 이아퀴브 / 권은희	10,000원
174 교육은 자기 교육이다	H. -G. 가다머 / 손승남	10,000원
175 밤 끝으로의 여행	L. -F. 쎌린느 / 이형식	19,000원
176 프랑스 지성인들의 '12월'	J. 뒤발 쌔 / 김영모	10,000원
177 환대에 대하여	J. 데리다 / 남수인	13,000원
178 언어철학	J. P. 레스베베르 / 이경래	10,000원

179 푸코와 광기　　　　　　　　　　　　　　　F. 그로 / 김웅권　　　　　　　　　　　10,000원
180 사물들과 철학하기　　　　　　　　　　　　R. -P. 드루아 / 박선주　　　　　　　10,000원
181 청소년이 알아야 할 사회경제학자들　　J. -C. 드루앵 / 김종명　　　　　　　8,000원
182 서양의 유혹　　　　　　　　　　　　　　　A. 말로 / 김웅권　　　　　　　　　　10,000원
183 중세의 예술과 사회　　　　　　　　　　　G. 뒤비 / 김웅권　　　　　　　　　　10,000원
184 새로운 충견들　　　　　　　　　　　　　　S. 알리미 / 김영모　　　　　　　　　10,000원
185 초현실주의　　　　　　　　　　　　　　　　G. 세바 / 최정아　　　　　　　　　　10,000원
186 프로이트 읽기　　　　　　　　　　　　　　P. 랜드맨 / 민혜숙　　　　　　　　　10,000원
187 예술 작품 — 작품 존재론 시론　　　　　M. 아르 / 공정아　　　　　　　　　　10,000원
188 평화 — 국가의 이성과 지혜　　　　　　　M. 카스티요 / 장정아　　　　　　　10,000원
189 히로시마 내 사랑　　　　　　　　　　　　M. 뒤라스 / 이용주　　　　　　　　　10,000원
190 연극 텍스트의 분석　　　　　　　　　　　M. 프뤼네르 / 김덕희　　　　　　　10,000원
191 청소년을 위한 철학길잡이　　　　　　　　A. 콩트-스퐁빌 / 공정아　　　　　10,000원
192 행복 — 기쁨에 관한 소고　　　　　　　　R. 미스라이 / 김영선　　　　　　　　10,000원
193 조사와 방법론 — 면접법　　　　　　　　A. 블랑셰 · A. 고트만 / 최정아　　10,000원
194 하늘에 관하여 — 잃어버린 공간, 되찾은 시간　　M. 카세 / 박선주　　　　10,000원
195 청소년이 알아야 할 세계화　　　　　　　J. -P. 폴레 / 김종명　　　　　　　　9,000원
196 약물이란 무엇인가　　　　　　　　　　　　L. 아이버슨 / 김정숙　　　　　　　10,000원
197 폭력 — '폭력적 인간'에 대하여　　　　　R. 다둔 / 최윤주　　　　　　　　　　10,000원
198 암호　　　　　　　　　　　　　　　　　　　J. 보드리야르 / 배영달　　　　　　10,000원
199 느리게 산다는 것의 의미 · 4　　　　　　P. 쌍소 / 김선미 · 한상철　　　　　7,000원
200 아이누 민족의 비석　　　　　　　　　　　萱野 茂 / 심우성　　　　　　　　　　10,000원
201 존재한다는 것의 기쁨　　　　　　　　　　J. 도르메송 / 김은경　　　　　　　　근간
202 무신론이란 무엇인가　　　　　　　　　　　G. 바기니 / 강혜원　　　　　　　　10,000원
203 전통문화를 찾아서　　　　　　　　　　　　심우성　　　　　　　　　　　　　　10,000원
204 민족학과 인류학 개론　　　　　　　　　　J. 코팡 / 김영모　　　　　　　　　　10,000원
205 오키나와의 역사와 문화　　　　　　　　　外間守善 / 심우성　　　　　　　　　10,000원
206 일본군 '위안부' 문제　　　　　　　　　　石川康宏 / 박해순　　　　　　　　　9,000원
207 엠마누엘 레비나스와의 대담　　　　　　　M. de 생 쉐롱 / 김웅권　　　　　　10,000원
208 공존의 이유　　　　　　　　　　　　　　　조병화　　　　　　　　　　　　　　8,000원
209 누벨바그　　　　　　　　　　　　　　　　　M. 마리 / 신광순　　　　　　　　　10,000원
210 자기 분석에 대한 초고　　　　　　　　　　P. 부르디외 / 유민희　　　　　　　10,000원
211 이만하면 성공이다　　　　　　　　　　　　J. 도르메송 / 김은경　　　　　　　　10,000원
212 도미니크　　　　　　　　　　　　　　　　　E. 프로망탱 / 김웅권　　　　　　　10,000원
213 동방 순례　　　　　　　　　　　　　　　　O. G. 토마 / 김웅권　　　　　　　　10,000원
214 로리타　　　　　　　　　　　　　　　　　　R. 코리스 / 김성제　　　　　　　　10,000원
300 아이들에게 설명하는 이혼　　　　　　　　P. 루카스 · S. 르로이 / 이은민　　8,000원
301 아이들에게 들려주는 인도주의　　　　　　J. 마무 / 이은민　　　　　　　　　　근간
302 아이들에게 설명하는 죽음　　　　　　　　E. 위스망 페랭 / 김미정　　　　　　8,000원
303 아이들에게 들려주는 선사시대 이야기　　J. 클로드 / 김교신　　　　　　　　　8,000원
304 아이들에게 들려주는 이슬람 이야기　　T. 벤 젤룬 / 김교신　　　　　　　　8,000원
305 아이들에게 설명하는 테러리즘　　　　　　M. -C. 그로 / 우강택　　　　　　　8,000원
306 아이들에게 들려주는 철학 이야기　　R. -P. 드루아 / 이창실　　　　　　8,000원

25　기독교사회윤리

【東文選 文藝新書】

1 저주받은 詩人들	A. 뻬이르 / 최수철·김종호	개정근간
2 민속문화론서설	沈雨晟	40,000원
3 인형극의 기술	A. 훼도토프 / 沈雨晟	8,000원
4 전위연극론	J. 로스 에반스 / 沈雨晟	12,000원
5 남사당패연구	沈雨晟	19,000원
6 현대영미희곡선(전4권)	N. 코워드 外 / 李辰洙	절판
7 행위예술	L. 골드버그 / 沈雨晟	절판
8 문예미학	蔡 儀 / 姜慶鎬	절판
9 神의 起源	何 新 / 洪 熹	16,000원
10 중국예술정신	徐復觀 / 權德周 外	24,000원
11 中國古代書史	錢存訓 / 金允子	14,000원
12 이미지 — 시각과 미디어	J. 버거 / 편집부	15,000원
13 연극의 역사	P. 하트놀 / 沈雨晟	절판
14 詩 論	朱光潛 / 鄭相泓	22,000원
15 탄트라	A. 무케르지 / 金龜山	16,000원
16 조선민족무용기본	최승희	15,000원
17 몽고문화사	D. 마이달 / 金龜山	8,000원
18 신화 미술 제사	張光直 / 李 徹	절판
19 아시아 무용의 인류학	宮尾慈良 / 沈雨晟	20,000원
20 아시아 민족음악순례	藤井知昭 / 沈雨晟	5,000원
21 華夏美學	李澤厚 / 權 瑚	20,000원
22 道	張立文 / 權 瑚	18,000원
23 朝鮮의 占卜과 豫言	村山智順 / 金禧慶	28,000원
24 원시미술	L. 아담 / 金仁煥	16,000원
25 朝鮮民俗誌	秋葉隆 / 沈雨晟	12,000원
26 타자로서 자기 자신	P. 리쾨르 / 김웅권	29,000원
27 原始佛敎	中村元 / 鄭泰爀	8,000원
28 朝鮮女俗考	李能和 / 金尙憶	30,000원
29 朝鮮解語花史(조선기생사)	李能和 / 李在崑	25,000원
30 조선창극사	鄭魯湜	17,000원
31 동양회화미학	崔炳植	19,000원
32 性과 결혼의 민족학	和田正平 / 沈雨晟	9,000원
33 農漁俗談辭典	宋在璇	12,000원
34 朝鮮의 鬼神	村山智順 / 金禧慶	28,000원
35 道敎와 中國文化	葛兆光 / 沈揆昊	15,000원
36 禪宗과 中國文化	葛兆光 / 鄭相泓·任炳權	8,000원
37 오페라의 역사	L. 오레이 / 류연희	절판
38 인도종교미술	A. 무케르지 / 崔炳植	14,000원
39 힌두교의 그림언어	안넬리제 外 / 全在星	22,000원
40 중국고대사회	許進雄 / 洪 熹	30,000원
41 중국문화개론	李宗桂 / 李宰碩	23,000원
42 龍鳳文化源流	王大有 / 林東錫	25,000원
43 甲骨學通論	王宇信 / 李宰碩	40,000원

44 朝鮮巫俗考	李能和 / 李在崑	20,000원
45 미술과 페미니즘	N. 부루드 外 / 扈承喜	9,000원
46 아프리카미술	P. 윌레뜨 / 崔炳植	절판
47 美의 歷程	李澤厚 / 尹壽榮	28,000원
48 曼茶羅의 神들	立川武藏 / 金龜山	19,000원
49 朝鮮歲時記	洪錫謨 外/李錫浩	30,000원
50 하 상	蘇曉康 外 / 洪 熹	절판
51 武藝圖譜通志 實技解題	正 祖 / 沈雨晟 · 金光錫	15,000원
52 古文字學첫걸음	李學勤 / 河永三	14,000원
53 體育美學	胡小明 / 閔永淑	18,000원
54 아시아 美術의 再發見	崔炳植	9,000원
55 曆과 占의 科學	永田久 / 沈雨晟	14,000원
56 中國小學史	胡奇光 / 李宰碩	20,000원
57 中國甲骨學史	吳浩坤 外 / 梁東淑	35,000원
58 꿈의 철학	劉文英 / 河永三	22,000원
59 女神들의 인도	立川武藏 / 金龜山	19,000원
60 性의 역사	J. L. 플랑드렝 / 편집부	18,000원
61 쉬르섹슈얼리티	W. 챠드윅 / 편집부	10,000원
62 여성속담사전	宋在璇	18,000원
63 박재서희곡선	朴栽緒	10,000원
64 東北民族源流	孫進己 / 林東錫	13,000원
65 朝鮮巫俗의 硏究(상 · 하)	赤松智城 · 秋葉隆 / 沈雨晟	28,000원
66 中國文學 속의 孤獨感	斯波六郎 / 尹壽榮	8,000원
67 한국사회주의 연극운동사	李康列	8,000원
68 스포츠인류학	K. 블랑챠드 外 / 박기동 外	12,000원
69 리조복식도감	리팔찬	20,000원
70 娼 婦	A. 꼬르벵 / 李宗旼	22,000원
71 조선민요연구	高晶玉	30,000원
72 楚文化史	張正明 / 南宗鎭	26,000원
73 시간, 욕망, 그리고 공포	A. 코르뱅 / 변기찬	18,000원
74 本國劍	金光錫	40,000원
75 노트와 반노트	E. 이오네스코 / 박형섭	20,000원
76 朝鮮美術史硏究	尹喜淳	7,000원
77 拳法要訣	金光錫	30,000원
78 艸衣選集	艸衣意恂 / 林鍾旭	20,000원
79 漢語音韻學講義	董少文 / 林東錫	10,000원
80 이오네스코 연극미학	C. 위베르 / 박형섭	9,000원
81 중국문자훈고학사전	全廣鎭 편역	23,000원
82 상말속담사전	宋在璇	10,000원
83 書法論叢	沈尹默 / 郭魯鳳	16,000원
84 침실의 문화사	P. 디비 / 편집부	9,000원
85 禮의 精神	柳 肅 / 洪 熹	20,000원
86 조선공예개관	沈雨晟 편역	30,000원
87 性愛의 社會史	J. 솔레 / 李宗旼	18,000원
88 러시아 미술사	A. I. 조토프 / 이건수	26,000원

27 기독교사회윤리

89	中國書藝論文選	郭魯鳳 選譯	25,000원
90	朝鮮美術史	關野貞 / 沈雨晟	30,000원
91	美術版 탄트라	P. 로슨 / 편집부	8,000원
92	군달리니	A. 무케르지 / 편집부	9,000원
93	카마수트라	바쨔야나 / 鄭泰爀	18,000원
94	중국언어학총론	J. 노먼 / 全廣鎭	28,000원
95	運氣學說	任應秋 / 李宰碩	15,000원
96	동물속담사전	宋在璇	20,000원
97	자본주의의 아비투스	P. 부르디외 / 최종철	10,000원
98	宗敎學入門	F. 막스 뮐러 / 金龜山	10,000원
99	변 화	P. 바츨라빅크 外 / 박인철	10,000원
100	우리나라 민속놀이	沈雨晟	15,000원
101	歌訣(중국역대명언경구집)	李宰碩 편역	20,000원
102	아니마와 아니무스	A. 융 / 박해순	8,000원
103	나, 너, 우리	L. 이리가라이 / 박정오	12,000원
104	베케트연극론	M. 푸크레 / 박형섭	8,000원
105	포르노그래피	A. 드워킨 / 유혜련	12,000원
106	셸 링	M. 하이데거 / 최상욱	12,000원
107	프랑수아 비용	宋 勉	18,000원
108	중국서예 80제	郭魯鳳 편역	16,000원
109	性과 미디어	W. B. 키 / 박해순	12,000원
110	中國正史朝鮮列國傳(전2권)	金聲九 편역	120,000원
111	질병의 기원	T. 매큐언 / 서 일·박종연	12,000원
112	과학과 젠더	E. F. 켈러 / 민경숙·이현주	10,000원
113	물질문명·경제·자본주의	F. 브로델 / 이문숙 外	절판
114	이탈리아인 태고의 지혜	G. 비코 / 李源斗	8,000원
115	中國武俠史	陳 山 / 姜鳳求	18,000원
116	공포의 권력	J. 크리스테바 / 서민원	23,000원
117	주색잡기속담사전	宋在璇	15,000원
118	죽음 앞에 선 인간(상·하)	P. 아리에스 / 劉仙子	각권 15,000원
119	철학에 대하여	L. 알튀세르 / 서관모·백승욱	12,000원
120	다른 곳	J. 데리다 / 김다은·이혜지	10,000원
121	문학비평방법론	D. 베르제 外 / 민혜숙	12,000원
122	자기의 테크놀로지	M. 푸코 / 이희원	16,000원
123	새로운 학문	G. 비코 / 李源斗	22,000원
124	천재와 광기	P. 브르노 / 김웅권	13,000원
125	중국은사문화	馬 華·陳正宏 / 강경범·천현경	12,000원
126	푸코와 페미니즘	C. 라마자노글루 外 / 최 영 外	16,000원
127	역사주의	P. 해밀턴 / 임옥희	12,000원
128	中國書藝美學	宋 民 / 郭魯鳳	16,000원
129	죽음의 역사	P. 아리에스 / 이종민	18,000원
130	돈속담사전	宋在璇 편	15,000원
131	동양극장과 연극인들	김영무	15,000원
132	生育神과 性巫術	宋兆麟 / 洪 熹	20,000원
133	미학의 핵심	M. M. 이턴 / 유호전	20,000원

134 전사와 농민　　　　　　　　　　J. 뒤비 / 최생열　　　　　　　　　　　18,000원
135 여성의 상태　　　　　　　　　　N. 에니크 / 서민원　　　　　　　　　　22,000원
136 중세의 지식인들　　　　　　　　J. 르 고프 / 최애리　　　　　　　　　18,000원
137 구조주의의 역사(전4권)　F. 도스 / 김웅권 外　　Ⅰ·Ⅱ·Ⅳ 15,000원 / Ⅲ　18,000원
138 글쓰기의 문제해결전략　　　　　L. 플라워 / 원진숙·황정현　　　　　20,000원
139 음식속담사전　　　　　　　　　宋在璇 편　　　　　　　　　　　　　16,000원
140 고전수필개론　　　　　　　　　權 瑚　　　　　　　　　　　　　　16,000원
141 예술의 규칙　　　　　　　　　　P. 부르디외 / 하태환　　　　　　　　23,000원
142 "사회를 보호해야 한다"　　　　M. 푸코 / 박정자　　　　　　　　　　20,000원
143 페미니즘사전　　　　　　　　　L. 터틀 / 호승희·유혜련　　　　　　26,000원
144 여성심벌사전　　　　　　　　　B. G. 워커 / 정소영　　　　　　　　　근간
145 모데르니테 모데르니테　　　　　H. 메쇼닉 / 김다은　　　　　　　　　20,000원
146 눈물의 역사　　　　　　　　　　A. 벵상뷔포 / 이자경　　　　　　　　18,000원
147 모더니티입문　　　　　　　　　H. 르페브르 / 이종민　　　　　　　　24,000원
148 재생산　　　　　　　　　　　　P. 부르디외 / 이상호　　　　　　　　23,000원
149 종교철학의 핵심　　　　　　　　W. J. 웨인라이트 / 김희수　　　　　18,000원
150 기호와 몽상　　　　　　　　　　A. 시몽 / 박형섭　　　　　　　　　　22,000원
151 융분석비평사전　　　　　　　　A. 새뮤얼 外 / 민혜숙　　　　　　　16,000원
152 운보 김기창 예술론연구　　　　　최병식　　　　　　　　　　　　　　14,000원
153 시적 언어의 혁명　　　　　　　J. 크리스테바 / 김인환　　　　　　　20,000원
154 예술의 위기　　　　　　　　　　Y. 미쇼 / 하태환　　　　　　　　　　15,000원
155 프랑스사회사　　　　　　　　　G. 뒤프 / 박 단　　　　　　　　　　16,000원
156 중국문예심리학사　　　　　　　劉偉林 / 沈揆昊　　　　　　　　　　30,000원
157 무지카 프라티카　　　　　　　　M. 캐넌 / 김혜중　　　　　　　　　　25,000원
158 불교산책　　　　　　　　　　　鄭泰爀　　　　　　　　　　　　　　20,000원
159 인간과 죽음　　　　　　　　　　E. 모랭 / 김명숙　　　　　　　　　　23,000원
160 地中海　　　　　　　　　　　　F. 브로델 / 李宗旼　　　　　　　　　근간
161 漢語文字學史　　　　　　　　　黃德實·陳秉新 / 河永三　　　　　　24,000원
162 글쓰기와 차이　　　　　　　　　J. 데리다 / 남수인　　　　　　　　　28,000원
163 朝鮮神事誌　　　　　　　　　　李能和 / 李在崑　　　　　　　　　　28,000원
164 영국제국주의　　　　　　　　　S. C. 스미스 / 이태숙·김종원　　　16,000원
165 영화서술학　　　　　　　　　　A. 고드로·F. 조스트 / 송지연　　　17,000원
166 美學辭典　　　　　　　　　　　사사키 겡이치 / 민주식　　　　　　　22,000원
167 하나이지 않은 성　　　　　　　　L. 이리가라이 / 이은민　　　　　　　18,000원
168 中國歷代書論　　　　　　　　　郭魯鳳 譯註　　　　　　　　　　　25,000원
169 요가수트라　　　　　　　　　　鄭泰爀　　　　　　　　　　　　　　15,000원
170 비정상인들　　　　　　　　　　M. 푸코 / 박정자　　　　　　　　　　25,000원
171 미친 진실　　　　　　　　　　　J. 크리스테바 外 / 서민원　　　　　25,000원
172 玉樞經 硏究　　　　　　　　　　具重會　　　　　　　　　　　　　　19,000원
173 세계의 비참(전3권)　　　　　　　P. 부르디외 外 / 김주경　　　각권 26,000원
174 수묵의 사상과 역사　　　　　　　崔炳植　　　　　　　　　　　　　　24,000원
175 파스칼적 명상　　　　　　　　　P. 부르디외 / 김웅권　　　　　　　　22,000원
176 지방의 계몽주의　　　　　　　　D. 로슈 / 주명철　　　　　　　　　　30,000원
177 이혼의 역사　　　　　　　　　　R. 필립스 / 박범수　　　　　　　　　25,000원
178 사랑의 단상　　　　　　　　　　R. 바르트 / 김희영　　　　　　　　　20,000원
　　29 기독교사회윤리

179 中國書藝理論體系　　　　　　　　　　熊秉明 / 郭魯鳳　　　　　　　　　　　　23,000원
180 미술시장과 경영　　　　　　　　　　崔炳植　　　　　　　　　　　　　　　16,000원
181 카프카 — 소수적인 문학을 위하여　　G. 들뢰즈・F. 가타리 / 이진경　　　　18,000원
182 이미지의 힘 — 영상과 섹슈얼리티　　A. 쿤 / 이형식　　　　　　　　　　　13,000원
183 공간의 시학　　　　　　　　　　　　G. 바슐라르 / 곽광수　　　　　　　　　23,000원
184 랑데부 — 이미지와의 만남　　　　　J. 버거 / 임옥희・이은경　　　　　　　18,000원
185 푸코와 문학 — 글쓰기의 계보학을 향하여　　S. 듀링 / 오경심・홍유미　　　26,000원
186 각색, 연극에서 영화로　　　　　　　A. 엘보 / 이선형　　　　　　　　　　16,000원
187 폭력과 여성들　　　　　　　　　　　C. 도펭 外 / 이은민　　　　　　　　　18,000원
188 하드 바디 — 할리우드 영화에 나타난 남성성　　S. 제퍼드 / 이형식　　　　18,000원
189 영화의 환상성　　　　　　　　　　　J. -L. 뢰트라 / 김경온・오일환　　　　18,000원
190 번역과 제국　　　　　　　　　　　　D. 로빈슨 / 정혜욱　　　　　　　　　16,000원
191 그라마톨로지에 대하여　　　　　　　J. 데리다 / 김웅권　　　　　　　　　35,000원
192 보건 유토피아　　　　　　　　　　　R. 브로만 外 / 서민원　　　　　　　　20,000원
193 현대의 신화　　　　　　　　　　　　R. 바르트 / 이화여대기호학연구소　　20,000원
194 회화백문백답　　　　　　　　　　　　湯兆基 / 郭魯鳳　　　　　　　　　　　20,000원
195 고서화감정개론　　　　　　　　　　　徐邦達 / 郭魯鳳　　　　　　　　　　　30,000원
196 상상의 박물관　　　　　　　　　　　A. 말로 / 김웅권　　　　　　　　　　26,000원
197 부빈의 일요일　　　　　　　　　　　J. 뒤비 / 최생열　　　　　　　　　　22,000원
198 아인슈타인의 최대 실수　　　　　　　D. 골드스미스 / 박범수　　　　　　　16,000원
199 유인원, 사이보그, 그리고 여자　　　D. 해러웨이 / 민경숙　　　　　　　　25,000원
200 공동 생활 속의 개인주의　　　　　　F. 드 생글리 / 최은영　　　　　　　　20,000원
201 기식자　　　　　　　　　　　　　　M. 세르 / 김웅권　　　　　　　　　　24,000원
202 연극미학 — 플라톤에서 브레히트까지의 텍스트들　　J. 셰레 外 / 홍지화　　24,000원
203 철학자들의 신　　　　　　　　　　　W. 바이셰델 / 최상욱　　　　　　　　34,000원
204 고대 세계의 정치　　　　　　　　　　모제스 I. 핀레이 / 최생열　　　　　　16,000원
205 프란츠 카프카의 고독　　　　　　　　M. 로베르 / 이창실　　　　　　　　　18,000원
206 문화 학습 — 실천적 입문서　　　　J. 자일스・T. 미들턴 / 장성희　　　　24,000원
207 호모 아카데미쿠스　　　　　　　　　P. 부르디외 / 임기대　　　　　　　　29,000원
208 朝鮮槍棒敎程　　　　　　　　　　　金光錫　　　　　　　　　　　　　　　40,000원
209 자유의 순간　　　　　　　　　　　　P. M. 코헨 / 최하영　　　　　　　　16,000원
210 밀교의 세계　　　　　　　　　　　　鄭泰爀　　　　　　　　　　　　　　　16,000원
211 토탈 스크린　　　　　　　　　　　　J. 보드리야르 / 배영달　　　　　　　19,000원
212 영화와 문학의 서술학　　　　　　　　F. 바누아 / 송지연　　　　　　　　　22,000원
213 텍스트의 즐거움　　　　　　　　　　R. 바르트 / 김희영　　　　　　　　　15,000원
214 영화의 직업들　　　　　　　　　　　B. 라트롱슈 / 김경온・오일환　　　　16,000원
215 소설과 신화　　　　　　　　　　　　이용주　　　　　　　　　　　　　　　15,000원
216 문화와 계급 — 부르디외와 한국 사회　　홍성민 外　　　　　　　　　　　18,000원
217 작은 사건들　　　　　　　　　　　　R. 바르트 / 김주경　　　　　　　　　14,000원
218 연극분석입문　　　　　　　　　　　　J. -P. 링가르 / 박형섭　　　　　　　18,000원
219 푸코　　　　　　　　　　　　　　　G. 들뢰즈 / 허 경　　　　　　　　　17,000원
220 우리나라 도자기와 가마터　　　　　　宋在璇　　　　　　　　　　　　　　　30,000원
221 보이는 것과 보이지 않는 것　　　　　M. 퐁티 / 남수인・최의영　　　　　　30,000원
222 메두사의 웃음 / 출구　　　　　　　　H. 식수 / 박혜영　　　　　　　　　　19,000원
223 담화 속의 논증　　　　　　　　　　　R. 아모시 / 장인봉　　　　　　　　　20,000원

269 중국 소수민족의 원시종교　　　　　　洪 熹　　　　　　　　　　　　　　　18,000원
270 영화감독들의 영화 이론　　　　　　J. 오몽 / 곽동준　　　　　　　　　22,000원
271 중첩　　　　　　　　　　　　　　　J. 들뢰즈 · C. 베네 / 허희정　　　18,000원
272 대담 — 디디에 에리봉과의 자전적 인터뷰　　J. 뒤메질 / 송대영　　　18,000원
273 중립　　　　　　　　　　　　　　　R. 바르트 / 김웅권　　　　　　　　30,000원
274 알퐁스 도데의 문학과 프로방스 문화　　이종민　　　　　　　　　　　16,000원
275 우리말 釋迦如來行蹟頌　　　　　　高麗 無寄 / 金月雲　　　　　　　18,000원
276 金剛經講話　　　　　　　　　　　　金月雲 講述　　　　　　　　　　18,000원
277 자유와 결정론　　　　　　　　　　　O. 브르니피에 外 / 최은영　　　16,000원
278 도리스 레싱: 20세기 여성의 초상　　민경숙　　　　　　　　　　　　24,000원
279 기독교윤리학의 이론과 방법론　　　　김희수　　　　　　　　　　　　24,000원
280 과학에서 생각하는 주제 100가지　　　I. 스탕저 外 / 김웅권　　　　　21,000원
281 말로와 소설의 상징시학　　　　　　김웅권　　　　　　　　　　　　　22,000원
282 키에르케고르　　　　　　　　　　　C. 블랑 / 이창실　　　　　　　　14,000원
283 시나리오 쓰기의 이론과 실제　　　　A. 로슈 外 / 이용주　　　　　　25,000원
284 조선사회경제사　　　　　　　　　　白南雲 / 沈雨晟　　　　　　　　　30,000원
285 이성과 감각　　　　　　　　　　　　O. 브르니피에 外 / 이은민　　　16,000원
286 행복의 단상　　　　　　　　　　　　C. 앙드레 / 김교신　　　　　　　20,000원
287 삶의 의미 — 행동하는 지성　　　　　J. 코팅햄 / 강혜원　　　　　　　16,000원
288 안티고네의 주장　　　　　　　　　　J. 버틀러 / 조현순　　　　　　　14,000원
289 예술 영화 읽기　　　　　　　　　　이선형　　　　　　　　　　　　　19,000원
290 달리는 꿈, 자동차의 역사　　　　　　P. 치글러 / 조국현　　　　　　　17,000원
291 매스커뮤니케이션과 사회　　　　　　현택수　　　　　　　　　　　　　17,000원
292 교육론　　　　　　　　　　　　　　J. 피아제 / 이병애　　　　　　　22,000원
293 연극 입문　　　　　　　　　　　　　히라타 오리자 / 고정은　　　　　13,000원
294 역사는 계속된다　　　　　　　　　　G. 뒤비 / 백인호 · 최생열　　　16,000원
295 에로티시즘을 즐기기 위한 100가지 기본 용어　J. -C. 마르탱 / 김웅권　19,000원
296 대화의 기술　　　　　　　　　　　　A. 밀롱 / 공정아　　　　　　　　17,000원
297 실천 이성　　　　　　　　　　　　　P. 부르디외 / 김웅권　　　　　　19,000원
298 세미오티케　　　　　　　　　　　　J. 크리스테바 / 서민원　　　　　28,000원
299 앙드레 말로의 문학 세계　　　　　　김웅권　　　　　　　　　　　　　22,000원
300 20세기 독일철학　　　　　　　　　　W. 슈나이더스 / 박중목　　　　18,000원
301 횔덜린의 송가 〈이스터〉　　　　　　M. 하이데거 / 최상욱　　　　　　20,000원
302 아이러니와 모더니티 담론　　　　　　E. 벨러 / 이강훈 · 신주철　　　16,000원
303 부알로의 시학　　　　　　　　　　　곽동준 편역 및 주석　　　　　　20,000원
304 음악 녹음의 역사　　　　　　　　　　M. 채넌 / 박기호　　　　　　　　23,000원
305 시학 입문　　　　　　　　　　　　　G. 데송 / 조재룡　　　　　　　　26,000원
306 정신에 대해서　　　　　　　　　　　J. 데리다 / 박찬국　　　　　　　20,000원
307 디알로그　　　　　　　　　　　　　G. 들뢰즈 · C. 파르네 / 허희정 · 전승화　20,000원
308 철학적 분과 학문　　　　　　　　　　A. 피퍼 / 조국현　　　　　　　　25,000원
309 영화와 시장　　　　　　　　　　　　L. 크레통 / 홍지화　　　　　　　22,000원
310 진정성에 대하여　　　　　　　　　　C. 귀논 / 강혜원　　　　　　　　18,000원
311 언어학 이해를 위한 주제 100선　　　G. 시우피 · D. 반람돈크 / 이선경 · 황원미　18,000원
312 영화를 생각하다　　　　　　　　　　S. 리앙드라 기그 · J. -L. 뢰트라 / 김영모　20,000원
313 길모퉁이에서의 모험　　　　　　　　P. 브뤼크네르 · A. 팽키엘크로 / 이창실　12,000원

314 목소리의 結晶	R. 바르트 / 김웅권	24,000원
315 중세의 기사들	E. 부라생 / 임호경	20,000원
316 武德 ─ 武의 문화, 武의 정신	辛成大	13,000원
317 욕망의 땅	W. 리치 / 이은경·임옥희	23,000원
318 들뢰즈와 음악, 회화, 그리고 일반 예술	R. 보그 / 사공일	20,000원
319 S/Z	R. 바르트 / 김웅권	24,000원
320 시나리오 모델, 모델 시나리오	F. 바누아 / 유민희	24,000원
321 도미니크 이야기 ─ 아동 정신분석 치료의 실제	F. 돌토 / 김승철	18,000원
322 빠딴잘리의 요가쑤뜨라	S. S. 싸치다난다 / 김순금	18,000원
323 이마주 ─ 영화·사진·회화	J. 오몽 / 오정민	25,000원
324 들뢰즈와 문학	R. 보그 / 김승숙	20,000원
325 요가학개론	鄭泰爀	15,000원
326 밝은 방 ─ 사진에 관한 노트	R. 바르트 / 김웅권	15,000원
327 中國房內秘籍	朴淸正	35,000원
328 武藝圖譜通志註解	朴淸正	30,000원
329 들뢰즈와 시네마	R. 보그 / 정형철	20,000원
330 현대 프랑스 연극의 이론과 실제	이선형	20,000원
331 스리마드 바가바드 기타	S. 브야사 / 박지명	24,000원
332 宋詩槪說	요시카와 고지로 / 호승희	18,000원
333 주체의 해석학	M. 푸코 / 심세광	29,000원
334 문학의 위상	J. 베시에르 / 주현진	20,000원
335 광고의 이해와 실제	현택수·홍장선	20,000원
336 외쿠메네 ─ 인간 환경에 대한 연구서설	A. 베르크 / 김웅권	24,000원
337 서양 연극의 무대 장식 기술	A. 쉬르제 / 송민숙	18,000원
338 百濟伎樂	백제기악보존회 편	18,000원
339 金剛經六祖解	無居 옮김	14,000원
340 몽상의 시학	G. 바슐라르 / 김웅권	19,000원
341 원전 주해 요가수트라	M. 파탄잘리 / 박지명 주해	28,000원
342 글쓰기의 영도	R. 바르트 / 김웅권	17,000원
343 전교조의 정체	정재학 지음	12,000원
344 영화배우	J. 나카시 / 박혜숙	20,000원
345 취고당검소	陸紹珩 / 강경범·천현경	25,000원
346 재생산에 대하여	L. 알튀세르 / 김웅권	23,000원
347 중국 탈의 역사	顧朴光 / 洪 熹	30,000원
348 조이스와 바흐친	이강훈	16,000원
349 신의 존재와 과학의 도전	C. 알레그르 / 송대영	13,000원
350 행동의 구조	M. 메를로 퐁티 / 김웅권	28,000원
351 미술시장과 아트딜러	최병식	30,000원
352 미술시장 트렌드와 투자	최병식	30,000원
353 문화전략과 순수예술	최병식	14,000원
354 들뢰즈와 창조성의 정치학	사공일	18,000원
355 꿈꿀 권리	G. 바슐라르 / 김웅권	22,000원
356 텔레비전 드라마	G. 손햄·T. 퍼비스 / 김소은·황정녀	22,000원
357 옷본	심우성	20,000원
358 촛불의 미학	G. 바슐라르 / 김웅권	18,000원
33 기독교사회윤리		

359	마조히즘	N. 맨스필드 / 이강훈	16,000원
360	민속문화 길잡이	심우성	19,000원
361	이론에 대한 저항	P. 드 만 / 황성필	22,000원
362	우리 시대의 위대한 피아니스트들이 말하는 나의 삶, 나의 음악	E. 마흐 / 박기호·김남희	15,000원
363	영화 장르	R. 무안 / 유민희	20,000원
364	몽타주의 미학	V. 아미엘 / 곽동준·한지선	20,000원
365	사랑의 길	L. 이리가레 / 정소영	18,000원
366	이미지와 해석	M. 졸리 / 김웅권	24,000원
367	마르셀 모스, 총체적인 사회적 사실	B. 카르센티 / 김웅권	13,000원
368	TV 드라마 시리즈물 어떻게 쓸 것인가	P. 더글러스 / 김소은	25,000원
369	영상예술미학	P. 소르랭 / 이선형	25,000원
370	우파니샤드	박지명 주해	49,000원
371	보드리야르의 아이러니	배영달	29,000원
372	서호인물전	徐相旭·高淑姬 평역	25,000원
373	은유와 감정	Z. 쾨벡세스 / 김동환·최영호	23,000원
374	修 行	權明大	30,000원
375	한국의 전통연희와 동아시아	서연호	18,000원
376	베 다	박지명·이서경 주해	30,000원
377	추(醜)와 문학	김충남 편	18,000원
378	이상한 나라의 앨리스 연구	이강훈	18,000원
379	산스크리트 반야심경	박지명·이서경	18,000원
380	뉴 뮤지엄의 탄생	최병식	48,000원
381	박물관 경영과 전략	최병식	48,000원
382	기독교윤리학	김희수	18,000원
1001	베토벤: 전원교향곡	D. W. 존스 / 김지순	15,000원
1002	모차르트: 하이든 현악4중주곡	J. 어빙 / 김지순	14,000원
1003	베토벤: 에로이카 교향곡	T. 시프 / 김지순	18,000원
1004	모차르트: 주피터 교향곡	E. 시스먼 / 김지순	18,000원
1005	바흐: 브란덴부르크 협주곡	M. 보이드 / 김지순	18,000원
1006	바흐: B단조 미사	J. 버트 / 김지순	18,000원
1007	하이든: 현악4중주곡 Op.50	W. 딘 주트클리페 / 김지순	18,000원
1008	헨델: 메시아	D. 버로우 / 김지순	18,000원
1009	비발디: 〈사계〉와 Op.8	P. 에버렛 / 김지순	18,000원
2001	우리 아이들에게 어떤 지표를 주어야 할까?	J. L. 오베르 / 이창실	16,000원
2002	상처받은 아이들	N. 파브르 / 김주경	16,000원
2003	엄마 아빠, 꿈꿀 시간을 주세요!	E. 부젱 / 박주원	16,000원
2004	부모가 알아야 할 유치원의 모든 것들	N. 뒤 소수아 / 전재민	18,000원
2005	부모들이여, '안 돼'라고 말하라!	P. 들라로슈 / 김주경	19,000원
2006	엄마 아빠, 전 못하겠어요!	E. 리공 / 이창실	18,000원
2007	사랑, 아이, 일 사이에서	A. 가트셀·C. 르누치 / 김교신	19,000원
2008	요람에서 학교까지	J.-L. 오베르 / 전재민	19,000원
2009	머리는 좋은데, 노력을 안 해요	J.-L. 오베르 / 박선주	17,000원
2010	알아서 하라고요? 좋죠, 하지만 혼자는 싫어요!	E. 부젱 / 김교신	17,000원
2011	영재아이 키우기	S. 코트 / 김경하	17,000원
2012	부모가 헤어진대요	M. 베르제·I. 그라비용 / 공나리	17,000원

2013 아이들의 고민, 부모들의 근심	D. 마르셀리 · G. 드 라 보리 / 김교신	19,000원
2014 헤어지기 싫어요!	N. 파브르 / 공나리	15,000원
3001 《새》	C. 파글리아 / 이형식	13,000원
3002 《시민 케인》	L. 멀비 / 이형식	13,000원
3101 《제7의 봉인》 비평 연구	E. 그랑조르주 / 이은민	17,000원
3102 《쥘과 짐》 비평 연구	C. 르 베르 / 이은민	18,000원
3103 《시민 케인》 비평 연구	J. 루아 / 이용주	15,000원
3104 《센소》 비평 연구	M. 라니 / 이수원	18,000원
3105 《경멸》 비평 연구	M. 마리 / 이용주	18,000원

【기 타】

▨ 모드의 체계	R. 바르트 / 이화여대기호학연구소	18,000원
▨ 라신에 관하여	R. 바르트 / 남수인	10,000원
▨ 說 苑 (上·下)	林東錫 譯註 각권	30,000원
▨ 晏子春秋	林東錫 譯註	30,000원
▨ 西京雜記	林東錫 譯註	20,000원
▨ 搜神記 (上·下)	林東錫 譯註 각권	30,000원
■ 경제적 공포〔메디치賞 수상작〕	V. 포레스테 / 김주경	7,000원
■ 古陶文字徵	高 明·葛英會	20,000원
■ 그리하여 어느날 사랑이여	이외수 편	4,000원
■ 너무한 당신, 노무현	현택수 칼럼집	9,000원
■ 노력을 대신하는 것은 없다	R. 쉬이 / 유혜련	5,000원
■ 노블레스 오블리주	현택수 사회비평집	7,500원
■ 딸에게 들려 주는 작은 지혜	N. 레흐레이트너 / 양영란	6,500원
■ 떠나고 싶은 나라 — 사회문화비평집	현택수	9,000원
■ 미래를 원한다	J. D. 로스네 / 문 선·김덕희	8,500원
■ 바람의 자식들 — 정치시사칼럼집	현택수	8,000원
■ 사랑의 존재	한용운	3,000원
■ 산이 높으면 마땅히 우러러볼 일이다	유 향 / 임동석	5,000원
■ 서기 1000년과 서기 2000년 그 두려움의 흔적들	J. 뒤비 / 양영란	8,000원
■ 서비스는 유행을 타지 않는다	B. 바게트 / 정소영	5,000원
■ 선종이야기	홍 희 편저	8,000원
■ 섬으로 흐르는 역사	김영회	10,000원
■ 세계사상	창간호~3호: 각권 10,000원 / 4호: 14,000원	
■ 손가락 하나의 사랑 1, 2, 3	D. 글로슈 / 서민원	각권 7,500원
■ 십이속상도안집	편집부	8,000원
■ 얀 이야기 ① 얀과 카와카마스	마치다 준 / 김은진·한인숙	8,000원
■ 얀 이야기 ② 카와카마스의 바이올린	마치다 준 / 김은진·한인숙	9,500원
■ 얀 이야기 ③ 이스탄불의 점쟁이 토끼	마치다 준 / 김은진·한인숙	12,000원
■ 얀 이야기 ④ 초원의 축제	마치다 준 / 김은진	12,000원
■ 어린이 수묵화의 첫걸음(전6권)	趙 陽 / 편집부	각권 5,000원
■ 오늘 다 못다한 말은	이외수 편	7,000원
■ 오블라디 오블라다, 인생은 브래지어 위를 흐른다	무라카미 하루키 / 김난주	7,000원
■ 이젠 다시 유혹하지 않으련다	P. 쌍소 / 서민원	9,000원
■ 인생은 앞유리를 통해서 보라	B. 바게트 / 박해순	5,000원

35 기독교사회윤리